AME 科研时间系列医学图书 1B057

制药行业
医学事务笔谈
从药物研发到临床实践

邱歆海　著

中南大学出版社
www.csupress.com.cn
·长沙·

AME
Publishing Company

图书在版编目（CIP）数据

制药行业医学事务笔谈：从药物研发到临床实践/邱歆海著. —长沙：中南大学出版社，2022.4

ISBN 978 - 7 - 5487 - 4830 - 4

Ⅰ.①制… Ⅱ.①邱… Ⅲ.①制药工业—工业企业管理—研究—中国 Ⅳ.①F426.7

中国版本图书馆CIP数据核字（2022）第013950号

AME 科研时间系列医学图书 1B057

制药行业医学事务笔谈：从药物研发到临床实践

ZHIYAOHANGYE YIXUESHIWU BITAN: CONG YAOWUYANFA DAO LINCHUANGSHIJIAN

邱歆海　著

□出 版 人	吴湘华
□丛书策划	汪道远　陈海波
□项目编辑	陈海波　廖莉莉
□责任编辑	陈海波　周小雪
□责任印制	唐　曦　潘飘飘
□版式设计	胡晓艳　林子钰
□出版发行	中南大学出版社

社址：长沙市麓山南路　　　　　邮编：410083

发行科电话：0731-88876770　　传真：0731-88710482

□策 划 方　AME Publishing Company

地址：香港沙田石门京瑞广场一期，16 楼 C

网址：www.amegroups.com

□印　　装　天意有福科技股份有限公司

□开　　本　710×1000　1/16　□印张 23.75　□字数 464 千字　□插页

□版　　次　2022 年 4 月第 1 版　□2022 年 4 月第 1 次印刷

□书　　号　ISBN 978 - 7 - 5487 - 4830 - 4

□定　　价　120.00 元

关于作者

邱歆海，1966年出生于吉林省敦化市，1990年毕业于北京医科大学临床医学系。毕业后在北京大学人民医院担任肾脏内科医生九年，曾任科室学术秘书，参与进修医生培养和管理，参与编写的《血液净化》一书于1994年正式出版发行。此外，还编有《肾脏内科学习讲义》《尿毒症就医参考》等内部资料。1999年加入医疗用品和制药企业，先后担任治疗学经理、临床事务经理、医学顾问、医学事务经理、治疗领域负责人、副总监、医学总监、资深医学总监和医学事务部门负责人；并在制造肾科治疗设备、研制普药和特殊治疗药品及首创新药的百特、诺华、珐博进和艾伯维等企业的医学事务部门工作，在药品发现、研发和上市各个阶段的医学事务工作中积累了丰富的经验，成功地建立和完善了医学事务流程体系，组建了优秀团队，培养了诸多人才。

在历时20年的制药企业医学事务工作中，先后编写了多种产品手册和各类工作文件及标准操作流程手册，包括《来适可产品手册》《唐力产品手册》《代文产品手册》《诺华心血管医学文集》《珐博进医学事务文集》《艾伯维医学事务工作指导》等内部资料；发起和组织医学事务部同事和外部专家编写了《诺华心血管词典》《肾素—血管紧张素系统与心血管疾病》《DPP-IV抑制剂》《空气之重 呼吸之轻》等学术著作，后三本已经在中国正式出版发行。

内容提要

　　制药行业医学事务在全球范围内建立和发展的历史已达20年。作为连接临床研发和临床实践的医学事务，其经历了医学支持、医学市场两个阶段后，正在走向第三个发展阶段——医学驱动。在这个转型和发展过程中，医学事务的职能也在不断扩展，从事医学事务的人员持续增加。药品研发和临床试验、市场营销、约事管理、医疗保障都已经成为专门的学科或课程，进入药学院和商学院的教育体系，而承担药品和疾病知识管理及证据管理的医学事务在全球范围内却没有一本专业书籍和一门专业课程。

　　本书旨在构建制药行业医学事务知识体系，通过回顾和梳理全球药品研发、上市和商业化的整个历史、业务模式和成功经验，为从业人员勾勒系统、全面和完整的医学事务理论和实践框架。本书的问世不仅有助于提高制药企业医学事务人员的职业技能和职业能力，有助于制药企业的其他业务部门了解医学事务的职能和价值，还有助于加强医疗卫生专业人员和制药企业的合作。同时，对制药行业不了解的人士，也可以从中管窥药物从研发到应用的整个过程，以及其中的决策、运营和策略制定的过程和规律，特别是跨国制药企业在管理产品知识和药物证据、开展学术沟通和学术合作中的考量和策略。在中国制药工业蓬勃发展的今日，本书的问世可谓适逢其时。本书适合制药行业医学事务人员、市场营销人员、医药代表在上岗后及后续工作中参考阅读，也适合医疗卫生专业人士在选择职业或者与制药公司进行合作时参考阅读。

丛书介绍

很高兴，由AME出版社、中南大学出版社联合出品的"AME科研时间系列医学图书"，如期与大家见面！

虽然学了4年零3个月医科，但是，仅仅做了3个月实习医生，就选择弃医了，不务正业，直到现在在做医学学术出版和传播这份工作。2015年，毕业10周年。想当医生的那份情结依旧有那么一点，有时候不经意间会触动到心底深处……

2011年4月，我和丁香园的创始人李天天一起去美国费城出差，参观了一家医学博物馆——马特博物馆（The Mütter Museum）。该博物馆隶属于费城医学院，创建于1858年，如今这里已经成为一个展出各种疾病、伤势、畸形案例，以及古代医疗器械和生物学发展的大展厅，展品逾20 000件，其中包括战争中伤者的照片、连体人的遗体、侏儒的骸骨以及人体病变结肠等。此外还有世界上独一无二的收藏，比如一个酷似肥皂的女性尸体、一个长有两个脑袋的儿童的颅骨等。该博物馆号称"Birthplace of American Medicine"。走进一个礼堂，博物馆的解说员介绍宾夕法尼亚大学医学院开学典礼都会在这个礼堂举行。当时，我忍不住问了李天天一个问题：如果当初你学医的时候，开学典礼在这样的礼堂召开的话，你会放弃做医生吗？他的回答是：不会。

2013年5月，参加英国医学杂志（BMJ）的一个会议，会议之后，有一个晚宴，BMJ为英国一些优秀的医疗团队颁奖，BMJ的主编和BBC电台的著名节目主持人共同主持这个年度颁奖晚宴。令我惊讶的是，BMJ给每个获奖团队的颁奖词，从未提及该团队过去几年在什么大牛杂志上发表过什么大牛论文，而是关注这些团队在某个领域提高医疗服务质量，减轻病患痛苦，降低医疗费用等方面所作出的贡献。

很多朋友好奇地问我，AME是什么意思？

AME的意思就是，Academic Made Easy, Excellent and Enthusiastic。2014年9月3日，我在朋友圈贴出3张图片，请大家帮忙一起从3个版本的AME宣传彩页中选出一个喜欢的。最后，上海中山医院胸外科的沈亚星医生竟然给出一个AME的"神翻译"：欲穷千里目，快乐搞学术。

AME是一个年轻的公司，拥有自己的梦想。我们的核心价值观第一条是：Patients Come First！以"科研（Research）"为主线。于是，2014年4月24日，我们的微信公众号上线，取名为"科研时间"。"爱临床，爱科研，也爱听故事。我是科研时间，这里提供最新科研资讯，一线报道学术活动，分享科研背后的故事。用国际化视野，共同关注临床科研，相约科研时间。"希望我们的AME平台，能够推动医学学术向前进步，哪怕是一小步！

　　如果说酒品如人品，那么，书品更似人品。希望我们"AME科研时间系列医学图书"丛书能将临床、科研、人文三者有机结合到一起，像西餐一样，烹调出丰富的味道，搭配出一道精美的佳肴，一一呈现给各位。

汪道远

AME出版社社长

前言

曾经憧憬过当一位作家，用作品洗涤心灵；也幻想过做一名记者，把真相揭示于天下。著作等身，立言、立德、立行是中国传统知识分子薪尽火传的理想境界。想写此书很久了，没有开始的原因，一是积累和沉淀不够，知识不成系统，同时不断有新感悟，时时有新进展，今是而昨非。二是为稻粱谋的工作，时间不是自己的，三十年职业生涯，竟然没有找到一张安静的书桌。

1984年上学的时候，学校名为"北京医学院"，1990年毕业的时候，学校已经改名为"北京医科大学"，而现在的北京大学医学部不知道算不算是母校。时光荏苒，岁月匆匆，而今已知天命。

生也有幸，误打误撞进入了临床肾脏病学和制药企业医学事务两个工作领域。三十年来经历了这两个领域从无到有的过程。笔者亲眼见证了临床医学从经验医学、基础医学、循证医学到精准医学的不断进化，治疗模式从生理—医学—社会到预防—预测—个体化—参与性的演变。亲眼看到了制药行业经历了从天然药物到化学制药再到生物制药的发展过程，经营思路经历了从发明生产驱动向市场销售驱动再到科学证据驱动的转变，同时，制药行业的营销路线也从以"重磅炸弹"为核心转到以患者为中心、以证据为根本，从常用药品转移到特殊治疗药品，再到肿瘤和罕见病领域。制药企业的医学事务部门也从医学助手、医学支持、医学合规的角色转变为贯穿整个药品研发周期和生命周期的科学驱动部门，到处都有医学事务的影子。

制药行业医学事务发展的二十年，是全球化、信息化和医疗卫生保健系统深刻变革的二十年；是人类健康得到改善，疾病得到有效控制的二十年；也是药品成为全球化的商品，制药行业成为国家战略行业和高度监管行业的二十年。在这个巨变的时代，不变的是我们的学习能力和知识管理能力，是我们工作的价值观和自我完善、自我实现的心理需求，是从依赖到独立再到互相依赖的不断进化的人生，是我们从数据到信息再到知识的提炼整理过程。

2019年下半年，因缘际会，终于下决心辞去工作，远离团队，远离各种会议，过上了天天都是星期天的生活。五个月来，在咖啡和烟草的陪伴下，敲打着键盘，梳理着三十年职业生涯中从临床医生到制药企业医学事务的所学、所思和所得，个中滋味，自是一家而言。或者盲人摸象，或者坐井观天，匆匆而就，粗陋之处，当属难免，这不是一部学术著作，而是一本工作心得、工作总结。好在他山之石，可以攻玉，仁者可以见仁，智者亦可以见智。寥寥数语，以为前言。

邱歆海

目　录

第一部分

治疗领域和知识管理

第一章 医学事务的职能及其演变和发展

作为特殊的商品，药品是用于调节人体生理机能，从而缓解和控制病痛，帮助人体恢复健康的手段和工具。这种手段和工具针对的是机体内调节生命的生理和病理活动的关键核心物质——蛋白质（酶、激素、转运蛋白、抗体、结构蛋白、信号分子、受体、核酸等）。

科学技术的发展是药物研发和商业化过程的基础，也是药物创新的核心驱动力。现代药物的发现和研发离不开药物化学、分子生物学、基因组学和蛋白组学等基础生命科学对疾病发生和发展机制的深刻洞察和引领，离不开化学工业、组合化学、基因工程技术、细胞工程技术的进步，也离不开人类对医疗健康永不满足的渴望和需求。

第一节 从天然药物、化学药物到生物制药——药品的发现和研发

现代制药行业从诞生到现在不过百年。在1900年药物化学和药理学出现以前，特别是在化学工业出现，以及1938年政府对药品的准入开始监管以前，药物的发现主要集中在天然药物及其提纯阶段。药物的发现是偶然的、经验性的和被动的。

一、天然药物时代

天然药物的提纯始于200年前。1805年，德国药物学家F. W. Sertürner从罂粟中分离吗啡以后，法国和德国的药剂师们相继提纯了30余种药物。1820年从秋水仙的种子中发现秋水仙碱，1821年从咖啡豆中提纯咖啡因，1823年从金鸡纳树皮中得到奎宁，1828年从烟草中得到尼古丁，1833年从颠茄中获取阿托品。

天然药物的提纯和生产奠定了现代化制药工业的基础，然而天然药物不是传统的中医药，并不是所有的天然药物都属于中医药原来认知的范畴，如银杏叶、水飞蓟、毛地黄、萝芙木、颠茄、麦角、长春花和西洋参等，因为这些天然植物的治疗作用并不是在中国发现和开始应用的。中国学者在天然药物的提纯中也作出了自己的贡献，麻黄素（1924年，由北京协和医院陈克恢和冯志东报告）、雷公藤多苷、青蒿素均是由中国学者发现并首先应用于临床的现代药物。

天然药物始终都是药物发现的宝库，并不会因为化学药物和生物制药时代的来临而完全退出历史的舞台，时至今日，天然药物仍然是先导化合物发现的源泉。例如，1931年根据毒扁豆碱的结果合成了新斯的明，1949年根据箭毒生物碱和毒扁豆碱的发现制备了琥珀酰胆碱，1961年合成了麦角胺，1971年从红豆杉中发现并制备了紫杉醇。

二、化学药物时代

制药公司是从事药品研发、生产和营销的企业。1897年拜耳公司合成阿司匹林，标志着化学药物时代的开始。最初的制药企业，大多来自染料和化妆品工业，由于化学工业技术的发展而进入到药品的提纯、研发和制造中。建立于1865年的巴斯夫公司（Badische Anilin-und-Soda-Fabrik，BASF SE）最初是通过生产苯胺及其衍生物来制造蓝色制服的公司，后来苯胺衍生物成为治疗多种疾病的药物。瑞士巴塞尔，1758年出现了嘉基化工公司，1884年出现了汽巴公司，两家公司一开始都是染料和化工药物公司，转换为制药公司后合并成为现在的诺华制药有限公司。1926年，英国染料公司联合制碱公司等合并成为帝国化学工业有限公司，其制药部门后来剥离出捷利康公司，并与瑞典的阿斯特拉合并成为现在的阿斯利康。辉瑞公司最初是于1849年在美国创立的一家化工药物生产公司，当时的主要产品是柠檬酸，在青霉素发明之后，辉瑞利用其在化工行业积累的发酵技术，开始了青霉素的大规模生产，从而进入了制药行业，并相继开发了土霉素、四环素和西地那非。相比化工药物，药品制造和开发的附加值更高，化工企业转型为制药企业是很自然的事情。

制药行业的第一次飞跃发生在20世纪前50年，新药的发现集中在各种传染性疾病（瘟疫）、感染性疾病（炎症）的防治和磺胺药等领域。抗生素的出现和临床应用极大地控制了瘟疫的流行和微生物感染引起的炎症。人类第一次在面对微生物时，不再感到无力和恐慌，第一次拥有了自己的武器，白发人哭黑发人的悲剧得以大幅度减少，导致人类死亡的疾病谱开始出现转折。

此后，以药物研发、制造和推广为主要业务的制药企业如雨后春笋般涌现。第二次世界大战前后，欧美西方世界开启了制药行业的化学药品时代。药物发现也从单纯的天然药物及提纯阶段进入到小分子化学药物合成的阶段。二战前后，以探讨疾病发生机制为核心的基础医学和药学、以治疗具体患者为核心的临床医学和以药物制造和研发为核心的制药行业开始相互联系、相互作用、相互促进，不再是各自发展的平行线；由此，制药行业开始了第二次飞跃，药物的研发重点转移到研制治疗各种非感染性疾病的药物上，相继出现了肾上腺素受体拮抗药、H2受体拮抗药等。

1960年开始，制药企业开始雇佣生物化学家和分子生物学家提纯新型治疗药物及研究药物作用靶点，并成立药物研究机构，这是医学基础科学与制药工业的融合与发展，制药企业开始拥有自己的药物研发机构和科研工作者，并成为药物基础研究的主体。

三、生物制药时代

制药行业的第三次飞跃始于各种基因工程和细胞工程的发展，从而进入生物制药时代。1975年杂交瘤技术的出现揭开了单克隆抗体工程的序幕，1977年第一次在细菌中表达人类基因，1978年基因重组人胰岛素在大肠杆菌中成功表达，1983年聚合酶链反应（polymerase chain reaction，PCR）技术出现，1986年人源化抗体技术建立。由此，在美国东西海岸的大学和研究所旁边，科学家和风险投资者先后建立了许多生物技术公司，如基因泰克（Genentech，1976年，美国）、安进（Amgen，1980年，美国）、健赞（Genzyme，1981年，美国）、渤健（Biogen，1985年，美国）、新基（Celgene，1986年，美国）、再生元（Regeneron，1981年，美国）等。

基因泰克是生物制药行业的领军者之一，创立后第一年（1977年）就通过大肠杆菌制造出了生长激素抑制素，1982年成功制备重组人胰岛素（Humulin，授权礼来），1985年生产重组凝血因子Ⅷ，1987年生产组织纤维蛋白溶酶原激活物（t-PA），1996年生产出重组人生长素，1997年合作研发利妥昔单抗（Rituximab，Rituxan，美罗华，IDEC研发，基因泰克出资），1998年曲妥珠单抗（Herceptin，赫赛汀）上市，2004年贝伐单抗（bevacizumab，Avastin）上市。2009年3月12日，罗氏公司以468亿美元并购了基因泰克公司，从此成功转型。

1983年，来自中国台湾的林福坤在安进公司成功克隆出促红细胞生成素基因，使重组人类促红细胞生成素在1985年进入临床试验，在1989年6月得到美国食品和药物管理局（Food &Drug Administration，FDA）批准上市。

1994年，英国剑桥抗体技术公司（Cambridge Antibody Technology，CAT）和BASF SE生物研究公司应用噬菌体展示技术开发出全人源治疗性单克隆抗体D2E7（阿达木单抗），并于1998年11月开始了治疗类风湿关节炎的临床试验。2001年3月，雅培制药以69亿美元的价格全面收购了BASF SE的制药业务，并于2002年4月在欧美和澳洲以"修美乐"的商品名上市了阿达木单抗。阿达木单抗在类风湿关节炎之后，先后拥有16个适应证，涵盖风湿免疫、胃肠病学和皮肤病学3个主要治疗领域。2013年1月，雅培制药将其处方药业务部门拆分为单独的公司运作，称之为艾伯维。自2012年开始，修美乐一直是全球处方药销量之首，其2020年的年销售额可能超过200亿美元。

重组人类激素蛋白质和治疗性单克隆抗体药物的出现，使得肿瘤和罕见病的治疗取得突破性进展，制药行业在2012年之后出现了继小分子化学药品之后的第二个春天。各大制药企业也纷纷通过并购生物制药公司来进入这一领域。

由于生物制药治疗靶点明确，研发周期相对短，治疗的疾病多属肿瘤、危急重症和罕见疾病，个人、政府和医保的需求及支付意愿强烈，临床试验需要的样本量少等因素，生物制药成为制药企业新的增长点。由于生物制药发展的时机和特点，中国也将发展生物制药作为战略技术行业，期望通过生物制药实现弯道超车，在制药工业上进入世界先进行列。

新分子实体　严格说来，在药物的筛选和发现过程中，药物还不存在，有的只是一大堆候选的化合物或分子结构而已，可以称为化合物、分子或物质。药物的发现过程既是人类认识自然、了解自然的过程，也是人类认识生命活动的过程，还是人类技术进步的过程。现代药物的发现过程涉及多学科，如病理生理学、生物化学、组织化学、药物化学、组合化学、分子生物学、基因组学和蛋白质组学、代谢组学、毒理学和药理学、生物信息学，甚至计算机技术和生产工艺等，几乎涵盖了生命科学和技术学。制药企业每年投入近千亿美金的研发费用，却只能研发20个左右新化学实体（new chemical entities，NCE），或者新分子实体（new molecular entities，NME），或者新活性实体（new active substance，NAS）。在某种意义上说，这是上帝的礼物，弥足珍贵。

四、基于治疗靶点的药物发现途径

一种药物的药理作用是通过与体内的生物分子（受体、酶和离子通道等）的特定位点结合产生的，而如果体内位点参与了疾病发生和发展过程中的关键环节，药物就产生了干预疾病进程的治疗作用。这是基于靶点的药物发现途径，这种途径是小分子化学药物NCE发现的主要策略和思路，而不同药物对单靶点的选择性和亲和力、同一药物对多靶点的干预作用都是药物发现的重要研究课题。

从治疗靶点到进入临床试验至少需要经历五个步骤：治疗靶点确立、活性（苗头）化合物确立（HIT Identification）、先导化合物确立（lead finding）、候选化合物优化（candidate optimization）、临床前研究完成。

（一）治疗靶点的确立

药物的作用靶点也称为药物的靶标，是指能与药物特异性结合后产生生物效应的体内生物大分子。疾病的病理生理过程由多个环节构成，药物的治疗靶点就是在这些环节中起关键作用的生命物质，通常为蛋白质。当这个环节（靶点）被抑制或阻断，其生理或病理效应也会相应出现变化，从而达到药物干预的目的。

药物及其靶点的作用就像钥匙和锁一样。特异性或选择性是指一把钥匙只能开一把锁，亲和力是指钥匙和锁结合的紧密程度。药物的作用靶点类型主要有受体、酶、离子通道和核酸。

如果不考虑细菌、病毒和寄生虫方面药物的作用靶点，迄今为止在人体内发现了500~600个靶点，并进行了原理验证试验（proof of concepts，POC），其中100~150个靶点被证实有临床效应，这些靶点原则上可以产生1 200个左右的NCE和5 000~15 000种药物。随着基因组学和蛋白质组学的发展，越来越多的靶点被发现和研究。在新药的发现过程中，一个可以成药的治疗靶点的发现对制药企业是非常珍贵的，这样一个靶点常常会引来无数的竞争者或快速跟随者，引无数英雄竞折腰。欧洲药品管理局表示，对于同一个靶点的药物最多只会批准3~4种。

另外一种药物发现的途径是模拟和合成体内激素和蛋白质。通过这一途径发现的药物主要是大分子药物，如单克隆抗体、胰岛素、生长激素、第Ⅷ因子等注射用生物制剂。基于模拟体内激素和物质研发的药物，被称作体内受体或酶的激动药或拮抗药。

在已经上市的药物中，以受体为作用靶点的药物占52%（主要是G蛋白耦联受体，G protein-coupled receptor，GPCR），以酶为作用靶点的占22%，以离子通道为作用靶点的占6%，以核酸为作用靶点的占3%，其余17%的药物作用靶点还没有鉴定出来。

（二）从苗头化合物到先导化合物

在确定药物研发的靶点之后，制药公司的研发部门需要采用各种方法筛选作用于特定靶点的活性化合物。一般来说，首先会采用高通量筛选技术在化合物库中筛选出苗头化合物，然后使用生物检测和数据分析测定其和靶点结合的具体特性和参数，如是否为非共价键结合、结合是否可逆、时间依赖的IC50/Ki、初步的药效关系（structure-activity relationship，SAR）等。这个阶段一般需要12个月。

（三）候选药物优化

先导化合物需要经过多种结构优化的途径才能变成候选药物，其中主要考虑的因素是其与治疗靶点的亲和力、效应性、选择性、理化特性、在人体的代谢和药代动力学。

（四）临床前研究

机体存在的很多因素会影响候选化合物抵达治疗靶点发挥作用，在体外效应并不意味着在体内可以发挥同样的效果。因此，在淘汰很多苗头化合物，优化了先导化合物之后，候选化合物要进行代谢和药物动力学研究（metabolism and pharmacokinetics，MAP）。

只有候选药物才需要进行原理验证实验（selected compound for proof of concept，sPoC），且需要满足以下三个条件：候选化合物在作用位点可以在一定时间内达到和维持有效浓度，其安全治疗窗可以接受，且能够成药。据说在5 000~10 000个候选化合物中，能够进入动物实验MAP的只有250个，这一阶段的工作实际上是在"枪毙"候选化合物。

药物的临床前研究包括药学研究和药理毒理学评价。安全性评价需要遵守药物非临床研究质量管理规范（good laboratory practice，GLP）。在进行相关的动物实验研究时，还要遵守动物保护和实验动物伦理的相关规定。临床前药学研究还包括生产工艺、质量控制和稳定性研究（chemical manufacturing and control，CMC），需要在符合药品生产质量管理规范（good manufactune practices of medical prodncts，GMP）的车间完成。

近年来，在动物保护组织的抗议下，测试化妆品的动物实验已被禁止，但是，一直没有找到替代药物非临床研究的动物实验的方法。英国《实验动物法》规定，对于作为科学实验对象的动物，需要在其遭受痛苦时给予镇痛，活体解剖前应予麻醉，以确保动物不被虐待。

临床前研究完成后即可向药监当局提交新药（investigational new drugs，IND）申请，申请在人体（临床）进行临床试验（clinical trial application，CTA），此时药物已经申请完专利。治疗性单克隆抗体的药物发现过程与上述小分子化学药物略有不同，需要进行生物制剂许可申请（biologics license application，BLA），其同种结构和靶点的药物被称为生物类似物，而不是仿制品。

五、药物发现过程中制药公司的决策

在制药企业的药品研发和商品化过程中，药物的筛选和发现过程受到政府和非政府组织监管最少。政府和社会不会指导和干预制药公司研发哪些药物，在哪个治疗领域发展，投资到什么适应证上面，这些都是制药公司自己的独立决定。制药公司的研发决定是通过各相关部门组成的委员会进行的，公司内部各部门的专家（subject matter expert，SME）需要在由管理决策层组成的委员会上陈述自己的评估和建议，然后委员会做出集体决策。药物研发过程中，制药公司需要进行三个基本决策，即药物的适应证在哪个治疗领域？公司应该给予多少资源投入？当发现药物不良反应（adverse drug reaction，ADR）或药物无效后，何时停止开发？

在苗头化合物发现之前，治疗靶点审核委员会需要审核和批准哪些治疗靶点是公司要进一步关注和研发的。

在sPoC确定之后，制药公司会在治疗领域业务单元内部设立研发项目团队，开始药物的临床研发。在整个治疗领域层面和公司层面，都需要对药物组合策略、项目管理、质量管理、风险管理、药物生命周期管理、药物品牌管理进行统一和明确的决定。在制药公司药物研发的关键决策过程中，有两个因素是始终都要考虑的，一是现有治疗的局限性（未被满足的医学需求），二是研发药物的独特性（科学和临床优势）。前者是从疾病和适应证的维度出发的，后者是从药品的维度出发的。

治疗领域管理的核心是深刻地了解自己领域内疾病未被满足的医学需求，而这也是医学事务部门参与早期研发过程的基础。

六、美国FDA对创新药物的特别审批程序

自1992年以来，由于药物所治疗的疾病对于社会和家庭的影响不同，以及药物本身对疾病的治疗效果不同，美国FDA相继出台了优先审批、快速通道、突破性疗法和加速审批4种认证措施来缩短药物从研发到上市的时间。

优先审批（priority review，PRV） 与标准审批相比，优先审批时间缩短40%，其判断依据是药物所治疗的疾病为重大疾病，药物本身能够增加治疗、诊断或预防重大疾病的疗效，或者减少现有治疗的不良反应，增加依从性并改善预后。药品的优先审评券会使得交易溢价数亿美元。

快速通道（fast track） 快速通道的根据是药物所治疗的疾病为重大疾病（影响患者生存或生活）或是针对未被满足的临床需求的药物（目前没有治疗或比现有治疗更具优势）。

突破性疗法（breakthrough therapy designation，BTD） 突破性疗法指药物本身与现有治疗相比具有临床意义的实质性改善，其治疗的疾病是

严重或威胁生命的疾病。具有突破性疗法的药物直接享有快速通道的所有特权。在申请突破性疗法时，需要提供初步的临床证据，表明有一项具有临床意义的终点较现有治疗有改善。

加速审批（accelerated approval） 加速审批是使用替代终点或中间终点来加速针对重大疾病药物的审批。

七、制药公司药物发现过程中的难题和局限

在药物发现过程中，制药公司的参与人员是基础研究部门的科研工作者，其专业领域是药物化学、基因工程、计算机科学和统计科学，对于临床医学和疾病治疗知之甚少。

如何确定在特定疾病领域的未被满足的医学需要？如何了解各个国家和地区临床流行病学情况和现有治疗的情况？各个国家和地区临床医生对疾病的诊治经验和临床见解，对于早期的研究方向确定和决策是十分必要的。而制药公司的临床研发和医学事务又往往关注于后期已经确定的研究药物和上市药物，对于和自己研究或负责的药物无关的疾病知识又疏于研究。如何加强治疗领域管理，建立跨部门合作的有效机制是各家公司不断探讨和研究的工作课题。医学事务，特别是区域医学事务联络人员（medical scientific liaison，MSL）在和专家互动、交流中发现的临床见解和分析报告将有助于科研工作者和决策者前期的决策，这也是体现医学事务价值的重要部分之一。

第二节　从临床研发到新药批准——药品的注册和审批

在制药行业，"临床"一词的含义特指未经批准的药品用于人体的药物研发活动。制药公司和制药行业从事这一活动的部门和人员职位全都冠以"临床"一词，如临床研发部门、临床研发项目、临床研究专员（clinical research associate，CRA）、临床研究组织（clinical research organization，CRO）和临床研究项目经理等。

这和在医学实践中的"临床"含义略有差异，制药行业的"临床"是对药物在人体的有效性和安全性的探索和验证过程，是以药物的临床药理学和临床药效学为基础的；而临床医学的"临床"是针对患者的诊断和治疗策略的制订及实施，此临床非彼临床。药物的临床研发过程是整个药物研发过程中花费最大、用时最长的，候选化合物通过这一过程转变为真正的治疗药物。

一、用于药品注册目的之临床试验

药物的临床试验是制药企业发起的在人体（健康志愿者或患者）进行的药物系统性研究，其目的是揭示其药效学和药物代谢动力学，确定药物的疗效和安全性，确定药物干预和效应之间的因果关系，获得药监当局的上市批准和许可。

药物的临床试验自始至终都是在药监局的法律和法规允许的范围内进行的：在开始之前，需要得到药监局的临床试验申请（clinical trial application，CTA）许可；在进行过程中，需要按照药监局颁布的规程和药物临床试验质量管理规范（good clinical practices，GCP）进行，并向药监局报告在试验中出现的严重不良反应；在完成Ⅲ期临床试验之后，即可向药监局提出新药申请（new drug application，NDA）。药监当局根据制药企业提交的药物临床试验总结报告、统计分析报告和其他资料，审核批准后颁发新药证书和药物批准文号。由此可见，药企的临床研发部门和注册法规部门间的合作和沟通最为密切。

政府设立药监局的初衷和使命是保护患者的用药安全，因此，药品临床试验分期的基本思路在于从健康志愿者到患者、从小样本到大样本、从小剂量到大剂量、从一家中心到多家中心，一步一步地探索和证实研发药物在确保安全性前提下的有效性。每一步都要谨小慎微，随时可以做出停止研发或调整治疗方案和适应人群的决定。药物临床试验的实质是对风险和效益的评估研究，也是一系列确定IND的临床效应（有效性和安全性）的因果关系的判定措施。

Ⅰ期临床试验　属于临床药理学研究，是药品首次在人体中使用的研究（first in human，FIH），受试者多为健康志愿者，也可以是患者。其目的是初步测试人体对于新药的耐受程度，测试新药在人体的药代动力学和药效学参数，为制定治疗方案提供依据。

Ⅱ期临床试验　是在选择的有适应证的患者中进行的探索和初步评价新药的治疗作用和安全性的研究（Ⅱa期临床试验），更为重要的是为Ⅲ期临床试验的研究设计和用药剂量提供依据（Ⅱb期临床试验）。Ⅱa期临床试验是在少部分患者中进行的关键性探索研究（pivotal study）。Ⅱa期临床试验结束之后，药物也就结束了早期临床研发阶段，进入到晚期临床研发，因为此时研发人员对药物有了更多的了解和信心。Ⅱb期临床试验是剂量发现研究（dose finding study），探索不同剂量下的临床效应，为发现合适的治疗剂量奠定基础。

从sPoc到Ⅱa期临床试验结束阶段是研发早期阶段，主要考虑的问题有以下几方面。

❖ 研究药物可以开发多少种适应证？这些适应证的优先次序如何？

❖ 如何最大化研究药物的价值？

❖ 在策略层面，有多少选择余地？

在Ⅱa期临床试验结束后，药物进入临床研发后期之前，制药公司需要考虑的问题有以下几方面。

❖ 在选定的适应证范围内，最有利的临床研发策略是什么？

❖ 研究药物在上市后最有竞争力的临床差异是什么？

❖ 有多少种其他的研发选项？

Ⅲ期临床试验　药物进入Ⅲ期临床试验，就表示已经走完了其研发过程的主要阶段，进入到最消耗时间和资源的成功冲刺阶段，但是药物的成功并不是轻易得来的。

Ⅲ期临床试验需要证明药物在不同国家或地区的不同人种、不同中心的不同患者身上都有效并且安全，而且其安全性和有效性的数据来自足够大的样本量，至少差异具有统计学意义。Ⅲ期临床试验还要说明与现有药物或治疗相比，IND特有的安全性和有效性差异。

制药行业通常一个适应证接着一个适应证地分别进行Ⅲ期研究，这也拉长了Ⅲ期临床试验的时间跨度，可能一个药物在一个国家已经结束Ⅲ期研究并上市了，但另外的国家还在进行Ⅲ期研究。这也是药物研发的经费和人力物力在这一阶段消耗巨大的主要原因。

药品的Ⅲ期试验分为两种，用于递交确定适应证的新药申请和上市许可

（NDA）的称为Ⅲa期临床试验。实际上，药监机构审核批准NDA一般需要数月到一年，在这一阶段，制药企业可以继续开展自己的Ⅲb期研究，来探讨更宽的适应证和更长期、广泛的临床效应。

Ⅳ期临床试验 在监管机构看来，经过Ⅲ期临床研究还不足以完全确定药物的临床效应，在上市后五年内还需要对其应用在广泛人群包括特殊人群和特殊情况（老人、儿童、孕妇、肝肾功能不全、合并疾病和药物等）中的有效性和安全性进行考察。

一般说来，Ⅳ期临床试验不是强制性的，但是在特殊情况下，监管机构会在批准上市的时候，强制性要求制药公司进行药品上市后的安全性和有效性研究，这就是上市后有效性研究（post authorization efficacy study，PAES）和上市后安全性研究（post authorization safety study，PASS）。这些特殊情况包括药监机构认为Ⅲ期研究存在可以弥补的缺陷（样本量不足或研究周期稍短等）或者是在药物因临床急需或在其他国家已经批准，但在本国家或地区还没有进行过Ⅲ期临床试验的情况。

制药公司主动发起的Ⅳ期临床试验的目的一般不是满足药品的监管要求，而是为使用药物的临床医生提供药物使用的有效性和安全性的循证医学证据，如临床硬终点和临床结局的研究。

值得注意的是，药品的临床试验的分期是根据药品的适应证进行的，如果开发药物新的适应证，则需重新开始临床试验的分期。总之，用于注册新适应证的研究基本上都是Ⅲ期临床研究，即使是已经上市很多年的药物。

二、目标药物特性

目标药物特性（target product profile，TPP）是一份简明的表格性非正式文件，是1997年美国FDA和制药企业合作成立的临床研发工作组提出的相互间沟通交流的模板。TPP的主要内容是对说明书有关内容的初步设想，包括在研新药的研发代号、国际非专有药名（international non-proprietary name，INN）、商品名称（如果有）、期望在上市时的价值陈述。

核心内容包括适应证和患者人群、剂量和用法、核心信息、有效性信息和假设、安全性信息和假设、医保和准入的信息和假设。在目标药物特性中，分为基础情景和理想情景两种，也有分为三种者。TPP一般在Ⅱa期临床研究之后，Ⅲ期临床研究之前制定，用于指导公司相关部门之间的沟通以及和药监机构的沟通。

在Ⅲ期临床研究结束后，制药公司需要明确下述问题和策略。

❖ 研发药物的价值定位是否还有其他选项？

❖ 在整个药物研发过程中，对药物的认识是否有改变？有哪些改变？

❖ 研究结果和TPP相比，有什么差别？

三、人用药物注册技术国际协调会议

药品必须进行各种验证其有效性、安全性的基础研究和临床试验，并经过专门的委员会审核评估后才能上市销售。这一过程固然在很大程度上避免了很多不必要的损害和损失，保护了临床实践中使用药物治疗的人群，但是，如何保护药物上市前参加临床试验的人群的权益？如何减少药物对其可能的伤害？如何保证这些研究结果的合理性、可靠性和科学性？

人类对健康的认知和发现是无国界的，制药行业是最需要全球化的行业，一种新药不仅可以造福于研发该药物的本国人民，也可以造福于全人类。然而目前每个国家都设立了药物监管和准入机构，如何减少资源的重复和浪费，让需要的患者能够更迅速地使用到新的有效的治疗药物？

为了解决和协调上述问题，美国FDA、美国制药工业协会、欧洲委员会、欧洲制药工业协会、日本厚生省和日本制药工业协会等六个成员在1991年发起了国际人用药品注册技术协调会（International Conference on Harmonization of Technical Requirements for Registration of Pharmaceuticals for Human Use，ICH），制定了关于人用药品注册技术各个方面的标准及指导原则，其中包括药品临床试验管理规范、快速报告的定义和标准、临床试验报告的内容与格式等。

ICH促进了制药企业与药监局的对话和合作，公布了ICH-GCP和36个论题的ICH指导原则，减少了成员国之间的重复研究，缩短了新药研究开发的时间，减少了实验动物数量，节约了研究费用；改进和规范了实验技术方法；加强了成员国之间的合作关系；对非成员国产生了积极的影响，在世界范围内得到广泛的关注。2017年6月14日，中国加入ICH，成为监管机构成员。

四、注册法规文件

ICH-CTD（common technical document）是国际公认的文件编写格式，用来制作一个向药品注册机构递交的结构完善的注册申请文件，共由五个部分组成：①行政信息和法规信息，如申请表或被批准的适应证，其内容和格式可由该地区相关机构规定；②CTD文件概述，这是对在非临床和临床试验中显示出的药物质量的高度总结概括，应由合格的和有经验的专家来编写；③质量部分，包括药物在化学、制剂和生物学方面的数据；④非临床研究报告，包括原料药和制剂的毒理学和药理学试验数据；⑤临床研究报告，这是药品在临床试验的数据。CTD文件中，原料药企业应该提交第二部分整体质量概述（the quality overall summary，QOS）和第三部分原料药的化学性质、生产工艺和质量控制的基本数据和资料。

电子药品主文件（electronic drug master file，eDMF）是原料药的质量数

据，包括其化学性质、生产工艺和质量控制等方面的资料。

五、药物临床试验中研究者和研究中心的科学沟通

制药公司在临床研发过程的具体实施是以各个项目为单元进行的，项目管理是核心的工作技能，项目的时间表和里程碑的达成是最关键的绩效指标。这种工作模式保证了项目的高效运营，但是，这种模式也有其先天固有的局限性，突出表现为研究机构和研究者的学术沟通和学术认可较弱。

因为药品的临床试验是制药公司发起的，研究方案也是制药公司根据注册需要制定的，所以研究者对在研药物的兴趣远远低于对患者入组和试验进度、试验流程和系统的关注，对在研药物的科学意义和科学投入关注不足。在存在外部合同研究组织的情况下，制药企业、研究机构和研究者（同时也是临床医生）三者间对于新的治疗靶点和作用机制的先进性和独特性的科学沟通将因此缺失。

在研究结束，将研究报告递交药监当局之后，临床研发部门的人员并不关注该项临床试验的文章撰写情况及其在科学会议和学术杂志上的发表情况及进度，对药品说明书的准备及内容的准确性和完整性也没有过多的兴趣，其他的项目已经排上了议事日程。这种现状和运营模式为医学事务在药物临床试验过程中发挥作用打开了一扇大门。

各个制药公司内部为如何解决药品临床试验中研究者的科学沟通和文章发表这一课题，召开过很多跨部门的会议讨论。不同公司或同一公司在不同时期，对这一难题的解决方法不尽相同。这一课题一直被讨论着，不会结束，相信可以产生很多优秀实践案例。

第三节　从新药上市到市场准入——药品的营销、推广和准入

一个合格的制药企业不仅应该是药物研发和创新的机器，同时也应该是市场营销和推广的战车。制药企业不是研究机构，而是药品商业化的公司。药品的晚期临床研发实际上就是药品商业化的起始阶段，因而欧盟将其称为"药品商业化试验"。

药品市场营销和推广的核心在于使得合适的患者在合适的阶段得到合适的治疗，这个原则也应该是所有推广信息的核心。本质上讲，所有的推广活动都是信息收集、整合和传递的活动。记得有一位市场总监讲过，"我们实际上做的是信息产业"。所谓推广和推广活动，就是信息从制药企业内部传递到医疗卫生专业人士（health care professional，HCP）的过程。

一、上市前准备活动

药物临床试验的结束并不意味着药物可以直接进行推广。在上市前，制药企业和公司需要进行多方面的准备工作。

准备药品　确定药品的INN、中国通用名、商品名和注册商标，检查和确认药品在全球（包括原产国和中国）的专利注册情况，确认药品在药典中的列入情况，进行药品生产、进口、清关和销量预估、库存和经销渠道准备等。

准备市场　制药公司需要在上市前了解所要进入的治疗领域和适应证在所在国家和地区的流行病学情况、未被满足的治疗需要、医疗卫生系统和资源利用情况、患者的治疗路径、医生的治疗观点和行为分层、竞争公司情况，并制定自己药物的上市定位、定价、营销推广准入（go to market strategy，GTM）和医学策略、公共媒体策略。

准备人员　制药公司在新药上市前24个月需要准备人员专门负责新药物的上市计划和沟通。最早上岗的人员是医学事务部的医学顾问（medical advisor，MA）和MSL。一般来讲，专职MSL和MA应该在新药审批日期之前的18个月上岗，专职的市场部经理至少要在药物批准前12个月上岗，专职的医药代表至少要在药品批准前3个月上岗。新产品上市过程中，其他部门包括市场准入、媒体公关、商务和招标部门、财务部门的人员一般是由企业现有人员兼任的，此时，工作的优先级和新产品上市的专门工作小组的确定和运行就非常重要了。

准备知识 新产品上市过程中，知识的准备贯穿全过程。公司内部各部门需要相关的药物知识、疾病知识、准入知识才能制定有效的策略和活动，制定有效的针对不同利益相关者的不同核心信息和药物证据。

内部的培训活动需要确保公司人员深刻理解并熟练掌握药物的核心信息和数据，并能够回答医疗卫生专业人士可能遇到的常见问题。在公司内部，临床研发和药品早期发现的知识需要从全球传递到所在国家和地区，从总部传递到各分部，从药物发现和临床试验研发部门传递到医学事务部门。这一点值得重视和注意。如果临床研发部门不能有效地把药物相关的科学和临床知识系统性地传递给医学事务部门，药品发现和研发的很多知识就在这一过程中丢失了。这体现了一家公司的知识管理能力和临床研发部门、医学事务部门的管理水平。各部门主要的知识文件如下。

临床研发部门：研究者手册、研究方案、研究报告、研究机构和研究者简历、研究文章发表。

注册法规部门：药品说明书风险管理计划。

市场部门：药物专论（product monograph）、品牌标准文件、药物培训模块和讲义。

医学事务部门：药物文献、上市后研究指导文件。

市场准入部门：核心价值文件（core value dossier，CVD）。

二、药品的推广活动和学术推广模式

推广活动的核心在于制药企业要向处方者和其他医疗卫生专业人员传递一个基本内容：特定的药物在特定的人群有特定的疗效并且有较高的安全性（推广信息）。没有这个内容的活动不应该被视作推广内容和推广活动，但是，只要活动中有一部分涉及这个内容，就应该被视作推广活动。

针对HCP的推广活动（推广信息传递）主要由制药企业内部的市场部品牌经理策划和执行，这个过程叫做市场营销或市场策划；针对处方者和潜在处方者个体的推广活动（学术推广信息传递）由医药代表来执行，这叫做专业拜访。世界上第一支制药企业医药代表团队是1950年辉瑞的土霉素销售团队，到1953年，土霉素的销售额超过1亿美元，医药代表人数达到1 300人。

20世纪90年代以来，跨国药企建立了以传递药品科学信息为核心的专业化学术推广模式，这种推广模式有以下几个特点。

医药代表专业化培训和认证 跨国药企的医药代表都需要进行严格的专业化培训，包括药物知识、疾病知识和不良反应报告过程以及推广规范的培训，还需要经过所在国家制药行业学会的医药代表资格认证。在中国，中国外商投资企业协会研制和开发行业协会（R&D based Pharmaceutical

Association Committees，RDPAC）2003年开始进行医药代表资格认证考核，2015年把医药代表列为正式职业之一。

推广资料的内部审核和批准　所有推广资料和信息，无论是印刷品、电子版还是其他形式，都需要进行内部的审核批准，其主要目的是保证推广信息的准确性、科学性和客观性、先进性。制药企业雇佣的审核推广资料的人员必须具有一定的资质。早期在欧美国家，推广资料需要由具有临床医生资质的人员和临床药师资质的人员进行双重审核。

❖ 传递以科学证据为基础的核心信息（特定的药物在特定的人群有特定的疗效并且有较高的安全性）。

❖ 以学术讨论会议为主要活动形式。制药公司学术推广的主要形式和活动包括上市会、卫星会、城市会、圆桌讨论会、学术沙龙、病例分享活动、院内科室会，以帮助处方医生掌握药品的临床使用经验和证据。这些独家发起和资助的活动会聘请（雇佣）知名专家和学者分享最新的领域进展和治疗动态。由于一种药物常常是跨科室使用的，与会医生不仅有机会在这些平台上和本领域的一流专家教授面对面交流，也可以与其他领域的医生和教授进行学术交流。客观上说，制药企业的学术推广会议极大地活跃和促进了临床学术交流，有力地提升了临床治疗水平，并使之与先进的国家和地区接轨。

❖ 医药代表和商业团队只能在所在国家和地区进行适应证范围内的学术推广，不能够进行超适应证信息的主动传递和推广。遇到关于超适应证的医学信息问询和未上市的在研药物的信息咨询，医药代表和商业团队应该转给医学事务部有关人员回答。而传统情况下由市场和商业团队进行的支持专业学会和政府组织的年度科学会议、健康促进行动、继续医学教育活动、临床研究活动、支持患者组织或医院进行的疾病科普活动均被定义为非推广性活动，不能由商业团队操作执行。

三、市场准入、大客户团队和商业部门

药品进入市场，在临床上使用和医生出具处方之前，需要进行列名、招标和议价，需要运输并供应给医院药房，因此，除了市场和销售部门外，制药企业内部还相应地设置了市场准入部门、商业管理部门、大客户管理部门。这些部门的人员也是药物商业化过程中不可缺少的环节，其开展的活动对象如果是HCP，也属于药物推广活动。值得注意的是，制药企业的供应商、分销商、服务提供商、CRO等不属于HCP，因此，制药企业和他们之间的信息交流不构成药物的推广活动。

四、生命周期管理

现阶段，一个药物化合物的专利期为20年，药物通常在候选化合物确定阶段就应该申请到专利，否则容易在研发阶段就被仿制。在这种情况下，药物的临床前研发和注册批准就已占去该药物专利期的8~10年，等到该药物被批准上市，只剩下10年左右的专利期和市场独占权利。

药物生命周期管理（life cycle management，LCM）的实质是在有限的市场独占期内使得药物的价值最大化，有计划地抵御仿制品的侵袭。药物生命周期管理不是指换一种剂型、包装或颜色延续专利期，而应该是制药企业的跨部门团队在遵循专利法、注册法律法规和反不当竞争法等法律法规的前提下，深刻挖掘药物的特征和利益，深刻了解仿制品和竞争药物的特点，并结合自己企业的能力和方向而进行的长期的、贯彻始终的活动，药物的生命周期管理也和制药企业的产品管线和产品组合管理密切结合，应当全面考虑。在制定药物推广策略和医学策略的时候，必须考虑该药物在其生命周期中的阶段和位置。

药品的生命周期包括五个阶段：导入期、成长期、成熟期、饱和期和下降期。

导入期 药品的导入期应该在药物被药监局注册批准之前，通常在上市前两年开始。在这个阶段应该有品牌经理、医学经理和注册部门、生产部门、临床研发部门、市场准入部门、销售运营部门等一同组成跨部门的上市准备团队。这个时期的主要任务是建立药物相关的医学和临床知识，发展和管理临床专家，确定药物的定位和价格，确定生产所在地，确定供货和运输方案，选择和改良活性药物成分（active pharmaceutical ingredient，API），改良临床使用方法和剂型剂量，改良给药方式、技术和设备装置，优先审核、缩短注册资料的准备时间，管理稽查过程，等等。在药物导入期，该领域的学术带头人应该了解和接受该药物及其带来的治疗理念和益处。导入期意味着新药得到药监局的注册批准，合法地进入一个国家和地区的卫生保健系统。药品上市前准备（launch readiness review，LRR）就是新药在导入期制订的策略和开展的活动。

成长期 一种新药成长为成熟药物的时间一般是5年左右。不同的药物在不同的领域和不同的公司资源支持下，成长的速度是不同的。在药物的成长阶段，该药物应该在临床实践中被广泛接受，同时，药物与同类药物的竞争也非常激烈。品牌和临床差异性是非常重要的驱动因素，这种差异性最根本的在于药物的临床试验证据和这种证据对临床实践的意义。在这一阶段，药物市场占有率和销售额增长率都是很高的。但是，这一阶段，药物生命周期的管理在于不沉醉于现有的快速增长，而是开始进行一系列的Ⅲ期和Ⅳ期临床试验，探索新的用法、新的剂量、新的适应证，联合给药如应用单片复方制剂、缓释剂型，探索新的给药途径。在成长期，药物的销售（额）增长主要是来自全国和区域的重点和核心医院。

在中国，成长期最重要的是市场准入的成功。市场准入过程包括三个阶段：第一，药物被所在国家和地区的医疗保险和系统[国家医保目录（national drug reimbursement list，NDRL）或省级医保目录（province drug reimbursement list，PDRL）]认可付费；第二，药物被所在地区政府或医保招标采购并议价成功；第三，药物被各家医院药事委员会（pharma affairs committee，PAC）讨论批准。在成长期，各种同类药物纷纷上市，宣称自己药物的独特特点和优势、证据、治疗靶点所承载的治疗概念成为学术界的热点话题。

成熟期　随着同类药物的不断加入和核心医院的广泛使用，药物的市场份额和销售额增长趋于稳定。药物所承载的治疗概念已经成为指南和共识的推荐，药物已经成为标准治疗（standard of care，SoC），此时药物已经上市五年以上，也就是说距专利到期仅剩几年。药物覆盖到大中城市更广泛的医院，而专利延伸成为此时药物生命周期管理的核心问题。此时需要开始推广在成长期准备的药物的新用法、新途径、新剂量、复方制剂、缓释剂型等，以期继续驱动药物市场份额和销售额的增长，此时最大的成就是申请到药物专利的延伸。

饱和期　一旦药物进入饱和期，就意味着这类药物的竞争形势已定，已经没有人再有兴趣基于同一靶点开发新的追随性药物了，也不会有新的药物上市或准备上市。该药物在已经被批准的适应证内的有效性和安全性已经得到充分的验证，关于该药物的研究更多集中在超适应证方面的效益或疾病和患者管理方面。仿制品开始准备或已进入市场，招标面临着来自仿制品和生物类似物的价格压力。另外，在饱和期中，该药物的治疗靶点已经"陈旧"，在该适应证内，新的更有治疗潜力的靶点已经被认知，新的药物已经在研发中。

下降期　药物面临强大的价格压力，销售额停止增长，市场占有率达到顶峰，基于该治疗靶点的新的药物已经进入快速成长期。此时，药物生命周期管理的方法在于价格策略调整，或者转为非处方药（over the counter，OTC），自己生产"仿制品"或者由第三方或合资公司销售，药物销售的方向在于向基层医院和社区医院扩展。值得指出的是，在很多情况下，作为标准治疗的该药物及其仿制品此时进入了一个更广阔的世界，以更低的价格造福了更多的人群。对单个药物来说，专利悬崖到来了，销量下降了，利润减少了，人员消失了，但是，该药物及其化合物却成为基本医疗的一部分，从某家公司的私有产权成了人类社会共有的知识财富。

总之，药物生命周期管理的全部目的就是获得力所能及的最大市场份额、最长的市场独占期、最快的市场导入期、最迅速的销售增长和最慢的市场份额和销量下降。

药物生命周期的延长方法包括增加适应证，增加剂量选择范围，完善剂型和药物给药方式，新药联合配方和转换为OTC等。威胁一个药品存在的最危险的因素有时候不是仿制品的出现，而是新治疗机制的出现，或竞争药物在结构、疗效和安全性上的改良。要进行药物生命周期的管理，一定要在药物生命周期的各个阶段注意到可能导致该药物过早进入下降期的信号并采取相应的对策。

五、"重磅炸弹"和专利悬崖

所谓"重磅炸弹"，是指年销售额达到10亿美元及以上的品牌药物。10亿美金也是一个新化学实体分子研发过程中的大致花费，当然，两者之间没有必然的联系。制药企业这种以"重磅炸弹"为业务驱动力的发展模式在过去30年中取得了显著的成功，1992—2002年，制药行业的市场规模呈双位数增长。制药企业日常经营的全部目的就是研发或者并购具有"重磅炸弹"潜力的药物，并在市场独占期内迅速发展（进入医保目录和医院，扩大应用人群），延长专利保护期，抵御仿制品，区别竞争对手，提高市场占有率，保护既定价格。这种业务模式被称为"重磅炸弹"模式。

不是所有的药物都能成为"重磅炸弹"，有人统计过，自2000年上市的171种药物中，只有40个药物，也就是23%的药物最后发展成为"重磅炸弹"。1 200个Ⅲ期临床试验的药物中，只有10个左右有希望成为"重磅炸弹"。

总结"重磅炸弹"成功的因素，不外乎以下几点。第一，药物在科学机制上的创新性。药物应该带来新的治疗理念和新的病理生理学或生物学路径和靶点，而不是仅仅考虑其适应证的人群范围。第二，和现有治疗相比，药物本身的有效性和安全性更高，这是差异化策略。第三，药品获得循证医学证据和文章发表，这是证据和硬终点策略。第四，策划专业推广活动，占据学术制高点，成为标准治疗。"重磅炸弹"的业务模式也催生了跨国制药企业"专业化学术推广"模式的兴起。第五，药物生命周期管理良好，包括改变剂型、扩大适应证、增加剂量、应用单片复方制剂和改变给药途径，等等。当然，最重要的一点是各个国家和地区对该药物的准入和报销政策向好。

六、最先还是最优？（First in class or best in class?）

"重磅炸弹"业务模式中有一个现象，即作用于一个靶点的药物可以有多个成为"重磅炸弹"，最先药物（first in class）的销售额不如最优药物

（best in class）的销售额。追随性药物由于结构的改良，有可能在安全性上，或者短期特定替代终点，或指标上的治疗效果，或给药方式方法上强于最先药物，就像马拉松比赛中的后来者最后超过领跑者一样。比如代文并不是第一个ARB（高血压治疗药物之一），第一个ARB是科素雅；立普妥也不是第一个他汀类药物，第一个他汀类药物是辛伐他汀；捷诺维不是第一个DPP-IV抑制药，第一个是维格列汀，商品名叫"佳维乐"。从这个意义上说，最优药物才最重要，这也是制药企业秉承差异化市场策略的重要基础。

俗话说，没有最好，只有更好。针对同一治疗靶点的药物开发风险要比在没有确证的治疗靶点上研发药物的风险低很多，成功的希望却高很多。在这一疗效明确的靶点上，即使是仿制药或生物类似药都有可能销售10亿美元以上，更何况全新的化合物。因此，同一治疗类别的药物出现了扎堆现象，如仅仅血管紧张素转换酶抑制药就有近30种，血管紧张素受体拮抗药也有9种，他汀类药物有7种。这种追随者扎堆的现象导致制药行业市场竞争空前激烈，也让临床医生和患者充满了选择困惑：这种同类之间的差异性到底对临床结局有何影响？有几家制药企业有这样的勇气进行长期的头对头的临床试验来证明这种差异？药物治疗到底有没有类效应？每一种药物的特殊性带来的临床利益是否可以超过其类效应？

2010年，美国政府出台《平价医疗法案》，规定如果后来的跟随者不能证明追随性药物在疗效上优于市场上的药物，保险公司将不予付费。而欧洲药品管理局也在考虑针对同一类别的药物，获批的药物将不超过4种。在制药行业中，任何政策对任何利益团体都没有好坏之分，有利的一面同时也是不利的一面。

《平价医疗法案》阻挡了制药企业开发同类药物的步伐，但是也减少了市场竞争和为证实所谓差异化而进行的不必要的花费（包括临床试验）。这一法案也在提醒制药企业重新把主要精力放在创新型的治疗路径上，放在患者未被满足的需求上，放在具有共同病理、生理路径和相近药物反应的患者人群上（精准治疗、个体化治疗）。制药企业"重磅炸弹"的业务模式正在悄悄地转变，业务重心重新回归到患者身上。一药打天下，一药定胜负，一药决沉浮的时代已经渐行渐远。如今，百花齐放。

第四节　制药企业为什么需要医学事务部门

无论在制药企业内部还是在医疗卫生行业中，谈到制药企业的医学事务，不同部门、不同人员都有自己不同的理解。为什么制药企业需要医学事务？制药企业想要什么？制药企业要用什么样的方式和方法来构建它们的医学事务团队？一个成功的制药企业医学事务部是什么样的？什么因素妨碍了制药企业医学事务的成功？

请注意，是制药企业，而不是医疗卫生机构或医疗卫生专业人员，更不是政府和药监局需要在制药企业内部设立医学事务部门，以便为他们提供更好的专业服务，是制药企业自己需要建立医学事务部门。

换句话说，就是医学事务的价值主要是对自己的企业的，医学事务对患者和医生的最终价值是通过制药企业及其药物实现的，医学事务不是制药企业提供给医疗卫生专业人员的一项额外服务。如果把患者和政府、保险公司比作制药企业的消费者，医生就是其客户，医学事务人员就是其雇员。在没有雇主同意的情况下，雇员一般不会愿意通过牺牲雇主的利益来满足消费者和客户的需求。制药企业设立医学事务部，既是外部形势的需要，也是内部业务的需求。

一、外部法律法规和合规的要求越来越复杂和严格

2002年，美国药品研究和制造商协会（Pharmaceutical Research and Manufacturers of America，PhRMA）和美国FDA监察办公室（Office of the Inspector General，OIG）发布和更新了行业合规指南和规则，建立了制药企业与临床医生互动沟通的行业守则，其中包括继续教育活动、专家咨询、推广资料、临床试验、赞助、招待、上市前和超适应证沟通等各个互动环节。

而继续教育活动、临床试验和研究赞助活动被列为非推广活动，不得由负责药物推广的部门管理和操作。由此，制药企业内部开始将医学事务从市场部、销售部以及研发部中独立出来，作为一个单独的部门开始运作。医学事务也逐步从附属于市场和销售部门，甚至是研发部门的支持性专家角色转型为制药企业和医疗卫生专业人员信息沟通的独立部门和关键一环。

医学事务作为其中的一个重要业务单元，已经不是单纯坐在办公室充当支持部门和临床专家顾问的角色，而是逐渐成为业务发展不可缺少的环节和驱动力量。制药企业对医学事务部的期望也越来越高。

二、临床实践、市场准入及卫生经济决策越来越科学化

制药企业需要提供最新的、符合当地情况的、适用于更广泛人群的科学数据与药物差异化和特性的数据。在这里，制药企业提供的数据和研究需要回答的问题是：药物在满足临床需要方面有什么特有的价值？采用这种治疗或干预方式解决的临床问题对于整个社会、医院所在地区的医疗保障水平有什么特有的价值？哪些方面能够得到改善和提高？

对于这些问题，原有的药物Ⅲ期临床试验数据和单纯的上市后监测性质的临床试验是不能给出满意答案的。药品Ⅲ期临床试验不是为上述问题而设计的，而是为了给药监局的审评人员提供评估药品风险和利益的依据，使其借以做出新药批准上市的决定。Ⅲ期临床试验不是为指导临床实践而设计的，为了证明药品干预的临床效应，其具有严格的入组标准和排除标准。在药物的研发上市和商业推广过程中，有近十个利益相关者，药监局是其中的一个，其他还包括临床医生、学术界、支付方（医疗保险和社会保障）、招标者、临床药师、医疗保障体制的制定者、健康产业促进者、患者组织，甚至大众媒体，每一个利益相关者关注的角度不同，所需要的数据和证据也会相应地有所不同。而这些药物证据和数据的产生需要医学事务部的参与和管理。

随着医疗保健和社会保障系统的完善和发展，有关决策者要建立对疾病的认知，不仅仅需要药品相关的数据，也需要该药对于疾病负担的影响，患者体验和生活质量改善等与药物不直接相关的数据，特别是揭示出其动态变化、结局、趋势、影响方面的数据。这些数据不能从其他国家和种族的研究、数年前的文献中选取，需要制药企业的医学事务部根据本地的情况重新组织和更新。

在付费者权力日益增加的医疗卫生体系中，研究疾病社会负担及社会人口学趋势，揭示未被满足的治疗需求，展示危及人民群众健康的重大疾病危害的数据，提供药物循证医学和真实世界研究的证据，对制药企业的业务发展起着日益关键的作用。

三、制药企业业务发展的需要

国家和社会对医疗卫生健康的需求永远领先于制药企业创新的步伐。在同一个得到验证的治疗靶点上，一定会开发多种治疗药物，其靶点相同而化学结构不同，我们称之为同类药物，其中第一个被称为首创新药，跟随者也被称为新药。这些药物的相继上市，在一定程度上迷惑了患者、医生，也迷惑了政府和保险公司。在这种形势下，如何显示出自己药品的临床差异性和在价值上的差异性，就成为制药企业市场增长的决胜因素。这需要制药企业

的市场营销部门针对不同的市场环境，制定精准的品牌策略和核心信息来建立自己的品牌定位和品牌差异。在这一过程中，对疾病的了解，对患者需求和医生决策的分析，都需要医学事务的参与和贡献。原研药物的制药企业，还需要面对仿制药物的竞争和差异化，这些药物和原研药物作用靶点相同，化学结构也相同，但是价格更低。

四、医药代表职能的异化及制药企业和临床医生互动模式的转型

制药企业和临床医生之间，最初的联系人员是医药代表，"医药代表的工作性质就像是一条纽带，连接医生、医院和制药公司。他们把制药公司的最新研发动态带入医院，再把医生用药的临床状况反映给制药公司，例如药物的不良反应信息和治疗范围的变化等。在互联网发展之前，临床医生的新药知识多半来源于医药厂家，来源于医药代表的讲解。医药代表不只是推销员，更是信息传递者，是药物专家"。1980—2000年，各个制药企业纷纷雇佣具有临床医学或药学背景的医药代表，在1990年以后的中国，也有很多临床医生加入制药企业，成为医药代表。随着时间的推移，企业之间的竞争越来越激烈，医药代表中具有临床医药背景的人数在逐渐降低。在和临床医生的互动中，专业信息沟通的比例逐渐降低，医药代表逐步转变为药物推广人员，工作重点转移为提高药物销量和市场占有率，维护和提升客户关系；考核指标也不再是专业知识，而是销售额、库存和进药情况等。这种情况可以看成是医药代表职能的异化。

医药代表职能的异化导致制药企业和临床医生及学术界的关系和互动受到公众和政府进一步的挑战和怀疑。制药企业以客户关系和市场为驱动力的市场营销和推广（销售）模式的公信力和影响力在逐渐减弱，传统重磅药物的营销推广模式渐渐失去了吸引力。这种模式的主要特点是拿着欧美的数据，依靠各种规模的学术会议，医药代表人数扩张和密集拜访，也就是依靠资源和关系驱动业务增长。临床医生对药物的选择也不再单纯取决于该药物的药理特性，如半衰期多长、代谢途径如何，而要求更多的临床预后和结局的证据，如有没有大型临床试验的数据、有没有头对头研究等。

2012年以后，各家跨国制药企业的医药代表中具有临床医学背景和经验的人员比例有所降低，出于全球总部合规的要求，医药代表和商业部门可以开展的活动形式和内容也得到了内部的管控和限制，只能开展专业拜访或召开药物学术会议。赞助和资助的活动也受到严格管控。

在中国，从2017年开始，对药价的关注也使得政府和公众重新审视医药代表和医生的关系，商业回扣和医药代表在医院的拜访活动被严格禁止。医药代表需要在药监局的网站上备案，拜访医生需要得到医院的批准，并在特定的时间和地点进行。有的医院还设立了人脸识别系统，管控医药代表在医院的出入。

五、患者在治疗中的作用增强

由于信息技术的飞速发展和患者文化水平的提高，患者选择医疗卫生服务的主动性越来越强，在网上，不仅可以查询到相关医院、相关疾病的信息，甚至可以得到临床医生的信息和反馈，越来越多的患者开始根据这些信息去特定的医院看病；在得到医生的处方和推荐之后，很多患者还会认真仔细地阅读药品说明书和有关资料，出现疑问或疑似不良反应时会直接和生产厂家联系；对于怀疑是由药物不良反应导致的伤害和损失，也会向制药企业提出索赔和补偿。

制药企业有时也会建立患者教育项目和团队，开展患者支持或援助项目，以期提高患者对疾病的认识和对治疗的依从。实际上，患者不是孤立于远方的一个陌生群体，患者就在我们身边，甚至就是我们自己。制药企业不可能也不需要把自己孤立于患者之外，你不去找他，他也会来找你。处方药的制药企业在和患者沟通的过程中，需要严格遵守法律法规和道德伦理的要求，不要进行任何药品推广活动，不要提供任何与药物有效性和安全性相关的信息。

对医学事务人员来讲，一方面要保证制药企业的患者沟通活动是合规（不进行针对患者的推广）和合法（患者隐私保护）的，一方面要保证和患者沟通资料的可读性。

六、信息技术创新和进步

进入新世纪，互联网技术特别是移动互联网技术的进步，使得移动医疗和虚拟医院，甚至虚拟临床试验成为可能。信息技术的进步完全解构了传统的信息沟通方式，同时对制药企业和医生、患者及公共媒体之间的沟通产生了巨大的挑战和机会。其中一个重要的方面是药物、疾病和患者登记项目等技术越来越成熟，如何建立药物和患者的数据库、实时监控药品的不良反应和流向、进行虚拟的继续教育项目，都是制药企业及其医学事务部门面临的新的挑战和机遇。另外，信息技术的进步，使得科学知识得以传播并迅速普及，因此，跨国企业内部数据、研究和文章发表的全球化合作和一致性比以前更为重要。同时，对药品不良事件的不当处理、不合规的推广和非推广行为也不再是一个国家内部的事情，而会影响到全球。

七、创新药物的上市和商业化

2010年以后，跨国制药企业普遍面临着专利到期、仿制药侵袭、药品价格压力增大的态势，不约而同地将自己的注意力转到特殊治疗药品和肿瘤领域及创新药品的研发和上市方面。

目前，中国在全球范围内还没有一个真正意义上的首创新药上市。中国政府在2014年出台了一系列措施，以期加速中国重大新药创制项目和新药审批进程。创新药物的研发和上市对政府和制药企业来说都是重点领域，政府希望新的治疗方法能够减轻疾病负担，改善疾病结局；制药企业期待新药的上市能够使其走出仿制药品和竞争激烈的"红海"，进入利润高竞争少的"蓝海"。由于创新药物所在的领域对整个学术界来说都是领先和陌生的，因此，医学事务在其中的作用也是其他部门无法替代的。

制药企业需要了解当地未被满足的医学需求，需要建立系统的药物研究特别是上市后研究的策略和组合；临床医生需要了解新的作用靶点、作用机制并探索新的治疗方式对疾病转归的实际影响；学术界需要更新治疗指南，推动学术研究的进展；支付方需要了解其上市后对整个疾病负担的影响及对卫生资源配备和使用产生的影响；患者和家庭需要迅速有效且安全地改善自己的疾病状态，恢复健康和提高生活质量。

因此，在配备足量的市场销售人员之前，制药企业需要配置足够的医学事务人员，并开展活动来保证新药物的成功上市。一般在上市前两年，针对该药品的医学事务人员应该远远超过市场和销售人员。在整个药物商业化过程中，只有这个阶段，医学事务人员和活动要远远多于市场和销售人员及活动，因此，这是医学事务部门最能够显示出自己独特价值的阶段，这个阶段就像是圣经上说的那个流着奶与蜜的迦南之地，是医学事务的应许之地。

要全面深刻地了解现代制药企业为什么需要建立医学事务部门以及医学事务被赋予的职责和功能，不仅需要从药物研发和上市的百年历史着眼，而且需要从政府（药监局、社会保障、卫生管理当局）、社会、公众（包括患者和看护者）、临床医生和医院的角度出发；不仅需要考虑临床医学、临床药学、临床流行病学的进展，而且需要考虑生物技术和信息技术的影响，考虑全球化和人口老龄化、环境污染、生活习惯带来的挑战等。制药企业的医学事务正在不断吸收和融合药物研发和注册、市场营销、临床医学、医学信息学、基础和临床药理学、药物化学、药物和临床流行病学、卫生经济学、医学伦理学、生物统计学、医学心理学等专业学科的知识，成为一个全新的专业领域。

第五节　医学事务的价值和职能

制药企业中的医学事务是做什么工作的呢？和商业部门不同，制药行业医学事务的本质是非推广性质，医学事务的核心和价值是知识的产生、管理和传播。

制药企业和临床医生的互动交流是双向的。一方面当临床医生进行临床实践、开具处方药物的时候，其角色是患者和医保的代理人及医疗卫生服务的提供者，其行为的结果是使用制药企业的药物和服务。此时，临床医生是制药企业的"客户"，信息从制药企业流向临床处方者（促销和推广），资金从付费方流向制药企业。

另一方面，当制药企业需要聘请临床医生作为药品的临床试验的研究者，在自己组织的学术会议等活动中充当讲课者、培训者或咨询者的时候，信息从临床医生中流入到制药企业，资金从制药企业流向提供服务的临床医生，这时，临床医生不再是"客户"，而是服务提供方。这种交错的信息和资金流向及服务角色的转换，在实际工作中常常会使政府、公众、制药企业人员甚至医务人员把正常的服务劳务费用和回报与回扣和商业贿赂混为一谈。

药品的非推广活动的本质是信息流从外到内、资金流从内到外，是制药企业为获得真实世界的知识而耗费资金、精力和人力的活动，不能直接促进市场份额、销量和利润（商业利益）的增长。制药企业不能以此作为衡量绩效的指标，更不能以此作为换取商业利益的直接工具或利益输送手段。

制药企业的非推广活动　制药企业和医疗卫生专业人员之间的非推广活动是以获取真实世界和临床实践中疾病和治疗的科学知识、科学建议及科学数据为目的的活动，不是以直接传播药物核心信息（特定的药物在特定的人群有特定的疗效并且安全性可被接受）为内容的教育活动。非推广活动的最终结果会完善药物核心信息中的数据和证据，丰富药品的证据和价值链，构成推广策略和活动的基础、方向及证据信息的来源。

制药企业发起的非推广性活动　包括市场调研、治疗态度调查（attitude towards usage，ATU）、药物经济学和临床结局研究（healthcare economics and outcome research，HEOR）、临床试验、专家顾问委员会、临床试验指导监查委员会（steering committee）、临床试验研究者会议、讲者培训、疾病认知会议。

制药企业支持和资助的活动　如研究者发起的临床研究、第三方研究、专项研究基金、学会继续教育活动等，这些活动都是HCP所在机构或组织自主发起的。

制药企业按义务和职责设置的活动 如药物警戒（pharmacovigilance，PV）和不良反应报告、热线电话（患者咨询）、推广资料的审核等。

医学事务的职能贯穿于药物研发和商业化的整个过程，医学事务的核心是制药企业的知识管理。所谓知识，一是知，一是识。"知"是自己治疗领域内的疾病和治疗现状及自己药物的数据，而"识"是疾病和药物数据之所以能够产生的见识和智慧。医学事务人员是制药企业中疾病知识、药物知识的管理者和传播者，是知识的源泉。不能产生和提炼知识、不能管理知识、不能有效传达知识的医学事务人员，只能流于夸夸其谈。正所谓"头重脚轻根底浅，嘴尖皮厚腹中空"，没有知识的医学事务人员，在药品的研发、上市和准入过程中，只是点缀和化瓶。

在跨国制药公司，除市场调研和市场准入策略相关的研究以外，所有的非推广活动都是医学事务部门的职责范畴。值得注意的是，由于医学事务的非推广性质，医学事务部门针对外部的所有沟通资料和活动均不能使用药品的品牌颜色、标识、背景板等可能被外部误解或混淆为具有推广性质的要素。

区域医学事务和专家临床见解的分析 医学事务应该揭示和落实在自己国家和地区内，广大相关患者未被满足的治疗需要，从而为药物研发和准入决策提供基本的背景资料，帮助临床医生梳理和认识某一疾病治疗过程中理想和现实之间的差距，从而激励和促进此领域的改变和改善。医学事务需要了解及掌握患者的治疗路径和影响医生治疗决策、患者治疗结局的因素，从而使其在临床诊断和治疗的不同阶段，都得到改善和提高。

药品的上市后临床试验和真实世界研究 在药物上市之后，医学事务需要根据改变治疗结局的需要，设计和实施四期临床试验，为药品疗效和其他干预性技术提供充分的循证医学证据，使得合适的患者得到合适的治疗。

治疗领域和药品证据管理 医学事务应该了解和掌握在整个治疗领域，所有治疗方法的最新进展和研究热点，及时有效地和临床医生沟通交流，从而促使所在地区和医院能够更有效地为患者提供医疗卫生服务。

药品医学事务需要根据治疗领域和药品的最新研究进展及医学界的最新认知进行药品的生命周期管理，包括风险管理和危机处理、不良反应监测和报告、自发性药物问询处理和回答、新的适应证的探索、药物的临床差异和价值差异的判断。

医学事务需要协助解决临床医生在实践中遇到的药物相关的问题，为临床处方医生解答疑问并提供完整的、最新的药物文献信息，确保制药公司提供给临床医生的信息和回答全面、准确、完整。

外部合作和学术交流沟通 医学事务需要与医疗卫生界意见领袖和学术

带头人密切合作，完善治疗指南和共识，凝聚药品的经验和证据，分享学术观点和学术进展，促进和繁荣学术交流。

推广资料和推广活动的审核　医学事务还需要审核和批准所有和医疗卫生专业人员沟通的文件和资料，确保传达的药物信息是准确的、公正的和完整的，不做适应证外推广，不夸大药物疗效，不隐瞒药物不良反应和禁忌，不扭曲事实，不断章取义。

任何治疗药品都是对人类健康的干预性手段，药品是一类非常特殊的商品，以安全、有效和质量可控为基本特征。制药行业是各国政府监管最严格的行业之一，政府对制药行业的监管要远远严格于其对临床实践的管理，各级食品药品监督管理局就是药品监管的具体决策和执行机构，其他行业中，只有金融保险和航空航天这两个行业设置了同样的监督管理机构。药品的定价和报销也由相应的国家部门管理和监控。因此，临床医生进入制药行业之后，需要不断地学习提高才能胜任医学事务部的工作，否则，只能成为一名医学助手或者是学术助手，而不是真正的医学事务人员。

医学事务在药品研发和商业化路径中的价值可详见表1-1。

表1-1　医学事务在药品研发和商业化路径中的价值

事项	药物发现	临床研发和注册	新产品上市	生命周期管理
内容描述	治疗靶点 苗头化合物 先导化合物 候选化合物 临床前研究	Ⅰ期临床试验 Ⅱ期临床试验 Ⅲ期临床试验 Ⅲb/Ⅳ期临床试验	准备药物 准备市场 准备人员 准备知识	导入期 成长期 成熟期 饱和期 下降期
关键决策和决定	疾病评估 资源投入和风险评估	适应证及优先级 临床研发策略 临床差异评估 注册策略 特殊人群	市场和定价 包装和供应 团队和人员 策略和活动 利益相关者	品牌医学策略 产品组合管理 产品线管理 生命周期管理 抵御仿制品
主要利益相关者	制药公司及合作伙伴、股东、董事会	药监局药审中心 研究中心和机构 研究者 合同研究组织	意见领袖 研究者	临床医生 医保招标部门 研究机构医院 学术组织
部门合作	早期研发部 战略运营部 医学事务部	临床研发和运营 注册法规部 医学事务部	注册法规部 临床研发部 医学事务部 战略运营部 LRR	品牌产品经理 地区销售部门 医学事务部门 市场准入部门 合规和法律部 政府公关部门 患者关系部门

续表1-1

事项	药物发现	临床研发和注册	新产品上市	生命周期管理
医学事务的价值	未被满足的医学需求（临床洞见、差距分析）	产品数据和文章发表	互动沟通	证据管理 合规管理
医学事务的主要活动	疾病评估 深度访谈 真实世界研究 心理行为研究	研究中心筛选 研究者推荐 研究者会议 研究方案的参与 专家发展计划 风险管控计划 临床研究报告 数据管理 数据核查 文章发表	专家咨询委员会 专家指导委员会 治疗指南和共识 讲者培训 疾病教育 科学进展沟通 早期体验活动 产品说明书审核 Ⅲb期临床试验 Ⅳ期和上市后研究准备 登记研究 真实世界研究	品牌产品策略 区域医学计划 差距分析 核心医学信息 学术会议 文章发表 研究操作 安全性管理 预算管理 合规审核管理 研究者发起的研究 真实世界研究 疾病负担研究 流行病学研究 登记研究

第六节　跨部门合作与沟通

制药企业的各个部门是根据药品发现和研发、临床开发、上市准入和临床应用的整个过程所针对的不同利益相关者而设置的。由于医疗卫生领域内不同利益相关者做决定的思路和过程不同，因此基本原则是由不同专业和专长的人员针对不同利益相关者进行沟通、合作和交流。

制药领域的利益相关者是指在药品的研发、批准、采购和使用等过程中起影响和决定作用的群体，主要包括药监机构、临床医生及其学术组织、患者和患者家属组织、付费者、临床药师和医院药事委员会成员，此外，大众媒体和同业竞争公司也在一定程度上对药物的使用和治疗选择施加一定的影响，也是利益相关者。

如果把制药企业比作一个生命体，那么各个业务单位就是整个生命体中具有某种功能的器官，一个单独的器官是无法工作的，因此各个业务单位相互独立又相互支持。但是，跨部门沟通的前提是每个器官都是健康的，都是能够独立完成自己的功能的，不能指望着肝脏去接替肾脏的工作。一个器官的不健康，严重时会导致整个生命体疾病的发生和发展。

制药企业内部，与医学事务横向合作最密切的两个部门是商业部门和临床研发部门；纵向合作最密切的两个部门是全球和区域的医学事务部。加强医学事务部与商业部门、临床研发部门的合作和协同是领导医学事务团队和治疗领域的一个十分关键的问题。

一、医学事务和商业部门的跨部门合作

商业部门是指负责药品商业化的市场部、销售部、市场准入和大客户部门。严格来说，政府事务和卫生经济学、患者教育、大众媒体部门不属于商业部门，因为制药企业不能在这几个部门里进行药物的推广和销售活动。

在商业部门中，医学事务和市场部及销售部的联系最为密切，因为这三个部门的主要"客户"都是医疗卫生专业人员。医学顾问是按品牌进行设置的，和市场部的组织结构类似；MSL是按区域进行设置的，和销售推广部门的组织结构类似。现阶段，跨国制药企业的主要营销手段是以学术推广为基础的会议和日常拜访，而这种会议和拜访的主要内容直接或间接地来自医学事务部提供和审核的内容。在某种程度上说，医学事务的价值是通过商业队伍来实现的，医学事务和商业部门是天然的互补关系和天然的盟友，休戚相关，荣辱与共。

　　商业部门对医学事务的期望其实很简单，就是知识和支持。所谓知识，就是药物和疾病的数据及其及时的更新。所谓支持，就是在商业部门和外部利益相关者在沟通产生问题时的及时回复；就是在面对公司领导层的审核和讨论时，医学事务部的同事对于疾病、药物的认知及策略上的一致性；就是在商业部门组织的学术推广活动中讲者对内容的满意和赞赏；就是医学事务在审核资料过程中的高效，没有出尔反尔，没有前后不一致。商业部门不关心医学事务的内部分工和流程，不关心医学事务的策略和计划，也不了解医学事务在进行患者教育和临床试验、文章发表过程中的质量和风险控制，但是，商业部门尊重医学事务的工作安排和流程，不会公开或正式挑战和质疑，当然，前提条件是医学事务在执行这些流程和活动时不能和"客户"产生不愉快，不能把由此而导致的麻烦和后果推给他们承担。

　　虽然商业部门是医学事务跨部门合作最密切的伙伴，也是公司内部最有可能认可和赞赏医学事务价值的部门和团队，但是，由于合作的机会多，在实际过程中，也会出现不协调、矛盾或者冲突的情况。其原因不外乎各自都是以自我为中心，没有从对方的角度去全面认识问题。

　　一些制药企业的市场部和销售部对医学事务的需要和医学事务对自己本身的认知不一致。很多市场和销售部的人员将医学事务定位为临床专家，把医学事务人员当作自己工作的学术助手和医学助手，认为有了医学事务部的人员，自己就不需要掌握和学习药物知识和疾病知识了，把自己定位为管理者和业务拥有者，动辄对医学事务人员颐指气使，让医学部的人员感觉很不舒服。

　　一些制药企业的医学事务部的人员在组织和实施医学事务活动的时候，不了解自己负责品牌和药品的市场策略和药物定位，没有工作策略和计划，也没有展现和沟通医学事务工作的结果和价值，把自己定位为和制药企业业务发展无关的部门和人员，被商业部门的同事投诉说"医学事务和公司战略、品牌策略脱节"。

　　另外，由于医学事务部门的建立只是近年的事情，与市场和销售部门相比，医学事务无论是部门职责和价值的确定，还是人员的成熟度和资历，都相对较弱、较浅。而在中国，很多市场部和销售部门的资深人员也同样具备临床医学和临床药学背景，同时又受过系统的市场营销专业训练，更有客户管理的长期实践经历，这本身也造成了两者协作的不协调、不一致或者冲突。

　　相信随着医学事务功能的不断成熟，以及有效的跨部门沟通渠道和机制的建立和运行，医学事务部和市场部、销售部一定会实现良好的互动，共同促进自己的药物和治疗概念在医疗卫生行业中的普及和广泛认知，形成相濡以沫、荣辱与共、互相支持、互相促进的跨部门沟通模式。到那时，再也不会谈论这样的话题：我们如何平衡"医学部能提供什么"和"市场部需要什么"？相反，商业部门的问题和要求将会成为医学事务知识的重要策源地。

二、医学事务和临床研发部门的跨部门合作

临床研发部门要负责药物临床试验方案的确定和实施，在工作中面临着药监机构、研究机构、伦理机构和总部项目管理团队的压力和挑战，特别是对临床试验的进度里程碑、预算和时间的挑战。因此，临床研发部门的主要精力不在疾病知识和药物知识的产生和更新上。

对于跨部门合作，更多的是研发团队内部的不同功能部门之间的合作，如数据统计部门、研究系统管理部门、研究协议管理部门、研究药物的包装和运输部门等。因此，药物研发部门的人员在和医学事务部及商业部门进行跨部门合作时，通常是从药品临床试验的项目角度出发，他们的主要期望是在确定研究中心和主要研究者的过程中，得到医学事务部的支持，建立初始的专家联系；同时，把和注册目的无关的药品临床试验活动交给医学事务部去处理，如Ⅲ期临床试验的文章发表、说明书的审核、专家提出的进一步合作需求（临床试验披露、数据共享、亚组分析、研究者发起的临床试验、学术进展更新和资料查询等）。

很多临床研发部门的人员甚至把医学事务等同于商业部门。由于临床研发的经费、人头和项目都是来源于全球或总部，而且，通常每个人要负责多个化合物、多个领域的化合物晚期研发项目，因此，临床研发部门和商业部门的联系很少，以至于有些市场部的人员到专家那里拜访，才知道原来这个专家是自己药物Ⅲ期临床试验的主要研究者或者是全球试验的研究者。

由于临床研发部门、商业部门和医学事务部门都是和当地医疗卫生专业人员进行项目合作、信息沟通和交流，因此，这三个部门应该彼此支持和协作，互相分享相关信息。但是，这种分享并不意味着商业部门可以干扰临床试验中心选择的决定过程，更不能把临床试验的投入当作专业推广的谈判条件。

在药品早期和晚期研发过程中，临床研发部门需要医学事务提供当地临床医生未被满足的医学需求、现有治疗的状况和同类药物的状况、治疗指南、学术组织和机构的情况、专家的情况，这些知识是MSL在其区域内持续和专家实时互动沟通产生的，不是查阅文献就能够获得的。虽然临床研发部门也具有临床医生背景，但是，在进入临床研发部门工作以后，和治疗领域的接触无论在深度还是广度上都是十分有限的。

临床研发部门有责任和义务向医学事务移交正在研发的化合物的数据，特别是在化合物即将批准上市的阶段。临床研发部门不仅需要转交关于该化合物的Ⅲ期临床试验的数据，也需要把Ⅱ期、Ⅰ期及早期动物实验、体外实验数据全面系统地转交给医学事务部相对应的医学顾问；临床研发部门不仅

需要转交内部相关文档，如研究者手册、临床试验方案、临床试验报告，还需要转交所有关于该化合物的已经发表的文献资料。

可惜，现在很多公司都没有这样一个正式的转交程序，以至于整个公司对药物研发的过程和历史都一知半解，甚至不如一些公司外部的专家了解自己的药物，也就是说，临床研发部门的一些人员甚至不懂自己研究的药物，只是在管理和执行项目。

至于药品说明书的审核、注册试验的登记和发表、注册试验患者的入组和受试者理赔，更是临床研发部门的责任，而不是医学事务的价值和职责所在。对于研究者发起的临床试验，如果是以注册为目的的，或者是有潜力用于注册和更改药物说明书的，按道理也应该由临床研发部门负责。临床研发部门不是在药品上市以后就和该药品没有关系了，任何全球发起或以注册为目的的药品临床试验，包括新适应证的开发，都是临床研发部门的职责。

临床研发和医学事务的有效合作一定是建立在信息互相分享、功能互相独立的基础上的，否则，即使让医学事务汇报给临床研发部门，也不能实现两个部门之间的有效合作，这是由两个团队的业务模式和文化差异造成的，强扭的瓜不甜。

三、全球的医学事务部门

医学事务的核心之一是研究、试验和沟通产生的各种类型的文章。科学家是有国界的，科学是没有国界的。这些有关药物数据和疾病数据的研究和文章的影响是全球范围的，在这个意义上说，每一个国家的医学事务活动和文章应该在全球范围内进行协调与合作。

药物的品牌管理不是孤立的，医学事务也不是孤立的，与其他国家和地区的交流不仅有助于优化医学事务的各项活动，也有助于培养和促进团队及其人员的发展。其主要的挑战在于文化差异导致的沟通障碍。

在跨国制药企业，很多国家和地区的医学事务是直接由全球或区域管理的。这种汇报机制确保了医学事务的非推广性质和运营的独立性，也有助于医学事务人员的培养和发展。所在国家和地区可以采用全球一致的医学事务管理策略和绩效评估标准，迅速和全球接轨。但是，全球化管理也有其缺陷，因为各国和地区的药物注册状态不同，商业环境不同，加之文化差异和人才成熟度不同，医学事务全球的部门要求和所在国的地域业务要求之间存在很大的差异。

不过全球和总部的医学事务部门，都需要和对应的临床研发、市场和准入部门进行合作和沟通，形成一个纵横交错的沟通网络。

如何有效利用这个网络获取知识和支持，对医学事务总监和领域负责人而言是一个巨大的挑战，也是一个巨大的机会。

四、跨部门协调会议和医学策略和计划

医学事务存在于临床研发和商业团队之间，辗转于业务发展和合规要求之间，连接着全球医学事务和区域临床需求，兼顾着疾病知识和药物知识，肩负着药物研究、教育、证据的产生和沟通的责任。医学事务在制药企业的各个部门中，处于一个十分重要的战略位置，就像交叉路口，而每个部门都要经过这个路口。因此，医学事务的活动和每个部门都能找到联系并建立关系，高效和顺畅的跨部门沟通是成功和发展的关键，也占据了医学事务部门至少三分之一的时间和精力，攘外必先安内，如果内部沟通和协调不好，会影响医学事务部门的生存和发展。

在医学事务部每月的日常运营活动中，需要建立和坚持跨部门沟通会议制度，需要建立和坚持年度医学策略和计划审核及执行制度，保障医学事务在跨部门合作中，既能发挥自己的支持和影响作用，又不迷失自己的业务核心及本质。

制药企业医学事务在跨部门合作和沟通中，形成了下面四种主要的合作机制。

和市场部的跨部门会议　内容包含医学策略的沟通和协调、医学活动和市场活动的效果和影响、临床医生（外部专家）的覆盖和发展等。这种会议一般在公司当地的总部层面，包括年度品牌策略和计划会议、月度进展和协调会议，多在产品经理和医学顾问、产品培训专员、市场准入专员之间进行，可以称之为一体化品牌管理会议。市场部、医学事务部和市场准入三个部门之间的日常协调会议可以称为3M会议。

与一线医药代表和医药经理的跨部门会议　内容包含当地外部专家临床见解的分析、当地治疗中未被满足的需要、外部专家发展计划、最新证据进展和更新。这种会议是在区域内进行的跨部门会议，由区域经理召集，是区域效能和执行的保障，可以称之为区域执行会议。

和临床研发、注册法规、药物警戒的跨部门会议　内容包含外部专家发展计划、药物临床研究者和临床试验及外部专家之间的关系、药物临床试验进展、国外文章发表情况。这种跨部门会议是所在国家和地区的研究和开发（research and development，R&D）部门之间的合作协调会议，可以称之为药物研发会议。

和全球医学事务或治疗领域的跨区域会议　内容包含当地专家的临床观点和治疗趋势、医疗行业的新的法规政策和药品批准情况、医学事务的流程和标准的更新、治疗领域知识更新、实际活动和影响力的评估和报告、最佳工作实践和案例分享等。

一个成功的医学事务部是什么样子的？这其中智者见智，仁者见仁，非一言可道之。一个成功的医学事务部，一个理想的医学事务部，对于制药企

业来说，应该是这家企业的参谋本部和中央情报局，是药物、治疗领域、患者、疾病、当地专家和临床医生的知识和智慧的来源地。制药企业之医学事务的最终价值是通过发现和实现自己药物对患者和疾病的最大价值而实现的，在这一点上，医学事务的价值和制药企业的价值、商业团队的价值是高度一致的，没有任何偏差。坚持医学事务的非推广本质，坚守内部专家的定位，掌握系统的、完整的和最新的疾病知识和药物知识，是医学事务人员以不变应万变的根本。

第七节　从医学支持到医学驱动——医学事务的价值

医学事务是一个在21世纪才逐步成形的制药企业中的独立部门，其人员基本上均具备临床医学或药学教育背景，于是，医学事务部常被误解为医学专业人士或者是科学家，是在制药企业中的医生或者懂医生的人员。即使是医学事务从业人员自己，也有这样的认识。这种认识使得知识和合规成为医学事务的根本，科学教育和沟通、证据产生和文章发表、专家合作和患者支持也逐渐成为医学事务部门的基本活动，成为医学事务区别于临床研发和市场营销、推广和准入的关键所在。

随着内外部环境的不断变化和药品生命阶段的不断演变，在不同时期，制药公司对医学事务职能和价值的期望、要求也在深入和演化。纵观二十年来的发展，医学事务的价值和职能的演变路径可分为三个阶段，每个阶段都是在前一个阶段的基础上叠加而成的，在下一个阶段到来的时候，对前一阶段的期望和要求并没有减弱，反而要求更高、期望更高了。医学事务发展的三个阶段分别是医学支持阶段、医学市场阶段和医学驱动阶段。在医学支持阶段，医学事务的主要价值在于疾病知识和药物知识的教育培训活动；在医学市场阶段，医学事务的主要价值在于证据产生活动和上市后临床试验；在医学驱动阶段，医学事务的主要价值在于患者和医生的治疗体验和体会，正如马斯洛需求理论之从生理需要到精神需要的进阶和提升演进。

一、医学支持阶段

制药公司的医学部相继建立于20世纪90年代，是为适应药物的晚期临床研发、药品Ⅲ期临床试验和注册要求而建立的，包括医学顾问（MA）、临床研究专员（CRA）和药政法规专员（drug regulatory affairs specialist，DRA）3类主要人员，当时没有药物警戒专员（qualified person for pharmacovigilance，QPPV），没有医学信息经理（MI），没有医学沟通经理（MSL），没有患者关爱专员和热线接听人员，这些职务都是由医学顾问兼任的。医学顾问的名称反映了当时对医学事务的认知和定位，就是制药公司内部的临床专家，是被"雇来问的"。由此可以想象，当时医学顾问是不需要制定医学策略和计划，不需要主动发起和实施品牌的医学活动，也不需要管理预算和项目的。医学顾问的主要职责是培训疾病知识和药物知识，审核药物推广资料，处理药物不良反应、患者咨询和投诉，翻译和确定Ⅲ期临床试验方案，审核药物说明书。但是医学顾问一般是按照治疗领域设置的，而不是按照药物和适应证设置的，一般一个治疗领域或几个治疗领域设置一个医学顾问。那时的医学顾问严格说起来和医学助理差不多，因其临床知识、经历和见识而被称为"医学顾问"。

在20世纪90年代和21世纪初，互联网和电脑、移动通信设备的发展刚刚起步，临床医生获得最新医学知识的渠道十分有限，需要到医学图书馆去查阅纸质版文献。当时临床医生的待遇和收入远低于跨国制药行业的从业人员，一些医生"下海"成为医药代表或者产品经理，因此，和商业部门相比，医学部的临床专业性并没有显著的差异。市场和销售部门对于医学部的知识需求并不强烈，制药公司对医学顾问的期望集中在支持角色，医学顾问也没有专家拜访的绩效指标。

2005年左右，制药公司的医学部开始分化演变为医学市场或医学事务部门，临床研发部门和药政法规部门[①]相继从原来的医学部中分离独立出来，原有的医学顾问从负责一个或几个治疗领域到负责一个或几个治疗药物或一个或几个适应证。药物警戒、医学信息开始由专人负责，区域医学事务开始出现，有的公司直接将这些专业人士称为"区域医学顾问"，其作为MSL的前身，负责支持区域内的药物市场和营销推广活动。2000—2010年，跨国外企在中国进入快速发展阶段，各个区域的医药代表迅速扩张，临床医生的待遇和收入开始提高，医药代表和市场营销部门中具备临床医学背景的人员比例相对降低，这种形势客观上驱动了制药公司对医学事务的需求。医学事务正式从医学助理进入到医学支持阶段。

在这一阶段，制药公司内外对医学事务的需求主要集中在医学事务的药物和疾病知识及由此衍生的医学教育和沟通活动上。在一线的区域市场和医药代表看来，医学事务给临床医生提供的医学信息查询和文章发表的专业服务价值更大。

在医学支持阶段，医学事务的核心价值是医学教育和培训。

二、医学市场阶段

2010—2012年，制药行业化药时代的黄金增长期已经趋于尾声，各个"重磅炸弹"药物的专利纷纷到期，生物制药的春天隐约来临，而仿制品的出现和各国对疾病负担和费用的管控使化学制药走入了寒冬。与此同时，中国临床医生已经不满足于在学术会议上充当听众，在学术上，中国学者对话语权（学术影响力）的追求开始出现并以不可抑制的趋势增长；临床医学上，循证医学的影响力深入人心。仅仅把国外的临床试验结果和国际最新进

[①]2003年，中国正式颁布《药物临床试验质量管理规范》。

展传递给临床医生已经不能完全满足公司内外的需要。制药公司的医学事务开始发起基于药品的临床试验和基于疾病的登记研究，对研究者发起的临床试验的支持也大力开展起来。

在医学支持阶段，医学事务部的价值主要体现在是否能够产生支持药品被广泛接受的本地数据与是否能够高效开展真实世界和干预性临床研究上，研究文章的发表数量正式进入到医学事务的绩效考评和成绩呈现之中。制药公司因为被怀疑和确定存在的适应证外推广行为纷纷被处以巨额罚款，葛兰素史克公司（GlaxoSmithKline，GSK）在中国的丑闻也极大地改变了制药公司内部的合规和行为。在美国，"阳光法案"已经得到贯彻和实施。

在医学市场阶段，医学事务部有了自己独立管理的预算和计划，标志着医学事务需要具备策略制定和临床项目管理实施的技能，也需要更为主动地与内外部加强合作。

医学市场阶段，医学事务的核心价值是证据产生活动和文章发表。

三、医学驱动阶段

2017—2020年，生物制药已经如日中天，治疗性单克隆抗体、基因重组蛋白质和多肽类药物已经占据处方药的风口；肿瘤领域和靶向治疗药物成为创新药物的重点和风口。中国已经成为制药工业第二大处方药市场，中国生物制药成为国家重点支持的战略产业。作为整个国家供给侧结构性改革的一部分，中国的医疗卫生行业也处于剧烈的变化过程中。有识之士已经预计到二十年之后国家面临的老龄化挑战和疾病谱的变化，制药行业也面临着重组和改革，以患者为中心和出发点、与医疗卫生各种利益相关者合作、共同改进患者的预后和体验成为制药行业的主要应变策略。临床医学也从以大规模人群的循证医学为重点，转向个体化的精准医学、智慧医学。基因工程、互联网技术及人工智能解构和改变了数据的产生方式和信息传递方式，人工智能系统甚至被用于识别来到医院的医药代表。

医学事务在驱动时代的核心价值是患者治疗路径中的医生经验和患者体验，是包括但不限于医疗卫生人士在大数据和实时数据指导下的健康改进和增进方案。

四、知识就是生产力：关于医学事务的价值和未来

医学事务不是临床医学的一个分支，也不是临床药物学的一个分支。它是药物研发和商业化过程中的一个重要组成部分。制药企业医学事务涉及的学科有药物研发和注册法规、市场营销、临床医学、医学信息学、基础和临床药理学、药物化学、药物和临床流行病学、卫生经济学、医学伦理学、生

物统计学、生物化学、分子生物学、临床检验学、毒理学、一般心理学和医学心理学等。正如市场营销、人力资源管理、组织行为学等基本商业功能已经成为工商管理学院的一门专门的课程和学科一样，制药企业的医学事务也必将成为一门专门的学科。

如果医学事务成为一门专门学科或者一门科学，它应该是一门结合了药物学、临床医学、生理学和心理学等的边缘学科，是自然科学，更是社会科学；是医学和药学技术，更是信息技术。

医学事务如何为制药企业创造价值？理解了制药企业为什么需要医学事务之后，医学事务的价值也就呼之欲出了。那么，医学事务的价值是什么？或者说，医学事务是如何为制药企业创造自己的价值的呢？

首先，需要明确什么是"价值"。"价值"这一概念不是医学概念，也不是商业概念。根据哲学和经济学的观点，价值是凝结在商品中的人类劳动，是人类抽象劳动的结晶，价值的形成和增值主要是通过人的劳动特别是脑力劳动，以知识积累为加速器不断产生和增值的。药品及其数据既是一个客观本体存在，也作为一个主观认知存在，既是依赖于人的认知的主观概念，也是独立于人的认知的客观存在。

有人把价值定义为：一种事物能够满足另一种事物的某种需要的属性。关于价值、价值观的讨论和理解是一个永久的课题，不会也不可能成为定论。在讨论制药企业医学事务的价值的时候，也不能完全剥离其中混杂的药品价值、个人价值和医疗服务价值。

既然"价值"这一概念本身就是不完全客观的概念，那在讨论医学事务的价值的时候，我们也不能将主观因素完全分开。认知医学事务的主观对象及其利益出发点不同，对医学事务价值的认知也一定是不一致的，而在制药企业内部，就这种不一致进行的沟通对医学事务的成功具有十分重要的意义。一个成功的医学事务部一定需要和各种利益相关者达成对医学事务价值的共识，这种共识是建立医学事务的基础。如果没有这种共识，就没有信任，就会出现所谓"每个人心中都有一个自己理想的医学事务"，或者"医学事务怎么看自己和市场销售怎么看医学事务是不一致的"等挑战和困难。

医学事务的核心是知识，是知识的积累和增值。药品的化学特性、毒理学、药理学数据、临床Ⅱ期和Ⅲ期数据只是部分药物知识；这些数据的治疗学概念和意义，是医学事务附加给这个药物的价值。医学事务的价值在于找到合适的患者人群并揭示其现有治疗的局限性和未被满足的医学需求，医学事务的价值在于把这样的治疗需求和自己药品的利益连接起来，并通过数据显示出来，医学事务的价值在于其和医疗卫生专业人员沟通时的非推广属性，医学事务的价值在于其保证制药企业和临床医生之间沟通的可信性和规范性，即确保数据的准确、完整和全面，不进行适应证外推广，不以偏概全（表1-2）。

药物背后的治疗概念和证据、消除公司在推广中的不合规风险是医学事务的核心价值，前者促进增长，后者保证安全。在这个意义上说，医学事务的关键词就有两个，一个是证据，一个是合规。那些脱离了药品及其治疗概念和合规的医学服务活动不是制药企业医学事务的价值所在，充其量是医学部内部自娱自乐和取悦客户、维持客户关系和满意度的工具而已。

表1-2　医学事务的价值和演变

事项	医学支持	医学市场	医学驱动
职能定位	专业技术人员 内部支持部门 SME、专题专家 知识和服务提供者	职能部门和团队 一线业务部门 业务增长的合作者	知识和情报来源 业务增长的驱动者 结果导向
工作项目	疾病和产品资料准备 推广资料审核 内部学术支持 临床专家的医学服务 患者热线	品牌医学策略和计划 病和产品知识管理 推广资料审核 上市后临床试验 研究者发起的临床试验 资助和赞助项目 医学教育活动 临床专家发展和维护	上市前和新上市活动 新适应证的探索 治疗领域产品组合和产品线策略 真实世界研究 利益相关者 产品生命周期管理 治疗指南和共识
工作内容	文献查询和文章写作 学术进展和动态更新 学术幻灯制作 内部培训 动物试验研究支持 研究者发起研究支持 专家文章发表支持	跨部门会议和团队 研究中心筛选 研究者沟通 研究方案和文件准备 研究审批 文章发表 药品核心科学信息传递	讲者培训 疾病教育和进展更新 临床试验文章发表 先行者项目 产品和疾病知识库 患者支持或辅助项目 上市后研究准备 真实世界研究操作 上市前同情用药
管理活动	任务管理 时间管理	预算管理 流程管理 服务供应商管理	知识和证据管理 绩效管理
内部期望	高质量高效率的专业服务人员	跨部门品牌管理团队的主要成员	上市成功的关键领导者和执行者

医学事务对制药企业的价值是什么？一个成功的医学事务部是什么样的？仁者见仁，智者见智，仔细分析自己所在公司、所属领域、所负责药物的业务需要，并和商业团队、研发团队、管理层达成理解和共识，这是提炼和定义自己公司医学事务价值的唯一途径和不二法门，也是实现自己个人价

值和成就感，乃至个人在组织中的发展和成长的正道。

制药行业内医学事务的跨公司交流和组织　随着制药行业的发展，制药行业各个部门都能找到自己行业的专业协会、书籍和培训课程。药物经济学、药物化学、生物制药和药政法规等课程已经成为医药院校的标准课程，市场营销、人力资源、组织行为学也成为大学和商学院课程的重要组成部分；公共关系、企业培训、药品临床试验、新药研发、药品临床试验的统计学方面也有大量的专业书籍出版。但是，制药行业的医学事务一直没有自己的专业书籍和行业专业培训。

2012年之后，全球均开始出现关于行业的研讨会和行业内的松散性组织，这极大地促进了制药行业内从事医学事务的专业人员间的交流和沟通。其中影响较大的有麦肯锡、德勤等专业咨询公司及其定期报告，也有Syneos、Lychee Group、中华医学事务年会（Chinese Medical Affairs Conference，CMAC）组织的年度医学事务行业会议，其中中国医学事务峰会在石城医学的发起和组织下，从2015年开始，每次年会的规模已经超过千人。另外，思齐圈的医疗市场峰会、药品信息协会（Drug Information Association，DIA）的中国年会上也设立了专门的医学事务环节，极大地促进了行业的交流和发展。

本章小结

　　本章从制药企业的由来和发展的角度梳理了药物从研发上市到市场营销、推广和准入过程中的基本决策过程和业务模式，说明了制药企业因不同的利益相关者设立不同部门的初衷和理由，并以此为基础论述了医学事务部门的价值、职能及其在跨部门合作中的角色和作用。

　　制药企业设立医学事务部门不是为了给其他部门充当医学助手，也不是为了给医疗卫生专业人员提供专业服务。制药企业医学事务部门有着自己的使命和初心，医学事务是药物从研发到商业化过程中的重要桥梁和中介，是制药企业和医疗卫生专业人员学术交流和沟通的主要力量。

　　药物监管部门和工商管理部门有责任监管制药企业的商业活动，监管制药企业和医疗卫生专业人员的互动沟通，但是，它们无意阻断企业和医务人员的学术交流，无意限制企业在药物生命周期的各个阶段的证据产生活动以及促进和提高医疗卫生诊治水平的努力。制药企业医学事务必然在其中起到关键的领导和驱动作用。

　　无论药物处于什么阶段，在制药企业内部，总是需要有一个部门能全面、准确和系统地掌握药物的所有数据和知识，总是需要有一个部门能深刻、完整和及时地了解各地域患者的诊断、治疗和随访过程中未被满足的医学需求，掌握医疗卫生系统中临床医生和患者的治疗决策中的痛点和纠结之处。在企业内部，除了营销推广人员，总是需要有人为医疗卫生专业人员"代言"，而没有医学事务职能的制药企业，如何能够及时准确地了解患者和医务人员的治疗观点和未被满足的医学需求？如何不断产生药物真实世界的知识、证据？

　　制药企业各部门之间的关系是互补的合作关系，而不是替补的重叠关系，彼此之间没有竞争，医学事务是这个拼图中的重要组成部分。拥有制药企业治疗领域和药物知识的医学事务可以起到医学支持作用，而掌握所在国家和地区未被满足的医学需求，并能够定性、定量地展现出来的医学事务，才能起到医学驱动作用。

第二章　治疗领域和知识管理：从产品线到产品组合

　　制药行业是一个被社会寄予太多期望的行业，一方面社会需要合适的药物去治疗足够多的疾病，另一方面，社会又抱怨药物的价格太贵。社会期望制药行业发现和研发的药物能治愈所有重大的疾病，实际上只有不到10%的患者"身体状况可以恢复到生病前的生理状况"。除了部分感染可以治愈，大部分疾病的药物干预还是停留在控制水平。而控制水平，多是在控制症状。

　　对于能够明确知道病因的疾病，人们大多能研发药物进行干预，并且在消除病因后，在机体恢复能力的支持下，疾病得以彻底控制或痊愈；这主要是由微生物、细菌和病毒导致的传染性或感染性疾病，如肺炎、丙型肝炎。对于瘟疫的控制和消灭，是现代科学成功的标志和里程碑，正是因为各国政府通力合作在各个环节控制和消灭了瘟疫，我们现在才可以进一步面临自身免疫和自身炎症性疾病，才能面对与年龄和生活方式相关的非传染性慢性疾病如高血压病、糖尿病等的严峻挑战，才开始有精力去治疗遗传性和代谢缺陷性疾病，才会去关注罕见病，去面对动脉硬化、器官变性和纤维化。

　　五千年来，人类已知的疾病不过400种，其中很多疾病都是根据症状或者共同的症状特征命名的，或者直接用症状表述，或者以发现者的名字、地域命名。高血压病实际上就是表现为血压升高，如果人们没有在1870年发现测量血压的方法，就无法识别这样一种以头疼、头晕为主要表现的慢性疾病；糖尿病就是尿中有糖的疾病，如果人们没有发现血糖、糖化血红蛋白、胰岛素、高血糖素的测定方法，就无法探知其原因，找到各种药物治疗和干预的方法。克罗恩病和阿尔兹海默症是最著名的以人名命名的疾病，水俣病、克山病、香港脚作为以地名命名的疾病也被永远书写在疾病发展历史之中。多数疾病的命名方法是使用急性、慢性作为前缀，使用器官作为受损部位，使用疾病、炎症、肿瘤（癌症）作为疾病性质，如慢性阻塞性肺疾病（COPD）、慢性肾脏疾病等，不一而足。

　　制药工业是医疗卫生保健系统的一部分，而且是一小部分，即便在美国，制药行业的费用也仅占15%左右。在制药行业中，研发费用又占去15%。这一比例在某些公司的某些阶段甚至高达20%。

　　1990年是制药行业和药物监管的里程碑，在这一年，旨在保护患者和确保药品注册数据质量的ICH成立并出台了药品临床试验管理规范。如果对照目前使用的基本药物目录，你将发现其中的多数药物都是在1990年以前批准的，这也意味着如果使用现在的标准，有些基本药物不会获批。

第一节　治疗领域的由来

　　制药行业的治疗领域和临床医学的学科相近，但是不尽相同，其主要治疗领域不超过二十个，在这二十个主要治疗领域中，镇痛和抗感染无疑是最早的治疗领域，而免疫抑制药和肿瘤、糖尿病领域是最热门的三个领域。

一、抗感染领域

　　抗生素的使用标志着药物化学的形成。1910年，诺贝尔获奖者Paul Ehrlich和秦佐八郎发现并使用含砷的化合物并用来治疗梅毒螺旋菌，Salvarsan因此成为人类历史上第一个抗菌药。在此之前，大多数人都认为只有疫苗才是防治传染病的唯一手段。Ehrlich提出的化学疗法的概念使人们认识到借助化学的力量进行化合物的提炼和结构改造，从而直接在体内杀灭细菌的方法是可行的。

　　抗感染领域可以分为抗生素及抗真菌药物、抗病毒药物两个次级领域。广义的抗感染领域还应包括疫苗。

　　1928年，亚历山大·弗莱明偶然发现了青霉素（盘尼西林），开创了抗感染治疗领域。在抗感染领域，传染病的预防和治疗、疫苗的研发可以上升到国家战略的层面，而包括细菌战在内的传染病暴发的威胁也是国家重点管制的方面。因此，各国政府建立了专门的管理部门——疾病控制中心（center for disease control，CDC）和国家微生物中心或实验室。青霉素一经发现，政府和军方即开始介入和管控。比利时的一个由拿破仑建造的马厩里生产了大部分的盘尼西林，1945年，美国陆军采购盘尼西林作为战略物资，促进了盘尼西林的大规模生产。

发明磺胺药物并拯救了自己身患败血症的女儿的杜马克先生，怎么也没有料到磺胺药物引发了药物史上的一场悲剧。1937年，在磺胺药物片剂和粉末剂型成功应用之后，美国一家公司的主任药师瓦特金斯（Harold Wotkins）用二甘醇代替酒精做溶剂，配制成色、香、味俱全的口服液体制剂，并于当年9月投入市场用于治疗感染性疾病，特别是给儿童使用。结果发现二甘醇导致肾功能衰竭的患者大量增加，共发现358名患者，死亡107人。联邦法院以该公司"掺假及贴假标签"的罪名对其所属公司罚款16 800美元，瓦特金斯亦在内疚和绝望中自杀。受磺胺药物二甘醇事件的影响和大宗舆论的抨击，1938年，罗斯福总统签署了《食品、药品与化妆品法案》，赋予了FDA对药物上市进行监管的权力，任何新药必须要经过FDA批准才能上市，这就是新药申请流程。自此，药物的上市和销售必须经过政府药物监管部门的审核和批准。

和后来的药物研发不同，抗生素的研制相对简单得多，只需针对细菌的耐药性不断改进化学结构并进行数周的临床验证即可，这是大量药物产生的主要原因。抗感染领域的另一个独特之处是政府采购和主导。

进入21世纪，各大药企几乎大规模削减了在抗感染领域的研发和投入。2003年，在中国和亚洲其他地方流行和暴发的严重急性呼吸综合征（severe acute respiratory syndrome，SARS）提示我们这个领域在未来仍然是很重要的一个领域，任何忽视都会造成潜在灾难的发生。2013年西非埃博拉病毒暴发，2.8万人受累，1.1万人死亡。

抗病毒治疗仍然是抗感染领域中的热点，艾滋病和丙型肝炎的治疗药物的成功研发和商业化是最成功的案例。同时，对乙肝病毒的抑制和消灭也是未来重要的医学需求。

免疫抑制的应用、病原菌的基因突变和不可预测的疾病暴发是抗感染领域面临的挑战。移植医学的发展、新型免疫抑制药（如TNF-α抑制药）的使用、HIV病毒感染，使得免疫功能缺陷人群扩大。在这些特定的人群中，感染的风险增大，如使用TNF-α抑制药可以出现严重的感染和结核复发，活疫苗的危险性也随之增大，需要重新考量原有的风险和效益评估。另外，病原微生物会通过基因突变对现有的抗生素产生耐药性，因此需要不断地开发抗感染药物。2003年非典、2005年禽流感、2013年埃博拉的暴发，使得政府出面干预，包括限制旅行、隔离措施、紧急采购和紧急研发。

二、解热镇痛和麻醉领域

　　疼痛是很多疾病的共有症状和表现，也是最早寻求药物干预的出发点。在痛苦的情况下，人不能正常地思考和生活，无论什么原因导致的疼痛都是这样。所以，人们为了立刻舒缓疼痛，可以付出任何代价。吗啡的提取、分离是天然药物到化学药物进程中的重要里程碑。1806年，Sertürner分离出吗啡；1848年，默克公司从鸦片提取物中分离出罂粟碱；1855年，G. Friedrich从古柯叶中分离出可卡因；1859年，德国化学家Hermann Kolbe合成水杨酸；1897年，拜耳公司的Felix Hoffmann合成阿司匹林，开启可非甾体类抗炎药物的应用；1941年，美国的临床医生Philip S. Hench和生化学家 Edward C. Kendall发现可的松，开启了甾体类消炎药的时代，Hench由此获得1950年度诺贝尔生理学或医学奖。

　　甾体类消炎药物的出现　1949年，美国报道了可的松在临床治疗风湿性关节炎的效果，美国先达公司和普强药厂（Upjohn）借助墨西哥山药，实现了可的松的大量生产。施贵宝药物研究所制作出比可的松强十倍的强的松。

　　非甾体消炎药物的兴衰　1971年5月3日，英国皇家医学院的John R.Vane在《自然》杂志上发表的文章最终揭示了这类药物的作用机制和前列腺素的关系，John R. Vane则于1982年获得了诺贝尔生理学或医学奖。在阿司匹林的基础上，瑞士的嘉基公司、美国的帕克戴维斯公司和默克公司、英国的博兹公司、美国的先达公司（Syntex）相继研发成功保泰松（1949年）、芬那酸化合物（1958年）、吲哚美辛（1964年）、布洛芬（1969年）、萘普生（1976年）。其中，美国默克公司的华裔药物学家沈宗瀛在吲哚美辛的研发过程中起到了关键的作用。20世纪晚期，共有30余种非甾体类消炎药物出现在市场上，直到1993年环氧酶抑制药研发成功。1999年，两种选择性COX-2抑制药相继上市，分别是塞来昔布（辉瑞，西乐葆）、罗非昔布（默克，万络），它们成为治疗骨关节炎和风湿性关节炎的"重磅炸弹"。2003年，辉瑞和法玛西亚公司共同上市Bextra。不料风云突变，2004年9月30日默克召回万络，2005年4月，辉瑞被FDA要求撤回Bextra，西乐葆成为绝唱。

　　麻醉药的发现　1873年，英国内科和牙科学界正式将麻醉药发现者的荣誉授予了第一次将笑气（一氧化二氮）应用于临床的美国牙医Horace Wells，但他已经在1848年因吸入太多的笑气、氯仿而举止失常，在33岁时自杀而亡。1842年，美国乡村医生Crawford Long第一次使用乙醚切除患者的颈部肿瘤。1831年，美国的化学家合成了氯仿。1853年和1857年，维多利亚女王使用氯仿进行麻醉，相继诞下利奥帕特王子和布拉德利丝公主。1858年，Edward R. Squibb在美国创立了施贵宝公司，专门生产乙醚和氯仿，成为第一家生产麻醉药的制药公司。1864年，德国的Adolf von Baeyer从尿素和丙二酸中合成了第一个巴比妥类药物，并于1905年获得诺贝尔化学奖。1919年，美国的雅培公司生产和上市了戊巴比妥钠（Nambutal），并在1933年发明了硫喷妥钠，其发明人Ernst Henry Volwiler在1950年至1958年担任雅培公司执行总裁。

虽然可卡因在1884年就被著名的精神分析医生弗洛伊德等人用来做局麻药，但是，直到1904年第一个人工合成的可卡因类似物——普鲁卡因，被德国化学家Alfred Einborn合成后，局麻药才获得广泛的临床应用。

麻醉药物和药物滥用之间存在一层薄薄的纸，一捅就破，如硫喷妥钠曾经被用来处理突发性战争焦虑症、对犯罪嫌疑人的审讯、晚期安乐死等。

吗啡及吗啡受体结合的止痛药物　鸦片是罂粟成熟后浆汁的干燥物，含有20余种生物碱，吗啡是其中的一种。吗啡在1803年就被德国药剂师提纯，吗啡乙酰化则成为海洛因，英国化学家Robert Robinson因提出正确的吗啡分子结构和其他一系列化学合成成就而获得1947年诺贝尔化学奖。1939年，Otto Eisleb从颠茄生物碱阿托品中研发出哌替啶（杜冷丁），1945年，德国赫斯特公司研制出全合成的止痛剂美沙酮。1960年，保罗·杨森研制出芬太尼，芬太尼多用于术前麻醉，到2012年成为使用最广泛的合成阿片类药物，其效力是海洛因的30~50倍，资料显示，美国2017年有7.2万人死于药物过量，其中主要药物是芬太尼。2015年，中国在相关麻醉和精神药物管制的基础上，出台了《非药用类麻醉药品和精神药品管制品种增补目录》，芬太尼列于其中。2019年，芬太尼的生产和出口成为美国和中国最高领导层关注的议题之一。

三、心血管治疗领域

心血管领域和抗感染和止痛领域一样，属于制药行业传统和经典的治疗领域，经历了化学药物时代的辉煌。1847年，意大利化学家Ascanio So brero首次合成硝酸甘油，1851年，Alfred Nobel在其基础上成功制作出炸药并因此于1896年设立了诺贝尔奖。硝酸甘油成功治疗心绞痛已经有130余年的历史，诺贝尔本人也因心绞痛而在1890年服用过硝酸甘油，硝酸甘油也是诺贝尔奖第一桶金的来源。1998年，纽约州立大学的Robert F. Furchgott、Ferid Murad和Louis J. Ignarro等三位临床药理学家揭示了亚硝酸盐类化合物在心血管疾病中的作用机制，他们也因发现一氧化氮内皮细胞衍生的血管舒张因子（EDRF）而获得1998年诺贝尔生理学或医学奖。

洋地黄和强心药物　1785年，英国医生William Withering注意到干毛地黄叶具有强心作用，1930年，Sydney Smith提炼出地高辛，地高辛成为治疗心律失常和心力衰竭的经典药物。

磺胺和利尿药物　1919年，奥地利维也纳的一名医学生Afred Vogl首次发现汞剂可以利尿，从而开始使用汞利尿药治疗心力衰竭导致的严重水肿，但是汞剂的毒性作用使得人们使用这类药物时心有余悸。1957年，默克公司的化学家Frederick C. Novello对磺胺类药物进行化学修饰，合成了第一个无汞的口服合成利尿药氯噻嗪。1959年，瑞士汽巴公司的George de Stevens在前者的基础上改良合成了氢氯噻嗪，其成为当时治疗水肿和高血压的一线治疗药物。

蛇毒和血管紧张素转换酶抑制药及血管紧张素 Ⅱ 受体拮抗药　1898年，芬兰生理学家Robert Tigerstedt和他的学生 Per Gunnar Bergman发现了肾素，之后，对肾素血管紧张素醛固酮系统有了诸多的研究。1965年，牛津大学教授John Vane发现巴西蝮蛇的毒液可以降低血压，在体外抑制血管紧张素转换酶，因此将其推荐给施贵宝公司。施贵宝公司的化学家David Cushman和Miguel A. Ondetti由此分离合成了替普罗肽（teprotide）并改良出第一个口服的血管紧张素转换酶抑制药卡托普利（甲巯丙脯氨酸），于1978年上市。开博通所采用的通过三维蛋白质结构来设计口服活性药物的方法被称为基于结构的药物设计方法（structure based drug design，SBDD），改变了整个制药工业的药物研发方向，David Cushman和Miguel A. Ondetti也因此于1999年获得艾伯特雷斯克临床医学研究奖。随后，1981年，默克公司上市了依那普利，辉瑞上市了喹那普利，诺华公司的前身汽巴–嘉基公司上市了贝那普利。由于血管紧张素转换酶同时也是激肽降解酶，咳嗽和过敏样症状是其在作用机制上的短板，因此，血管紧张素 Ⅱ 受体拮抗药在20世纪80年代首先被杜邦公司研发出来，氯沙坦（科素亚）于1995年由默克公司上市。1989年，汽巴–嘉基公司研发出缬沙坦（代文）。在此之后，依贝沙坦、坎地沙坦、奥美沙坦、替米沙坦相继上市，成为2010年之前制药行业的主要增长点。缬沙坦成为继氨氯地平之后最广泛使用的抗高血压药物。

儿茶酚胺和β受体阻断药　1948年，肾上腺素受体被美国的Raymond P. Ahlquist发现并发表在《美国生理学杂志》上。1958年，礼来公司的C. E. Powell和I. H. Slater制备了第一个β受体阻断药——异丙肾上腺素二氯类似物。在此基础上，阿斯利康的前身英国帝国化学工业集团（Imperial Chemical Industries，ICI）的James W. Black于1962年成功制备丙萘洛尔、普萘洛尔、阿替洛尔。自此以后，β受体阻断药成为心血管疾病治疗中的基础药物之一，据说，人们研发出十余万种此类药物，奠定了制药工业发展的基础，并由此产生了受体的激动药，如支气管扩张药以治疗慢性阻塞性肺疾病。

钙离子拮抗药 20世纪60年代，包括赫斯特（Hoechst）、基诺（KNOLL AG）在内的德国制药公司就发现和上市了普尼拉明、维拉帕米，但是，他们无法解释这些药物在扩张血管的同时产生的负性肌力作用。1966年，德国弗莱堡大学生理学教授Albercht Freckenstein提出其作用机制是钙离子拮抗，并于1968年将拜耳公司和基诺公司的两个具有二氢吡啶结构的化合物分别命名为"硝苯地平"和"尼鲁地平"。在此基础上，更长效的硝苯地平缓释片和氨氯地平等药物也相继研发上市，成为抗高血压药物的基础治疗方法。据称，中药丹参根部的丹参酮也具有钙离子通道阻滞作用，从而发挥其缓解心血管症状的效应。

土壤微生物和他汀类药物 1856年，德国病理学家Virchow就提出了冠心病的胆固醇假说，他根据动脉硬化斑块中的胆固醇，提出降低血脂和胆固醇在预防动脉硬化、稳定斑块方面的作用。始于1948年的弗明汉研究确定了血浆胆固醇水平是心血管疾病的重要危险因素。1956年，默沙东实验室的研究人员从酵母菌的提取物中分离出甲羟戊酸，1959年，德国马普研究所发现了在胆固醇合成中的限速酶羟甲基戊二酰辅酶A还原酶。1973年，日本三共公司的科学家远藤章（Akira Endo）在桔青霉素菌中发现了HMG CoA的天然抑制药美伐他汀（Mevastatin），之后必成公司的A. G. Brown 在短密青素中发现美伐他汀（命名为Compactin）。在动物研究中，研究者发现美伐他汀可以导致狗出现肿瘤，故于1982年停止了美伐他汀的开发。1978年，默沙东的实验室在来自得克萨斯州立大学的Michael S. Brown的领导下，从土曲霉菌中分离出洛伐他汀，该药于1987年被批准上市，在此基础上，默克公司又研发出辛伐他汀。Michael S. Brown及其同事由于确定了胆固醇的体内合成过程而获得1985年诺贝尔化学奖，而远藤章获得了2006年日本国际奖和2008年拉斯克临床医学研究奖。1989年，日本三共和百时美施贵宝合作推出了微生物修饰后的美伐他汀——普伐他汀（Pravachol，普拉固）。

1982年，华纳兰伯特公司旗下的帕克戴维斯实验室的药物化学家Bruce D. Roth在洛伐他汀的基础上改良合成了阿托伐他汀，并于1997年和辉瑞联合上市。由于他汀类药物的成功上市和推广，辉瑞、默沙东和百时美施贵宝的心血管治疗领域迅速发展壮大，立普妥成为使用最广泛的处方药物，年销售额最高曾经达到130亿美元，相当于同时期整个罗氏公司的销售额。进入2010年后，新型降脂药物依折麦布乏善可陈，2018年PCSK9靶点上的依洛尤单抗（Evolocumab，Repatha，安进）治疗家族性高胆固醇血症和成人冠心病的适应证获批。

抗血小板药物和溶栓药物 冠心病本质上是血管栓塞性疾病，抗凝药和抗血小板治疗药物是预防和控制血栓形成的基本药物。最初的抗血小板药物的发现始于消炎止痛药的研究。1972年，日本吉富制药公司

（Yoshitomi Company）在研究新型抗炎药物替诺立定的过程中，意外地发现噻氯匹定（抵克立得）具有抗血小板以及抗血栓形成的活性。1978年，噻氯匹定在法国上市，但是不久后发现其可以引起粒细胞缺乏和全血细胞减少等并发症。赛诺菲公司和施贵宝公司的研究人员在噻氯匹定的基础上，于1998年研制出氯吡格雷（波立维，Plavix）。和噻氯匹定相比，氯吡格雷在连接链上增加一个甲氧羰基，抗血小板活性提高6倍。之后，制药企业相继推出多种新型P2Y12受体拮抗药。氯吡格雷于2001年在中国上市，倍林达（替格瑞洛）于2012年在中国上市。阿派沙班（Apixaban）作为口服Xa因子抑制药，2011年在欧盟的27个成员国及冰岛、挪威被率先批准用于择期髋关节或膝关节置换手术成人患者静脉血栓症的预防，2013年在中国批准上市。

溶栓药物和抗凝药物　二战之前，丹麦的化学家就发现了链球菌内的溶解性纤维素酶（链激酶），之后，贝林制药厂又推出了尿激酶。1980年代，基因泰克公司推出重组组织型纤溶酶原激活剂（r-tPA）。基因工程药物进入到心血管治疗领域。2018年6月20日，勃林格殷格翰的依达赛珠单抗（Idacizumab，Praxiband）在中国获批，用于逆转达比加群酯的抗凝效应。

四、糖尿病治疗领域

胰岛素是在1921年夏天被加拿大多伦多大学的Frederick Grant Banting（班廷）和Charles Herbert Best发现的。1922年，Best医生在没有任何伦理委员会以及药监局批准（FDA诞生于1938年）的情况下给14岁的Leonard Thompson使用胰岛素治疗，这个小男孩成为人类胰岛素治疗的第一个患者，一直活到27岁。为了能够批量生产胰岛素，Banting和Best（B2）以及James Bertram Collip申请了专利并以1美元的价格卖给多伦多大学，多伦多大学将此技术转让给当时名不见经传的礼来制药公司，开启了礼来公司的糖尿病治疗之路。

人们需要树立一个英雄，班廷适逢其时，于是1923年诺贝尔生理学或医学奖授予给了他，1992年国际糖尿病联合会和世界卫生组织把班廷的生日11月14日定为世界糖尿病日，并从2007年起升级为联合国糖尿病日，美国糖尿病协会也把每年一度的最大的科学奖项命名为班廷奖。1941年2月29日，班廷乘坐的飞机在诺芬兰坠毁，班廷去世时年仅五十岁，飞机坠毁之地的一个湖泊被命名为班廷湖，他的故事被改编为电影《共同的荣誉》（Glory Enough for All）。

胰岛素的故事并没有因为班廷的去世而结束。1926年，约翰斯·霍普金斯大学药理学教授John Jacob Abel首次分离出胰岛素晶体；1955年，剑桥大学的Frederick Sanger首次破译牛胰岛素的氨基酸序列并于1958年获得诺贝尔化学奖。1965年，中国的科学家们在世界上首先使用人工全合成的方法制备了胰岛素，这是中国科学家距离诺贝尔奖最近的一次。1969年8月14日，牛津大学的Dorothy Crowfoot Hodgkin完成了胰岛素三维结构的破译，确定了分子量5800道尔顿的胰岛素中777个原子的相对位置，英国政坛铁娘子撒切尔夫人也是她的学生之一。1983年，B. H. Frank和R. E. Chance在大肠杆菌中通过基因工程重组合成人胰岛素，从而开启了胰岛素制备的生物制药时代。胰岛素本身也出现了速效、短效、长效等多种制剂，甚至还尝试过研发吸入性胰岛素。

在不断地深入研究胰岛素的同时，对各种口服降糖药物和新的作用机制的探索也一直没有停止。1942年，人们从使用某些磺胺类抗生素导致血糖下降的现象出发发现了磺脲类药物，从1957年甲苯磺丁脲上市到1997年撤市，多种磺脲类药物（格列本脲、氯磺丙脲）作为口服降糖药被大量使用。

山羊豆（紫丁香）在古埃及时代就被发现可以缓解口干、多饮等症状，1918年，人们开始研究其降糖效果，1922年，爱尔兰都柏林的Werner和Bell合成了二甲双胍。由于胰岛素和磺脲类药物的出现，双胍类药物直到1958年才在法国得到临床上市和应用，1972年在加拿大上市。但是，苯乙双胍和丁双胍等药物被发现可以增加心血管风险和乳酸酸中毒的风险，于20世纪70年代相继在欧美撤市。由于二甲双胍出现低血糖的风险相比上两种药物低，并且由英国前瞻性糖尿病研究（United Kingdom Prospective Diabetes Study，UKPDS）等政府卫生部门发起的循证医学研究证实了其在降血糖、预防糖尿病及大血管并发症的发生、降低癌症风险、减轻体重等方面的效益，1994年二甲双胍在美国获批上市，现在虽然其确切的作用靶点和机制还没有清晰阐明，但二甲双胍已经成为各大指南推荐的一线口服降糖药物。二甲双胍是基于天然药物的线索和循证医学的长期研究证明之后才得以被临床认可的典型，在合成之后将近百年，二甲双胍走上神坛。

相比双胍类药物，噻唑烷二酮类的药物更是命运多舛，这类药物是在没有明确治疗靶点的情况下被研发出来，然后又经过大量临床应用，被循证医学研究拉下神坛的典型。1975年，在进行降脂药物氯贝丁酯的结构优化时，武田的科学家发现其中的一种化合物可以降低血糖，对其进行进一步改进得到了具有噻唑烷二酮结构的化合物AL-321、ADD-3878（环格列酮）和AD-4833（吡格列酮）。1981年，环格列酮首次进入临床，但是因没有达到预期的治疗效果而中止。文迪雅事件是通过荟萃分析和事后分析而将一个"重磅炸弹"药物拉下马的典型案例。在糖尿病治疗领域，DPP4抑制药、GLP-1、SLTP-1、阿卡波糖、瑞格列奈和那格列奈也相继问世，呈现出百花齐放、百家争鸣的局面。

五、肿瘤治疗领域

癌症是希波克拉底用希腊语命名的，意为螃蟹；肿瘤来自拉丁语，意为块状物或肿物。人们对肿瘤的认知已经持续数千年，但是除了切除之外一直束手无策。1966年和1989年的诺贝尔生理学或医学奖都授给了"致癌病毒或致癌基因"的发现者。肿瘤根据其发生的部位和形态可以分为血液肿瘤、淋巴肿瘤和实体肿瘤。

肿瘤化学治疗　细胞毒药物的发现始于二战。1943年12月2日，意大利南部巴里港被德军空袭，空难导致盟军的100吨芥子气泄露，造成1 800余名盟军人员伤亡。29岁的军医Stewart Alexander发现死亡的主要原因是白细胞的致命减少。耶鲁大学的药理学家Alfred Gilman和Louis S. Goodman及解剖学家Thomas Dougherty使用芥子化合物治疗淋巴肿瘤的老鼠，奇迹般地观察到肿瘤体积的软化和缩小。1949年默克公司生产的氮芥被FDA批准上市，至今仍作为治疗霍奇金氏淋巴瘤和急慢性白血病的化疗药物，被广泛使用。值得一提的是，Gilman和Goodman两位教授编著的《治疗学的药理学基础》一书，也是全球药理学领域的经典著作。1949年以后，从营养学的研究出发，合成了许多经典细胞毒药物，如甲氨蝶呤（1953年）、6-巯基嘌呤（1952年）、5-氟尿嘧啶（1962年）。与此同时，人们在天然植物和金属中也相继发现了长春新碱（1964年，礼来公司）、紫杉醇（1992年，百时美施贵宝）、顺铂、三氧化二砷（2001年）。

从沙利度胺到来那度胺　三氧化二砷（砒霜）和沙利度胺是老药新用的典型。沙利度胺是汽巴公司为研发新型抗菌药而合成的，因没有抑菌活性而被放弃。但是德国格兰泰公司却发现其具有镇静和止吐作用，并于1957年2月以非处方药在德国上市，结果因在临床实际使用中出现8 000~12 000例的婴儿畸形（海豹肢）而于1961年被禁用。肯尼迪总统于1962年8月2日授予FDA员工 Frances Kelsey总统勋章，表彰她因怀疑300例数据的安全性而延缓其在美国的批准，保障了美国患者的安全。同时，美国国会也因此通过了《科夫沃–哈里斯修正案》，要求制药公司向FDA报告不良反应。但是，经过34年的临床研究，1998年美国FDA最终批准该药用于治疗麻风结节性红斑，2006年批准用于治疗多发性骨髓瘤。值得指出的是，挽救沙利度胺的是临床医生的适应证外使用。1964年，以色列希伯来大学哈达萨医院的Sheskin发现它可以治疗麻风病患者的结节性红斑，1991年洛克菲勒大学的Kaplan发现它可以抑制肿瘤坏死因子，1994年哈佛医学院的DAmato发现它可以抑制肿瘤血管新生。在此基础上，新基制药公司（Celgene）重新提出申请，并将强制性避孕和医师培训、患者教育列为严格的上市后管理措施。2005年12月27日，美国FDA批准新基制药研发的沙利度胺的类似物来那度胺（Revlimid，瑞夏美）上市，来那度胺最初的适应证是与地塞米松联合使用治疗多发性骨髓瘤，并逐步扩展适应证到骨髓增生异常综合征——套细胞淋巴瘤。2016年，来那度胺已经成为全球最畅销的肿瘤治疗药物，2018年的销售额达到96.85亿美元。

肿瘤激素疗法　1996年获得诺贝尔生理学或医学奖的芝加哥大学医学院教授Charles Huggins在1940年就发现了一些肿瘤是依赖激素生长的，特别是前列腺癌和乳腺癌。他莫昔芬（Tamoxifen）由英国帝国化学制药公司（ICI）的Dora Richardson在1966年首次合成，并于1971年在英国开始乳腺癌的临床试验，1973年获得英国批准，1975年获得美国FDA批准，商品名Nolvadex，成为第一代选择性雌激素受体调节剂（SERMs）。

肿瘤免疫治疗　早在1891年，美国纽约肿瘤医院的外科医生William Coley就发现免疫细胞在杀死细菌的同时也会杀死肿瘤细胞。1953年Coley医生的女儿Helen Coley成立了肿瘤研究所，1975年设立了Coley基础和肿瘤免疫杰出研究奖，Coley医生被称为"肿瘤免疫治疗之父"。1984年诺贝尔生理学或医学奖颁给了发明单克隆抗体的开发和制备技术的Niels K. Jerne、Georges J. F. Kohler和César Milstein。单克隆抗体的发现使得针对肿瘤细胞特异性的基因或标志物进行靶向治疗成为可能。

1984年美国基因泰克公司的Alex Ullrich发现人类表皮生长因子受体2和一些乳腺癌相关。由此，基因泰克公司在1991年开始曲妥珠单抗（Trastuzumab，赫赛汀）的Ⅰ期临床试验，于1998年完成Ⅲ期临床试验，并得到FDA的批准用于治疗HER-2过表达的乳腺癌。1989年基因泰克公司的Napoleone Ferrara完成了针对血管内皮细胞生长因子受体的单克隆抗体，并于2004年被FDA批准用于治疗直肠癌。2004年2月美国FDA批准了EGFR抗体Erbitux，这是百时美施贵宝公司协助ImClone公司研发的，用于治疗顽固的直肠癌患者。

Pd-1/PD-L1拮抗药　PD-1全称为免疫T细胞表面程序性死亡因子1（programmed death-1），是日本科学家本庶佑（Tasuku Honjo）在1992年发现的，而PD-L1是耶鲁大学陈列平教授及其团队在2002年发现的。2003年，荷兰欧加农（Organon）制药公司首先注意到这个治疗靶点，希望通过活化PD-1受体而钝化免疫T细胞，达到治疗自身免疫性疾病的目的，结果虽然没有找到合适的PD-1激动药，却意外得到了PD-1拮抗药。当时公司委托英国医学研究理事会（Medical Research Council，MRC）进行人源化抗体的制备工作，并于2007年得到了纯化的人源性单克隆抗体帕博利珠单抗。随着欧加农公司被先灵葆雅收购，先灵葆雅在2009年又被默沙东收购，此抗体的研发陷入犹疑和停顿之中。

2010年百时美施贵宝在《新英格兰医学杂志》上发表了伊匹单抗

（Ipilimumab，Yervoy）的临床研究结果，这促使默沙东迅速组织了项目团队，在2011年把帕博利珠单抗推入临床试验Ⅰ期，帕博利珠单抗于2013年1月获得FDA突破性疗法认定，成为第二个获得BTD资格的药物，在2014年9月4日获得FDA批准上市，适应证为晚期黑色素瘤治疗，比百时美施贵宝的纳武单抗提前了3个月。在第一个适应证上市后，帕博利珠单抗继续进行超过500项临床试验，包括300多项联合用药的临床试验，进行30多种不同类型的癌症和肿瘤适应证的开拓，到2017年已经获得了11个肿瘤领域的适应证（纵向扩展）和80多个国家的药监局批准（横向扩张）。2015年，年届九十的美国前总统卡特被发现患有黑色素瘤，已经转移到大脑和肝脏。在手术和化疗的基础上使用帕博利珠单抗，总统的病情得到了及时控制，核磁脑部扫描"没有显示任何原始癌症迹象"。

　　肿瘤免疫治疗靶点主要有PD-1/PD-L1、VEGF、HER-2、CD20、EGFR等，目前有曲妥珠单抗（Trastuzumab，Herceptin，赫赛汀，罗氏）、贝伐珠单抗（Bevacizumab，Avastin，安维汀）、利妥昔单抗（Rituximab，Rituxan，美罗华）、纳武利尤单抗（Nivolumab，Opdivo，欧狄沃，BMS）、帕博利珠单抗（Pembrolizumab，Keytruda，可瑞达，MSD）、帕妥珠单抗（Pertuzumab，Perjeta，帕捷特，罗氏）。在肿瘤免疫领域，中国生物制药企业如恒瑞、君实、信达等也研发了卡瑞利珠单抗、特瑞普利单抗、信迪利单抗等，特瑞普利单抗及信迪利单抗于2018年在中国获批上市，卡瑞利珠单抗于2019年在中国获批上市。肿瘤免疫治疗既有单克隆抗体，也有小分子靶向药物，这方面的药物研发成为近年来的热点。

六、自身炎症和免疫治疗领域

　　1975年，E.A. Carswell等在接种卡介苗的小鼠血清中发现肿瘤坏死因子（Tumor necrosis factor，TNF）。TNF主要由活化的巨噬细胞、NK细胞及T淋巴细胞产生。1985年，Shalaby把巨噬细胞产生的TNF命名为TNF-α，把T淋巴细胞产生的淋巴毒素（lymphotoxin，LT）命名为TNF-β。1984年，英国帝国药学院肯尼迪风湿病研究所的Marc Feldmann和Ravinder Maini的研究发现包括TNF、IL在内的细胞因子（激酶）在类风湿关节炎和其他自身免疫性疾病的发病中起重要作用，而抑制TNF的产生和作用可以治疗这类自身免疫性疾病。TNF抑制药的研发始于小型生物技术公司，然后借助大型制药公司的强大的晚期临床研发和市场推广能力成为处方药领域的领先者。

　　1981年，Steve Duzan在美国西雅图创立Immunex，旨在利用免疫学、细胞因子生物学、血管生物学、治疗性抗体技术和小分子技术来发现和研发生物药物。1983年，研制出依那西普（Etanercept，Enbrel，恩利）并于

1998年获得美国FDA批准。依那西普是一个由934个氨基酸组成的人鼠融合蛋白，通过在中国仓鼠卵巢细胞株内进行DNA重组技术来生产，成为第一个TNF抑制药。

1992年，在Feldman 和Maini的支持下，美国费城的生物技术诊断公司Centocor成功研发出TNF的嵌合型单克隆抗体——英夫利昔单抗（Infliximab），其于1999年11月10日被美国FDA批准。同年，Centocor 成为强生制药（Johnson & Johnson，JNJ）的一个子公司。

1996年，德国巴斯夫生物研究公司（BASF SE）的子公司Knoll已经开发出抗TNF的鼠源性单克隆抗体MAK195（Afelimomab），在此基础上，Knoll公司采用英国剑桥抗体技术（CAT）的抗体噬菌体展示技术，成功制备了全人源单克隆抗体D2E7（阿达木单抗）。2000年初，雅培公司花费69亿美元全资收购巴斯夫制药部门BASF-Knoll，同时也获得了阿达木单抗。阿达木单抗于2002年获得FDA批准，商品名修美乐（Humira，取Human和RA之意）。2002年，Immunex被安进公司以160亿美金收购。

七、呼吸领域

呼吸领域主要的疾病是慢性阻塞性肺疾病和过敏性哮喘，涉及的主要药物是支气管扩张剂、糖皮质激素、白三烯受体拮抗药和抗过敏的单克隆抗体。沙美特罗（Serevent，GSK，1990年）和福美特罗（先灵葆雅）、印达特罗（诺华）是主要的长效β受体激动药。

白三烯是1979年瑞典卡罗琳斯卡研究所鉴定的通过G蛋白偶联受体发挥信号调控作用的活性物质，其发现者萨尔米松和他的导师获得了1982年诺贝尔生理学或医学奖，其合成者科里获得了1990年诺贝尔化学奖。1981年默克公司开始研究白三烯受体拮抗药，10年之后研发出孟鲁司特钠，1998年经FDA批准上市，商品名顺尔宁（Singulair）。3名在药物发现中作出贡献的默克药物化学家Robert N. Yang、Marc Labelle、Robert Z. Zamboni被美国化学会评为2003年度化学英雄。

八、精神治疗领域

精神病学治疗领域是制药行业的重要领域之一，也是发展最早的经典领域，特别是镇静剂和抗抑郁药物的发展，成为推动制药行业早期发展的动力。随着人口的老龄化，帕金森病、多发性硬化和阿尔兹海默症成为下一个待突破的治疗热点。

最早被批准的镇静药物是氨甲丙二酯（眠尔通），于1955年被FDA批准；罗氏公司研发的2个苯二氮卓类药物——利眠宁和安定分别于1960年和1963年得到批准，成为20世纪60年代销售量最高的处方药物，但是当时没有人确切了解其作用机制。

萝芙木（蛇根木）、鸦片、贯叶连翘、金属锂盐都被用来治疗躁郁症等精神疾病。利血平（Reserpine）是汽巴公司从萝芙木中提纯的生物碱，最早用于镇静和治疗高血压。1950年之后，单胺氧化酶抑制药、三环类抗抑郁剂、选择性五羟色胺再摄取抑制药（SSRIs）相继被研发出来。1971年礼来公司的科学家Bryan Molly和David Wong（汪大卫，华裔）开始把研究兴趣从抗生素转到神经化学上，最终发现了可以选择性抑制五羟色胺的药物盐酸氟西汀，并于1988年获得FDA批准。之后相继上市了盐酸舍曲林（辉瑞，1992）、盐酸帕罗西汀（葛兰素史克）、盐酸文拉法辛（惠氏）、安非他酮（Wellbutrin）。

氯丙嗪和抗精神病药物的兴起：1950年，罗纳普朗克公司的Paul Charpentier在异丙嗪的基础上合成了氯丙嗪，氯丙嗪于1952年在法国、1954年在美国上市；1958年保罗·杨森合成了氟哌啶醇。

据报道，到2004年底，共有14种抗抑郁药、18种抗焦虑药和15种治疗精神分裂的药物被研发出来，治疗精神病症的药物达109种之多。

阿尔兹海默病是1906年德国医生阿尔兹海默最先报道的，曾被称为老年性痴呆，据说著名哲学家尼采和美国前总统里根都是此病患者。虽然从1996年开始，很多制药公司都投入资金和人力进行新药的研发，但是一直没有科学上的突破。在阿尔兹海默症药物研发方面，全球已17年无新药上市，投入的研究经费高达6000亿美元，尝试了320多种药物，均以失败告终。随着人口老龄化时代的来临，阿尔兹海默病将会带来极大的疾病负担，据说照顾1名患者，需要3名每天工作8小时的全职人员。2019年11月，中国科学院上海药物研究所、中国海洋大学和上海绿谷制药有限公司联合开发的GV-971（甘露特钠）在中国获批治疗阿尔兹海默症，其主要成分为从海藻提取的天然复合成分，是中国自主研发的第一款首创新药。

九、消化领域

1910年D. C. Schwarz首次提出无酸无溃疡学说，从而带动了一系列减少胃酸和保护胃黏膜的"抗溃疡药物"的出现，包括组胺H2受体拮抗药（20世纪70年代）和质子泵抑制药（20世纪80年代）等。

组胺受体拮抗药的研发是治疗消化性溃疡的里程碑。在发现和制备β受体阻断药之后，James Black在1963年跳槽到Smith Kline & French公司工作，1976年，他发现了西咪替丁（泰胃美）并在英国首先上市，西咪替丁成为制药工业最早的"重磅炸弹"。他也因为药物研发在1988年和GSK的

Gertrude Elion、George Hitchings一同获得诺贝尔生理学或医学奖。在西咪替丁研发的基础上，葛兰素公司研发了雷尼替丁（Ranitidine），并于1981年上市；日本山之内公司（Yamanouchi）在1983年上市了法莫替丁（Famotidine），礼来公司在1988年上市了尼扎替丁（Nizatidine）。2000年前后上市的长效拮抗药罗沙替丁和拉呋替丁基本上唱完了消化性溃疡的"替丁"治疗时代。

奥美拉唑是瑞典阿斯特拉（Astra）公司于1978年合成的第一个质子泵抑制药，于1988年上市，商品名为"洛赛克（Losec）"。之后，武田也在1995年上市了兰索拉唑，2001年英国阿斯利康公司的左旋奥美拉唑（埃索美拉唑）上市。

在消化领域，西澳大利亚皇家医院病理学家 J.Robin Warren和内科住院医师 Barry Marshall是不得不提的人物。1979年，在抗酸药物风头正劲的时候，他们提出溃疡病可能是由细菌导致的。二人在1983年的《柳叶刀》（Lancet）杂志上发表了他们的研究论文，1988年发表了使用铋剂和抗生素治疗胃溃疡的研究结果，革新了传统的治疗观念，不仅治疗了胃溃疡，而且极大可能减少了胃癌的发生。1995年，被同行蔑称为"疯子"的Marshall获得艾伯特拉斯克临床医学研究奖；2005年，Warren和Marshall分享了诺贝尔生理学或医学奖。

本节简要概括了制药行业主要治疗领域的由来和发展，着重梳理了抗感染领域、心血管领域、糖尿病领域、肿瘤领域、消化领域、呼吸领域和精神治疗等九大领域的发展脉络。

制药企业的医学事务和临床医生的根本差别在于研究治疗方法的出发点不同。从药物的治疗领域的角度关注和研究疾病的治疗趋势和动态是制药企业医学事务的出发点；从各个疾病的临床表现及治疗方法角度关注和研究疾病与学科的发展动态和趋势，则是临床医生的出发点。

制药企业的治疗领域知识的储备和完善需要在工作中不断学习才能实现，没有治疗领域的知识，仅仅拘泥于自己负责的药品和所谓"竞争"药物的知识，是不能产生有价值的医学策略和上市后研究策略的，这是眼界和格局的问题。制药企业医学事务对于其治疗领域的管理是医学事务实现卓越的核心问题，了解和掌握自己治疗领域内的产品组合和产品管线是治疗领域内的医学顾问和区域医学事务经理的核心技能。这不仅有助于实现医学事务在公司内部各部门之间的跨部门合作，打通从药物研发到市场准入的药品商业化过程，而且有助于和外部专家、利益相关者直接建立长期伙伴关系，有助于区域、国家和全球药物治疗领域间的高效合作和新产品上市，有助于将基础科学和临床实践有机地结合起来，促进所在国家及地区的医疗卫生水平和全球接轨。

制药行业的主要治疗领域和疾病详见表2–1。

表2–1　制药行业的主要治疗领域和疾病

治疗领域	主要疾病或适应证
抗感染	耐药菌感染（院内感染）、疟疾、结核病
心血管	高胆固醇血症、高血压、心肌梗死、脑卒中
糖尿病领域	2型糖尿病、1型糖尿病
肿瘤领域	实体瘤（乳腺癌、卵巢癌、肺癌、结肠直肠癌、黑色素瘤等）和血液肿瘤
神经和精神领域	精神分裂症、重度抑郁症、癫痫、帕金森病、阿尔茨海默病、多发性硬化
自身免疫和移植领域	类风湿关节炎、强直性脊柱炎、炎症性肠病、银屑病、系统性红斑狼疮
抗病毒领域	艾滋病、丙型肝炎、乙型肝炎
消化和呼吸领域	消化性溃疡、慢性阻塞性肺疾病、支气管哮喘
镇痛和麻醉领域	神经性疼痛、手术
危重症和血液	血小板减少性紫癜、终末期肾脏病贫血
营养代谢和内分泌	痛风、营养不良、骨质疏松症、铁负荷增加、继发性甲状旁腺功能亢进
眼科学领域	黄斑变性和水肿
罕见病和遗传病	囊性纤维化、戈谢病、重症肌无力
男性健康和女性健康	前列腺增生、子宫内膜异位症
疫苗	人乳头状瘤病毒疫苗、乙肝疫苗
伴随诊断和辅助诊断	造影剂、生物标志物检测、DNA测序
基因治疗	CAR-T
健康管理和促进	肥胖症、吸烟、睡眠障碍、非酒精性脂肪肝、胰岛素抵抗

第二节　制药公司和治疗领域单元

治疗领域的管理包括产品线和产品组合的管理，产品管线（pipeline）是指在研药物，是治疗领域的未来，是长期的目标；产品组合（portfolio）是指已经上市的药物和（或）适应证，是治疗领域的现在。

一、治疗单元管理

制药公司在管理治疗领域时，根据治疗领域的特点又组合为数个业务单元，包括常用药品（primary care，普药）、特殊药品（specialty care）和肿瘤免疫三个治疗领域组合。罕见病、疫苗、诊断药物、仿制品或生物类似物也通常作为单独业务单元来管理。不同的治疗单元，药物线和药物组合的特点不同，医学事务的重点也相应不同。

常用药品　常用药品业务单元治疗的疾病主要是在人群中发病率很高的慢性非传染性疾病，包括高血压、糖尿病、COPD、消化性溃疡。骨质疏松、高胆固醇血症等需要检查才能诊断的适应证也属于常用药品治疗范畴。另外，上述慢性疾病的并发症和相关疾病也属于常用药品领域。慢性肾脏病、脑卒中、心肌梗死、心力衰竭也被列入常用药品治疗领域。在常用药品治疗单元，既有专利期已过的"重磅炸弹"药物（成熟药物），如阿托伐他汀、氨氯地平、氯吡格雷、缬沙坦，也有这些成熟药物的仿制品，还有生物制药药物，如重组胰岛素、重组促红素、重组干扰素。

特殊治疗药品领域或专科药品单元　特殊治疗药品领域主要是在专科进行治疗的疾病，包括抗感染领域的艾滋病、乙型肝炎和丙型肝炎；精神领域的阿尔茨海默病、多发性硬化、帕金森病；风湿免疫和自身炎症性疾病，如类风湿关节炎、克罗恩病、银屑病、葡萄膜炎、视网膜湿性黄斑变性等。

肿瘤领域　肿瘤领域是特殊治疗药品领域的热点，2018年FDA批准的59个新药中，17个是肿瘤领域的。由于新的治疗方法层出不穷，治疗指南几乎每年都有更新，每种药物都有多适应证的开发潜力，而且靶向肿瘤药物多需要和特异的诊断技术相结合。因此，肿瘤领域需要进行单独管理。肿瘤领域分为血液肿瘤和实体肿瘤两个部分，既有单克隆抗体等大分子治疗，又有靶向小分子药物，还有化疗药物。

罕见病和孤儿药　罕见病多为遗传和代谢性疾病，在化学药物时代，由于其适应证狭窄，诊断率低，其药物的研发并不被大型制药公司看好。但是，在罕见病领域，一旦确认，其发病机制和治疗靶点明确，利用现代生物技术进行药物研发相对容易，成为创新型小型公司的切入点。在美国，罕见病被定义为发病人数低于20万人的疾病（2002年），目前在美国国立疾病数据库中有1200种罕见病，治疗罕见病的药物被称为孤儿药。

支持辅助和健康管理药物 包括镇静安眠、性功能恢复、戒烟药物、营养支持（钙剂和维生素）等药物。这些药物不是临床急需或临床必需的药物，治疗疾病或适应证的目的也不是救急、救命，或者是突破性的治疗方法。支持辅助药物和成熟药品并不是一个概念。

二、制药公司的由来和成长

世界前十的跨国制药公司基本上是欧洲和美国企业，日本的制药公司处于中游。截止到2020年，中国制药企业生产的药物多为仿制品或原料药，仿制品以自产自销为主，中国没有真正意义上的跨国制药企业，还没有走出国门，成为中国制造中尚待发展的国际化行业。

从历史上看，德国为制药工业的发展奠定了基础，是制药工业的先行者和化学药物的发源地；美国是制药企业的主要市场，也是生物制药的先行者和发源地。2018年全球10大制药公司中的5家来自美国（强生、辉瑞、默沙东、礼来和艾伯维），5家来自欧洲（诺华、罗氏、拜耳、赛诺菲和阿斯利康）。了解和掌握公司的发展和治疗领域、业务模式和重点，也是医学事务制定和执行业务活动的基础。

强生公司（Johnson & Johnson，JNJ，美国） 1886年，强生公司成立于美国新泽西州，是制药行业中少有的坚持多元化策略的公司：在制药业务之余，保持着医疗器材和个人卫生药物业务。强生最开始的业务是无菌的外科敷料（邦迪创可贴）、妇女卫生护理药物、牙线、避孕药物、婴儿洗发液等个人卫生药物。1988年，强生公司出版了《抗菌伤口处理的现代方法》一书。1944年建立了诊断业务，1959年进入非处方药物领域，推出解热镇痛药泰诺（扑热息痛）。1961年收购了比利时的杨森制药公司（Janssen Pharmaceuticals），进入处方药物市场，集中在精神病治疗领域和解热镇痛领域。但是，20世纪90年代，强生公司关于治疗脑卒中、糖尿病、多发性硬化的新药相继失败，和安进公司的促红素专利之争也遭败诉。1994年推出第一个冠状动脉支架。1999年强生以49亿美元的代价收购了Centor公司及英夫利昔单抗（Remicade）、阿昔单抗（Reopro）和尤特克单抗（Stelara），成功在第一时间搭上生物制药兴起的头班车。2000年之后，强生成功并购了80余家公司，不断完善自己的产品线，并在并购的同时，进行战略合作、多元化经营和自主研发投入，积极布局肿瘤和罕见病领域，和拜耳、田边三菱合作推出利伐沙班和卡格列净。2002年收购Tibotec，获得依曲韦林和地瑞那韦；2003年收购Scios，获得奈西立肽；2015年收购Novira，获得乙肝管线NVR3-778，同年收购XO1公司，获得抗血栓抗体Ichorcumab；2017年收购Actelion，获得肺动脉高压的药物线。

罗氏（瑞士，巴塞尔） 罗氏成立于1896年，其主要药物为甲状腺药物、消毒剂、止咳糖浆、洋地黄、镇静止痛药物和抗癫痫药物等。1933年开始，罗氏成为全球最大的维生素生产和经营企业。1960年开始，罗氏进入精神药物治疗领域，先后研发和上市了苯二氮䓬类药物利眠宁和安定。1965年罗氏建立了诊断部门，1968年建立分子生物学研究所，1969年建立免疫研究所。1986年，罗氏和1976年建立的基因泰克合作研发重组干扰素，1990年罗氏正式控股基因泰克，获得其产品线，从化学制药向生物制药转型，并同时获得Cetus公司的聚合酶链反应（PCR）技术专利。1998年罗氏控股日本中外制药公司，获得促红细胞生成素。在剥离维生素和香水业务之后，罗氏成为以肿瘤、抗病毒和诊断为主要特色的生物制药公司。曲妥珠单抗（Herceptin）、贝伐珠单抗（Avastin）和利妥昔单抗（Rituxan）成为罗氏最重要的药物。罗氏在成长过程中，并购了40余家公司，其中最大的并购项目是基因泰克，花费468亿美元。

辉瑞（美国） 辉瑞公司创立于1849年，最早是一家化工企业，主要生产碘酒、柠檬酸、硼酸和酒石酸等，在美国南北战争期间赚得第一桶金，二战时（1942年）在布鲁克林建成世界上最大的青霉素工厂。1950年辉瑞上市土霉素，正式进入制药行业，在经过业务剥离和整合、研发投入和一系列的并购和整合之后，辉瑞先后在心血管和糖尿病（硝苯地平、氨氯地平、格列吡嗪、硝苯地平缓释片、阿托伐他汀）、解热镇痛（吡罗昔康、塞来昔布）抗感染（伏立康唑、头孢哌酮、舍曲林、阿奇霉素）、疫苗和生物制剂等领域成为行业的领导者。辉瑞于2000年以900亿美元并购华纳兰伯特（Warner-Lambert），2002年以690亿美元并购法玛西亚普强获得西乐葆，2009年以680亿美元并购惠氏获得沛儿。2019年辉瑞剥离成熟药品并建立全新的辉瑞普强公司。辉瑞的创新和生物制药业务，集中于肿瘤、自身免疫和罕见病等疾病的免疫治疗药物领域，包括Avelumab、palbociclib、JAK1抑制药、lorlatinib、Talazoparib、Tanezumab、Tofacitinib、enzalutamid等药物的研发和上市。

诺华（瑞士，巴塞尔） 诺华公司成立于1996年，由汽巴–嘉基公司和山德士公司合并而成，诺华一词来自拉丁语，意为"新技术"。1859年，汽巴公司成立于巴塞尔，生产丝绸用染料；1884年成为巴塞尔化工公司，公司的德文缩写为CIBA（汽巴）。1910年开始生产抗菌药和治疗风湿病的解热镇痛剂，直至1970年和嘉基公司合并为汽巴–嘉基公司（Ciba-Geigy）。嘉基公司成立于1758年，主营化学品、染料、黏合剂和药品。1857年开始合成品红染料。1938年制药部门研究人员保罗赫尔曼穆勒因发现杀虫剂双对氯苯基三氯乙烷（dichlorodiphenyltrichloroethane，DDT）而获得1948年诺贝尔生理学或医学奖。嘉基公司的主要药物包括解热镇痛药保泰松（Butazolidin）、抗精神疾病药物盐酸丙咪嗪（Tofranil）、痛惊宁（Tegratol）和利尿药氯噻酮（Hygroton）。山德士（Sandoz Laboratories）成立于1886年，最初的产品也是染料。1895年开始进入制药领域，先后生产解热镇痛药安替比林、酒石酸麦角胺（1921年）。1918年，汽巴、嘉基和山德士公司就曾联合组成巴塞尔化工集团，因反垄断等原因于1950年解散。1996年开始，诺华相继剥离非制药业务，重新进行业务组合。制药部门在各个领域均有发展和建树，其中包括心血管领域（洛汀新、代文、来适可）、中枢神经领域、肝炎领域、骨质疏松领域、糖尿病领域、呼吸领域、抗感染和肝炎（兰美抒、素比伏）、移植和自身免疫（环孢素），2010年后开拓了肿瘤领域（善宁、格列卫）和罕见病领域。2002年诺华增持罗氏股份达32.7%，2003年整合非专利部门山德士，2009年收购爱尔康。

拜耳（德国）　　1863年，德国的两名染料推销员Friedrich Bayer和Johann Friedrich Weskott创立了拜耳公司，1914年拜耳已经成为跨国染料公司。和强生公司一样，制药只是其庞大产业中的一部分。

默沙东（MSD，美国）和默克雪兰诺（德国，瑞士）　　默沙东公司在美国和加拿大被称为默克，原来是德国制药公司默克（成立于1868年德国的达姆斯塔特）在美国的分部（1891年）。1917年默克美国公司因一战的敌产而被没收、收购成为一家独立的美国公司，1953年与生产疫苗的Sharp & Dohme合并成为默沙东公司，成为美国最大的制药企业。2009年先灵葆雅被默沙东收购，更名为默克公司。MSD在很多治疗领域都是主要贡献者和引领者，包括心血管领域（洛伐他汀和辛伐他汀、依折麦布、氢氯噻嗪）、抗感染和艾滋病领域（厄他培南、拉替拉韦）、糖尿病领域（西格列汀）、肿瘤领域（Keytruda）。MSD的科学家成功研制重组人乳头状瘤病毒疫苗（HPV疫苗，Gardasil）。《默克诊疗手册》也一度成为临床医务人员的案头参考书。

默克雪兰诺（Merck Serono）的总部位于瑞士的日内瓦，是默克集团下的处方药子公司，于2007年收购雪兰诺公司而成立，专注于靶向肿瘤药物、神经变异、退化性疾病、心血管和不孕不育等领域，生产的药物包括重组人促卵泡激素、促黄体激素、绒毛膜促性腺激素、生长抑素。

葛兰素史克（GlaxoSimthKline，GSK，英国）　　葛兰素史克公司（GSK）是制药行业中在各个领域均有建树的全面的跨国制药公司，几乎在所有的处方药领域，均为主要的参与者。GSK由葛兰素威康和史克必成在2001年合并而成。而葛兰素威康由葛兰素和威康在1995年合并而成，史克必成由史克和必成在1989年合并而成。GSK的处方药业务包括抗感染（抗生素、抗肝炎和抗艾滋病）、呼吸、中枢神经（精神领域）、抗肿瘤、糖尿病、心血管和胃肠道和解热镇痛等治疗领域。在处方药之外，GSK在疫苗和非处方药保健品业务上也颇有建树。在药物研发方面，GSK有五位科学家获得诺贝尔奖，但是树大招风，2012年葛兰素史克因3项适应证外推广和涉嫌隐瞒药物安全性数据被美国联邦法院罚款30亿美元，这是有史以来针对制药公司的最高罚款。次年，在中国爆发的丑闻中，因部分高管涉嫌职务侵占、受贿，葛兰素史克被湖南省长沙市中级人民法院判处罚金30亿元人民币，这是中国法庭开出的最大罚单。

赛诺菲安万特（法国） 赛诺菲安万特由赛诺菲圣德拉堡集团（Sanofi-Synthelabo）与安万特药品（Aventis）两家公司于2004年合并成立，总部设于巴黎，其制药业务集中于七大治疗领域：心血管疾病、血栓形成、肿瘤学、糖尿病、中枢神经系统、内科学和疫苗。

阿斯利康（AstraZeneca，AZ，英国） 阿斯利康成立于1999年，由瑞典的阿斯特拉和英国的捷利康合并而成。阿斯特拉是1913年成立于瑞典斯德哥尔摩的从事心血管药物、营养剂和麻醉剂研发的小型制药企业，1943年因研发出利多卡获得第一桶金。阿斯利康的主要治疗领域是心血管、麻醉、消化、呼吸和肿瘤。

百时美施贵宝（Bristol-Myers Squibb，BMS，美国） BMS于1989年7月由美国的两家公司合并而成。百时美成立于1887年，最初是一家非处方药品和健康消费品（婴儿用品、牙科药物、整形设备）公司，1943年开始进入抗感染领域和解热镇痛领域，生产青霉素和阿司匹林、扑热息痛。1970年开始布局肿瘤领域，生产顺铂、博来霉素等药物，1986年进入艾滋病领域。施贵宝创立于1858年，1943年和百时美一同进入抗感染领域，生产青霉素、头孢拉定、氨曲南等药物。1981年进入心血管领域，研发出第一个血管紧张素转换酶抑制药卡托普利。

新成立的百时美施贵宝立即成为抗感染、肿瘤领域和心血管代谢领域的领军者之一，在1990年到1995年先后上市了普伐他汀（Pravachol，普拉固，1991年）、福辛普利（Monopril，蒙诺，1991年）、紫杉醇（Taxol，1992）、司他夫定（Zerit，1992）、奈法唑酮（Serzone，1994）、二甲双胍（Glocophage，格华止，1995）。20世纪90年代，百时美施贵宝年销售额已经超过200亿美元，跻身全球制药行业十强之列，直到2011年跌出十强。

进入21世纪，BMS成功自主研发出阿巴西普、达卡拉韦、恩替卡韦、沙格列汀、达沙替尼，并购获得依法韦伦、艾塞那肽、伊匹木单抗、纳武单抗和阿哌沙班，这些药物在肝炎、糖尿病和肿瘤治疗中继续扮演着重要角色。从1991年开始的25次并购活动中，有6次发生于1991年—1999年，5次发生在2000—2010年，14次发生在2010—2018年。

安进公司（Amgen，美国） 安进公司是1980年由两个风险投资家在加利福尼亚州千橡树市以1900万美金成立的。1982年，在来自中国台湾的林福坤博士的领导下，安进公司成功克隆出肾脏分泌的促红细胞生成素，由于资金短缺，1984年和日本麒麟啤酒株式会社（Kirin Holdings Company）合作，以4 450万美金的代价让出日本的独家销售权，使得重组人类促红细胞生成素（erythropoietin，EPO）于1985年进入临床试验阶段。强生公司在此时以1 000万美金的代价获得了促红素在欧洲的市场销售权。1989年6月FDA正式批准怡泼津（EPOGEN）上市，用于治疗肾性贫血。之后，安进公司继续利用生物工程技术在重组蛋白和单克隆抗体上推出一系列创新药物重组人粒细胞集落刺激因子蛋白Filgrastim（Neupogen，1991）、Darbepoetin（Arnesp，1998）。2002年，安进收购Imnunex公司，获得FDA于1998年11月2日批准的恩利Enbrel（etanercept）。2004年3月8日 Cinacalcet（Senipar，西那卡塞）获得FDA批准，用于治疗慢性肾脏病并发的继发性甲状旁腺功能亢进症。在肾脏和自身免疫领域的成功，使得安进于2004年以13亿美金的价格收购Tularik公司；2013年收购Onyx公司，顺利进入肿瘤、炎症性疾病、糖尿病和肥胖代谢领域。生产的其他药物有Panitumumab（Vectibix，2006年9月27日，转移性结肠癌）、Romiplostim（Nplate，2008年8月22日，免疫性血小板减少）、Denosumab（Prolia，Xgeva，2010年6月和11月，骨质疏松）、Carfilzomib（Kyprolis）、Blinatumomab（Blincyto，急性白血病，2014）、Ivabradine（Corlanor，2015，稳定性心力衰竭）、Evolocumab（Repatha，2015，高胆固醇血症）。

吉利德（Gilead，美国） 1987年，吉利德公司成立于美国，其创始人迈克尔·奥丹毕业于华盛顿大学和约翰霍普金斯大学，在29岁时使用200万美元风险投资创立了吉利德。直到1995年10月，吉利德先后获得了抗艾滋病、丙型肝炎、乙型肝炎、非酒精性脂肪肝等领域的药物，以专注和疗效成功地跻身全球制药行业十强。主要药物为Harvoni、Sovaldi和Truvada。

雅培和艾伯维（Abbort和Abbvie，美国） 1888年，雅培创立于美国芝加哥，创始人名为Wallace Calvin Abbort，其在1900年组建了雅培生物碱公司。雅培早期的药物包括普鲁卡因、巴比妥、戊巴比妥钠和硫苯妥钠等麻醉药物，之后进入镇静剂和维生素等营养药物领域。20世纪70年代后，雅培开始多元化经营，主营营养品、婴儿食品和家庭护理药物，也进入了血液分析仪等诊断和检查设备领域。20世纪90年代，雅培在继续耕耘麻醉领域的同时，进入抗感染和病毒领域，先后推出了红霉素、克拉霉素（Biaxin，1991年）、吸入麻醉药七氟烷（1994年）、利托那韦（Norvir，1997年）、克力芝。但是，雅培药品的销售额在1999年仅为24亿美元，这与公司稳健的经营理念是相一致的。

2000年雅培以69亿美元的价格收购了BASF SE的制药部门Knoll，获得了D2E7的在研药物——阿达木单抗。2002年FDA批准修美乐上市，2005年修美乐的年销售达到14亿美元，成为"重磅炸弹"。2010年，雅培的药品销售在修美乐的带领下已经达到200亿美元，成为制药领域全球十强，因为修美乐的主要专利将会在2016年—2018年相继到期，因此，2013年1月2日，雅培将专利和创新药业务独立出来成立一家新的公司，称为艾伯维（Abbvie），原公司首席运营官Richard Gonzalez担任艾伯维CEO和董事长至今。

艾伯维成立后，在延续修美乐的销量增长的同时，在抗感染丙肝领域与Enata联合研发出直接病毒抑制药Viekira Pak（2014年）和G/P（2016年）。2015年，艾伯维以210亿美金收购Pharmacyclic并获得伊鲁替尼（Imbruvica），正式进入肿瘤市场（强生负责中国市场）；2016年，艾伯维以58亿美元收购Stemcentrix，获得治疗小细胞肺癌的RovaT和肺癌干细胞靶向技术，从而进入实体瘤领域。同时，艾伯维自己研发的Venatoclax也在研发管线之中。在免疫领域的研发管线中，Upadacitinib和risankizumab这两个创新药物已于2019年在欧美日相继上市。

礼来（Eli Lilly，美国） 礼来于1901年建立于美国印第安纳州，1982年推出第一个重组人胰岛素优泌林。其主要治疗领域是抗感染、自身免疫、精神疾病和糖尿病。

诺和诺德（NovoNordisk，丹麦） 诺和诺德是1989年由丹麦诺德胰岛素实验室（建于1923年）和诺和治疗实验室（1925年）合并重组而成的专注于糖尿病药物治疗的制药公司。主要药物是各种治疗性胰岛素药物和利拉鲁肽、瑞格列奈等其他环节控制血糖的注射和口服药物。

日本的制药公司 日本制药公司从me-too创新药入手，在过去的20年里迅速发展，虽然没有全球十强的企业，但是，武田、安斯泰来、第一三共、大冢制药和卫材制药也是排位在前三十的全球性企业；另外，麒麟、中外、田边三菱和住友制药在国内外均开展业务，成为跨国制药公司。依托于日本的科技基础和实力，日本在新药发现上的贡献亦处于世界领先地位，如奥美沙坦、坎地沙坦、洛伐他汀、兰索拉唑、多奈哌齐都是日本公司和科学家研发出来的。日本制药工业很少把精力放在仿制药上，要么是研制me-too创新药，要么是研制首创新药，或者做欧美大型制药公司的日本经销商。

制药企业在享受着"重磅炸弹"药物带来的高速增长的同时，也在承受着它带来的巨大风险。专利悬崖是一种风险，安全性问题和法律诉讼是另外一种巨大的风险，如万络、Celebrex、拜斯停和文迪雅事件。如何在"重磅炸弹"的市场独占期后继续保持业务增长的动力和引擎，如何最大限度地降低"重磅炸弹"在专利期因安全性问题而爆炸的风险，是每个制药企业或制药巨头都要面临的问题。

一部制药巨头的历史，既是不断推出创新药物和治疗方法的历史，也是不断拆分、合作、并购和调整业务组合的历史；既是全球化扩张的历史，也是不断扩大适应证和治疗疾病领域的历史；既是坚守自己擅长的领域和专有技术的历史，也是及时学习购入新技术的历史；既是坚持创新药的研发和商业化的历史，也是加强仿制品和生物类似物业务组合的历史。治疗性大分子药物和生物制药技术的发现，使得制药巨头既坚持小分子药物的研发，也不约而同地进入到肿瘤治疗和罕见疾病领域。

　　作为制药企业的一个部门，医学事务部在治疗领域的知识管理上，不仅要关注和追踪现有治疗领域的动态和趋势，也要从公司整体策略和运营的角度出发，关注公司未来的挑战和发展，为即将来临的治疗领域做好充分的准备。

第三节　从信号通路到药物特性

要了解制药行业的发展和趋势，不仅需要了解各个治疗领域的药物研发和商业化的动态及趋势，而且需要了解各个公司对治疗领域的选择策略及其并购、拆分、优化、合作的动态，更需要掌握药物研发和公司并购背景下的基础科学研究进展。基础医学的进展、机体在生理和病理情况下各种调节因子的系列因果联系，构成了药物干预的理论基础。

一、信号通路和作用机制

信号通路是导致人体细胞内出现生理或病理效应的一系列蛋白质反应，是药物研发中识别药物干预靶点的基础。信号通路是被高度调控的体内病理生理过程。信号通路是蛋白质之间的连接网络，而作用靶点是其中的关键点。深刻了解信号通路不仅能够认识到药物潜在的多种效应（适应证），也可以发现潜在的和其他药物的联合作用，预测药物安全性。信号通道的变动可以导致疾病的发生和发展，是药物干预的系统化环境。

对于信号通路的掌握和了解是了解药物作用机制的核心和关键，更为重要的是，了解信号通路，有助于通过特定的生物标志给患者分层，以进行靶向治疗和干预，确定原理验证的患者人群和适应证。

经典的信号通路包括肾素–血管紧张素–醛固酮系统、凝血纤溶系统和补体激活路径、细胞膜上各种离子通道的信号传导路径、G蛋白偶联受体的激活或拮抗后的信号传导路径和效应。

二、药物干预的原理和本质

药物是通过受体、酶、离子通道和免疫机制对生理病理过程中的生命信号传导实施干预的。干预的本质在于调控，而调控的本质在于阻断或激活、拮抗或激动（模拟和替代本质上也是一种激活）。

药物干预的结果称为效应。无论是阻断、拮抗、激活或激动，药物到达指定部位并结合的能力都是药物效应的关键。因此，药物的生物利用度、与药物靶点结合的选择性和亲和力是药物之间效应差异的基础和本质。这些差异有时可以显现为临床治疗上的差异（有效性和安全性），有时不能；有的差异在短期或早期就可以显现，有的不能；有的差异在特定的人群或人种中可以显现，有的不能。

所谓药物治疗，就是药物在体内对在生命和疾病的过程中起关键作用的蛋白质（酶或受体）进行干预的过程。吊诡的是，人体是一个复杂的生态系统，一个蛋白或酶可以起多种生理作用，这既为一个药物治疗多种疾病或拥有多个适应证提供了可能，也为各种不良反应或者非预期的临床效应带来了风险。成也萧何，败也萧何。

目前世界上最热点的10类药物分别是肿瘤坏死因子拮抗药（单克隆抗体或融合蛋白）、程序性细胞死亡因子配体1拮抗药（单克隆抗体）、凝血因子Xa抑制药、治疗艾滋病的核苷酸逆转录酶抑制药和整合酶抑制药、长效β受体激动药、GLP-1受体激动药、5羟色胺受体2拮抗药、CDK4和CDK5抑制药、酪氨酸激酶抑制药、JAK1抑制药等。

三、受体激动药和拮抗药

受体是位于机体细胞膜上和细胞内的一种能选择性地与现有的递质、激素、生物活性物质（配基，ligand）结合并产生特定效应的特异性大分子物质，主要为糖蛋白、脂蛋白或核酸、酶的一部分。目前已经发现的作为药物治疗靶点的受体约500个，以受体作为治疗靶点的药物约占现有药物总数的52%。

受体的特点被总结为特异性、结构专一性、立体选择性、饱和性、可逆性和阻断性。受体本身不产生直接的生理效应，而是信号接收和传导的媒介。

与受体结合后形成复合物，刺激受体产生信号传递，激活一系列反应的药物称为受体激动药（agonist）；而和受体结合，阻碍受体传导信号的药物称为受体拮抗药（antagonist）。

G蛋白耦联受体拮抗药　G蛋白是和鸟嘌呤核苷酸结合的调节蛋白。以G蛋白偶联受体为作用靶点的药物又占受体药物的多数。受体拮抗药包括肾上腺能受体拮抗药（普萘洛尔）、血管紧张素Ⅱ受体拮抗药（氯沙坦，缬沙坦等）、组胺受体拮抗药（西咪替丁、雷尼替丁、茶苯海明等）、孕激素受体拮抗药（米非司酮）、白三烯受体拮抗药（普仑司特）、多巴胺受体拮抗药（氟哌啶醇）、NMDA受体拮抗药（盐酸美金刚）等。受体激动药包括肾上腺能受体激动药（异丙肾上腺素）、M型乙酰胆碱受体激动药（氯贝胆碱）、前列腺素受体激动药（依前列醇）、阿片受体激动药（丁丙诺啡、布托啡诺）、GABA受体激动药（咪达唑仑）、褪黑素受体激动药（雷美替胺）、多巴胺受体激动药（溴隐亭、普拉克索等）等。

四、重组人体激素和蛋白

在一定意义上，重组人体激素和蛋白也是体内相应受体的激动药。如胰岛素在体内的作用机制就是激活胰岛素受体，生长激素、促红细胞生成素也是通过其在体内的相应受体实现干预作用的。

治疗性单克隆抗体包括TNF-a受体拮抗药、PD-1/PD-L1受体拮抗药等，均是通过相互的抗原和抗体的特异性结合而起作用。

五、酶抑制药

酶是维持生命运行的催化剂，它具有特殊的三维结构，却执行着单一的催化作用。酶的本质是一种蛋白质，作用于体内的生物化学反应，调节其反应产生的蛋白质和其他调控因子的生成或灭活，已成为药物研发和作用的重要靶点。目前，以酶为作用靶点的药物占总数的22%左右，如胆碱酯酶抑制药、环氧化酶2（COX-2）抑制药、血管紧张素转化酶抑制药、DPP4抑制药、HIV 整合酶抑制药（INSTI）、凝血因子Xa抑制药、HMG-CoA还原酶抑制药、芳构化酶抑制药（氨鲁米特）等。

在酶的作用下发生化学变化的物质称为酶的底物，底物在酶的作用下产生的物质称为代谢物或者产物，酶催化的反应称为酶促反应。酶的活性受到抑制后，底物的浓度会相应增加，其生理效应也会相应增加。酶的抑制分为可逆性抑制和非可逆性抑制。不可逆性抑制药会以共价键和酶分子上的氨基酸残基相结合，导致酶的结构和功能产生不可逆的永久性改变。例如一些单胺氧化酶就是不可逆性抑制药。

酶的可逆性抑制又可以分为竞争性抑制和非竞争性抑制。竞争性抑制是指酶的结构和底物类似，在同一位点和底物互相竞争；非竞争性抑制是指药物和底物分别结合于酶的不同位点，和酶结合后会导致酶分子构象改变，底物不能和酶结合。

六、离子通道阻滞药

离子通道是细胞膜上的亲水性蛋白质微孔通道，其作用类似于活化酶，参与调节多种生理功能。人体中多种细胞膜上分布着钠离子、钾离子、氯离子和钙离子进出的通道，特别是在神经、运动、内分泌和生殖系统中，离子通道的生理作用已经被研究清晰，离子通道的激活药和阻滞药已经被广泛应用于临床。

二氢吡啶类钙通道阻滞药是治疗高血压、心律失常和心绞痛的经典药物，如硝苯地平、氨氯地平等。磺脲类药物如甲苯磺丁脲、格列本脲以及非磺脲类胰岛素促泌药的作用机制是阻断胰岛细胞的钾离子通道。钠离子通道的阻滞药主要是抗心律失常药物，如奎尼丁、利多卡因等。

七、以核酸为治疗靶点的药物

核酸是基因的化学本质，以核酸为靶点的药物主要针对肿瘤、病毒的基因表达的复制、转录和翻译等环节进行阻断，或者调整和关闭导致疾病产生的酶和受体的合成（在这一点上也是受体或酶的调控剂）。早期的抗癌药物如氮芥、亚硝基脲类药物就是通过简单的DNA烷基化过程起作用的。柔红霉素、纺锤体毒素的作用机制是通过选择性地识别β–DNA实现的。

八、药物干预的适应证

适应证和疾病不同，适应证用以定义可显示药物有效性和安全性的人群。在适应证内，特定药物的有效性和安全性是被临床试验证实且被药监局认可的。药物在适应证内使用是确保药品安全使用的主要措施之一。

在疾病之外，还有很多限制条件以确定合适的治疗人群。

❖ 疾病的分级或分期，如中度、重度等。
❖ 治疗的先后顺序，如一线治疗、二线治疗或者三线治疗。
❖ 联合的药物。
❖ 具有生物标志物的患者人群。

药物适应证的选择和描述是药物研发早期的重要决策。选择的适应证过于狭小，有可能充分显示药物的疗效和安全性，但是药物的市场潜力却相对较小；选择的适应证过于宽泛，则会因临床疗效和安全性问题导致临床试验失败，从而扼杀了一个千挑万选的化合物成为真正的药品的机会。精准地选择适应证，是临床研发的一个艰难决策，在这方面，制药行业有很多经验和教训。

其中一个案例是默沙东药物帕博利珠单抗的研发故事。由于两次并购和各种因素的影响，默沙东在决定临床研发帕博利珠单抗时，已经落后百时美施贵宝的Nivolumab近4年，默沙东的研发团队利用生物标志物筛选出最有效的人群，从而实现了弯道超车，赶在百时美施贵宝的药物之前获得了药监局的审批。

多适应证药物　由于药物的作用机制和信号传递通路可以是多种疾病的共同路径，因此，一种药物通常不会仅仅注册一个适应证。这种多适应证的药物一般是先从一个适应证开始，然后制定周密的临床试验计划和新产品上市计划，一步一步地进行新的适应证的申请、批准和上市。

适应证外应用和超适应证推广　在多种疾病的发生机制都涉及药物所干预的信号传递通路时，从科学角度来说，使用该药物治疗还没有批准的适应证是可行的，特别是在各个国家或地区的注册进度不一致的情况下，临床使用适应证在其他国家已经批准而在本国尚未批准的药物治疗是可以被接受的；或者是药物的一种适应证和用法用量已经被批准，但是在临床上也不能完全排斥在安全剂量范围内使用该药物治疗未被批准的适应证的情况，临床医生的治疗决策的出发点毕竟不是药物的批准状态，而是患者和疾病的治疗风险和获益间的平衡。药监局的审批观点并不等同于疾病的治疗指南和共识。因此，临床医生的超适应证使用在科学上是可以接受的，但是，制药企业的超适应证推广无论在法律上还是在科学上都是不被接受和允许的。因为只有被批准的适应证才被认为是合法的且有被认可的证据，制药企业不能推广有效性和安全性还没被证实和认可的药物，国外认可了并不代表国内会认可，被一个人群认可，也不代表会被另外的人群认可。

超适应证推广不仅包括把一种药物从一个疾病推广到另外一个疾病，还包括所有适应证的限制条件，如疾病的分级、分期、药物的使用先后，同时也包括药品说明书中的用法用量。超出最大剂量或低于推荐剂量，都有可能被质疑是超适应证推广。

《中华人民共和国药品管理法》把没有被药监局批准的药物视同假药。在这个意义上说，超适应证使用药物相当于使用假药；超适应证推广药物相当于推广假药。

制药企业不会为临床医生超适应证使用药物负有任何责任，相反，如果发现存在超适应证使用的情况，要按照药物不良反应的上报流程进行报告。曾有一个基层医生使用他汀类药物治疗肾病综合征的高胆固醇血症，因治疗无效而找到制药公司的医药代表问询。因为他汀类药物治疗的适应证是原发性高胆固醇血症，不是继发性高胆固醇血症，因此，制药公司除了重申药物的适应证并上报不良反应外，并不会对此给予任何建议和参考资料。

制药企业医学事务知识是在药物发现和研发过程中的基础科学和临床科学基础上，对药物数据、证据的提炼和综合；也是在分子信号传导通路和疾病发生、发展、结局基础上，对疾病数据、演变的提炼和综合。对不同种类药品的基本数据、构效关系的掌握，对不同药品治疗领域的由来和发展趋势的掌握，是体现医学事务人员价值的根本所在，对这些知识的梳理、表达和沟通是医学事务人员的基本功。

此外，因为不同国家、不同地区治疗领域的发展和药物的使用情况（卫生保健体系等）也有着不同的差异，自己负责的国家或者地区疾病治疗的历史、沿革以及治疗中心的发展状况也是医学事务人员的知识范畴。如此，医学事务的知识可以在宏观维度分为疾病知识和药物知识，疾病知识包括整个医疗卫生体系中关于特定疾病的发病情况、诊断治疗情况、疾病负担和影响的知识；药物知识包括在整个治疗领域关于特定药物的理化特性、研发故事、临床数据和证据的知识。疾病知识和药物知识的对象是医疗卫生体系中的利益相关者，包括临床医生、支付者、患者及其照顾者等。

　　制药行业医学事务的疾病知识是为阐述药物的临床差异和价值差异（优越性）服务的，不是疾病的临床手册和教科书。这是我们在实际工作中，特别是在编写疾病知识手册或幻灯片时一定要注意的，否则，我们只需要购买临床教科书就可以了，没有必要自己编写和总结。

第五节　产品知识

药品的产品知识（药物知识），是药品从发现到临床使用过程中积累的全部数据，其中包括治疗靶点和分子信号通路的基础研究，对于药品的构效关系和效应的非临床及临床研究，药品在临床使用过程中的效应和效果的研究。药品的产品知识的重点是要阐释药品的临床差异和优势。这种差异和优势主要在三个方面：科学优势、临床优势和比较优势。

一、科学优势

科学优势是指药品作用靶点的科学概念。这是关于药物作用靶点和作用机制的基础和临床知识，是关于酶、受体和蛋白质的基因组学和药物化学知识，是细胞分子学和分子生物学的信号传导和阻断的疾病病理生理知识，是药物发现和筛选优化的化学知识，也是临床前体外研究和动物实验、毒理学研究的知识，特别是对其临床机制的研究。

药品的科学优势是临床医生最为关注的药物理论性基础，这部分知识是临床医生，特别是关键意见领袖（key opinion leaders，KOL）最希望从制药企业医学部和临床研发部门得到的知识，也是他们最欠缺的知识，因此，可以把这部分知识称为医生参考知识。

可惜的是，这一部分知识是制药企业医学事务和临床研发部门不擅长的知识。而这一部分知识是学术界和社会判断药物是否创新的主要根据，也是区分药物是首创药物、跟随药物还是仿制药物的主要依据。同时，这部分知识也是药物背后蕴含的治疗概念、核心信息的来源，是药物临床差异化和价值差异化的基础。

二、临床优势

药品的临床优势数据来自药品的临床试验，不仅包括制药企业发起的各期临床试验，也来自研究者发起的临床试验、第三方机构发起的临床试验和调研。其中既有前瞻性的研究，也有回顾性的研究，只要是使用药品干预疾病治疗得到的数据和判断，都可以视为药品的临床数据。

在药物发现过程中，药物是怎么从数千种化合物中脱颖而出的？药物是如何作用于生物体并发挥作用的？在药物研发过程中，药物的剂量是如何确定的？量效反应是怎样的？药物的各期临床试验是如何一步步证实其安全性和有效性的？在世界各国进行的上市后的研究情况是怎样的？现在有什么证据？将来还会有什么证据？医疗卫生专业人士对这一药物自主进行的临床研究是怎样的？主要关注的作用效应在哪里？这些自主的研究并不是研究者发起的临床试验，制药企业事先并没有得到通知，甚至对其毫不知情。这部分知识是产品知识，是医学事务所有知识和资料的基本生发点，也是医学事务进行临床试验和其他各种医学行为心理学研究的基础。

三、比较优势

这里包括两个方面的比较，一是同类靶点药物间的比较，一是治疗同一适应证的各种药物间的比较。阐明药品的比较优势有助于确认药品在疾病治疗中的地位和作用。这部分知识是关于治疗领域药品参与者的知识。如果你不是首创药物，药监部门则会主要参考这部分知识，在判定治疗药物优于现有药物的前提下，给予药物加速审批（严重威胁生命的疾病）或者是优先审批（明显治疗优势）的资质。

关于同一治疗靶点上所有干预药物的基础和临床知识，是关于作用于同一靶点或同一机制内不同靶点的药物的基础和临床知识，不仅包括已经上市的药物，也包括正在研发的药物；不仅包括抑制药或拮抗药，也包括类似物和激动药。这是关于"潜在替代者"的知识，也是关于"协作者和同事"的知识。这些药物和化合物与自己的药物，既是竞争关系，也是竞合关系，因此，不要把它们称为竞争药物。关于药物差异性的问题主要来自同类药物。

四、药物知识结构

药物知识可以从以下七个方面进行梳理和总结。

研发故事　包括治疗靶点的发现，药品的研发和上市过程，药物类别和作用机制，适应证的确定和未被满足的医学需求，特殊的剂型和释放技术，突破性创新的描述和评价。

药理学和药效学特性　包括理化特征、构效关系、量效关系、受体和酶的亲和力和选择性、用法用量、药理学特征如药物的吸收/分布/代谢/清除（adsorption/distribution/metabolism/elimination，ADME）、药效学特征、药物间相互作用、特殊人群（肝肾功能不全者、老人、儿童、妊娠期和哺乳期女性）。

临床治疗学特征　包括与安慰剂对照的研究、剂量范围研究、单药对照研究、联合治疗研究、适应证外探索研究、观察性研究、回顾性研究等真实世界研究（试验背景、主要问题和假设、设计、人群、结果、意义、发表的文章、主要研究者、中国参与情况）；药品安全性特征，包括常见不良反应和对策。

疾病负担和药物经济学研究　包括生活质量和卫生经济学研究，疾病和死亡的流行病学研究和药物利用研究等。

同类药物和现有治疗概述　包括药物类别在指南中的地位、药物在类别中的地位、核心治疗信息、核心药物信息、在研药物的情况。

适应证扩展和前途展望　包括在研的适应证、超适应证的应用信息，专利和仿制品的注册、使用情况。

中国或当地学者研究　包括在中国进行的临床试验，中国学者关于药物的自主临床试验、牵头中心和研究中心的情况和名单，文章发表的情况分析。

在提炼和总结一个药品的产品知识的过程中，一个核心的问题是：在特定的适应证中，该药物的独特治疗优势是什么？对这个问题的探讨是建立在产品竞争优势（competitive advantage）基础上的。

综上所述，医学事务知识内容的出发点是阐述和建立药物的临床差异和临床优势（竞争优势），五个基本问题如下。

❖　如果没有治疗或者没有使用该药物治疗，患者的结局如何？

❖　现有治疗解决了哪些问题？没有解决哪些问题？局限性在哪里？

❖　该药物的科学优势有哪些？

❖　该药物的临床优势有哪些？

❖　该药物和现有治疗相比，对患者结局有哪些影响？

这五个基本问题也是药品核心医学信息的框架，以及和专家沟通交流的基本策略性问题，按照这五个基本问题收集起来的外部专家的临床见解，可以用来分析洞见，影响药物市场推广策略。五个基本问题也是评估专家的倾向性和认可度、编写学术进展专题报告的框架和提纲。

值得指出的是，医学事务五个基本问题的目的不是收集"打击别人、标榜自己"的证据和资料，抱着这样的目的收集出来的资料具有选择性偏差，是不学术也不可信的。五个基本问题的出发点是使得合适的患者在合适的时间得到合适的治疗，这是医学事务和制药企业所有部门的基本出发点。

第六节　知识管理和资料准备

"知识"一词在汉语中的含义是学问和学识，研究和提炼知识的过程就是学术，学术是考据考证的技术，是产生知识的方法。不仅是医学事务，制药企业的推广也是学术推广。如果"学"代表知识，"术"代表技能，有学无术可以用培训提高，无学有术可以用知识锤炼，不学无术的医学事务人员就无可救药了。

从哲学和心理学角度上看，知识就是人类的认识成果，来源于社会实践。其初级形态是经验，高级形态是概念和理论，分为自然科学知识、社会科学知识和思维科学知识。哲学是关于自然、社会和思维知识的概括和总结。

知识是动态的，而不是静态的，知识是在社会实践的延续中不断积累和发展的。知识一方面来自通过归纳演绎得到的事实（命题性知识），这是可以用语言描述、用文字呈现的知识。至于那些不能用语言描述的，只能通过亲身实践才能获得和传承的知识，已经超出了书籍所能，根植于群体的文化和环境之中，有赖于师承了。

关于知识的定义、分类众说纷纭，对知识的重要性怎么强调也不过分，知识产权、知识分子、知识经济等有关知识的名词纷纷涌现，我们处于信息超负荷的时代，提炼信息、产生知识、管理知识和分享知识是知识工作者的核心技能。对知识的认识要全面和系统，对于知识的掌握要有深度和广度。

进入微信时代，医学事务人员面临的最大挑战是知识的碎片化和功利化。碎片化表现在对一个适应证、一个药物，没有按照其本身的知识结构去收集、整理和更新，而是片面地抽取一些临床研究的数据作为支持自己药物的依据，对所负责的药物和适应证没有完整地理解和掌握；功利化表现在一些医学事务的同事在引述临床试验的时候，没有完整仔细地阅读消化原文，只是满足于泛读，然后抽取有利的结果粘贴到自己的幻灯片或文献当中，对原文的研究方法、对象的选择、试验的背景、统计学理由和结果讨论部分则不加阅读或研究。

医学事务知识管理的五个维度详见表2-2。

表2-2　医学事务知识管理的五个维度

维度	知识分类	数据	核心问题	支持决策	证据研究
疾病影响和负担 患者故事 提出问题 疾病认知 开局	疾病知识：疾病的真实世界数据 •疾病人群 •疾病预后/影响 •临床表现和诊断 •病因学和病理学 •并发症 •疾病负担	流行病学 发病率 患病率 知晓率 诊断率 生存率 死亡率 患者分型	如果没有X产品，疾病有什么危害和影响？	战略决策 优先审批 加速审批	真实世界研究 第三方研究 研究基金和赞助
现治疗及其局限性 治疗故事 分析问题 治疗观念和行为： 困局迷局	疾病知识：治疗的真实世界数据 •治疗指南和共识 •药物治疗SoC •研发管线 •专家观点	治疗率 控制率 治疗路径	现有治疗有什么局限性？	快速通道审批 竞争策略	治疗指南和共识 真实世界研究 第三方研究
产品的科学优势 科学故事 解决问题 改善机会 布局 格局	产品知识：药品自身特性数据 •治疗靶点和信号通路（科学性） •药理学和药效学特征	理化效应 基因效应 组织病理 生物标志物 药物浓度	药物干预的治疗靶点及其选择性和亲和力有什么特点？	突破性疗法 战略决策 品牌策略 竞争策略 研发策略	基础研究 临床前研究和非临床研究
产品的临床优势 临床故事 解决问题 改善效果 结局	产品知识：药品的直接效应数据（替代终点） •临床有效性 •临床安全性/耐受性	临床实验室检查 临床事件	药物对临床检测指标的改善数据有哪些？	品牌策略 竞争策略 研发策略 上市决策 治疗决策	Ⅰ期临床试验 Ⅱ期临床试验 Ⅲ期临床试验 Ⅳ期临床试验 研究者发起的临床试验
产品的比较优势 价值故事 解决问题 改变结局	产品知识：药品的临床效果数据（硬终点） •药物经济学研究 •疾病管理和规范 •易用性/方便性 •可负担性	临床事件 经济学变量 生活质量评估	和同类药物或标准治疗相比，药物对疾病的预后影响有无差异？	准入决策 依从决策 品牌策略 竞争策略	Ⅳ期临床试验 真实世界研究 药物经济学研究

一、数据、信息和知识

　　知识是从信息中提炼而来，用于解决问题和做出决策的结构化的信息，在这一点上，知识就是科学，科学就是系统化和结构化了的知识；但是，知识不是智慧，所谓智慧，就是附加了个人观点、洞见和判断的知识，有些智慧属于隐形的知识，只可意会不可言传。信息也不完全是知识，信息只有通过具体人的总结、归纳，建立概念和概念之间的联系，并被验证是正确的、可信的，才能变成知识。

信息来自数据，数据是人们发明的用来衡量客观存在或客体特征的尺度。了解数据、信息、知识和智慧的层层递进关系，不仅有助于我们管理个人的知识，也有助于我们管理一个群体的知识。在医学事务进行知识管理时，每个人都需要理解知识的以下几个基本特征。

❖ 知识就是更为广义的科学。知识来自数据和信息，但不是单纯的数据和信息，而是结构化和系统化了的数据和信息；从整个社会来看，成形的知识是客观的；但是从每个医学事务人员的角度来看，知识又是主观的。个人通过接触、学习、掌握、积累和分享表达的知识都印上了个体主观的痕迹；知识越多，越会发现自己的浅薄和狭隘。要永远保持开放的心态，求知若渴，无论这问题来自医药代表还是学科院士。世事洞明皆学问，人情练达即文章。

❖ 知识不是静止的，知识管理不是查阅文献，将其编辑后存入书架、电脑。这些文献对其作者来说是知识，对于接受者来讲，只是数据和信息，是知识海洋中的一瓢水。个人不仅需要把它内化为自己的知识，而且需要和医学事务内部团队、跨部门团队、当地医疗卫生专业人士分享、讨论、归纳和结构化，将其内化为自己的知识。需要随时更新所负责的知识，奇文共欣赏，疑义相与析，这是团队产生知识的唯一途径。别人发表的文章和文献，不是医学事务部门的知识，只有通过内化和提炼，才能变为自己的知识。

❖ 知识就是资源。和金钱、时间等其他资源不同的是，作为资源的知识是越分享越多的。知识在分享和流通过程中是增值的，是不断进行自我更新和升级的，因此，千万不要把自己的知识藏在电脑里和记忆里，文献是死的碎片信息，只有在我们解读和使用后才能被赋予生命，成为见识。

❖ 知识的力量在于改变人们的决策和行为。知行合一是编码在人脑中的模式，求知是人的本能。有知识的人在群体中会被自然赋予隐形的权力，可以影响他人的决定，被他人尊重。腹有诗书气自华。

以前，制药企业医学事务内部在知识产生和管理上有着巨大的改善空间，除了对知识本身的认识不全面、不系统，很多专业人士其实在知识的深度和广度上远远不能满足制药企业对医学事务的需要。一个被认为是药品专家的人，竟然不能如数家珍地说出自己药品的来龙去脉，不知道进行了几项Ⅰ期临床试验、几项Ⅱ期临床试验、几项Ⅲ期临床试验和几项Ⅳ期临床试验；一个被认为是疾病和临床专家的人，竟然说不出人类是什么时候认识到这种疾病并加以命名的，影响这一疾病和预后的主要临床试验有哪些。一个被认为是和专家关系密切的人，竟然说不出该专家的师承和研究文章，以及在这些文章中蕴含的促使其做出临床决策的考量因素。尤为可惜的是自己无知，不去分析和结构化信息，却要抱怨其他人没有给自己培训，或者通过其他心理机制把这些无知合理化，然后继续无知下去。一些医学事务经理或总监把自己定位为管理人而不是管理知识，满足于做管人的经理人或者管事的项目负责人。这对其多年来所受的医学专业教育和培训来讲，实属浪费和可惜。

如果真的只需要人员管理、项目管理，而不需要知识管理，市场和销售队伍中很多优秀的经理都可以引进到医学事务团队中来做管理工作，医学事务部门的人员也没有必要都是医学博士或硕士，或有临床实践经验的人。如果医学事务不需要扎实而系统的疾病知识和药物管理，数学、物理、化学等专业背景的人员也完全可以担任医学事务的团队领导和项目负责人。

二、医学信息和知识管理系统

知识的产生和管理是制药企业医学事务的核心任务，医学事务部门的每名人员都应该成为制药企业内部知识的产生者和拥有者，医学事务部对相应治疗领域和药品的知识管理的程度决定了医学事务的价值。

关于如何系统化、结构化疾病知识和药物知识的框架及思路在前一节已经有详细的介绍。我们可以根据这个框架建立医学事务知识电子数据库，也可以根据这个框架去分析、归纳和整理这个数据库中的文献、实际问题和数据，形成医学事务的系列图书和资料；还可以根据这个框架分析和产生关于一个药品的核心信息和课件幻灯片库。根据这五个框架归纳和总结的疾病和药物知识也是各个利益相关方在药品上市和市场准入过程中主要决策的依据。医学事务的五个基本问题从前到后是在逻辑上层层递进和聚焦的，从后向前是在逻辑上逐层放大和外展的。医学事务的知识以文献、数据、研究报告、讲课幻灯片、视频和录音等方式储存。

知识和文献库　电子数据库至少需要每季度更新一次。其中包括各种已经发表的文献、综述，各种活动的幻灯片和讲义，专题报告、指南和共识，会议纪要、视频和音频资料等。同时，一个完整的知识和文献库还应该收录内部的各种注册文件、研究者手册、药物说明书、简短处方资料、患者教育资料、推广幻灯片和相关推广资料、销售培训资料、医学培训资料。

知识不仅仅来自文献，更重要的是来自医学事务日常的活动，这些活动赋予了文献知识以生命力。一个运行良好的知识管理系统，应该做到无论哪一个人离开，都不需要再进行文件的交接；应该做到团队每个人都随时可以进入，应该有权限，应该是动态的。微软的SharePoint或团队网盘是储存团队知识的良好工具，不建议把知识文献库储存在个体的移动硬盘中。

知识管理系统应该每月产生新闻和动态简报，这一方面可以作为更新的目录和概要，另一方面可以在内部和外部及时分享有关信息；或者发布文章发表监控报告，动态地反映知识的变化。这个数据库要以治疗领域或药物为单位。

知识文献库不包括临床试验和项目的文件管理系统，也不包括专家信息和发展管理系统。这三个系统互相独立，互为补充，方为完璧。

三、医学事务创作的主要资料

在日常工作之余，产品手册和疾病手册的编写和更新应该由相应药物的医学顾问来完成。编写的产品手册和疾病手册，也是帮助医学顾问学习和掌握药物和疾病知识的有力工具。

产品手册（product monography）　包括药物发现、药物化学、基础机制和毒理研究（非临床研究）、临床药理研究（剂量发现研究、药物代谢动力学研究、药物间相互作用研究）、Ⅱ期临床研究、Ⅲ期临床研究、Ⅳ期临床研究、上市后监测研究、硬终点事件研究和研究者自发的研究，以及药物经济学研究。具体参见前节，产品手册建议年度更新一次或新的医学顾问上岗三个月内更新一次。

疾病手册（disease manual）　包括定义和诊断、流行病学、病理生理学和病因学、现有治疗方法及其评价（治疗指南）、各国各地区疾病负担情况、未被满足的医学需求、疾病的药物经济学研究。具体参见前节。

疾病手册建议年度更新一次，最好是在整个公司的层面，把前后十年内公司将涉及的疾病领域及其各个适应证情况汇编成一册，而不是各个适应证和药物分别一册。这样做的好处是兼顾了上市前和上市后、已批准的适应证和未批准的适应证。因为不涉及药物，只是疾病层面的评估和分析，因此其可以作为公司业务发展部门、市场销售部门和临床研发部门、市场准入部门共同的参考资料，是治疗领域管理的有力工具。

药物幻灯片库（speaker slides deck，master slides deck）　药物手册和疾病手册都是文字和插图形式的书籍，而讲者幻灯片库是上述两本医学事务知识手册的幻灯片版本。讲者幻灯片库可以作为讲者培训的幻灯片提供给外部的专家，如果是在已经批准的适应证内的幻灯片，也可以分享给市场和区域的同事。讲者幻灯片和培训幻灯片不同，尽量不用产品的颜色、标识和商品名。一个完备的讲者幻灯片库，可以极大地提高医学事务的工作效率，提高知识管理的水准，做到以不变应万变，医学顾问或医学经理只需在新的证据或文章发表后进行季度更新即可。

为了便于在各种场合使用，讲者幻灯片还可以按照下面七个主题进行组织、编写和审核。

药品临床试验幻灯片　将药品的每一项临床试验做成一套幻灯片，便于单独讲解沟通，也便于组合使用。其具体要素包括题目（中英文全称、标识、主要研究者）、研究背景（1~2张）、研究假设和样本量、入组人群、入选和排除标准、研究设计及主要终点、次要终点、患者处置、基线特征；有效性结果，包括主要终点和次要终点（生存曲线和点线图）；安全性结果，包括不良反应和依从性、研究结论和局限性。备份幻灯片要素包括PI介绍、试验日期、中心介绍、专家述评。

相关文件包括常见问题（frequent asked question，FAQ）解答、试验解读（objection handling）、临床试验卡片（flash card、一张A4大小的卡片囊括一个临床试验的要素及核心数据和信息）、参考文献、研究者视频等。

治疗指南及其更新　国际和国内的治疗指南或共识也是在学术沟通中的常用素材，因此，可以每个单独的指南或共识为单位分别制作一套幻灯片，作为讲者幻灯片库的组成部分。其具体要素为题目（中英文全称，协会简称和全称，学会标识要根据具体情况而定，如果没有版权的限制或者得到学会的书面许可可以加上）、指南历史版本和新旧对比、证据和推荐级别、执行小结、指南介绍（按照指南的结构，侧重定义、分级分层、诊治流程和指南建议）、相关观点（分别列出指南中支持药品品牌策略的观点、有可能有歧义的观点，并列出品牌相关的数据和信息）。备份幻灯片要素包括指南编写者名单和简介。

相关文件包括治疗指南及其相关解读文件、参考研究的原文、主要观点的单页介绍（flash card for key points）。

特定疾病和病理生理状态的检查和治疗　主要涉及相关疾病和适应证在本国和本地区的疾病诊治方面的挑战和未被满足的需求、应对策略等。主要要素包括定义和诊治挑战、基础研究（动物实验和体外研究、流行病学和登记性观察性研究、干预性研究）、替代终点和硬终点（事件终点）、未解决的问题和正在进行的临床试验。

特定药品在特定适应证的临床数据　这部分主题是产品资料幻灯片。包括药物的研发简史、信号传导通路和治疗靶点的研究、化学结构和作用机制的研究、药代和药动、在适应证内的临床有效性和安全性研究（单药治疗之剂量探索、安慰剂对照、活性药物对照、观察性研究、联合治疗之干预性和观察性研究、临床事件终点研究）、机制探索和超适应证研究、未解决的问题和正在进行的临床试验。

学术治疗观点幻灯片　在制定药物策略的时候，各部门在市场部的带领和协调下，要对药物的核心关键信息进行统一和协调。在市场部，这叫作关键信息；在医学事务部，则称之为核心科学声明。一般药品的核心信息不能超过7条，每条核心信息都蕴涵着很多证据和推演。因此，需要按照核心科学声明的数目，每个声明制作一套幻灯片，并根据下一年度国际会议、指南和发表的新研究数据及时更新。其基本要素包括切入点和话题引入、临床实践中主要挑战和问题、当地的数据和研究、学术治疗观点的提出和证据推演（清晰的线索，逻辑序列，事件链，等等），讲者自己的研究或经验证据、行动性结论。

同类药物（竞争药物）的临床研究 对于针对一个适应证的各个药物和治疗方法，也需要分别制作一套幻灯片，具体要素参见主题4中的要求。

内部培训幻灯片 内部培训幻灯片分为两部分，一部分是给药物经理和区域医学事务人员及医学事务其他领域人员的培训幻灯片，这部分内容可以使用讲者培训幻灯片。但是，针对专门的医药代表培训，应该有专门的幻灯片。

患者和大众教育幻灯片 在治疗领域内的幻灯片库中，还需要有供大众和患者教育的幻灯片。因为在大多数国家，制药企业不能直接向患者推广自己的药品，因此，这部分幻灯片属于非推广性的疾病认知和教育的内容，不能使用药品的商品名和品牌颜色。在介绍治疗方法的时候，要按照最新的治疗指南或教科书的内容全面地介绍各种治疗方法，不能偏重于自家药物的介绍，更不能强调自家药物在特定疾病中的临床效益和安全性数据。

医学事务部门及其各治疗领域，在建立和完善了疾病手册、产品手册、讲者幻灯片库和知识文献数据库之后，在日常工作中还可以进一步积累和编写以下一系列医学资料。

- ❖ 问题和解答（book of questions）；
- ❖ 药物文献辑录（book of publications）；
- ❖ 会议实录和专家访谈报告（reports on therapeutic opinions）；
- ❖ 病例集（real patient stories/cases）；
- ❖ 治疗领域年鉴（year book of the therapeutic area）；
- ❖ 工作案例（case study of on medical affairs）和最佳工作案例。

医学事务部门制作和准备医学和产品资料的过程是一个动态的、实时更新的过程，由负责这个品牌的医学顾问或医学经理完成。特别是问题和解答的收集，不要局限于自己的主观臆想和自问自答，而应该在实时收集各部门和医疗卫生专业人员互动过程中真实存在的问题的基础上，来进行有分析、有探询的专业性回答，这才是真实世界的知识。

四、医疗卫生专业人员在内容产生和制作中的作用

在实际工作的过程中，一些医学事务的同事心理上对于内容制作，特别是专业幻灯片的制作有抵触心理，认为这是供应商应该做的，这种观点和心理对于实现医学事务的价值是十分有害的。一方面，在医学事务中，唯有

知识管理及与专家的面对面沟通是不能假手于第三方供应商（external service provider，ESP）来实现的，正如古人云："唯器与名，不可以假人，君子所司也。……若以假人，与人政也。"

另一方面，制药企业的知识和内容的产生确实不能依赖于一两个制药行业年资和经验不足的医学顾问，而是应该把内容的产生和幻灯片的制作作为与医疗卫生专业人士沟通和交流的工具。在制作和准备医学资料的时候，要充分发挥专家和临床医生在制药企业医学事务知识产生过程中的作用，确保医学事务的知识不是自己闭门造车憋出来的，而是来自整个学术界。知识需要来自专家，服务专家。

一些描述性综述和幻灯片的制作，可以使用专家咨询和写作服务的形式来购买，对于已完成的幻灯片和药物疾病手册，可以召开专家会议进行讨论和修正。把外部专家引入到制药公司内部的知识管理和内容产生活动中，是医学资料内容准备的一个重要环节，确保了医学资料的科学性、先进性和可信性，也提高了医学资料的权威性和可用性。合格的医学顾问和治疗领域医学经理或负责人，首先应该是该治疗领域知识管理的先行者、驱动者和领导者，责无旁贷。

在制药企业和医疗卫生专业人士的互动交流中，不可避免地会收集到外部专家制作的内容和资料，甚至是竞争药物和公司的资料。这些资料不属于制药公司所有，也不能随意被制药公司引用收录，并用在其推广营销活动中。特别是含有患者个人信息的病例，以及含有外部专家未发表的科研设想和科研成果的资料，更不能由制药公司宣讲和对外发放。在医学事务的知识管理库中不要收集、存储外部专家和竞争公司所拥有的资料。

五、医学资料的内容审核和形式要求

医学事务的资料和内容的准备不单单是个人对信息的处理和提炼，如何进行团队思考，如何汇集内外部的智慧和见解更是决定资料和内容是否有用的关键。医学事务内部会议的多数时间应该讨论医学事务知识，这包括和临床医生互动交流得来的临床见解，以及在学术会议和学术杂志中发表的最新研究数据。

在医学事务治疗领域内部，首先需要就医学资料的内容和提纲的产生过程达成共识，制定目标，并把知识和内容的产生整合到整个日常工作之中。资料初稿至少需要被内部团队成员审核，然后递交给正式的资料审批系统，获得内部资料编号之后才能发放和使用。

医学事务资料属于非推广的学术资料，所有资料在内容和形式上都要符合非推广的性质和学术资料的规范。

医学资料的内容要求 因为医学资料是学术资料，因此，要按照科学著作和文章发表的有关规范进行内容方面的准备，语言要使用中性客观的描述性文字，不使用绝对、极端的文字；信息要真实、准确、公正、客观、清晰、不产生误导。不能带有情绪化和鼓动性；不能含有"我们、他们"等人称主语；不能诋毁、攻击和污蔑竞争公司、竞争药物、临床医生及一切第三方个人或团体；不能把一切有利的效应归因于自己的药物，把一切不利的效应直接判断为不相关；不能以偏概全，断章取义，打击别人，抬高自己。要言之有据，据必可查，引用的每个数据和研究必须标识可供读者自行参阅的出处，如果标识"数据备索（data on file，DoF）"，则一定要确保该研究的完整数据报告在知识管理库中，且其拥有者可以按照需要披露给特定人员，不涉嫌侵犯知识产权和泄露公司机密。

实际上，无论主题如何变化，医学资料，特别是讲者幻灯片的内容都是由两个基本要素构成的，一个要素是结论或者是推论，这是幻灯片资料的主题和目的，是论点；一个要素是证据，是论据。内容的组织就是组织各种证据，按照一定的逻辑进行推演，最后得出药品临床治疗性结论。

药品临床治疗性结论（therapeutic claims） 药品治疗性结论包括三种，一是有效性性结论，一是安全性结论，一是对比性结论，是与药品的使用、安全或效用相关的明确或隐含的特征描述（口头、图表或书面）。药物治疗性结论来自临床终点研究，临床治疗终点包括有效性终点（替代终点或事件终点）、安全性终点（事件终点），或症状、体征、并发症的改善情况。

药品有效性结论 随机双盲安慰剂对照试验是判断药品有效性的金标准。已经发表或待发表的药品Ⅱ期、Ⅲ期临床试验的数据是药品有效性的有力临床证据，Ⅳ期临床试验和真实世界研究可以作为补充和支持性证据。

药品安全性结论 药品安全性信息是随着药品的生命周期不断累积、更新和补充的，从临床前的药理毒理研究，到在高选择人群中的药品临床试验，再到大范围人群的监测数据，药品安全性的临床结论和信息不应超过最新版说明书的范畴。

药品对比性结论 在推广材料中进行相关药物比较时应采用从声誉良好的研究机构获得的可靠研究数据作为比较的基础。比较的方式应符合相关法律法规的规定。

药品非临床治疗性结论 药品非临床治疗性结论是指从药物或治疗干预的非临床治疗性指标或药物经济学指标得出的药物或治疗方法的结论。非临床指标包括患者治疗意愿、临床医生的治疗倾向性、治疗满意度、工作效能、依从性和顺应性等。药物经济学指标包括资源利用、治疗费用、生活质量等。

疾病相关的医学信息（disease awareness information） 疾病相关的

医学信息是指关于疾病负担、流行病学数据、与疾病诊断相关的症状和体征的信息、伴发疾病和临床预后的数据。有关治疗指南和共识的表述和引用也属于疾病相关的医学信息。

可接受的科学证据（acceptable scientific evidence） 可接受的科学证据是指资料中支持结论和推荐的数据不违背相关的法律、法规和行业规范。严格意义上说，可接受科学证据尽量不要来源于摘要、中期数据、综述文章、存档数据、社论文章或致编者函、汇总数据、海报、观点或无法复制的研究方法。科学的含义包括但不限于临床医学范畴，基础医学、医学伦理学、医学生理学、基因学、病毒学或药理学、药物化学、分析化学、有机化学、统计学、流行病学、心理学和社会学均在科学范畴之内。真实世界的证据也属于可接受的科学证据。

药品前瞻性对照研究 药品有效性结论需来自前瞻性对照性临床试验。药品有效性和安全性的对比性结论需来自前瞻性活性药物对照临床试验（头对头临床试验）。

药品的真实世界证据（real world evidence，RWE）来源于非对照的临床试验或研究，其数据只能作为对照性临床试验的补充或支持，不能作为验证，也不能出现冲突和矛盾。真实世界数据包括但不限于制药公司发起或支持的关于已经上市批准药品的药品上市后前瞻性观察性研究（post marketing observational studies，PMOS）、患者报告结局（patient report outcome，PRO）、荟萃分析、患者登记数据分析、电子医疗病例（electronic medical record，EMR）分析、病例回顾分析（patient chart review）、医保或CDC数据库分析、个案分析、患者支持项目的数据研究等。而流行病学数据和政府统计报告、卫生经济学模型、患者和医生主观倾向性调研，不属于药品真实世界研究。在使用RWE作为推广资料中的证据时，需标明："真实世界证据来自非对照性临床试验，具有其固有的局限性"。真实世界的研究人群应该仔细小心地评估已经证实的药品高风险人群的安全性信息，在研究终点和注册研究终点不一致时，应该仔细评估并标明。

一般情况下，可接受的科学证据来自同行评议杂志，医疗卫生专业人员可以在Medline或核心期刊等期刊数据库检索查阅到原文，其研究结论被广泛接受和理解，被荟萃分析、登记研究、观察性研究佐证，或被指南共识引述。

用于药品医学事务资料的可接受科学证据不推荐来源于摘要、中期数据、描述性综述文章、存档数据、社论文章或致编者函、汇总数据、海报、观点或无法复制的研究方法。

在无全文的情况下，一年内临床研究的摘要和海报数据可以在推广资料中使用，但在全文发表后需及时根据全文进行更新。

研究人群和药物剂量用法应符合国家批准的适应证。推广资料中引用的研究证据应符合国家最新批准的药品适应证。临床研究需标明受试者人群、药品剂量、使用期间、使用方法、治疗终点和Ⅲ期注册研究类似。

动物研究和非临床基础研究　在材料中可以使用出自体外研究和动物研究的结果资料，但应注明来源。不应外推至临床结论，除非有确切直接的临床证据。

病例个案和专家观点：注意获得书面许可，并未侵犯患者和专家隐私。

数据备索：适用于属于公司但未发行的数据或信息，资料发起者需保留公司内部临床研究报告（clinical study report，CSR）的最终版本，或"核心数据页""全球药物专论"。在提供资料时，必要时签署保密协议。

临床医生或第三方的资料：因为数据不属于制药公司，制药公司亦不为此数据的准确性和完整性负责，不应列为数据备索。

医学资料的形式要求　因为医学资料为非推广资料，因此，不要使用药物推广色调、产品标识和商品名（在生物类似物或仿制药被批准后，可以加注释标注）。每张幻灯片的标题直接表明主要信息或核心问题，不要出现单个词语。字体不要小于14号，颜色不要超过3种，不要轻易使用立体柱状图。出现的每个数字或数据都要标注出处，参考文献的标注要采用标准的学术界可以接受的格式。

引用格式可按《信息与文献参考文献著录规则》（GB/T 7714–2015）采用顺序编码制著录，依照参考文献在文中出现的先后顺序用阿拉伯数字标出。参考文献中的作者列出第1~3名，超过3名时，后加"，等"或其他相应的文字。

外文期刊名称用缩写，以Index Medicus中的格式为准；中文期刊用全名。每条参考文献均须著录起止页。举例如下。

Martyn CN，Gale CR，Jespersen S，*et al.* Impaired fetal growth and atherosclerosis of carotid and peripheral arteries[J]. Lancet, 1998, 352(9123)：173-178.

Ingram JR，Burton T. NICE approval of adalimumab for moderate-to-severe hidradenitis suppurativa: the end of the beginning for hidradenitis suppurativa therapeutics?[J]. Br J Dermatol, 2017, 176(2)：281-282.

姚光弼，张定凤，王宝恩，等.恩替卡韦抗乙型肝炎病毒剂量和疗效的研究[J].中华肝脏病杂志，2005，13(7)：4.

王海燕.肾脏病学[M].第2版.北京：人民卫生出版社，1996：282-287.

若引用权威学术或政府网站，则标注"主要责任者.文献题名[文献类型标识/文献载体标识].(更新或修改日期)[引用日期].网址."。

如：Australia New Zealand Food Standards. From: http://www.foodstandards. gov.au/standardsdevelopment/.（Accessed on 7th Jul. 2009）.

若引用说明书，需注明获批的国家和获批日期。如：奥比帕利片、达塞布韦钠片中国说明书（核准日期：2017年9月20日）。

医学资料的合规和法律考虑　制药行业的资料一般分为外部资料、内部资料（internal use only）、业务资料（business use only）、保密资料（confidential）和严格保密资料（strictly confidential）5种。讲者幻灯片以及医学手册和药物手册等医学事务的知识管理的文件一般属于内部资料（除非得到正式批准后出版发行），需要在适当位置标注"内部资料"及版本信息和数量。

免责声明　医学资料的第一页通常是免责声明，标明此份资料的性质、用途、使用时的注意事项、潜在利益冲突和涉及药物在本国的注册状态。

医学事务资料的风险包括过早披露未经发表的临床试验结果和公司业务信息，泄露临床医生委托的科研设想和设计，侵害著作权法和个人隐私权、肖像权，涉嫌抄袭，涉嫌制造假数据，涉嫌违法广告法和药品管理法，涉嫌超适应证推广，涉嫌隐瞒药品不良反应，涉嫌直接向患者和公众推广处方药物，涉嫌违反《中华人民共和国反不正当竞争法》。

医学材料中不能包含具有误导作用或正确性未经证实的信息，以及其他有可能导致不必要的药物使用（包括药物过量）与增加额外风险的药物使用信息。

❖ 临床研究中必须包括以下信息，以确保完整性：研究人群、研究设计、样本量、研究药物和对照药物、剂量、用法、治疗时间、研究结果、统计学意义、作者和发表来源。

❖ 数据来源于可接受的科学证据，并准确规范标注出处和来源。必要时标注研究的发起者或数据库所有者。

❖ 不能在缺乏科学依据的基础上表述药物的疗效与安全性，或与其他药品作功效和安全性对比。不得含有疗效保证的内容。

❖ 不能使用明示或暗示的绝对化用语或表述，例如："最新技术""根治""最先进方法"和"最高科学"等。

❖ 不能使用儿童（自然人）形象来传递药物的有效性和安全性信息。不能使用医学/科学机构、医生以及患者的形象或名义进行药物推广。

第七节　内部培训

　　医学事务部既然是疾病知识和产品知识的来源，被认为和定义为药物和疾病的专家，那么，承担起内部培训的职责和任务就变得责无旁贷了。但是，内部培训是否是医学事务的核心工作，医学事务部是否具备培训的资质和技能，谁来给医学事务部培训这几个关键问题，基本上就没有人关心了。因此，在很多情况下，公司内部的药物知识和医学知识的培训就像是高中学习的课堂一样，讲师在台上读幻灯片，而员工们在下面玩手机、背要点。

　　医药代表的专业化培训不是医学事务部的核心职责，而是培训部的核心职责。作为与医疗卫生专业人士直接互动的部门，医学事务部的主要功能和精力不是为内部提供培训服务。但是，客观地说，内部培训也是医学事务部同事反复锤炼自己的知识、锻炼自己的表达能力、了解业务需要，甚至扩大在组织中的影响力的一个非常有效的工具。一个合格的医学事务人员，在科学沟通上，不仅需要准备和组织内容，进行学术演讲，也需要掌握职场的培训技能和方法。这不仅有利于在整个公司内分享和传递知识，也有利于传承和发展医学事务部内部知识，建立学习型组织，这本身也是组织的竞争优势之一。

一、职场中的培训和组织中的学习

　　子曰："学而时习之，不亦说乎？有朋自远方来，不亦乐乎？人不知而不愠，不亦君子乎？"这其中蕴涵着知识和学习的真谛和层次。学习是在特定情境下产生知识和技能的过程，人们通过不断的练习和实践来掌握知识和技能，这是学习的第一层次；人们通过有相同兴趣的团队间的互相启迪、互相贡献来内化知识，形成智慧，这是学习的第二层次；人们通过上述互动和沟通，顿悟现实中的情景，揭开事物的本质，知道哪些是自己不知道的，洞悉知识、思维、格局和境界，体验人际知识的产生和沟通的本质，突破思维的僵局，享受、体验顿悟和心流，这是学习的第三个层次，成为君子，实现自我完善。一个好的课堂培训应该是一次身心愉悦的体验，在信息流动中感受到知识的内化和升华，增加未来工作和生活的自如感和自信心。

　　因此，员工培训和课堂教育有显著的不同，培训不是单向的教育，而是为了唤醒受训者的经验和既往的知识，打破其知识结构和价值判断的固有模式，打破思路中的僵局，使其知道什么是自己不知道的，激发其对新知的好奇心。培训是通过传授和点拨，使得受训者产生顿悟、内化知识、自己感悟获得新知的过程。培训结合了教育、辅导、引导和反馈。

培训师要从"授人以鱼，不如授人以渔"的出发点去进行培训，提供工具而不是现有的数据，提供思路而不是灌输思想，提供出路而不是指导和考评。

培训应该有用、有货并有趣。在工作中，人们并不是为了单纯学习知识而学习知识，培训的内容应该对其实际工作"有用"，这是培训的实用原则。所谓有用，是指培训提供的思路和工具可以帮助受训者在日常工作中提高效率，得到认可和尊重。知识的产生和学习的过程实际上是个"烧脑"的痛苦过程，没有之前陷入思维僵局的痛苦的体验，就没有顿悟的快乐，因此，培训需要"有货"，这是培训的创新原则。所谓创新，是指培训课程能够平衡人们在实际工作中遇到的真实的纠结和艰难的选择，并获得成功的培训效果，让受训者如看电影一样体验到冲突和快乐。在工作中抽出时间来参加培训的人们，参加培训的动机和机缘各异，很难全程投入到培训课程之中，因此，培训需要"有趣"。课程的设计和培训的过程应该全程抓住参加者的注意力并带领大家走完知识的破局、产生和内化之旅，这需要培训课程结合练习、案例分享、情境故事、视频、音频、竞赛和评估等多种手段来达到有趣的效果。

学习金字塔原理　美国学者埃德加·戴尔提出的学习金字塔理论提到，对于学习内容的记忆和掌握，阅读可以记住10%，聆听可以记住20%，看图象可以记住30%，看影像、展览、展示可以记住50%，参与讨论和发言可以记住70%，做报告、给别人讲、亲身体验、动手实践可以记住90%。实践出真知，一个效果良好的培训过程就是一个使用多种形式进行学习的过程。

初级或者低级的培训师和培训课程就是单方面的传授和教学，辅之以课后考试，以内容和知识点的讲解为中心，每节课程的内容都是一样的，学员常常低头看手机或电脑。高级的或者优秀的培训师和培训课程是一个形式丰富的视听互动工作坊，学员和培训师都能从中获得新的顿悟和体验。这种培训课程以学员为中心，不同的学员参与会有不同的收获，即使幻灯片和培训资料都一样，每节课的内容也会不一样。值得一提的是，目前基本上没有一家制药公司对医学事务的期望是给内部员工提供高级的或者卓越的疾病知识和产品知识培训，医学事务能进行基本的授课并按时更新就已经满足期望了，因为医学事务部门并不是为了员工培训而设置的部门。

二、培训材料和模块设计

研究表明，在工作中的知识和技能只有10%来自课堂培训和阅读，20%来自其他同事的反馈、辅导和自己的观察、感悟，70%来自在实际工作中的历练、经验和特殊安排的项目。因此，培训课程需要设置幻灯片讲授、资料阅读（课前阅读或者课中阅读）、小组讨论、讲解分享（案例讨论、问题讨论）、小组作业和测评、课程小结、学习心得分享7个环节。

考虑到成人的学习特点，课程时间设计可以遵循"928"原则，即一堂课的时间不超过90分钟，讲解一个知识点不超过20分钟，8分钟变换一种培训方式。在知识点的串联上要用一条培训主线联系和连续起来，这条主线是聚焦问题、激活旧知（萃取经验）、新知论证（概念和框架）、新知应用（分享，深挖）、融会贯通（扩展，联想）、应用情境和案例（效益）。

具体的制药公司的疾病知识和药物知识的培训，其基本目标是了解疾病，了解患者，了解医生，了解药物和了解竞争。既可以按照这个顺序去设计培训模块，也可以按照疾病知识和药物知识的本来结构设计讲授内容并加上关于知识点的测试题，还可以根据医学事务的五个基本问题设计培训模块。具体采用哪种方式，需要和培训部、市场部协商确定。

但是，无论采用哪种培训模块设计，对医药代表和商业部门的培训内容一定要局限在适应证内的疾病和药物信息。在任何情况下，都不能给医药代表培训和提供药品未经批准的超适应证临床有效性和安全性数据与信息。新药上市前，负责该药物推广的医药代表上岗前必须接受即将批准的药品适应证内的信息的培训，培训合格后方可进行与临床医生的学术推广和沟通。

值得注意的是，对医药代表的内部培训需要和医药代表学术推广中的核心信息保持一致，需要符合药物的推广策略。要从医药代表的职责和使命出发，确保其掌握所推广药品的必备的疾病知识和产品知识，掌握在当地的法律法规环境下药物安全和不良事件报告的要求，掌握自发性问询的公司处理流程。

从医学事务部门的角度出发，对医药代表和市场营销人员的培训内容模块应该包括以下七部分内容。

模块1：适应证、未被满足的医疗需求、患者诊疗路径；

模块2：治疗指南和现有治疗手段；

模块3：科学优势和临床优势；

模块4：比较优势和治疗结局（同类药物评价）；

模块5：不良反应报告和风险管控计划；

模块6：超适应证及其自发性问询和研究者发起的临床研究的需求处理；

模块7：推广资料的审核原则和流程。

三、效果评估和测试

对于内部医药代表的培训的效果评估主要是由培训部组织进行的，医学部只需要提供关于知识点的测试题即可，其中多为选择题和填空题。对于医学部提供培训的人员的反馈，培训部会根据其部门的要求和需要制作、发放和收集参加培训人员的反馈问卷。这一过程对于医学专业人员来说，几乎没有挑战性。唯一需要注意的是，在准备测试题库的时候，要充分考虑所在公司的医药代表的背景情况和公司对其专业程度的期望及要求，试题所考察的知识点也要考虑其与临床医生进行学术推广时的作用和相关度。测试题目不要偏离医药代表的学术推广内容和目的。

美国威斯康星大学柯克帕特里克在1959年提出的柯氏四级评估法，是世界上应用最广泛的培训评估工具，从培训反应、学习效果、知识运用和培训影响四个方面来评估培训的效应。采用的方法包括学员的问卷调查、笔试和实操考核、课后跟踪观察和组织绩效、满意度调查等。

本章小结

　　本章概括而简要地梳理了医学事务在制药企业中进行治疗领域管理时所应具备的知识范畴，医学事务知识管理的具体方法，医学事务知识的架构、框架和概念，知识产生和分享的过程。从中可以看出，临床医学只是治疗领域知识中的一小部分，医学事务需要掌握整个治疗领域的过去、现状和未来，需要了解自家公司在各个治疗领域的过去、现在和未来，需要了解受体、酶和治疗性单克隆抗体等干预和效应机制，需要了解分子信号传导通路和机体系统调节路径，需要掌握医学事务的五个核心基本问题。

❖ 如果没有治疗，疾病的负担和结局会是如何？

❖ 现有治疗的局限性是什么？

❖ 我们提供的治疗方法的科学优势有哪些？

❖ 临床上有什么差异和优势？

❖ 使用我们提供的治疗，对改善患者结局和疾病负担有什么优势？

　　知识就是力量，知识就是生产力。吾生也有涯，学也无涯。文献上的数据是死的知识，只有经过分析、提炼和分享、内化的知识才是活的知识，才是力量和生产力。学习型的组织具有真正的竞争优势。

　　科学不是照本宣科，不是人云亦云，科学是一种严谨的系统性的方法论，科学是实事求是的世界观，片面、虚假、主观臆断、双重标准是科学的大敌。学术推广和学术精神是制药企业规避风险、抵御诱惑、确保基业长青的根本。

　　医学事务的每个人员对治疗领域知识掌握的深度和广度，决定了其对社会、对企业、对同事的价值，也决定了其看问题的视野和格局。

第三章 医疗卫生保健系统和疾病诊治路径：从环境到趋势

　　一万年来，人类社会经历了农耕时代、游牧时代、工业时代、信息时代，现在已经进入了全球化时代。随着社会制度和社会管理的不断进步，科学、教育、就业、医疗、住房和养老等社会保障体系随之不断进步和完善。

　　"健康是一种基本人权，达到尽可能高水平的健康是一个世界范围内的目标。（《阿拉木图宣言》）"健康是个人最基本的自由，和知识、能力一起构成社会之人力资本。制药行业和临床医学一样，都在医疗卫生保健系统中治疗疾病，帮助患者恢复健康，提高患者生存质量和生活质量。默沙东公司的George W. Merck说："我们应该记住，医药是用于患者的。我们永远不应该忘记，制药是为了人而不是为了利润，利润是随之而来的。"药物在社会生活中的作用和影响，不仅是在临床医学、基础科学方面，也不仅是在经济和社会发展方面，药物影响涉及整个社会的政治、经济、文化、科学。健康不仅仅是个人的基本人权，也是家庭和社会发展的基本保障。药物不仅具有科学价值、临床价值，还具有经济价值和社会价值。

第一节　医疗卫生保健系统

药物的价值不是在临床研发过程中体现的，而是在药品的商业化过程中通过医生和患者的使用最终体现的，药物的生产和供应是医疗卫生保健系统（healthcare system，HCS）的一部分而不是全部，事实上在美国，药物的研发费用仅仅占国家卫生保健预算的10%左右。

根据世界卫生组织的定义，一个国家和地区的医疗卫生保健系统包括了促进、恢复和维持健康的所有机构组织和人员活动，包括了直接的个体疾病的诊断和治疗实践，也包括了群体疾病和健康监测、管理和改善的各项政策和行动；既包括了科学技术的进步和普及，也包括了资金、保障和付费。衡量一个国家的总体医疗卫生保健系统，一般采用平均寿命、婴儿死亡率、一千人口中医生的数量、一千人口中护士的数量、医疗卫生投入占国内生产总值（GDP）的比例、政府付费的比例等数据。有的国家医疗卫生保健系统的资源占GDP的8%~10%，远超军费的支出；而政府付费的比例通常为70%~80%。美国医疗卫生保健支出占GDP的16%，政府付费比例是45%。虽然制药工业的全球年销售额已经在1万亿美元以上，但是，整个制药行业的年销售额都比不上苹果和微软两家信息技术公司。

医疗卫生保健系统是制药企业生存和发展的基本环境和土壤。药品的研发、注册、监管、处方和服用都处在这个系统中，药品的流通和付费也在这个系统中。医疗卫生保健系统也是制药公司和竞争对手的战场。

医疗卫生保健系统基本上由需求方、服务方、供给方、支付方和监管方五部分组成。从药物的角度来看，制药公司属于供给方。从整个医疗服务的角度来看，临床医生和临床机构是供给方，因为临床医生除了使用药物治疗之外，更多的是使用自己的专业知识和技能为患者提供咨询、诊断和治疗（手术治疗和其他治疗方法）服务。

一、医疗需求方

医疗服务的需求方既是罹患疾病或失能的个体，也是整个社会人群（如瘟疫和流行性传染病），或者是政府和企业（如军人和退伍军人、职业病患者）。医疗需求不仅包括内在的疾病，还包括外伤和工伤等人为的伤害，特别是在战争时期。

从经济学角度看，医疗的需求方是医疗服务的消费者。其基本诉求是通过支付报酬获得医疗卫生服务方的帮助，治愈其不适、失能和疾病。从生命伦理上看，一旦个体主动寻求他人或社会对其疾病治疗的帮助，就意味着他允许或授权他人采取某种手段对其机体进行干预。

医疗需求的强弱取决于疾病或痛苦对其生活和家庭的影响程度，取决于患者的支付意愿和支付能力，和疾病本身的严重程度不一定完全符合。

二、医疗服务方

现代医疗制度下，能够提供服务、满足医疗需求的人员必须符合专业的资质（教育、培训和技能）和时时更新的继续教育要求，这是现代体制中确保医疗服务质量的基本制度。能够提供医疗服务的机构和组织称为医疗卫生专业机构（healthcare organization，HCO）。医疗卫生人员（healthcare professionals，healthcare practitioner，HCP）是包括临床医生、护士、营养师等在内的直接提供健康服务的人员。

制药行业和其他行业的不同点在于治疗药物作为特殊的商品，其消费者、使用者和付费者不是重合的，而是分开的（处方药）。药物本身也不是普通的消费品，它直接影响个体的生命、健康和幸福；药品的信息和知识具有先进性和复杂性，即使是使用最通俗的药物说明书，也不可能让所有的使用者理解，只能由专业技术人员理解和掌握。

每个个体对具体药品的反应也不同，在这个人身上安全和有效的药物，在另一个人身上不一定有效，或不一定安全。所以，处方药只能由专业人士使用和判断在具体患者中的使用，也不允许对患者开展广告和促销活动。这样，HCP成为制药企业研发、市场推广最重要的对象，而制药企业和HCP之间的关系，特别是信息流向和利益流向成为政府和社会最为关注的问题。

医者父母心，大医精诚。由于医疗服务的特殊性，医疗卫生专业人员和患者之间存在着巨大的信息不对称，医患之间不是简单的消费者和服务者的关系。作为了解和掌握生命科学和疾病"秘密"的医疗卫生专业人员，其在传统文化中和神圣、巫术相关联。对从医者的人道主义要求和职业尊重是不同于普通的消费者和服务者的。

医疗卫生专业人员在医疗卫生保健系统和社会中的角色也是多样的，首先，是临床医学服务的提供者，角色是临床医生；其次，是医学教育的实践者，是教师；最后，还是医学科学的研究者和探索者，是科学家。人类社会最崇高的三个角色——医生、教师和科学家，集中于医疗卫生专业人士一人身上。在疾病的诊断和治疗过程中，临床医生和患者的关系是核心关系，其他的关系都是辅助的次要关系，都属于第三方。"我将不容许有任何宗教、国籍、种族、政见或地位的考虑介于我的职责和患者间；我将要尽可能地维护人的生命，自从受胎时起；即使在威胁之下，我将不运用我的医学知识去违反人道。我郑重地，自主地并且以我的人格宣誓以上的约定。[1948年《日内瓦宣言》（*Declaration of Geneva*）]"

三、供给方（healthcare suppler）

对于整个医疗卫生保健系统来讲，制药公司、医疗器械公司以及相关的医学诊断公司、原料药生产企业、医药经销企业、药物释放技术公司、基础医学研究所、初创生物技术公司和临床研究合同组织等都属于技术和工具的供给方。这些供给方不直接向需求方提供医疗服务，而是在医疗卫生保健系统中通过提供技术、培训、药物、设备给医疗卫生专业人士或机构来实现自己的价值。

在药品的供给侧，国家和政府设立了药物监管部门，来控制在其行政辖区内的药物的市场授权。未经行政部门同意，药物不能上市销售，销售的药物的使用范围、剂量和用法也需要按照药监部门批准的药品说明书实行。只有持有被国家认可的资质（医师证）的临床医生才有权力使用国家批准的处方药物（处方权）。

四、支付方（payor）

医疗卫生服务费用包括医疗卫生专业人员的服务费用、人员和设备费用等资源配置费用，这些都是由支付方来付费的。支付方的资金主要来自患者和家庭、雇佣企业、国家税收和财政、商业医疗保险以及慈善捐助等。

现代国家对公务人员、警察和军人的医疗需求提供专有的医疗保障计划，其费用来源属于国家财政预算；现代企业为其雇员提供的医疗保障是通过购买政府医疗保险和商业医疗保险来实现的。对于低收入群体、弱势群体、老年、儿童和特殊职业者，现代国家也要求配备特定的医疗救助和保障计划。一些国家的医疗保障计划覆盖全体公民。

主要国家的医疗保障系统　德国不仅是现代制药工业的发源地，也是现代国家医疗保障制度的创始国家。1883年，德国俾斯麦政府颁布的《疾病社会保险法》是世界上第一个医疗保障法律。凯恩斯理论、《贝弗里奇报告》、新自由主义经济理论和信息经济学的发展促进了现代国家医疗卫生保健体系的建立和形成。国家医疗卫生保障体制是国家权利和义务的重要部分。

德国是社会医疗保险模式（social health insurance，SHI）的代表。社会医疗保险的目标是促进医疗卫生保健的可及性和社会公平性，重点是群体的健康需要，而不是个体的保健需求。1883年生效的《疾病社会保险法》标志着德国医疗社会保险制度的诞生。最初的法案主要是针对就业者实行的强制性疾病保险，费用由雇主承担30%，雇员承担70%。其出发点是保护国家的劳动力。德国于2000年开始实施总额预付制度，2002年开始采用按病种付费

（diseases related to groups，DRGs）的补偿机制，并于2007年通过了医疗改革法案。日本和法国也采用社会医疗保险模式，覆盖全体公民。

英国是国家保险模式的代表。国家保险模式又称国家卫生服务制度（national health service，NHS），是国家通过税收形式凑集资金，并拨付给医疗机构的模式。1941年，英国成立社会保障和相关服务委员会，由福利国家理论的奠基人威廉·贝弗里奇担任主席，次年发布了《贝弗里奇报告》，提出建立社会性的国家保障制度，覆盖全体公民。1946年英国颁布了《国民健康服务法案》（National Health Service Act），全国医院国有化，所有公民均能享受免费卫生服务，从摇篮到坟墓，国家提供全方位的医疗和康复服务，此外，还可以得到国民救助。1948年英国首相艾德礼宣布英国第一个建成福利国家。1947年起，NHS就引入医学经济学概念来衡量卫生系统的效率和卫生资源的使用率。NHS的医疗资源由国家财政支付，占当年GDP的10%。NHS医疗基金的80%来自国家财政预算，10%来自国民保险税，其他来自慈善捐赠等。20世纪70年代，新自由主义兴起，强调自由化、市场化和私有化。1979年，撒切尔夫人领导的政府进行国家卫生制度改革，限制政府公共健康服务开支，鼓励发展私人保险业务，强调个人在卫生服务中的责任和义务。英国和瑞典最为典型，加拿大、澳大利亚和大部分北欧国家都属于NHS模式。

美国采取商业医疗保险和社会医疗救助相结合的模式。1935年，在全球经济危机之后，美国出台了《社会保障法》（Social Security），社会保险、社会救济和社会福利正式成为国家制度的一部分，是罗斯福新政的组成部分之一。根据凯恩斯的理论，国家建立医疗保障的目的是刺激社会需求，恢复经济增长，社会保障是经济运行的稳定和均衡因素。1960年，科尔·米尔斯（Kerr-Mills）法案催生了针对特殊群体的医疗保险（medicare）和医疗补助计划（medicaid），前者主要针对老年人群和贫困人群，后者是联邦政府和州政府针对特殊人群的治疗提供的帮助。对于"需要花费多少纳税人的钱来给穷人治病"这一问题，美国政府一直无法做出决定。商业医疗保险和健康维护组织（health maintenance organization，HMO）和国家社会医疗保险不同的是其营利性质，虽然覆盖人群有限，但是可以体现"多买多保、少买少保"的公平性精神，使用的治疗也不必是基本药物，可以采用创新药物治疗。商业保险不能覆盖的人群，如老年、低收入和残疾患者群，则采用医疗保险和医疗补助计划来补充。即便如此，美国医疗保险和救助照顾也仅能覆盖85%的国民。

中华人民共和国自成立以来，对于全民的医疗保障制度一直在探索和实践中。在1998年之前，机关事业单位实行公费医疗制度，由国家财政拨款；企业实行劳保医疗制度，农村实行合作医疗制度。1998年开始，中国正式进入社会医疗保险阶段，分别建立了城镇职工医疗保险、城镇居民医疗保险和新型农村合作医疗保险。2010年《中华人民共和国社会保险法》出台，2016年建立统一的城乡居民医保制度，2018年国家医疗保障局成立。国家医保基金主要由用人单位和职工共同缴纳。中国的多层次医疗保障体系包括基本医疗保险、医疗救助和补充保险三个层次，基本医疗保险又分为职工医保（企业缴费和个人缴费）和居民医保（国家财政补助和个人缴费）两个层次，充分考虑到了城乡差异、地区差异和收入差异，国家提供公众基本健康保障，个人承担更高要求的健康保障。商业医疗保险自1980年在中国恢复业务以来，已经成为重大疾病和意外伤害的有力补充。截至2011年底，中国三项基本医保制度已经覆盖95%的城乡居民，中国步入全民医保制度国家的行列。

五、供给侧结构性改革

从整个医疗卫生保健系统的角度来看，患者或公众日益增长的健康需求以及对疾病的认识和治疗期望的不断变化，疾病本身发生率和发病率的不断变化，全球范围内新技术和新药物的不断创新，构成了整个医疗卫生保健系统的需求侧。对于需求侧的管理既要满足对危及生命和健康的危急重症、慢性非传染性疾病的有效控制，保障整个社会群体的健康和生产力，又要防止过度的诊疗造成医疗资源的浪费。

医疗卫生保健系统的服务方、支付方则构成此系统的供给侧。全面准确地梳理供给侧的价值链及其服务和药物的质量，减少中间环节，去除非必要的治疗，加速创新药物和治疗的准入，是供给侧结构性调整和改革的目的和方向。目前，供给侧机构性改革的主要内容如下。

临床用药的结构性调整　加速创新药物的审批，进行仿制药一致性评价，减少辅助用药的使用，优化慢性疾病用药的结构和供给，增强OTC的使用，及时更新国家医保目录。

医药流通领域的结构性调整　减少中间环节（两票制），优化医院药房和药店的作用。

医保支付的结构性调整　药品集中采购（以量换价），设立辅助用药目录（腾笼换鸟），按诊断类别或病种付费等。

在世界范围内考察医疗保障制度的由来和发展，以及医疗保障资金的来源、流向、管理和使用，有助于理解作为主要支付方的政府和保险公司制定各项政策的出发点，有助于制药公司制定合适的真实世界研究方案。针对医保数据库进行深入挖掘，产生自己药物在各种医保条件下的使用价值的证据，是制药企业医学事务部门应该加强重视的一个环节。

第二节　制药企业的利益相关者及其决策因素

利益相关者是在组织、公司或个人所处环境中被其影响的任何团体或个人。利益相关者理论是美国的R. Edward Freeman 在1984年出版的著作《战略管理：利益相关者方法》提出的。除股东和内部其他利益相关者外，制药公司在医疗卫生保健系统中，还有很多利益相关者。识别和了解这些利益相关者，是确保公司和品牌成功的重要基础。

利益相关者会被制药企业的策略和资源，最主要是会被制药企业研发、营销、推广和准入的药物影响，这种影响可能是正向的，也可能是负向的，其利益并不总是一致的，即使利益一致，其风险也不一定是一致的。

制药企业在医疗卫生保健系统的利益相关者主要有患者和患者照顾者、医疗卫生专业人员、支付者。制药企业围绕药物的研发、推广和准入的策略和资源投入可以对这三方产生重要的影响，这三方在治疗过程中的价值驱动和决定也可以影响制药企业的业绩和成就。通常情况下，一个合适的药物，可以帮助患者控制病情，使其恢复正常的工作和生活；可以为医疗卫生专业人员提供一个有力的干预疾病的工具，扩展其治疗手段；可以帮助支付者以有限的资源达到最有利的结果。因此，制药公司的首要任务是通过科学的方法和手段找到自己和三者的共同利益，使之对此感兴趣，并参与到这一过程中来。这一过程也是形成伙伴关系的过程。

同业的竞争公司当然也是重要的利益相关者。如果药物旨在替代竞争公司药物的治疗地位和影响力，那么两个公司属于利益相互冲突的利益相关者，必然引起抑制性或破坏性的行为。如果没有相互替代的关系，则不同公司的不同种类的药物不一定形成竞争关系，利益不一定总是冲突的，但一定是相关的。

我们可以用"5P"来归纳利益相关者，来自5个利益相关方：患者和患者照顾者（patients and caregiver）、医疗专业卫生人员（healthcare providers，healthcare professionals）、支付方（payors）、政策和指南制定者（policy makers and guideline developers）、竞争药物和公司（competitors，players）。

一、患者和患者照顾者

患者和患者照顾者是医疗服务的需求方，患者也是药物的最终使用方和消费者。对患者来讲，由于其对疾病整体的认知不同，而且一般是因合并多种症状和不适造成躯体和精神上的痛苦，不能胜任工作，生活质量受到严重损害，加之对家庭的负担和拖累，产生了对未来和死亡的恐惧。

患者在医疗卫生系统中的诊断和治疗随访的过程称为患者诊疗路径[①]，对患者路径中的"痛点"和"疏漏点"的研究有助于发现药物的治疗机会，展示患者的治疗获益和药物的治疗价值。患者个体在疾病的发生和发展过程中的感觉和体验称为患者心理历程，对患者心理历程的研究有助于揭示患者的感受和药物的社会价值。

通过各种研究以及生物标志物、诊断手段和技术，定义最能获益的患者人群，或者进行患者人群的分层，是药物能够发挥最大价值的关键，也是制药公司成功的关键之一。

制药公司以患者为中心的含义是指从患者的痛苦、恐惧、担心和负担出发，从人性和人道的角度出发，通过自己的治疗，帮助患者及其家庭减轻痛苦，给患者带来希望，带来继续生活、工作的勇气和力量。

二、医疗卫生专业人员

在这里，临床医生是患者治疗的主体，也是从患者的治疗中获得成就感和专业认可、社会认可的主要人群。临床医生作为患者的"代理人"和"委托人"，主要职责是为患者选择合适的治疗方式，做出诊断和治疗决策。临床医生是从自己的角度出发进行独立的专业判断的，由于临床医生的知识和经验不同，对患者病情的了解和诊断存在差异，对治疗方式的偏好和体验不同，对新疗法的接受程度不同，即使对同一患者，不同的医生可以做出不同的专业判断；对同一种疾病或同一种药物，同一医生在不同时间，也会有不同的认知。因此，研究临床医生的治疗观念和治疗行为，对制药企业和临床医生的学术沟通与合作是十分重要的。

影响医生做出治疗决策的因素很多，医患之间的关系、医疗体系中的文化和习惯、制药企业的声誉以及在治疗领域内的领先性都会对临床医生的治疗行为产生影响。

在分析药品治疗对临床医生的利益的基础上，根据医生的治疗观念或治疗行为，可以进行医生的分层，发现不同观念和行为层次的医生对具体药物的治疗价值的认知差异，并制定不同的学术沟通策略。

三、支付方

支付者可以是患者本人（自费），也可以是医疗保障部门、商业保险公司或者是慈善捐赠。不同的支付者对药品治疗价值的理解和认知是不同的。

---

①患者诊疗路径又称为疾病诊疗路径，下同。

医疗保障作为支付方，所要面对的风险是医疗资源的浪费和滥用。其决策的出发点是药物所治疗的疾病对整个社会的危害，药品在政策和治疗指南中的地位，在先进国家和地区中的证据和经验，药品本身是否有仿制药等。

四、政策和指南制定者

医疗卫生政策的制定者，治疗指南、治疗共识的制定者，治疗白皮书的发起者和制定者，并不参与具体疾病、具体患者的诊断和治疗过程，但是其发布的政策、文件和指南可以成为具体治疗中决策的依据。临床医生和支付者依据这些政策和指南，不仅降低了其日常工作的复杂程度，而且降低了决策给个人带来的风险。

在指南和政策制定过程中，发起部门的利益和权威性是十分重要的。治疗指南起草的原则是规范、实用、即时、兼顾和重点。

五、竞争药物和公司

竞争者是重要的利益相关者，无论是存在利益冲突的竞争者还是利益一致的合作者，竞争和合作都是一时的，"没有永远的朋友，也没有永远的敌人，只有永远的利益"。在一个领域内开展业务的竞争者，其患者人群相同，治疗疾病的适应证相同，甚至其药物的作用靶点也相同，"客户"相同，营销推广人员也是互相跳槽的同一类型的人员，营销推广的策略和手段也相同。在这种业务模式趋同的条件下，差异化的市场推广策略成了各公司的竞争优势。

世界上没有两片完全相同的树叶，永远没有两种药物是完全相同的，即使是仿制品，也不是完全相同的。药物进入市场的时机不同，药物所拥有的临床证据不同，制药公司的资源投入不同，卫生政策和环境不同，甚至生产厂家和营销厂家不同，选择的适应证不同，治疗的时机不同，剂量不同，选择的医生类型不同，都会造成药品疗效和安全性的差异，造成药物在医疗卫生环境中被接受程度的不同。医学事务部门在内容、证据产生和沟通过程中的能力差别在这里转变成了药品和公司的竞争优势。

没有竞争者的领域，没有跟随药物和仿制产品的药物，只是一家公司、一个药物单打独斗，这在一些情况下是"蓝海"，在一些情况下则是没有吸引力的表现。

从竞争者的成功和失败中，可以发现药物利益相关者做出研发决策的驱动因素，是宝贵的经验。

　　什么是决策？临床医生如何评估药物的风险和效益？药物的风险由谁来承担？药物的获益对各个利益相关者的实际利益有什么影响？这是制药企业医学事务部门需要思考的问题。

第三节　患者的诊疗路径和疾病认知路径

当谈到疾病的时候，我们想到的是高血压病、糖尿病、肿瘤、肺炎、艾滋病、COPD、消化性溃疡、骨质疏松、高脂血症、心律失常、精神分裂症、急性心肌梗死和脑卒中等一个个临床医生使用的名词，偶尔把瘟疫和上呼吸道感染也考虑在内，恨不得避而远之，将其消灭或彻底根除而后快。实际上，疾病的名称只是为了识别一组症状或特征而创造出来的概念，人体是一个整体，任何内外部因素导致的功能失调或失能都是疾病。在某种意义上说，只要生存，就会有疾病的存在，患者这一名称也是每个人的另一个人生角色。

在面对疾病，进行治疗干预决策的时候，每个人都会经历医疗上、情绪上和心理上的变化，在不同阶段，这些变化也会影响到疾病治疗干预的结局。

患者诊断和治疗路径详见表3-1。

表3-1　患者诊断和治疗路径——发现未被满足的医学需求

事项	筛查和诊断	治疗和管理	随访和预后
阶段组成	症状表现 筛查化验 诊断过程 转诊过程	治疗选择和治疗决定 治疗前检测 首选和基础治疗 治疗稳定	治疗过程中监测 维持治疗 治疗中止或转换 患者预后
现状研究	患者通常是因为什么临床表现去就诊和筛查的？各种表现的比例具体是多少？ 从筛查到确诊的过程是怎么样的？疾病诊断的主要措施和手段是什么？临床诊断的准确率和效率如何？筛查和诊断的各种手段的比例如何？是否和国际、国内指南推荐一致？费用、时间是多少？ 是社区医生还是专科医生进行诊断？诊断的根据是什么？	在本区域治疗特定疾病的基本方法和药物有哪些？ 一线治疗和替代治疗是如何决定的？治疗前要进行什么样的检查？评估治疗成功的标准有哪些？需要多久才能达到稳定治疗的状态？ 哪些治疗可以控制病情？控制的比例有多少？哪些治疗可以缓解症状？缓解的比例有多大？	当地医生预防疾病的并发症和急性病情加重的措施有哪些？ 指南推荐的预防措施是否在区域内得到采用？ 患者在治疗过程中，如何进行病情的监测？维持治疗阶段如何随访和管理患者？ 在什么情况下有多少比例因为什么原因会停止治疗或者更换治疗方案？ 患者的预后如何衡量？在维持治疗阶段，为了预防和治疗并发症，需要采用什么治疗药物和方法？ 疾病导致并发症的可能途径、危险因素是哪些？

续表3-1

事项	筛查和诊断	治疗和管理	随访和预后
文献研究	区域内有无关于上述问题的临床数据和文章发表？		
参考对照和差距确定	和先进地区与指南推荐之间有什么临床差距？我们的药物和治疗方法有什么机会？当地的诊断与筛查过程和先进地区以及指南推荐之间有什么差距？这些差距给患者和临床医生带来了什么样的不便？患者在诊断和确诊过程中是否会在不同医院和科室之间转诊？是否存在延迟转诊耽误治疗的情况？和指南与最新治疗相比有什么不同？这些治疗方法目前使用的比例有多少？		
差距分析	在患者诊断和治疗路径各个阶段中，影响疾病预后和改善的最关键的差距是什么？能够驱动治疗决策改变的差距是什么？自己产品的解决方案能够满足和填补的差距是什么？		
证据分析	在整个过程中，自己产品的数据是否充分？和竞争药品及标准治疗相比，有什么优势和不足？		

一、患者的诊疗路径①

我们把筛查和诊断、治疗和管理、随访和预后这三个主要阶段作为患者就医的诊疗路径。患者诊疗路径是制药企业了解自己药物机会和挑战的框架，也是贯彻实施"以患者为中心"的基本思路。患者诊疗路径是在实时医疗卫生环境中做出治疗决策的主要环节。环境不同，做出治疗决定的主要驱动因素也不同，未被满足的医学需求也不同，临床差距也不同。找到和发现当地的临床需求和临床差距，是区域医学事务的主要使命。患者的诊疗路径是从医疗卫生专业人员的角度对特定区域的诊治过程进行审视和梳理，目的是找到自己药物和治疗方案在区域中的机会和障碍，找到医生、患者、支付者和制药公司的利益共同点，从而制定针对性的市场医学策略，最终达到提高区域临床诊治效率和临床实践水平，提高患者的预后的目的，实现对合适的患者在合适的时机给予合适的治疗。

筛查和诊断阶段主要需要了解的问题　患者通常是因为什么临床表现去就诊和筛查的？各种表现的比例具体是多少？从筛查到确诊的过程是怎样的？疾病诊断的主要措施和手段是什么？临床诊断的准确率和效率如何？筛查和诊断的各种手段的比例如何？是否和国际、国内指南推荐一致？费用、时间是多少？是社区医生还是专科医生进行诊断？诊断的根据是什么？当地

---

①这里的诊疗路径是常用药品应用于各治疗领域中疾病的诊治过程，并不适用于危急重症和急性疾病、外伤整形、医疗美容、诊断和监测设备、疫苗等领域，这些行业可以根据各自的医疗卫生决策点制定特殊的诊疗路径，思路相同。

的诊断和筛查过程和先进地区以及指南推荐之间有什么差距？这些差距给患者和临床医生带来了什么样的不便？患者在诊断和确诊过程中是否会在不同医院和科室之间转诊？是否存在延迟转诊耽误治疗的情况？区域内有无关于上述问题的临床数据和文章发表？

治疗和管理过程需要了解的问题　在本区域治疗特定疾病的基本方法和药物有哪些？和指南与最新治疗相比有什么不同？这些治疗方法目前使用的比例有多少？一线治疗和替代治疗是如何决定的？治疗前要进行什么样的检查？评估治疗成功的标准有哪些？需要多久才能达到稳定治疗的状态？哪些治疗可以控制病情？控制的比例有多少？哪些治疗可以缓解症状？缓解的比例有多大？区域内有无关于上述问题的临床数据和文章发表？

关于患者的随访和预后　需要了解的主要问题有：当地医生预防疾病的并发症和急性病情加重的措施有哪些？指南推荐的预防措施是否在区域内得到了采用？患者在治疗过程中，如何进行病情的监测？维持治疗阶段如何随访和管理患者？在什么情况下有多少比例因为什么停止治疗或者更换治疗方案？患者的预后如何衡量？在维持治疗阶段，为了预防和治疗并发症，需要采用什么治疗药物和方法？疾病导致并发症的可能途径、危险因素是哪些？区域内有无关于上述问题的临床数据和文章发表？　和先进地区与指南推荐之间有什么临床差距？我们的药物和治疗方法有什么机会？

患者诊治路径的临床研究和治疗观点是医学事务部需要掌握的基本知识。医学事务人员被公司内外认定为治疗领域的专家的原因也在于此，医学文献和其他国家的数据只是其中的一部分。事实上，关于当地患者治疗路径过程中的问题和知识构成了真实世界数据和真实世界研究的主要部分。

对患者诊疗路径的深入理解，可以帮助制药公司跨部门品牌团队形成自己的患者流向和患者分层的知识，从而确定其工作的方向和策略。

患者流向（patient flow）　制药公司在制定品牌策略时，跨部门讨论会议的主要议题之一，是基于患者的诊治路径和对当地患者人群的假定对药物潜在人群的数量和比例进行估计，这是药品的市场机会的体现，又称为患者"漏斗"。患者漏斗分为患者总人数、就诊人数、诊断人数、治疗人数（首次治疗人数、同类药物治疗人数、特定药物治疗人数）、稳定治疗人数五个级别，不断缩小聚焦。患者人群数量丢失高，提示了药品使用的障碍；患者人群数量丢失低，显现出机会；前者是当地医疗卫生体系的不利因素，后者是有利因素。分析其背后的原因，找出机会和威胁，才能明确资源配置的方向。在精准医疗和靶向治疗时代，常常需要根据临床和实验室检查进一步细分患者人群。

患者分层和患者类型　在患者流向的分析中，在同一适应证的治疗患者，因为环境和各种因素的影响，同一类的药物也会引起患者人数的分流，如在21世纪初，对于口服糖尿病药物来说，在上海使用磺脲类药物的人数要比使用二甲双胍的人数多，而在北京则恰好相反。患者分层和患者类型的确定是在适应证范围之内对患者人群的进一步细化。细化主要是通过分析不同竞争药物之间的临床数据和差异特点，分析自己公司不同药物之间的特点和差异来进行的。

患者分层和分型的标准在不同疾病中是不同的，需要参考疾病的临床诊断、分期和分类。

❖ 根据临床诊断和临床特点分层：如单纯收缩期高血压。

❖ 根据伴发疾病和并发症分层：如高血压合并糖代谢异常。

❖ 根据生物标志物分层：如表皮生长因子受体（epidermal growth factor receptor，EGFR）阳性的患者。

❖ 根据治疗分层：如初治患者和经治患者（treatment naive and treatment experienced），一线治疗和二线治疗。

二、疾病的认知路径

患者认知路径是指从药物治疗的角度，看待患者对一种治疗方式从认知到接纳再到依从的过程。患者的认知路径是从一种药物或治疗方式的角度来解构和诠释疾病的认知和干预过程的方法，也是从临床应用和临床实践的角度来评价一种药物或治疗方法的效率和效能的方法，探讨的是一个患者从认知到获益的过程：药物是如何维护人类生命和健康的？

药物的认知路径包括四个阶段：认知阶段、认同阶段、体验阶段和认可阶段。这是在药物干预过程中利益相关者的意识和行为（心理活动）的演化过程，这一过程在心理学上包括关注问题、引起兴趣、产生动机和欲望、建立信任、采纳和使用以及使用后的体验和满足。

疾病认知路径可汇为图3-1。

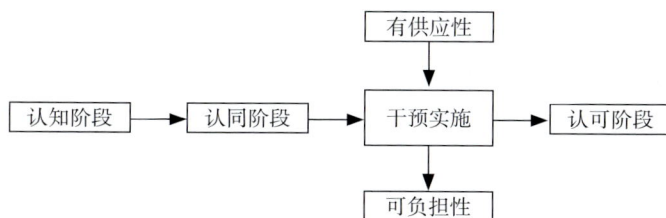

图3-1 疾病认知路径

认知　认知的过程既包括对疾病本身和药物本身的认知，也包括对疾病未被满足的需求的认知，对疾病干预和预防的紧迫感及必要性的认知，认知阶段是启动治疗干预的起始阶段。认知过程包括了治疗决策者对疾病和药物的认识、知觉、感觉、意识和行动。不同利益相关者在不同时机，认知的内容是不同的。

对于患者来说，认知是对自己疾病的认识和了解，对疾病的危害和转归的认识，对各种治疗手段和方法的认识，对特定治疗药物在其他患者中效果的认识（患者体验），治疗药物对家庭关系和经济、生活的影响，对治疗效果的各种预期，对药物局限性和不良反应的认知，对治疗、干预的风险和效益的认识。对于临床医生来说，认知是对疾病未被满足的医学需求的了解，是对特定药物在科学上、临床上和长期预后上对患者的利益和风险的认识。对于支付者来说，认知是对疾病负担及其对医疗卫生资源的影响，是对特定药物在疾病治疗中的地位如何、是否有可替代性以及药物在其他国家和地区是否为标准治疗的认识。

认同　在认知阶段之后，患者、临床医生和支付者需要理解和认同未被满足的需求（认识到自己的需要），理解和认同药物（特定药品）的科学优势，理解和认同临床优势和治疗预后的比较优势。不仅如此，这些利益攸关者需要信任制药公司及当地的医疗卫生体制和人员，包括信任药物的质量、诊断和治疗的质量、药品评价和监管的质量，这样才会建立认同，产生治疗的动机和对治疗、结果的期望。

干预和体验　疾病治疗的本质是对机体生命活动的干预及其效应，同样遵循刺激和效应曲线。在刺激和效应之间，同样存在反应时间、环境、时机和强度（剂量）影响作用效应的结果，同样出现无反应、即时反应和延迟反应，同样出现预期反应或者非预期反应（不良反应），同样出现满足（轻松、解脱、成就感、成功感）或不满足（失望、愤怒、恐惧、挫败感或被欺骗的感觉）的情感反应。

对一种治疗手段来讲，干预和体验的前提是可及性。药品和治疗方法的可及性包括有供应和可负担。药品作为商品出现在社会活动中，不可避免地要遵从商品的流通规则和规律。可及性意味着药品的供应链成本（包括人力、空间和贮存、运输成本），可负担性意味着药品的价格（不仅包括生产的成本、注册的成本、环境保护的成本、技术革新的成本，也包括药品研发的成本。一个成功的药品背后，还有上百个失败化合物的研发消耗）。药品的可及性成本也在药品的价格之中。单纯强调可负担性，强制性降低药品的价格，甚至让药物价格低于矿泉水的价格，势必会导致药物的生产和供应减少，除非在药品的供给侧加以财政补贴。药品的价值链是一个复杂的系统生态工程，牵一发而动全身。

认可　在药品的干预治疗达到预期之后，患者、医生和支付者会在心理上感到满意，患者的症状得到控制，痛苦得到缓解和消除，疾病得到延缓和控制，病情达到稳定状态。临床医生会增加对药物的信心和使用经验，对治疗的后果有直接的感性认识，对下一个在同样诊断和情境下的患者不需进行复杂的心理分析和判断，选择这种药物或治疗成为习惯性的常规临床实践，甚至可以进行分析、总结和提炼，进行学术交流和文章发表。支付者对于药品在当地医疗卫生资源的消耗情况和比例也感到习惯和满意。此时，药物治疗进入认可阶段，成为标准治疗的一部分。

分析疾病的认知路径是制药企业在制定药品营销和医学策略的时候必需的功课，医学事务的同事应该在疾病的认知、认同、干预和认可这四个阶段了解不同的利益相关者（患者、医生和支付者）目前的行为、信念（价值驱动因素）及其背后的原因，找到临床差距并提供自己的解决方案。值得注意的是，价值驱动因素不是一成不变的，它会随着疾病的认知状态和医疗卫生系统的进化而变化，从历史到现在的演变过程可以给我们提供未来趋势的线索，从而建立自己药物的竞争优势。

在认知和现实之间，在期望和现状之间，永远都存在着距离。沿着患者诊断路径和疾病认知路径，对这些差距的真实世界研究，是医疗卫生体系中推动药物治疗、疾病干预和控制的核心动力。

对于具体的特定药品来讲，治疗决策的制定取决于利益相关者对其临床有效性、安全性/耐受性、易用性和可负担性四个方面的考虑。这四个方面和可替代药物的差异和价值判断是驱动治疗决策的主要因素。对于药品决策驱动因素的研究，称为治疗态度研究。

临床有效性　和现有治疗相比，和其他可替代药物（竞争药品）相比，某种药物的独特临床优势是驱动药品治疗决策的主要因素。但是，在一些成熟药物领域，竞争药物之间在临床疗效方面的差异度并不十分显著，特别是在采用现有的替代终点的情况下。比如，所有的降压药物降低血压的幅度，即收缩压都是在10 mmHg左右；所有的他汀类药物，降低LDL-C的幅度都不超过20%；所有口服降糖药物，降低HbA1c的幅度也在1%之内。即便有些差异，也不能在短期内看到真正的临床效益。

人们越来越清晰地认识到，很多时候影响药品的临床疗效的因素并不在于药品本身。患者人群的特质和知识水平、临床终点的选择（替代终点还是事件终点）、基础疾病的严重程度（基础水平越差，改善越明显）都会对药品的临床疗效产生影响。在药物之间没有显著的临床疗效差异，或者没有证明有临床意义的差异之后，其他方面的治疗决策因素将会发挥更大的驱动作用。

临床安全性/耐受性　驱动药物更换的最主要的因素是患者出现不良反应或者对药物的治疗效应不耐受，这在很多化疗药物中体现得尤为明显。由于血管紧张素转换酶抑制药使高达20%的患者出现干咳这种不良反应，驱使制药公司不断优化药物的化学结构，甚至发明了新的一类药物——血管紧张素受体拮抗药。

易用性/方便性　和现有治疗及其他可替代治疗相比，药品的易用性和方便性也是在临床有效性和安全性差别不大的时候的主要决策驱动因素。一般来讲，口服片剂的方便性要优于皮下注射制剂，而皮下注射制剂的方便性要优于静脉制剂，长效制剂或药物要优于短效制剂或药物，单片复方制剂或者复合药物要优于其分散包装的药物。药品的易用性和方便性是影响药品临床疗效的重要因素。

可负担性　对药品价值的认知和价格的确定是相对的，在多数情况下，药品的价值认定和制药公司的研发、营销费用，以及药品的生产存储和分销费用并无直接联系，而是和所治疗疾病的严重程度、危害程度、紧急程度以及现有治疗的费用及竞争药物的价格直接相关。在某种意义上说，竞争药物之间的价格并无显著性差异。仿制药和生物类似药的价格也是参照原研药的价格确定的。因此，药品在可负担性方面的价值驱动因素的重点不在于20%~50%的价格差异，而在于和现有标准治疗相比，临床获益所需的费用是否能被医疗卫生系统和患者家庭收入承受、认可。

第四节　疾病评估

疾病概览是在一个特定区域的群体水平上，对一种特定的疾病或适应证的总结性描述，其目的是明确未被满足的医学需求、现有治疗方案及其优势和局限性、未来进入市场的新的治疗方案及其潜在的影响、自身药物在此区域中的地位和对治疗结局的影响，以及此疾病在当地医疗卫生保健系统中的影响和对疾病负担的认识。

疾病评估是制药公司对自己药品所在市场情况的内部共识和最新认知，也是医学事务部门连接药品研发和商业化部门发挥医学领导力的重要领域。医学事务的同事如果不能熟练掌握这些知识，将会在跨部门的合作中面临被动应付、捉襟见肘的局面。

疾病评估主要包括疾病人群、现有治疗（治疗指南和路径）、疾病管理、药品注册和市场准入情况五个主要部分。实际上，疾病概览也是品牌医学计划中的市场机会评估部分。

疾病人群　包括最新疾病的发病率和患病率，疾病人群的规模人数，疾病的常见并发症情况，有关疾病结局和预后的研究。

治疗指南　包括专业医生人数，专业学会活动，最新治疗指南中对各种药物的推荐情况，治疗路径图，现有治疗的实际使用比例和演变趋势（竞争形势）。

疾病管理　包括在特定区域最新的发病率、知晓率、诊断率、治疗率、控制率（达标率）、脱离率的真实世界数据和信息。疾病管理数据也包括各种现有治疗方法或药物的真实世界治疗概况，如使用率（市场份额）、依从性、控制率或达标率等数据和信息。

竞争药物或创新药物的临床研究和注册情况　在疾病概览中，需要动态、前瞻性地关注当地市场正在进行的Ⅲ期临床试验的情况和未来1~3年内创新药物和仿制药、生物类似物的上市情况。

当地医疗卫生保健系统和市场准入情况　包括特定疾病的医疗保障的政策和趋势，在医疗卫生系统资源中的地位和影响，疾病负担研究的相关数据和信息。

参比情况　参比情况是指特定区域的疾病情况和既往情况以及和先进的国家或地区的比较，借以发现未来的趋势和差距。同样的，研究不同地区治疗指南的演变和比较也有助于发现和揭示治疗的趋势和来龙去脉。

环境和情境分析（PESTEL分析）　制药企业疾病评估的最后一个环节是分析和掌握当地的环境和形势，重点在于可以影响到制药公司商业环境的政治/政策、经济形势、社会、技术、环境、法律/法规等因素。特别注意的是掌握未来这些因素对疾病状态、疾病管理、疾病负担、卫生资源使用、药品批准和准入方面的影响，做到未雨绸缪，充分把握趋势，抓住机会，防范风险。

一、疾病评估的作用

疾病评估水平的高低直接反映出制药公司品牌管理的水平，也是医学事务知识水平的具体体现，疾病评估一般出现在三个阶段。

新药物/新适应证上市及年度品牌市场和医学计划阶段 疾病评估的结果常常是市场医学策略最基础的一部分内容，一般都是用高度概括的一两张幻灯片，直接写出有影响的结论内容。疾病评估的结果可以揭示当地市场的机会和威胁。

药品研发部门在注册适应证和药物之前的阶段 制药公司只有完成疾病的评估，才能进行药物研发和注册，此时通常需要医学事务部的同事提供建议参考。在跨国制药公司，有的时候医学事务部还没有相应的人员到岗，并没有相关疾病领域出身和经验的人员，因此，在早期疾病评估的过程中常常"使不上劲"，心有余而力不足。医学事务部应该根据全球治疗领域的产品线的情况，主动积极地准备好相关的疾病知识，以防在紧急情况下，遇到这类要求时，陷于被动和应付的局面。在这种情形下，医学信息部门的能力和主动精神尤为重要。

市场准入谈判阶段 支付者进行决策的主要依据是疾病评估，很少依据具体药物的推广信息。因此，在具体的医保谈判或招标的过程中，为支付者提供简明而全面的当地疾病评估的信息和资料，将会是基本的要求。

特定区域的疾病评估是真实世界的疾病知识，并没有一本医学教科书或现成的文献可供借鉴和参考。由于其对资料的掌控能力要求很高，因而成为行业咨询公司的商业机会，成为编写行业报告和分析的主要内容。德意志银行编写的《医药行业研究报告》已经成为投资者重要的参考依据。制药公司内部的疾病评估的信息和文件属于公司的保密信息。

二、疾病评估的信息来源和验证

疾病评估的七部分信息大部分来源于公开发表的资料，如科学文献、治疗指南、学术会议、政府和学术机构网站、临床试验登记数据库，这些是医学事务人员和医学信息人员可以直接查阅和收集的；一部分来自制药公司和医疗卫生专业人士的日常互动沟通活动，如专家咨询委员会及会议纪要，研究指导委员会及会议纪要，MSL的拜访报告和总结，医学顾问或MSL的学术会议报告，医学信息部门的文章发表监控报告；还有一部分是医学事务进行的真实世界研究，市场部进行的市场调研和市场研究；最后一部分资料和信息来自第三方专业公司的报告，如艾美仕市场研究公司（IMS health）的数据，科睿唯安公司（Clarivate company）的行业报告，Decision resources、Evalue Pharma等第三方的信息。

第五节　疾病规范化管理

药物和治疗干预的实际效应固然和药物及治疗方法本身的特性有关，但是，无数的经验证明，仅仅给予患者处方药物是不够的，就像国家发展仅仅有基础设施和硬件是不够的，还需要人员素质和软件方面的提升，才能充分发挥硬件的作用。要充分发挥出药物和治疗方法的临床效应，更重要的是正确地使用药物，这就是药物治疗规范化管理的由来。只有确保药物治疗的规范化，才能充分发挥其治疗作用，减少其治疗风险，带来最大的治疗效益。

疾病管理的规范化实际上是疾病治疗的最优化管理，其目的是在医疗卫生保健系统中和体系上采用最优化策略和措施，提高疾病的筛查诊治和随访效能，减少漏诊和不必要的资源浪费，降低药物和治疗带来的风险，提高医疗服务质量和效率，充分发挥患者的能动性和参与度。在社会-心理-医学和生活方式干预各个层次上，在筛查诊断和随访各个环节上进行多学科多部门的合作和疾病管理。

药物治疗和疾病管理的规范化，并不完全是指标准化，更不是制定千篇一律的条条框框，无论对什么患者都采用同样的机械化大生产的方式，使用同样的零件。疾病管理的规范化是患者个体化治疗方案和精准医疗手段在群体中的贯彻和实施，也是患者个体化治疗方案的保障。比如，循证医学研究如果证明在某种生物标志物阳性的人群中，使用某种药物带来的临床疗效上的改善并不能超过其带来的治疗风险和投入的医疗资源，对于这些患者，就没有必要使用这种药物，这是治疗规范化的意义。再比如，对于一些病理类型的肾小球疾病，糖皮质激素的作用有限，而不良反应的发生率较低，而对于另外的激素敏感的病理类型，激素的使用应该采用"足量、长程、慢减"的原则，才能达到迅速缓解、巩固疗效、减少复发、减少激素不良反应和并发症的发生的治疗效果。

顾名思义，疾病管理的规范化包括疾病管理过程、规范形成和实施过程。管理的过程包括确定目标、形成策略和干预方案、衡量效果、不断反馈和完善。规范类似疾病管理中的标准操作流程或步骤清单，是质量控制的基本手段。

规范化的疾病管理包括疾病筛查和风险评估、疾病治疗指南或共识、人员培训和资质认定（继续教育）、患者教育、疾病监控系统和合作平台、社会保障系统、心理支持系统等七部分互相交叉、互相影响的内容，组成一个生态系统。

一、疾病的筛查和风险识别

疾病，特别是慢性疾病管理的一个基本思路和方法是"早期发现，早期防治，综合管理，长期随访"。早期发现，特别是心血管危险因素和肿瘤的早期发现，为主动积极的健康和疾病管理提供了最大的可能和契机，在靶器官损害等并发症出现和肿瘤转移之前，在病变局限阶段解决问题，防患于未然，当然是疾病管理的上策。但是，谁来负责疾病的筛查？是临床医生、体检中心、疾控中心，还是患者本人？是一个城市还是一家医院？疾病筛查后的数据在哪里？归谁拥有？哪些疾病在哪些条件下，"早达标"可以导致"早获益"？

二、治疗指南和共识

疾病的诊断治疗和随访一般是由最新的治疗指南来规定和更新的。治疗指南和共识是专业医学学术机构根据最新的科学认知更新的。完整的治疗指南首先要包含治疗的目标、策略和标准治疗方法的推荐；其次要包含疾病的分期、分级或分层，针对不同的阶段、不同的严重程度，提供不同的干预目标和策略；最后，治疗指南应该包括不同治疗方案的评价（基于不同级别的科学证据）和推荐（一线治疗或替代治疗等）。

三、临床医生的继续教育

临床医生的疾病继续教育是疾病规范化管理的基本措施。很多因素都可以导致治疗的不规范，除了患者因素之外，最重要的就是临床医生的知识和技能因素。临床医生方面的因素是导致疾病管理不规范的优先因素。医生的经验和技能不足，可以引起该疾病的漏诊、误诊，当然误治的后果就是资源的浪费和病情的延误、迁延和加重。如果医生对药物的临床研究、适应证、用法用量、不良事件的预防和管控不清楚，又怎么能在合适的患者中使用合适的药物？

临床医生的继续教育，不仅要以疾病管理为中心进行内容设计，而且要以为患者解决问题为中心进行内容的组织和安排；不仅注重知识的讲述和传递、更新，更应注重能力和技能的培养和培训。从发现问题（患者主诉）、分析问题（临床诊断）、探究问题（临床治疗）和解决问题（临床随访）的规范化技能入手，着眼于在真实临床实践中不断改善医疗质量，而不是着眼于使用什么新药或新疗法。需要关注从情境到决策的过程，需要真正地了解和掌控患者是如何被诊断治疗的。管理的精髓在于控制，只有在每个具体的患者身上使用个体化的治疗方案，才能达到疾病控制和"达标"的治疗目的。

四、患者教育

患者对疾病的认知和对治疗的了解，也是疾病特别是慢性非传染性疾病得到有效控制，减少靶器官损害、疾病并发症和药物不良事件的关键因素之一。随着社交媒体的发展，患者掌握了丰富的信息，原来单向的患者教育和灌输，也就转变为双向的沟通和更为具体、更有针对性的内容。

五、疾病监控系统和协作平台

疾病管理不是一家医院的事情，也不是一个科室、一个研究所的事情，而是在特定区域内全社会的事情。信息化建设和合作平台的建设有助于规范化的成功。在全国或区域内部，疾病登记系统的建立得到越来越多学术带头人的重视，如慢性肾脏病登记系统、类风湿关节炎登记系统等。医保部门和疾病控制中心在医院病例系统[医院信息系统（hospital information system，HIS）、电子健康档案（electronic health record，EHR）]之外，也致力于建立医疗保障的信息化建设。在疾病管理方面，跨科室协作（multidisciplinary team，MDT）、跨医院协同、跨区域联网、跨领域整合、跨国分享将成为未来信息化建设的方向。

六、社会治疗保障体系

在疾病管理规范化的过程中，最容易忽略的是治疗保障体系。例如，对于某种疾病，最有效的治疗方法或药物应该成为规范化治疗的组成部分，但是在所在国家或地区，这种药物还没有被批准；某种检查手段是进行规范化治疗的必需，但是，所在医院却没有相应的设备，或者监测的方法和标准不统一。理想状态下，各地区或市场环境，需要根据自己的医疗保障体系，制定自己个体化的疾病规范化管理文件。一个核心的问题是，在地域社会文化和保障体系中，疾病管理在医疗资源花费中的地位如何？医疗花费在包括住房、教育、养老、就业等在内的社会保障体系中的地位和优先级如何？这是疾病管理能否真正规范化的宏观环境因素。

七、家庭支持和患者心理因素

对于很多危急重症或者晚期的失去部分生活能力的患者来说，家庭支持和患者心理是疾病治疗和疾病管理规范化的最大威胁和障碍，特别是对糖尿病和高血压晚期的靶器官损害、脑出血或脑卒中的患者，阿尔兹海默症等患者，以及失去自主认知和独立行为能力的患者来说，家庭支持系统和照顾系统更是疾病管理和治疗规范化的关键。对于恶性肿瘤患者、维持性血液透析或腹膜透析患者、银屑病患者来说，精神和心理因素将会极大地影响治疗的效果；对于儿童、老年和精神疾病的患者来说，全社会的政治、经济和文化因素也不得不加以考虑。

总之，疾病的规范化管理是一个国家和地区全社会健康意识和文化传统、医疗服务水平和质量的完整体现，是医疗卫生保健系统的生态环境。作为负责任的利益相关方，制药企业不仅可以提供创新的治疗药物和方法，而且可以在临床医生的继续教育、患者教育、患者心理和社会支持、疾病信息化管理平台、治疗指南和共识的药品循证医学证据等各个环节贡献自己的力量。

对于医学事务部门来讲，生成和审批合规的医学继续教育和患者教育资料，开展疾病认知活动和会议，更新学术会议和临床试验进展都是帮助当地医疗卫生保健系统提高疾病管理规范化水平的活动。同时，如果能够组织多方合作，产生疾病管理方面的真实世界数据，更能有力地促进当地医疗卫生系统效能的改善，找到自己业务的增长点，这是成熟药物医学事务商业敏感性的一个体现。

第六节　治疗观点和治疗行为

临床医生的治疗观点和行为是在临床实践中逐步形成的，一种治疗方法如果能够在临床实践中起到预期的作用或者是没有导致不符合预期的效应，那么，临床医生在临床实践中就会反复强化这种观点和行为，反之，其治疗观点和行为将会被修正。

在现有的医疗教育体制和医疗实践体制下，临床医生的治疗观点和行为不仅会受到知识更新和治疗指南的影响，也会受到医生本身的性格和行为特征的影响，受到医患关系、医生职业发展阶段和目标的影响。一个"好"的治疗方法或治疗药物，应该使医生产生像拯救患者的英雄一样的感觉。

制药企业要了解临床医生的治疗观点或治疗观念，最重要的途径是和临床医生直接互动沟通，MSL的主要职责和使命也在于此。药品监管部门不仅负责批准药品的上市申请，也负责监管药品的安全、药品的推广和营销活动，但是，药品监管部门并不阻止与监管制药企业与临床医生间的学术交流和科学沟通，也不阻止制药企业了解临床医生的治疗观点和治疗行为。

一、观察到的行为

临床医生的治疗观点是在长期临床实践中形成的，并随着知识的更新而动态变化着，因此，对治疗观点的了解、提炼和表达需要从分析和探求临床医生的研究方向、研究文章、患者治疗的处方行为、讲课和提问的问题及建议、研究兴趣的表达、对竞争药物的看法等可以观察到的行为入手，加之以预先设计的策略性科学问题，在一切互动活动中去观察和分析。不仅要听其言，而且要观其行。如果临床医生在药物刚刚被当地市场批准时，就在自己的临床实践中主动尝试使用，或者临床医生尝试自主在适应证外使用其他治疗领域内的药物来解决临床中遇到的困难，我们称之为早期使用者；如果临床医生只是在指南正式公布或者其他医院已经使用了之后才开始主动尝试一种新的治疗药物，我们称之为指南遵从者；如果临床医生应患者的要求继续维持原有用药，我们称之为治疗跟随者。对早期实践者的识别是新产品成功上市的因素之一。在这里需要注意的是，之所以称作"观察到"的医生治疗行为，因为这是医生在临床实践中自觉自愿的独立治疗决策和行为，不包括因为公司发起的临床试验或在科室、临床路径、医保报销等强制性要求下做出的治疗行为，也不包括在回扣、关系的诱导和干预下做出的治疗决策和行为。

二、治疗信念

在治疗行为的背后，我们可以分析出临床医生治疗决策中的价值观和科学信念，也就是我们所说的治疗观点或者治疗信念。其中最主要的是临床医生是否相信和认同药品作用机制所承载的科学概念及其在临床疗效、安全性/耐受性、易用性和依从性方面的临床差异。

识别和归纳出治疗观点和科学信念只是第一步，通过各种资料和研究验证，并在随后的分析中找出信念背后的原因，才是更重要的医学事务活动内容。

三、临床医生分层

根据治疗行为和治疗观点的不同，可以制定特定药物品牌的临床医生分层，或者称之为客户分层。临床医生分层的目的是科学沟通的有效性和针对性，为精准地进行内容准备、科学会议和学术交流提供指导和基础支持。

认同科学概念或临床差异的早期实践者，是制药企业的合作伙伴和学术观点的传播者、学术内容的产生者、学术会议的讲者或学术讨论的主持人、治疗指南或共识的制定者、真实世界研究或研究者发起的试验的研究者。

对于认同科学概念或临床差异的跟随者，科学沟通不是主要的问题，需要通过同行之间平等的学术交流，获得患者诊断和治疗的间接经验来增强其治疗的信心，并重点介绍实际案例和真实世界结果。

对于不认同科学概念或临床差异的早期实践者，需要鼓励其与国内外信服的专家进行学术讨论和辩论，增加其对科学概念或差异的理解，重点沟通和发现其反对意见及根源，是否存在既往的不良体验和经历。

对于不认同科学概念或临床差异的跟随者，需要根据其数量和重要性去进行科学教育和学术交流活动，争取将其转变为认同科学概念或临床差异的跟随者。

总之，制药公司了解临床医生的治疗观点和治疗行为，不仅有利于制定针对性的切实的科学沟通计划，也可以在一定程度上减少目前公司组织的学术会议内容"千篇一律、老生常谈、炒冷饭、自卖自夸"等浮躁现象的发生，真正做到有效的科学沟通和内容准备。

第七节　以患者为中心和患者项目

制药企业在一段时间不约而同地喊出了"以患者为中心"的口号。实际上，20世纪50年代，默沙东时任总裁乔治·默克就说过一句名言："药品是为了人类而生产的，你如果做到了这一点，利润自然会滚滚而来。"

一、决策指导方针和患者分层

制药公司到底应该以谁为中心？是以股东为中心还是以药物创新为中心？是以员工为中心还是以临床医生为中心？是以提高医疗卫生保健系统的效能为中心还是以研发创新药物、攻克严重威胁人类社会的顽疾为中心？是以研制和推广威胁大众健康的常见疾病和危急重症药物为中心，还是以攻克罕见疾病为中心？是以生产和营销价廉物美的仿制药、原料药和生物类似物为中心，还是以专注于创新药品为中心？是以产能和产量为中心还是以市场销售为中心？是以研发和创新为中心还是以市场准入为中心？

制药公司以患者为中心不是一句口号，也不是业务发展的策略和具体方法，更不是要求制药企业把业务活动做到患者中去，直接到患者那里去推广、营销或者直接照顾患者。制药企业以患者为中心是一种态度和思路，是一种以终为始的思维方法，也是敬畏生命、恢复健康的行业使命。如果一种药物或治疗方法，不能给患者带来真正的获益，我们根本不会去研发它；如果我们的活动和信息可能使得不合适的患者使用我们的药物，我们就不会去传递它们；如果我们和支付者、临床医生以及第三方机构（学会和研究所）的合作项目有损于患者的利益，我们就要终止或取消它们。这是以患者为中心的基本层面。

患者分型或分层　制药企业在制定药物策略的时候，根据自己药物的特性和研究证据及竞争药物的情况，可以制定有关自己药物的患者分层。患者分层的意义在于，对于不同层次的患者，药物的有效性和安全性信息会有不同的侧重点。患者分层的标准不一，可以采用新发病患者和慢性患者，初治患者或经治患者，有无特定合并症的患者，早期治疗患者和晚期治疗患者等维度，也可以采用化验指标、病理分型、生物标志物监测等维度进行患者分型。在丙型肝炎治疗领域，从丙型肝炎的病毒基因型维度出发，可以把丙型肝炎分为六种类型，不同基因型的患者对不同治疗药物有不同的反应。

患者分型是制药企业管理在同一适应证下不同药物品牌的药物组合的方法之一，其目的是帮助临床医生识别药物最适合（获益）患者的特征。例如诺华公司的高血压领域在治疗高血压的药物中同时存在代文、复代文、倍博特三种治疗药物，为了发挥各种品牌的最大效果，公司的品牌管理队伍将高血压患者分为高血压合并代谢紊乱者、单纯收缩期高血压者以及单药治疗不能达标的高血压患者三种类型，对应上述三个品牌的治疗药物，充分发挥其药物效应特点，收到一举数得之效。

二、患者教育和培训

制药企业以患者为中心的第二个层面是尽可能地帮助临床医生和患者正确使用自己的药物：在合适的时机，使用合适的剂量，达到合适的疗程，如患者教育、患者支持项目、患者咨询热线。这不仅能够提高患者的治疗效果，而且能够减少药物的不良反应，减少因用药不当导致的病情反复。制药企业能否设置针对患者教育和患者培训的热线电话，由什么资质的人员担任患者热线电话的接听者是一个敏感问题。

三、患者心理和情绪路径

制药企业以患者为中心的第三个层面是理解和掌握疾病对患者的生活和生命的影响，以及我们可以在哪些方面为患者解决问题，这不仅包括药物对生物学指标和化学指标的影响，而且包括药物和疾病对患者经济和家庭的影响、对患者情绪和精神状态的影响、对患者生活质量的影响。对患者情绪路径和诊疗路径的深刻了解，是制药企业从以患者为中心转型为患者参与的关键阶梯。随着未来信息技术的普及和发展，大众知识水平不断提高，患者及患者代言人组织在医疗卫生体系中的作用将会越来越大，不再是"吴下阿蒙"。制药公司需要和临床医生一道，致力于患者健康改进的工作。

通过和患者及患者群体的合作，制药公司各部门可以发现患者诊疗路径中未被满足的需求，"在药物生命周期的各阶段引入患者观点并积极开展患者参与，将有助于制药企业研制出符合患者需求的药物并提高药物的可及性"。

人们已经发现，疾病的药物治疗效果不单单取决于药物本身的临床疗效、安全性、易用性和可及性，特定区域的疾病管理水平及特定患者的精神心理状态也是影响药物疗效的重要因素。不关注患者的心理和情感需求，仅仅从科学性和经济学的角度治疗疾病，是不能够实现控制疾病、造福患者的目标的。对于患者精神状态和情绪情感路径的关注和研究，也是制药企业医学事务所要进行的真实世界研究之一，理应得到越来越多的关注。

患者的情绪路径 目前，对于患者的情绪或情感路径还没有一致的看法，综合来看，患者因不适或疾病而就诊，并得到明确诊断之后的情感路径

123

可以使用库伯勒–罗丝曲线（Kubler-Ross curve）来分析。这一曲线是两位学者在1973年出版的《论死亡和临终》（*On Death and Dying*）一书中提出来的，又称为哀伤的五个阶段或改变的五个阶段。这五个阶段如下。

怀疑震惊期。在人们从怀疑自己患病到疾病确诊的阶段，感到威胁、恐惧和震惊是最初的反应，此时人们感觉要走出舒适区，生活和工作因此被改变、被影响。

否认恼怒期。震惊之后的情感反应是心理防御机制的启动，先是否认疾病是真实的，需要找权威进行判断；之后是愤怒和牺牲者心态，"为什么我这么倒霉？"

抑郁不平期。经过短暂的震惊和否认阶段，患者的精神状态进入到沮丧和绝望阶段，到达情绪的低谷，开始考虑疾病治疗的手段、费用和对自己生活、工作的影响，同时，降低自己生活和工作的目标，"只要……就好"，开始怨天尤人。

尝试调整期。随着诊断和治疗的进展，开始接受初始的治疗，并接受疾病存在的现实，甚至期望找到一种方法可以恢复到以前的身体功能状态。既来之，则安之，或有病乱投医就发生在这个状态。

接受适应期。在治疗达到稳态之后，或者是手术结束出院，或者是无需调整治疗药物，疾病得到基本控制之后，患者慢慢适应带病生存的状态。面对现实，恢复活力，重新开始新的生活，带病生存。

虽然每个患者经历心理情绪路径的时间和强度不同，各个阶段也不一定完全出现，但是，这一情感路径可以帮助制药企业的医学事务部理解所管理的疾病的患者体验，并以此为基础，准备患者故事，激发制药企业员工和临床医生为实现自己的使命而必需的使命感和责任感。一个个数字背后，是一个个具体的人和家庭的喜怒哀乐、悲欢离合。

基于患者类型的推广活动和策略，与患者中的意见领袖的沟通和管理，恢复患者面对疾病的心理健康，是制药企业以患者为中心的第三个层面。

四、患者支持和援助项目

制药公司以患者为中心的第四个层面是患者援助和支持项目。患者支持和援助项目的目的不是推广药品，而是提高药物使用的规范性、可及性、顺应性和依从性，满足在患者治疗路径的随访和监测阶段未被满足的医学需求。

处方药物的患者支持项目一般通过第三方机构如学术组织、非营利机构或基金会来操作执行，制药企业只提供项目管理方面的资金、基本技术设施和方法学上的协助，不涉及具体患者的具体数据和信息。

五、同情用药和特定患者供应

在药品或适应证未被所在国家或地区批准的情形下，如果临床医生出于病情的需要，可以使用患者个体的名义向制药企业和药监局申请同情用药和特定患者直接供应。两者之间的共同点都是特定患者所需药物并没有在所在国批准，在市场上无商业流通。差别在于前者是免费的同情用药，后者是直接从原产国溢价购买。一般来讲，同情用药是正在进行Ⅲ期临床研究的药物，患者因种种原因不能入组参加临床试验或者是临床试验已经结束，但是患者对药物治疗反应良好，出于病情的需要应该继续使用在研药物。

由于从Ⅲ期临床试验结束到获得新药上市批准还需要一段时间，因此，制药企业需要考虑这些患者在临床试验结束之后病情如何控制，并设计具体的项目或者Ⅲ期临床试验的延展试验（Ⅲb期试验），这是制药企业以患者为中心的第五个层面。

六、患者报告预后研究

患者报告的结局研究是通过标准化量表或问卷直接针对患者的医疗和监控数据收集形式，在2006年FDA给出具体定义之后，在药物研发阶段的临床试验中，其作为临床试验的数据补充而被广泛采纳。特别是针对疼痛治疗、抑郁症和失眠等非器质性病变领域以及类风湿关节炎、银屑病和炎症性肠病等严重影响生活质量的治疗领域，患者报告的结局研究对药物的评价具有重要的参考意义。

PRO的主要观察数据包括患者的临床症状的感受，患者身体功能、心理感知和社会活动的功能状态；患者对治疗的顺应性、满意度、倾向性和治疗意愿，患者的风险评估如吸烟、运动、饮食、并发症发生情况，患者的生活质量以及疾病和药物对日常生活的影响；此外，PRO还有助于评估当地医疗服务和疾病管理的质量。

患者知识水平的提高、移动设备终端的普及、医疗大数据的发展和整合，以及可穿戴电子监控设备的创新，为患者报告结局的研究提供了新的创新机会和极大的发展空间。未来的患者报告结局研究将会整合到Ⅲ期注册临床试验中，增加对药物作用的全面了解，促进创新药品的批准和上市；将会用于疾病管理中的临床监测，实时监控患者的群体动态和患者差异；将会用来评估医疗服务质量，了解患者的真实体验；将会用于了解特定疾病患者的特定社会状态和行为以及治疗体验，提高患者在自我健康管理中的参与性。

开展特定领域疾病和自己药物的患者报告结局研究是制药企业以患者为中心战略的第六个层面。患者报告结局研究也为传统医药，如中医药的定量评价提供了相对科学的研究方法，不再局限于有效性的百分比，而进一步深入到机体功能和健康状态的改善程度。

七、药物登记和患者登记

随着大数据技术的不断成熟，各种数据库和系统整合的不断完善，信息安全和隐私保护的有效保障，在不远的将来，制药企业将有条件建立所有使用自己药物的患者登记，实时动态了解自己药物的使用情况，实时进行安全性监控，即时产生疾病管理、患者趋势和治疗报告。这是制药企业以患者为中心的第七个层面，也是最难实现的层次。

八、制药企业和直接与患者沟通

虽然生产和营销处方药的制药企业不能直接向患者推销自己的药品，但是，在很多场合下，还是不可避免地会与患者产生接触和互动交流。比如患者本身就是临床医生的情况，或者患者因为不良反应或药品包装、药品质量直接投诉到公司，或者患者要求公司就不良反应及其造成的损失进行赔偿，或者患者或患者家属直接打电话到公司咨询或购药，或者患者组织或代言人要求制药公司进行赞助、资助或捐赠等。

在制药企业和患者直接沟通的过程中，需要注意以下几个关键点。

❖ 制药企业的任何人员在任何情况下都不能干预和指导患者的临床筛查和诊断。也就是说，治疗和随访过程中，作为药品研发、生产和营销主体的企业，在任何情况下都不能替代临床医生参与治疗决策的制定。制药企业也没有直接对患者进行知识科普的责任和义务。

❖ 制药企业在和患者沟通时，在任何情况下都不能进行药品的推广活动或提供药品的推广资料。也就是说，制药企业的任何人员，包括医学事务部的人员，都不能够向患者传递自己药品在特定人群中有效性和安全性的临床信息和资料。在和患者的沟通资料中，不能出现药物的标识，不能使用药物的品牌颜色和标志，但可以使用公司的标识。制药企业不仅自己不能向患者推广自己的药物，也不能通过第三方或者临床医生向患者推广自己的药物，更不能通过患者或患者形象、故事推广自己的药物。

❖ 制药公司在任何情况下都不能主动收集患者的临床治疗信息以及患者的个人敏感信息。制药企业在主动发起和患者的互动沟通活动时，如邀请患者或患者组织代表参加自己组织和发起的会议，应该在活动发生前和患者签署协议，协议中需重申非推广、非干预原则以及信息和隐私保护原则。

❖ 制药公司的任何部门都不应主动给基金会或患者组织赞助、资助和捐赠，即使受邀提供针对患者的赞助、资助和捐赠，也最好是非独家的资助，确保资金的提供不是变相的推广活动，确保其针对患者的项目是独立决策的。

❖ 制药公司组织患者参与活动的主要目的是倾听和接受来自患者的信息和呼声，而不应该传递自己的信息，特别是药物信息。其信息是从患者流向制药企业的，是关于患者的需求和患者的权益的，而不是关于公司和关于药物的。在医疗卫生保健系统中，制药公司不是医疗服务的提供方，只是药品的供应方。

❖ 避免漏报和瞒报不良反应。在和患者的沟通过程中，不可避免地会遇到使用自己公司药物的患者，甚至在拜访医生的时候，如果医生自己也服用公司生产的药物，也有可能出现不良反应。在这种情况下，一定要提高警觉，不能忽视不良反应的报告，甚至是在服用药物时出现的妊娠、疗效不佳、超适应证使用情况。对于药物过量等情况，也需要及时按照不良反应的流程进行报告。2012年7月，中国媒体就报道了罗氏在美国的患者援助项目中涉嫌漏报不良反应的新闻。

九、患者不良反应索赔和人道补偿

制药企业除了主动征求患者的建议，了解患者在治疗过程中的未被满足的需求，在特殊的情况下患者或者家属也会直接找制药企业寻求帮助、支持甚至是法律诉讼。在日常工作中，每年都会遇到患者因认定药品的不良反应而要求制药企业给予赔偿的情况。在患者或患者家属找到制药企业门口的时候，哪个部门负责接待他们？谁来判断不良反应和治疗用药的因果关系？谁来决定赔偿的金额以及人道补偿的范畴和费用？这些都需要制药企业预先做好准备，否则，制药企业的各部门就会陷入互相推诿和瘫痪的状态。医学事务部需要与药物警戒和安全部门、法律部门一道制定相应的处理流程，给予找上门来的患者迅速而负责任的答复，否则不仅不能体现出制药企业以患者为中心的使命，而且容易导致制药企业的公关危机。对于上市后的药物，如果制药企业统一购买了上市后药物责任保险，应该迅速通告保险公司，启动理赔程序；如果是在临床试验中的患者，临床研究专员应该按照相关流程给予患者理赔。如果患者委托律师来谈判，公司也应该派法律部门出面接洽。医学事务部的人员切记不要以自己以前的临床经验判断不良反应和药物之间的因果关系，不要给患者推脱责任的感觉，不能代表制药公司和患者谈判人道补偿的协议和费用，不能代表公司给予患者治疗药品不良反应的建议，因为医学事务部的人员是制药企业的员工，而不是临床医生。

患者或患者家属在以下情况中，也会联系制药企业寻求帮助，如在跨国旅游、海外短期居住或迁徙时，需要了解其他国家的药物供应和临床诊治情况；如在服用药物无效或者包装破损或简陋，怀疑药物是假药时，来制药企业寻求确认；如出现"不良反应"或者意外情况（妊娠、过量、破损、误用）等，来制药企业寻求补偿和"解药"。这些患者诉求，有时是临床医生推荐其来找"药厂"的，因此，制药企业需要对此有充分的事先准备。在跨国药企，临床研发和医学事务的标准操作流程、工作规则、工作指南最多可达150多种，但是其在被动地应对患者来访和索赔求助方面的流程，基本都是语焉不详、没有可操作性的。

　　总之，制药企业落实以患者为中心的使命的过程中会遇到很多挑战和问题，制药企业和患者及患者组织之间的任何互动沟通从合规和法律的角度来看都是非推广性质的，而医学事务部又承担了医疗卫生专业人员非推广活动的主要领导者和执行者的角色，因此，在制药企业流程不清晰的情况下，很多活动或意外情况都会被其他部门认为是医学事务人员的责任，虽然医学事务部并不认为患者理赔和法律诉讼是自己的责任，但是，面对患者的诉求，还是要坚持以患者为中心的理念。

本章小结

　　本章从支付者、临床医生和患者的角度考察了医疗卫生体制和治疗观点、诊治路径、心理路径，以及制药企业进行疾病评估的方法和工具，阐述了制药企业以患者为中心的思路和患者项目的种类。

　　以患者为中心不单单是开展患者项目，更重要的是在制药企业进行研发决策、准入决策、营销决策的过程中，从患者未被满足的医学需要出发考虑问题。

　　知己知彼，审时度势，是前三章重点论述内容的核心目的。了解制药行业各个治疗领域的由来，了解药物研发和商业化过程，了解药物的生命周期，掌握自己领域和产品的全面的、完整的研究和数据，是所谓"知己"的含义；而了解医疗卫生保健系统及各国家、地区的医疗供需、医疗保障政策和情况，了解在医疗卫生系统中各种利益相关者的决策思维和依据，了解当地真实世界中疾病诊治路径中未被满足的医学需求，了解治疗领域和适应证的现有产品组合和未来产品线，是所谓"知彼"的含义。

　　审时度势，是要密切关注、掌握治疗领域和医疗卫生保健系统的环境和趋势，顺势而为，相向而行。正所谓"能攻心则反侧自消，从古知兵非好战；不审势即宽严皆误，后来治蜀要深思。"

第二部分

临床洞见和医学策略

第四章　从治疗观点到临床洞见：未被满足的
　　　医学需求

　　思维是人脑对客观事物的反映，是认知的理性阶段，是在实践中产生的，又在实践中得以固化，从而形成概念（对事物属性的认识），进行判断和推理，进而做出决策，产生知识。在知识的应用过程中，形成治疗观点和观念，形成思维定式。在制药企业中，各部门的思维模式是不同的，晚期研发部门的思维模式以项目和时间点为出发点，市场营销部门的思维模式是以产品为中心，销售和医药代表的思维模式是以客户（处方医生）为核心，而医学事务部门的思维模式应该是以疾病为出发点、以患者为中心。

　　制药企业医学事务的非推广性质的核心是深刻了解和掌握疾病诊疗路径中未被满足的医学需求，从中发现和提炼临床医生和患者在做出诊疗决策时的痛点和纠结之处，找到制药企业产品在其中的改善机会，这一过程称为临床洞见的产生过程。在收集治疗观点、总结治疗观念和提炼临床洞见的过程中，信息从临床医生流入制药企业，因此，这一过程属于非推广性质。能否准确、全面、完整地提炼和呈现当地诊疗决策中的临床洞见是医学市场阶段和医学驱动阶段的分水岭和里程碑。

　　在实际过程中，由于洞见一词来自心理学上的顿悟时刻，因此，在没有经过心理学训练和市场营销知识基础的医学事务人员看来，所谓洞见是虚无缥缈之物，要么把临床洞见理解为行为背后的动机，要么把临床洞见呈现为泛泛之论、空洞理论，要么认为总结和研究临床洞见是浪费时间，不如把最新文献和进展传达给临床医生省事，完全忽略了医学事务这一核心

132

过程，渐渐把医学事务做成不带销量的医药代表，极大地削弱了医学事务对制药企业的价值，荒废了通过医学事务产生真实世界知识和情报的能力。

第一节　治疗观念和治疗哲学

临床专家的治疗观点是如何产生的？是医学文献或医学教科书灌输的，还是从临床实践中得来的？是传承的还是自己悟得的？是来自直接经验还是间接经验？这些问题的答案似乎是显而易见的，但是，实际上，这些问题的正确答案来自对哲学、逻辑学和心理学等方面的梳理和思考。

一、治疗观点是真实世界的临床见解

观点或观念是大脑思维的产物，是一种思想或想法，而思维是主观对客观事实的反映。治疗观点是临床医生在面对疾病进行诊断治疗时的思想活动和思维活动中产生的对疾病及其干预药物的认知和看法，是临床医生进行推理活动时的判断和推论，治疗观点是临床医生思想中的疾病诊断、治疗和随访的知识，是真实世界的知识，是真实世界中临床医生对疾病事件、因果和相关性的判断及解释。

在传统的医学教育过程中，其逻辑顺序是从因到果，从疾病的概念开始，到病因学、病理生理学、临床表现和试验室检查，再到治疗干预、疾病预后和并发症防治，这是前人经验的总结和推理的结果。而在临床实践中，临床医生的思维逻辑是从果到因的分析归纳过程，从患者的主诉开始，去分析归纳推理其原因，然后做出推论（诊断）；之后才是使用演绎推理或类比推理的方法，采用治疗方法进行观察性治疗；然后根据治疗的实际效果和反馈，修正自己的诊断和治疗方法，得出自己对真实世界具体患者的诊断和治疗的观点和想法。

由于治疗观点是在真实世界中临床医生对疾病的诊断、治疗和随访的事实、因果性和相关性的看法，因此，治疗观点是主观的，有可能不是真理，其中蕴涵的前提假设可能是不正确的。从这个意义上说，表述治疗观点的时候，对于医学事务人员来讲，侧重的是是否准确，而不是是否正确，在此基础上提炼临床洞见的时候，更需要认真思考和分析其形成的基础事实，分析治疗观点形成的背后因素，发现其中的"治疗痛点"和治疗决策中的纠结困惑之处，避免自己的主观判断和推论。

掌握和了解临床医生的治疗观点，发现其蕴含的前提假设，并帮助医生修正和提高对治疗的认识，是制药企业区域医学事务的主要使命和职责。要完成这一使命和职责，区域医学事务的同事首先应该具备识别、提炼和书写临床医生治疗观点的能力。

因为治疗观点是他人的一种思想，而思想是不能够被直接体验的，我们只能够通过他人的言语、行为和举止推测得到，只能够通过学术交流和学术讨论中捕获得到。同一场学术会议，同一次拜访，不同的医学事务人员可以得到不同的治疗观点。

治疗观点的呈现应该切忌泛泛而论，写一些放之四海而皆准的空话和套话，如"医生认为大多数患者因为药价过于高昂而患者治疗多数都不达标""目前缺乏中国人群的研究和证据"诸如此类的主观空洞的判断。治疗观点的描述应该具体化、情境化和结构化。

具体化的含义是应该有具体而特异的患者人群的描述，如单纯性高血压患者很少见，63%的高血压患者伴有糖代谢紊乱或脂代谢紊乱。

情境化的含义是要试图建立形成治疗观点（推论）之前的事实和情境。如"无论采用何种方式治疗高血压，其降压幅度都是10 mmHg，因此，在临床上选择最便宜的降压药物，不必考虑患者的具体病情"。

结构化的含义是一个治疗观点的描述应该包括对合适的患者（人物）、合适的时机（时间）和合适的治疗（方式）三个要素的基本描述，或者是对事件（疾病的筛选诊断、治疗管理、随访监测）过程中的因果和相关性的推理过程的描述，包括类比推理、演绎推理或者是归纳推理。

二、治疗观点的形成基于临床思维

要深入准确地了解临床医生的治疗观点，需要了解这些治疗观点形成背后的临床思维过程。这种临床思维过程，是不分科室、不分地域的普遍原则，可以称之为治疗哲学。

治疗哲学是治疗观点形成背后的临床思维或思维定式。临床思维的训练是在医学教育和医学实践中逐步形成的治疗习惯和准则，有时可意会但不可言传，既是普遍的规律，又和具体临床医生的价值观、性格、经验、具体治疗领域和学科的文化有关。

临床思维是对疾病现象进行的调查、分析、综合、判断和推理等一系列思维活动，是临床医生将疾病治疗的一般规律经演绎推理应用到具体病例的个体假设、推理的逻辑思维过程。治疗哲学是临床思维的原则和出发点，是临床治疗决策的深层次驱动因素。一般来讲，如果一种药物承载的治疗理念和临床医生的治疗哲学相符，这种治疗方法就容易被临床医生接受和采纳，反之，则容易被排斥和怀疑。如果按照疾病的诊治路径，常见的治疗哲学的原则和思路，可以归纳总结如下。

筛查和诊断阶段的治疗哲学   正确的诊断是正确治疗的前提，误诊才会误治，诊断的过程是从结果和症状分析原因的过程，要不断收集患者症状和体征背后的特性和属性，进行归纳和类比，才能做出推理。在筛查诊断过程中，先考虑常见病和多发病，再考虑特殊疾病；先考虑器质性疾病，再考虑功能性紊乱；兼顾局部表现和全身影响，把人看作一个整体（一元论），而不是各个器官组成的个体。

治疗和管理阶段的治疗哲学   治疗最理想的原则是针对病因，而不是针对症状，只有去除病因，才能解决问题，但是，错过去除病因的时机，就很难治愈了；患者的安全第一，不能在解决一个问题的同时，带来更大的问题，即使治不好病，也不能伤害患者的生命。先治疗可治疾病，后治疗不可治疾病；先处理威胁生命的疾病，再处理慢性疾病。

疾病的管理就在于疾病的控制，疾病控制意味着有关疾病的治疗指标和参数恢复到正常范围之内（达标）。治疗达标的方法有阶梯疗法、序贯疗法、冲击疗法、起始联合和无效添加等，具体采用哪种方法依赖于证据（指南推荐）和经验。

从治疗哲学的角度来看，阶梯治疗是降阶梯治疗和升阶梯治疗的结合，降阶梯治疗是指先重后轻，先急后慢，先疫后病，先可控后不可控；升阶梯治疗是先单药后联合，先起始剂量后维持剂量，不同作用机制药物可以联合使用，疗效互补。减少药物剂量，即可减少药物的安全性隐患，停用药物，不良反应即应停止。小剂量多种机制互补的药物联合使用在临床效应上可优于单一药物的最大剂量使用。

随访和监测阶段的治疗哲学   如果患者的症状得到控制，指标达标且无不可耐受的不良反应，即可进入维持治疗阶段。同类药物，如果无不良反应或明显疗效和经济学差异，不建议主动换药。

三、药物研发过程中的研发思维和哲学

现代药物的研发思维和治疗哲学基本一致，都是针对原因（治疗靶点）的调控机制，遵从因果律，即假设所有的事情都是事出有因的，并且在条件相同的情况下，相同的结果依然会出现。酶抑制药、受体激动药或拮抗药都是作用于相应的酶或受体而起药理效应的，而酶和受体功能的异常被认为是导致疾病和症状发生的原因之一。

药品的临床前药理和毒理研究及Ⅰ期到Ⅳ期临床试验，本质上是一种升阶梯探索性确立因果关系的过程。从动物到健康志愿者再到患者，从少数患者到多数患者，从单中心到多中心，从原产国到全世界，从高选择性患者到

所有适应证人群，从随机对照双盲研究到真实世界研究，不断地扩大范围来证实在研药物的临床效应，确立药物和临床疗效的因果关系。

临床研发部门的全部职责就是在期望的时间内，确保临床试验按照期望高质量地完成，确保在研药物如期获得药监局的批准。在这个使命下，临床研发部门需要确定合适的临床研究方案和合适的样本量，选择合适的患者人群、合格的研究中心和研究者来保障在研药物的临床试验的高效能实施，确保其结果符合预期。只有了解临床研发部门的使命、研发哲学和研发思路，才能深刻理解其工作中的态度和行为，才能更融洽地进行跨部门的合作和沟通。

总之，了解临床医生的治疗观点及其背后的治疗哲学（临床思维）是制药企业医学事务部的主要职能之一，因为治疗哲学和治疗观点都是临床医生主观的思想、意见和治疗习惯，因此，不同地区之间，在不同形势和阶段下，治疗观点是动态变化和有差异的。制药企业的品牌管理团队需要每年重新回顾所在区域医生的治疗观点的变化，从而决定自己的科学沟通策略和证据产生策略。治疗观点的组织和提炼是按照患者的诊疗路径进行的。

第二节　未被满足的医学需求

制药企业医学事务和医疗卫生专业人员互动交流的核心并不是推广和营销自己的药物，而是了解和发现本区域医疗卫生专业人士在临床实践中未被满足的医学需求和愿望，发现自己药物的临床优势，推动临床实践的改变和完善。如果在本区域内的患者诊疗路径和医疗卫生保健系统中，找不到未被满足的医学需求，就意味着制药企业的药品在此区域内没有机会，也没有奠定和包括临床医生在内的利益相关者建立伙伴关系的基础。

一、未被满足的需求是治疗痛点

临床医生一旦开始对具体患者进行诊断和治疗，相应地就会在意识上产生对于疾病诊断、治疗和随访的意愿和期望，这种主观上的意愿和期望在遇到临床实际的客观情形之后，出现了不一致（差距），就产生了未被满足的医学需求或治疗需求。在这个意义上说，治疗痛点就是药物的"卖点"。

所谓意愿，就是临床医生在诊断和治疗疾病时所要达到的目标和方向，是其心中的看法或想法，是诊治行为最初的动力，医生心中意愿的强烈与否取决于其在实际临床诊治过程中遇到的困难大小。如果现有的诊断治疗手段和方法可以满足其成功治疗患者的意愿，临床医生就没有足够的动力去思考如何创新性地突破患者诊治过程的瓶颈，就没有足够驱动其治疗行为的未被满足的医学需求。治疗需求是临床医生诊治过程中的"痛点"。如胰岛β细胞功能在糖尿病治疗进程中不断减退，是糖尿病医生治疗中的痛点，如果一种药物（如阿卡波糖）既不刺激胰岛β细胞，又能控制糖尿病患者的血糖，那么这种因素就可以驱动临床医生采用这种药物治疗。

未被满足的医学需求包括两个主要方面，一个是疾病的结局和预后的现状，一个是现有治疗手段的局限性。前者包含了临床医生对疾病转归的期望，后者是其可以动用的干预疾病转归的现有的手段。如果现有的治疗手段完全可以达到其控制疾病转归的期望，未被满足的医学需求也就消失了，在疾病的诊断和治疗过程中再没有创新的动能。

二、疾病的结局和预后现状

当人们把具有一些特定属性的状态概念化为一种特定的疾病后，控制疾病进展、减少疾病危害的思想就已经植入其意识中，使其产生了治疗干预的意愿和期望。

干预和管理的目的和动力来自对未来不良结局和预后的担忧和恐惧，来自对疾病进展的不确定，来自对疾病治愈的理想化、完美化追求。

通过临床思维的抽象、概况、判断、归纳和演绎推理、类比推理，人们确定了疾病进展和结局的事件链（事件之间的因果联系和先后关联）。临床医学的期望和意愿是通过治疗性干预，针对其恶化进展的原因，控制延缓或逆转消除这一进程。如通过控制血糖、血压和血脂紊乱等心血管危险因素，延缓和预防冠心病、脑卒中、慢性肾脏疾病的发生和发展；通过消除丙型肝炎病毒，降低肝硬化和肝细胞癌的发生率；通过控制传染源，减少感染性疾病的发生；通过调动体内T细胞免疫，控制肿瘤的体积和进展等。

疾病的预后和结局事件链是驱动治疗干预的主要思维模式之一，对于临床医生，它意味着职业的成就感和挫败感；对于患者，它意味着各种恐惧和未知的丧失；对于支付者和政府社会保障部门，它意味着资源的占用、社会的生产力及幸福感。在疾病的预后和结局事件链的控制方面，存在着永不满足的治疗需求，这是推动社会和科学进步的引擎。

制药企业的医学事务同事和医疗卫生专业人员科学沟通的主要话题就是沿着患者的诊断治疗路径，了解和掌握临床医生的治疗观点，挖掘其未被满足的医学需求。始终需要回答的几个问题是：如果没有我们提供的治疗方法，患者的预后和结局会受到什么影响？其影响的程度如何？对医疗卫生系统、对患者的危害如何？对临床医生的影响如何？

因为最新发布的治疗指南是专业学术领域对此疾病的最新认知，也是其现阶段的治疗规范，因此，治疗指南和真实世界的临床实践之间的比照，有助于我们发现现状和理想之间的临床差距，是提炼和发现未被满足的医学需要的一个有效手段。核心的问题是，在患者筛选诊断、治疗管理、随访监控三个阶段，临床实践和治疗指南之间存在什么差距？为什么会出现这些差距？这些差距会对患者产生什么危害？有哪些证据证实填补这些差距可以改善患者的预后？在这些差距中，哪个差距是最重要的差距？哪个差距是自己公司的药物和解决方案可以提供帮助的？更重要的是，临床医生如何看待这些差距？他们为什么没有发现或意识到这些差距？如果他们意识到了，为什么会忽略这些差距？这些问题构成了医学事务和临床专业人员学术沟通的基础。

三、现有治疗的局限性

现有治疗是指现在科学或社会所能提供的最标准的治疗方案和治疗手段的总和，也可以称为标准治疗。现有治疗与已经在临床上使用的药物组合和治疗方法组合不同，不同的药监环境和医保环境下，SoC也不同。对于制药企业来讲，分析现有治疗的局限性，最基础的是分析现有药物的局限性。

药物的准入和报销　所在地区的临床实践中是否可以采用指南推荐的所有治疗药物？缺少的药物是否是治疗领域的创新性药物？限制和阻碍药物进入标准指南的主要原因是什么？现有药物治疗的用药层次（基础治疗和附加治疗）和剂量用法是否遵循指南的推荐？辅助用药在疾病治疗和管理中使用的情况如何？为什么会出现这种情况？

另外，在药物使用前，需要进行什么特殊检查（如病毒基因型检测，肿瘤患者的遗传学监测、生物标志物）？这些用药前的检查技术是否符合标准？是否普及？费用是否合理？

药物的临床疗效　特定药物的治疗是否符合指南和药物治疗的规范？在临床上通常采用什么指标和参数作为疗效的指标？这些疗效指标和其他国家、地区、指南推荐是否一致？是否需要进行生物标志物监测作为疗效指标？

药物的安全性/耐受性　患者在药物治疗时改变治疗方案的主要原因是什么？患者因为药物不耐受或不良反应而中断治疗或者转换治疗的比例有多大？出现药物不耐受或不良反应的常见原因有哪些？

易用性　治疗药物是否服用方便？是否因药物制剂和使用方式而中断治疗？中断治疗对预后的影响有哪些？患者坚持服用药物的原因是什么？在服用药物的过程中，药品不良反应和治疗效果是如何监测的？

药物的可负担性　当地居民可支配的平均收入是否能够支付药物的费用？当地居民可负担的医疗费用和药物费用水平有无提高的趋势？药物的可负担性是否会成为达到治疗效果（疾病控制或逆转）的主要障碍？现有标准治疗中有哪些治疗方法或药物是单纯从经济学或费用的角度来选择的？是否因为选择可负担的药物牺牲了疾病的治疗效果？牺牲的程度是多少？

当制药企业深刻了解疾病治疗领域未被满足的医学需求之后，就可以针对这些需求，从自己提供的药物和治疗方案出发，和临床医生一道去驱动疾病诊疗过程的改变，产生自己应有的科学影响力。这种科学影响力是蕴涵在药品发现和研发过程的所有科学研究活动之中的。

四、科学影响力的形成

未被满足的医学需求不仅是制药企业药物研发的动力，也是临床医生采用创新性治疗方案，不断提高当地医疗服务和医疗实践水平的动力。在意识到患者诊治路径中未被满足的医疗需求之后，临床医生的思维将会就每个"治疗痛点"和"治疗难题"形成不同的困惑，陷入思维僵局（mental impasse），将会自觉和不自觉地收集相关信息，有时还会因此形成研究问题和研究课题，启动和开启临床探索之路，这也是临床实践改进的过程。制药企业科学影响力的作用时机也就是在这里，两者一拍即合，相见恨晚，伙伴关系水到渠成（图4-1）。

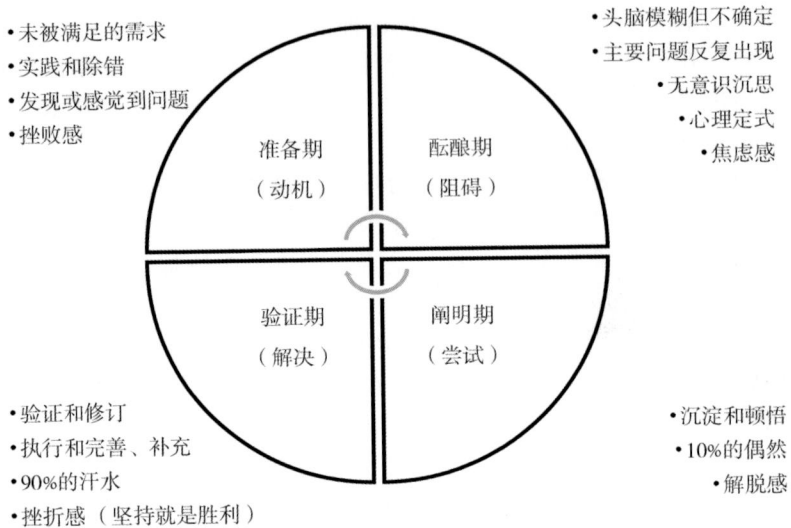

- 未被满足的需求
- 实践和除错
- 发现或感觉到问题
- 挫败感

- 头脑模糊但不确定
- 主要问题反复出现
- 无意识沉思
- 心理定式
- 焦虑感

准备期（动机）

酝酿期（阻碍）

验证期（解决）

阐明期（尝试）

- 验证和修订
- 执行和完善、补充
- 90%的汗水
- 挫折感（坚持就是胜利）

- 沉淀和顿悟
- 10%的偶然
- 解脱感

图4-1　科学影响力的形成来自治疗难题和治疗痛点

临床探索及临床实践改进过程和创造性思维过程相仿，都要经过发现问题、提出问题、分析问题和解决问题四个阶段，要经历准备期、酝酿期、阐明期和验证期四个不同的知识积累时期，最终找到改进的措施和方法，形成新的标准治疗。

准备阶段　在临床改进的准备期，临床医生意识到未被满足的医学需求，在临床实践中，发现和感觉到有差距、有问题，在遇到这些情境时出现挫败感，从而产生研究和思考这个问题的动机。德国心理学家邓克尔在描述这一时期时说："面对一个问题，相对来说，人的深思熟虑和搜索总会局限在一个狭窄的领域。因此，准备阶段是为创造性思维的其他阶段而备。……准备不足而且眼界狭窄是愚钝者的主要特征。"准备阶段是尝试和出错的活动阶段，难免出错和感到受挫是这一阶段的典型特征。认知难题，认识到未被满足的需求是一种定向思维活动，在定向思维活动中，思维会通过自身的组织优势和规律趋向目标。不实现目标，思维活动就不会停止，即便在意识层面停止，也会在潜意识中继续进行。

酝酿阶段　在困惑和费解反复出现时，头脑不再急切地关心这一问题，但是，主要问题反复出现，人会陷入无意识的沉思，遇到问题时会产生焦虑

感。这时，临床思维进入酝酿期。酝酿期的特征是主要问题反复出现，头脑中的想法模糊不确定，感到解决问题遇到了阻碍，思路陷入僵局。心理学认为，对一种困难情境的认知会给我们带来精神压力，这些压力通过思维过程得以缓解和释放。

阐明阶段　在一段时间的纠结、困惑和沉淀之后，顿悟和灵感常常在我们将注意力从所关注的问题移开之后的某一个刹那出现，突然找到一种确信无疑和无比自信的感觉，心中有一种解脱感。众里寻他千百度，蓦然回首，却在灯火阑珊处。没有难题，没有沉淀在脑海中的思路僵局，没有头脑中知识的重构，没有对问题（未被满足的需求）的深入理解，就无所谓灵感，无所谓顿悟，也无所谓"啊哈时刻（aha moment）"。科学研究已经证明，在顿悟的时刻，脑电图显示大脑右侧顶枕（Parieto-occipital）区域的伽马频率段活跃。在阐明阶段，思维获得了前进的动力和能量。在这个阶段，临床医生常常会提出自己的研究方向和研究方案。

验证阶段　在阐明阶段之后，通常会立即进入验证阶段。在验证阶段，新想法、新思路进入执行、实施、修正和补充阶段，新的治疗药物首先被尝试使用、观察和体验。验证阶段并不总是让人愉悦的，相反，验证阶段意味着投入更多的精力和资源，更多的实验、类比和计算，也同时意味着发现新事物的更多瑕疵和缺陷，很多创新都失败于此，失败于在验证阶段的气馁和放弃。

总之，科学影响力不是建立在灌输和传递知识基础上的，科学影响力的形成是建立在思维科学的基础上的，遵循心理学和逻辑性的基本规律。首先要对发生的事情产生困惑，产生未被满足的需求，之后通过观察、研究、学术交流去定位难点，清晰地表述未被满足的需求；然后是认知和获得创新的解决方案，并推理可能带来的结果（演绎推理、类比推理和归纳推理），形成假设或研究的主要问题；再然后是比较和挑选各种解决方案的优劣；最后是在观察、试验或实验中测试和验证。

沿着患者/疾病的诊治路径和临床医生一道去挖掘提炼、探讨交流、研究验证未被满足的医学需求是医学事务的核心活动内容，制药公司自己的药物及其核心科学信息作为解决方案的一部分，融汇于各个具体的未被满足的需求的探讨之中。关于当地未被满足的医学需求的知识是制药企业医学事务部的真实世界的知识，也是真实世界研究的主要范畴、主要源泉。

第三节　临床洞见和改善机会

临床洞见或临床洞察是临床医生对于未被满足的医学需求的治疗观点和行为，这些观点和行为能够让药品发挥改善患者疾病结局和缩小当地医疗卫生系统差距的作用。简单地说，临床洞见既是临床医生的治疗"痛点"，又是制药企业药品的改善机会和切入点。

临床洞见是对治疗药物在当地患者诊治路径中，能够对医疗卫生水平的改善发挥最大影响作用的环节的描述，是制药企业和临床医生建立合作和伙伴关系的基础，是制药公司的竞争优势。

如果把临床洞见比作一块多面宝石，那么，心理学家把它叫做"啊哈时刻"，行业分析专家把它称为当地疾病治疗的情报，有人叫它治疗痛点，有人认为它是治疗决策的出发点。在一定意义上说，临床洞见、商业敏感度、临床差距、未被满足的医学需求都是一个含义，是一块宝石的多面反映。

临床洞见不是药物的原始数据，尤其不是制药公司临床前和Ⅰ期、Ⅱ期、Ⅲ期临床试验的数据、结果和结论，而是这些数据在当地患者诊疗路径中的意义；临床洞见也不是临床医生对制药企业的反馈和建议，而是反馈和建议背后未被满足的治疗需要；临床洞见不是市场调研，而是市场调研背后的治疗观点和机会；临床洞见不是竞争药物的信息，而是对竞争优势的发现和认知；更重要的是，临床洞见不是空洞的泛泛而论，不能引用现成的文献、书本或演讲，也没有现成的对自己药物的临床洞见可以抄袭，临床洞见一定来自和当地专家的真实互动以及公司内部团队的归纳讨论。

要衡量一个治疗观点是否有价值，要看这个治疗观点是否反映了未被满足的医学需求；要衡量一个临床洞见是否有价值，要看这个临床洞见是否揭示了当地医疗卫生系统可以被自己药物改善的机会。所谓价值的最终体现，是临床医生和制药公司是否愿意为此花费时间、精力、物资和金钱。

总之，临床洞见来自治疗观点，治疗观点来自患者诊疗路径，患者诊疗路径蕴涵着未被满足的医学需求，临床洞见蕴含着制药企业和临床医生的合作机会。以一个不太精准的比喻来理解这些关系，治疗观点是云，未被满足的医学需求是雨，临床洞见是伞。临床医生的治疗观点形形色色，如云在天空，但是不一定会下雨，只有乌云，也不一定会下雨；识别了未被满足的医学需求，云才转化为雨，但是雨也有大小之分；有了未被满足的需求，才能触发我们出门带伞或采取其他避雨措施。

临床洞见可以表现为在疾病诊疗路径中的任何一个驱动治疗决策的知识点，既可以是诊疗行为，也可以是诊疗观点；既可以是事实，也可以是数

据；既可以是各种药品和治疗方法的临床优势，又可以是潜在的临床利益（特殊人群和适应证，风险和安全性，额外的效应等）。

临床洞见的表述（图4-2）应该具备以下三个要素：可操作、可触发行为、有情境。下面从几个实际的例子出发，探讨临床洞见和治疗观点的差异和表述。

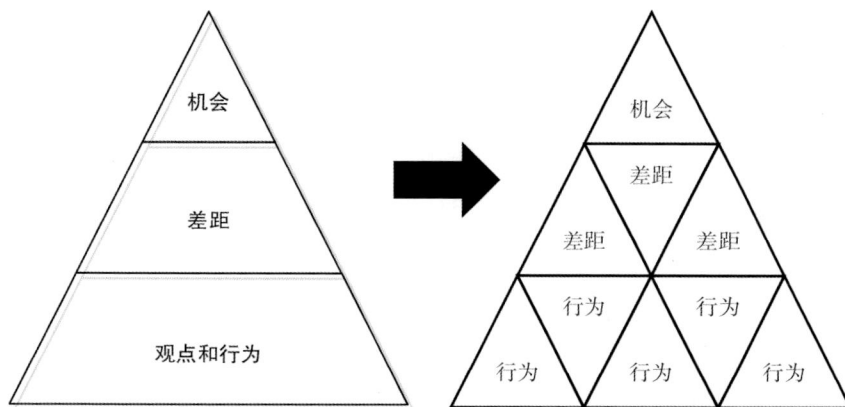

改善机会：自己产品能够解决的未被满足的医学需要。差距分析：按照诊疗路径，在临床实践、临床认知和决策证据（疾病干预管理、治疗行为和认知、药物数据）方面的差距。观察到的行为和治疗观点：临床实践中真实世界知识。如果按照疾病诊疗路径的三个阶段列出上述三个范畴的发现，可以形成临床洞见的组合（insight wheel），或者列成表格或九宫格，成为临床洞见报告。

图4-2　临床洞见组合

表述1：肿瘤领域的特点——标准治疗更新快

治疗观点：和其他治疗领域相比，肿瘤领域进展迅速，指南更新快，MDT（多学科团队）多，药物研发和上市快。

点评：这一描述是在和医生谈话过程中得到的观点，但不一定是有价值的治疗观点，因为没有显示出与患者诊疗路径和未被满足的医学需求的相关性。因为没有揭示出制药企业药物的改善医疗卫生系统的机会，也不属于临床洞见。

临床洞见：将上述描述改为"与普药领域相比，肿瘤领域患者的治疗方案进展和更新更快（治疗指南每年更新2次，而普药每两年才有可能更新1次），为了患者的规范化治疗，肿瘤医生对学术会议和学术交流的需求更强"。

后者揭示了制药企业在肿瘤领域的机会是增加学术交流和知识更新，与前者相比，更有情境，更可操作，更具体，更特异。

表述2：强直性脊柱炎的关节外表现

治疗观点：强直性脊柱炎是一种全身性疾病，患者常常有关节外症状，而关节外症状常常被临床医生忽略。

点评：这段描述触及了患者诊治路径，但是阶段不明，后果不清，没有揭示出未被满足的需求和改进机会，不是临床洞见，也不是有价值的治疗观点，属于空洞无物的泛泛而论。

临床洞见：指南推荐认为强直性脊柱炎伴有关节外症状，需要积极使用生物制剂治疗。而在实际临床过程中，89%的临床医生在诊断时没有充分评估患者的关节炎表现，主要原因是门诊的时间不够。

修正后的描述揭示了生物制药企业的改进机会，如果结合被忽略的关节外表现的结局数据，对揭示未被满足的医学需求更有益。

表述3：丙型肝炎的直接抗病毒治疗

治疗观点：无论是否是泛基因型药物，基线基因型的监测都需要继续进行。因为其可以区别治疗一个疗程之后的复发和再感染，而且某些少见基因型药物需要联合利巴韦林以提高疗效。

点评：此段治疗观点反映出丙型肝炎的诊疗过程中未被满足的医学需求。在直接使用病毒抑制药之前进行基因型监测是为了提高药物的疗效，如某些药物只对特定的基因型有效，对另外的基因型的病毒消灭效果不佳。但是，在泛基因型药物出现之后，2种上市的药物治疗8~12周，持续病毒转阴率均在90%以上，是否在治疗开始时监测病毒基因型成为临床医生争议和纠结的问题。这个治疗观点背后的假设是在不知道泛基因型药物治疗后的复发率和再感染率的前提下，为了保险起见，每个治疗患者仍然需要付出时间和监测费用。这反映出临床医生对泛基因型药物的治疗结局信心不足，也反映出泛基因型药物使用后再感染和复发的数据缺失。

临床洞见：两种泛基因型药物在丙型肝炎治疗后再感染和复发的研究数据缺乏，临床医生对治疗前是否到监测病毒基因型感到不确定。泛基因型药物在患者诊治过程中，并没有达到简化治疗的目的。

修正后的描述揭示了患者诊疗路径中一个未被满足的医学需求，是泛基因型药物公司可以帮助改进患者诊疗的机会。如果能有数据证实大部分患者都无需在治疗前进行基因型检查，无需联合利巴韦林，只需对未来极少数复发或再感染者进行基因型检查，那么不仅简化了治疗前的流程，而且减轻了疾病负担。

值得注意的是，并不是所有的治疗观点都是正确的，需要从提高患者诊断和治疗效能的角度去分析和判断。

刚刚入行的医学事务同事常常误以为科学的就是客观的，已发表的文献和数据就是客观的事实。其实，在真实世界中，所谓观点就是主观的，是客观事实在主观头脑中的反映。所谓主观，并不是科学的对立面和反义词。治疗观点和临床洞见的形成和产生同样遵循哲学、逻辑学、心理学和行为学等思维科学和社会科学的规律，其表述也应该是完整、准确、真实的，其过程也应该是严谨的。治疗观点的表达和表述是医学事务人员的核心能力之一，是临床思维、创新思维和管理思维的重要呈现。

　　区别主观和客观的分水岭是临床洞见的表述是否掺杂了医学事务本人的判断、推理和演绎；一切来自外部的都是客观的，一切经过自己的判断和过滤、想象的都是主观的。曾经在一次培训中，一位跨国公司的医学顾问在书写临床洞见的时候，把自己的治疗观点当作是临床医生的"临床洞见"。在反复确认其真实情境之后，她不得不承认事实。但是，她认为自己就是医疗卫生专业人员，因此，无需进行互动沟通，只要自己坐在办公室中，即可写出"临床洞见"，这样的临床洞见，无疑是主观的而不是客观的。制药企业的任何员工都不再是医疗卫生专业人员，而是制药企业的雇员。

第四节　治疗观点的收集——治疗观点的来源

从前一节中，我们可以看到临床洞见是需要在治疗观点的基础上进行重构、归类和提炼的，而不是在工作中收集来的医生原话。而治疗观点却是从真实世界中区域医学事务人员（主要是MSL）和医疗卫生专业人士的互动沟通中收集而来的。

收集的方式有主动性收集和被动性收集两种方式，治疗观点大部分是通过在日常工作中随时留意和积累的被动式收集方式得来的。主动性收集活动包括各种专家咨询会议、调查问卷、文献和指南研究、深度访谈等系统性地传播知识和观点的专门活动。

被动式收集指在日常和专家互动的任何活动中收集，这些日常活动包括专家一对一拜访、讲者培训、学术会议动态，专家自发性问询的处理，研究者发起的临床试验，回答专家在推广材料和推广活动中的问题和质疑，不良反应和患者投诉，患者教育和支持活动等。甚至在为临床医生提供医学服务的过程中，也会发现专家的治疗观点。临床医生的治疗观点和临床洞见如零散的玉石，散落在山间各处，需要有心人收集、打磨。

一、策略性问题

制药企业医学事务在收集专家观点时面临的主要挑战在于平时收集来的治疗观点都是散乱的，缺乏系统性和统一性。而策略性问题是根据事先拟定的问题收集专家治疗观点的过程。策略性问题是从制药企业特定品牌的角度出发准备的。

策略性问题一般是按照患者的诊疗路径来分类和归纳的，策略性问题的目的是探求不同的利益相关方（患者、医生和支付者）在做治疗决策时的出发点和主要依据。治疗领域的医学事务每年需要和跨部门团队就重点策略性问题达成一致，并将其作为MSL日常拜访和活动中收集治疗观点的指南，这有助于提高治疗观点收集的质量，克服散乱和偏离的缺点。

二、医学讨论话题

如果跨部门之间不能就策略性问题达成一致，医学事务的治疗领域也可以根据医学计划制定年度的和临床医生讨论的医学话题，然后可以根据讨论话题进行治疗观点的分类和归纳。一般来讲，医学讨论话题可以根据疾病的诊疗路径分为筛选和诊断、治疗和管理、随访和监测三个范畴（以疾病为中心的讨论话题）；或者根据药品的数据和信息分为适应证、用法用量、有效性、安全性、特殊人群五个部分（以药物为中心的讨论话题）；或者根据药品核心信息来分类（疾病危害、治疗局限性、科学优势、临床优势和比较优势）。具体采用哪种分类方式，可以根据公司文化、策略和药物的具体情况而定。

制定医学讨论话题并按照此框架收集治疗观点，可以实现对治疗领域和专家互动交流的定量（观点数量）和定性（依据观点总结的月度领域报告）的衡量、监测和评估，也能实现月度区域医学活动的趋势呈现。一般来讲，每3~5次互动沟通，应该提炼出1个治疗观点，每个MSL应该每月提交至少5个治疗观点，每5个治疗观点应该提炼出1个临床洞见。

三、文献研究

初级医学事务的人员在日常工作中，文献阅读常常集中于自己药物或竞争药物发表在主流杂志的临床试验结果，对于疾病诊疗途径和未被满足的医学需求的当地文献及其作者重视不足，对于所在区域、所覆盖的专家正式或非正式发表的文献收集不够。文献研究主要内容如下。

对于治疗指南的研究　主要是对当地指南的研究及其和各国指南的横向比较研究，和既往指南的纵向比较研究，指南引用的证据之原始文献研究。

对于疾病治疗发展历史研究　主要是对于疾病在本地的诊断和治疗的历史文献和资料的研究，对于创新药物或治疗方法在本地的沿革和使用的报道。

值得注意的是，文献研究得到的信息并不是正式的治疗观点，而是正式治疗观点的佐证，是启发我们和临床医生探讨其治疗观点的话题和工具。

四、深度访谈

深度访谈是在预先制定的访谈方案的基础上更为正式的结构化或半结构化信息收集方式，可以系统地了解临床医生（受访者）的治疗观点、体验、情境和动机，相当于一次面对面、一对一的专家咨询活动。

深度访谈是需要签署付费协议的，相当于专业咨询服务，和日常的拜访不同。深度访谈临床医生，需要事先做好大量的准备工作，包括访谈的方案、协议、访谈技能培训、录音或录像设备，和被访谈的临床医生做好事先的沟通和准备，抽出专门不被打扰的时间来进行。深度访谈应该在约定的时间里进行充分的沟通，通常应该不短于1小时，全程录音或者录像。访谈之后，还需要将文字整理出来，请被访谈者确认其内容符合原意，没有扭曲、错误和遗漏。

深度访谈特别适合于在制药企业进入一个不熟悉的治疗领域时，对治疗领域的意见领袖的临床经验和治疗观点进行深入、全面和迅速的了解。2012年，诺华准备上市茚达特罗，在上市前一年组建了医学事务部的呼吸团队，当时的5名MSL在一年之内按照访谈方案进行了与10余名呼吸领域临床专家的深度访谈，访谈的文字记录后来集结成为一本书——《空气之轻 呼吸之重》，由中国协和医科大学出版社出版。一次专家访谈，可以带动至少5次有意义、有目的的专家拜访。

五、自发性问询和异议处理

在临床医生的自发性问询和对于制药公司推广性信息中的异议、疑义中，蕴含着很多治疗观点或假设。系统性记录和收集这些问询，分析其中的治疗观点，是治疗领域真实世界医学知识的重要组成部分。目前我们遇到的挑战是部分医学事务人员不能准确、真实地记录临床医生的问题和问询，收集上来的问题严重失真、简略，不能反映真实世界的情境。

六、专家咨询委员会和指导委员会

在治疗领域中举办的专家咨询委员会和指导委员会是集中收集和整理治疗观点的重要机会。值得注意的是，这两种非推广活动都需要系统的事前准备，准备不足或将其办成推广性活动都会严重影响其效果的达成。

七、其他被动性收集治疗观点的活动

除此之外，在和任何临床专家的互动过程中都可以收集其治疗观点。如讲者培训活动，临床试验活动，对于研究者发起的研究的讨论，患者支持项目的讨论，甚至是学术会议中临床医生的演讲，推广活动中专家的讲课内容，都会不自觉地流露出各种治疗观点，需要去伪存真，时时留意。

总之，治疗观点存在于临床医生的举止言谈之中，存在于真实的互动之中，需要有心才能发现，需要慧眼才能识珠。

第五节　治疗观点的分析和提炼——临床洞见的产生

如果把治疗观点比作矿石，那么临床洞见就是最终的宝石。医学事务人员在日常工作中，需要不断地收集这些矿石，更需要对其进行分析和提炼，挖掘改善机会，产生临床洞见。产生临床洞见的最主要场合（提炼工厂）是治疗领域小组周会。医学事务部内部的会议主题和大部分时间都应该放在谈论临床医生的治疗观点上，总结提炼真实世界的知识，这是高绩效团队的标志，也是具备医学驱动力的标志。如果内部会议一直在做国外文献的培训，做内部标准工作程序（standard operation procedure，SOP）的培训，这是医学支持和医学服务阶段的标志，说明医学事务部还在成长阶段，还没有具备在组织内的医学领导能力。

临床洞见的分析提炼过程是真实世界知识的产生过程，是知识的重构、反思和创新过程，也是团队学习的过程。其中需要团队的每个成员都能够参与到讨论和争论之中，需要团队讨论的领导者具备合格的问询能力和掌控能力。

一、洞察性问题

洞察性问题是提炼治疗观点、产生临床洞见的有效工具。英国学者Reg Revans认为有效的学习是通过社会交换来实现的，人们通过提出具有洞察力的问题（insightful questions，Q）挑战先前结构化的知识体系（programmed knowledge，P）来进行学习、反思（reflection，R）和行动（implantation，I），这个过程被称为实践中学习或行动中学习（action learning，AL），简化为公式：AL=P+Q+R+I。

和策略性问题不同，洞察性问题是在面对面互动交流时对治疗观点背后假设和推理的思辨性问题，是学术交流和探讨的动力，是真实世界中学习和积累知识的主要工具，也是启发临床医生认识到临床差距的主要手段。

临床医生的治疗观点来自其在诊治患者过程中的临床经验、反思、抽象概括和间接影响，是一个推理和论断的过程，有时蕴藏着有瑕疵的假设（flawed assumption）。洞察性问题可以帮助临床医生发现其临床思维中的假设，更全面准确地认知患者诊疗路径中可以改善的机会。

提出洞察性问题，需要熟练掌握和运用逻辑思维的三个基本法则，即一致性法则、矛盾法则和无中立法则。

❖ 一致性法则：无论情况如何变化，同样的特性或事情依旧是同样的特性或事情。

❖ **矛盾法则**：没有事情可以在同时、同地既保持"是"，又保持"不是"。

❖ **无中立法则**：每件事情要么保持"是"，要么"不是"，不存在另外一个选项或中间项。

洞察性问题一般都是开放性问题，需结合闭合式问题加以澄清。需要注意的是，在问题的背后，不要隐含对临床医生的诱导，不要贬低或挑剔临床医生的立场和态度，不要使临床医生感觉到自己很蠢。

二、苏格拉底诘问法

古希腊哲学家、教育家苏格拉底用"对话"（提问）进行教育活动。他用讨论问题的方式与人交谈，但不把结论直接教给别人，而是指出问题所在，并一步步引导人在最后得出正确的结论，其最本质的依据就是前文所述的逻辑思维三原则：一致性原则、无中立原则和矛盾原则。

❖ **澄清性问题** 澄清概念和观点及其背后的含义。这是什么意思？你可以换一种方法说明这个观点吗？可以举一个例子吗？你认为Y的原因是X吗？你可以做进一步的详细说明吗？你的意思是说X可以影响Y吗？

❖ **发现和挑战假设** 通过类比、联想和扩展，探询观点背后的假设。这个问题为什么很重要？你为什么这样认为？如果X存在，会发生什么？为什么你认为是X导致Y，而不是相反？为什么其他人会认为是Z？

❖ **探询理由、来源和推论依据的事实（向内深入）** 为什么有人会做这样的设想？在这里_____假设的是什么？我们用什么假设来替代？你似乎正在假设_____。我是否正确理解你的意思了？在X导致Y的过程中，有什么因素参与其中？可以用什么来举例？你为什么相信这是真的？我们还需要什么信息？能解释一下原因吗？你是如何得出这一结论的？是否有理由怀疑这一结果？是什么让你相信的？是什么让你有这样的想法的？是什么让你有这样的感觉？是你自己的想法还是听别人说的？你总是有这样的感觉吗？你的观点是否受到了某人或某事的影响？

❖ **尝试另外的角度（左右扩展）** 从X这些事实看来，是否存在另外一个角度看待这个因果效应或相关效应？为什么这个队列的患者会从中获益？干预因素X的优势和弱势是什么？其他人是怎么看待这个问题的？（竞争对手是怎么看待这个问题的？）你如何解决因_____造成的困难？相信_____的人可能会有什么看法？什么是可供选择的办法？_____和_____的观点在哪些地方一致？哪些地方不一致？

❖ **探询意义和后果（向后扩展）** 从现有的观点出发，推论其影响和后果。这个观点对于提高患者诊治效能有什么意义和影响？如何推广和应用？

对于患者的利益是什么？是否有临床意义？对临床诊治水平和能力的提高有什么影响？

❖ **反馈性问题（向深挖掘）** 使用更开放的心态和灵活的问题来探究问题背后的问题。为什么我们要花时间讨论这个问题？这个观点的背后还有什么观点？这个观点可以导致什么观点？这个观点可以触发什么行为？我们还可以更清晰简明地表达这个观点吗？这个观点背后的治疗哲学是什么？多少比例的人会相信这个观点？如果换成另外一组人员，他们会对这个问题有什么样的反应？会根据这个观点提炼出什么临床洞见？为什么？

三、临床洞见的提炼过程

临床洞见的提炼过程（图4-3）如宝石的打磨过程，这一过程是真实世界的知识产生过程，需要经过收集、澄清、分类、提炼、确证和整合六个阶段，最后使用疾病诊治路径把所有的临床洞见连接起来，把一颗颗宝石穿成串，呈现出来，而呈现的过程就是治疗领域内区域医学事务小组的讨论会议，呈现的结果则是患者治疗路径中标注的临床洞见以及临床差距分析，这部分内容构成了品牌医学策略和计划的基础。

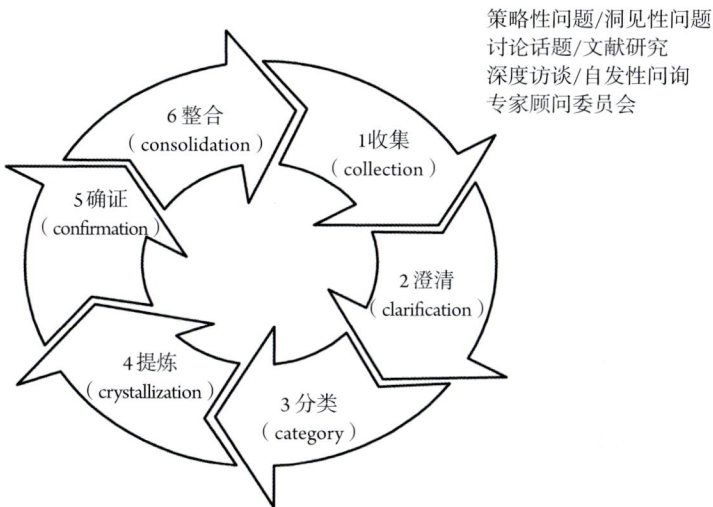

策略性问题/洞见性问题
讨论话题/文献研究
深度访谈/自发性问询
专家顾问委员会

6 整合（consolidation）
1 收集（collection）
5 确证（confirmation）
2 澄清（clarification）
4 提炼（crystallization）
3 分类（category）

图4-3 临床洞见的产生过程

总之，临床洞见的提炼和产生过程不仅涉及扎实的医学、药学和临床知识，还建立在对当地疾病诊治路径之未被满足的治疗需求的强烈好奇心上，需要具有积极倾听和提出洞见性问题的能力。临床洞见的产生过程也是真实世界知识的产生过程，是学习型组织的建立和形成过程。这也是很多情形下，大家对临床洞见或洞察感到困惑和不解的原因之一，正所谓"横看成岭侧成峰，远近高低各不同。不识庐山真面目，只缘身在此山中。"

第六节　临床洞见的意义和报告

和治疗观点不同，临床洞察或临床洞见不是临床专家讲出来的，而是制药企业医学事务和市场医学团队在内部会议中讨论分析出来的，是某一个阶段公司内部"智慧"的结晶和商业敏感度能力的体现，对于临床洞见的讨论和分析、确定、验证应该是每月或每周例会的主要话题。

一、临床洞见的初筛和报告

只有经过系统训练和真正理解临床洞见的医学事务人员才能在异彩纷呈的治疗观点中找到可以产生临床洞见的璞玉。因此，在每次和临床医生互动之后，都要捕捉在谈话中出现的让自己"眼前一亮"的治疗观点，随手记录在自己随身的笔记本或电子设备中，每周可以按照患者诊疗路径的三个阶段，将其汇总分类，并根据自己的理解提炼出初步的临床洞见。

每次和临床医生的有效接触都应该捕捉到一个治疗观点，无论是在面对面拜访还是在会议后的提问和问答中，无论是在科室会的提问还是临床医生的自发性问询中，无论是在临床试验的入组进度的谈话还是临床试验的方案讨论中，无论是在接送专家的路上还是在会议的茶歇中，专家的治疗观点无处不在，无时不有。机会和幸运只给有准备的头脑。

一份完整的临床洞见的报告应该具备三个部分——情境、观点和机会（临床洞见），然后按照疾病的筛查和诊断、治疗和管理、随访和监测三个分类标签进行报告。所谓情境，就是治疗观点所针对的具体患者人群或具体场合，也可以是治疗观点所依据的事实或数据（相当于推理的前提条件）。包含情境和治疗观点的临床洞见可以作为其他同事互相理解论断的依据，方便以治疗领域为单位进行整合和汇总分析。

在提炼临床洞见的过程中，首要的问题就是需要厘清这个观点或行为的真实情境是什么，它反映了什么样的治疗决策中的困惑和纠结。如果医学事务人员讲不出这个情境和困惑，此临床洞见便是空洞的和主观的，不是真正的临床洞见。

二、临床洞见有什么用？

实际过程中，常常出现的情况是，临床洞见按要求交上去之后，如泥牛入海，了无痕迹，这种情况会让在区域一线工作的医学部同事的积极性受到打击，甚至有的时候按照自己的记忆和理解编写临床洞见和治疗观点。这种质量不高的临床洞见，又使得治疗领域的管理层无法汇总和分析，更加不重视收集上来的作业，从而形成恶性循环，使临床洞见的收集过程变成鸡肋，食之无味，弃之可惜。

那么，临床洞见到底有什么用呢？收集、整理和分析治疗观点，产生临床洞见的意义是什么呢？

❖ 临床洞见的产生过程是团队在一起工作的黏合剂和主要话题。治疗领域的团队人员都是这一领域内的专业人员，专业人员只有在一起讨论和争论专业问题，奇文共欣赏，疑义相与析，才能有真正的团队凝聚力，才能产生属于自己团队的真实世界的知识，才能汇聚团队每个成员的智慧和力量。

❖ 治疗观点和临床洞见的数量和趋势反映了区域医学事务绩效的量和质。由于假定每次有效沟通都可以捕捉到一个治疗观点，因此，每月治疗观点的数量就是有效拜访的数量，和目标拜访次数20~25次相比，即可得到有效拜访比例。每月临床洞见的一般要求是5个治疗观点中，得到1个临床洞见，每月每个人自己报告临床洞见5个。将治疗观点和临床洞见按照疾病诊疗路径或药物核心科学信息等标准分类，可以统计出每月话题的分布和趋势。这些信息可以指导治疗领域医学事务部掌控和医疗卫生专业人士互动沟通的重点。

❖ 治疗观点和治疗洞见的报告可以锻炼医学事务人员的书面报告和表达的能力，从真实世界中概括总结、推理判断的能力。从治疗观点到临床洞见的提炼和思考过程本身就是一次思维训练。

❖ 治疗观点和临床洞见是制定品牌医学策略和市场策略的指导和基础。在品牌医学策略之中，按照疾病诊疗路径标注的临床洞见和根据临床洞见产生的临床差距分析是必不可少的两部分内容。

❖ 对于制药公司来讲，临床洞见实际上就是商业敏感度，对于所在国家或区域有价值的临床洞见揭示了制药公司可以参与和贡献的疾病管理中的改善机会和空间，可以真切地影响和改变制药公司的证据产生活动、内容产生活动、医学教育和科学沟通活动，从而实现医学事务的科学影响力，改善当地治疗现状，最终有利于当地患者的疾病控制和医疗卫生系统的格局建立。

❖ 对于临床医生来讲，临床洞见是"啊哈时刻"，是治疗决策的出发点，也是驱动临床实践改变的差距和势能。一个有价值的临床洞见，可以帮助医生发现其在临床实践和疾病认知、治疗结局方面的差距，激发其进一步学习和行动的兴趣。

❖ 对于市场和销售部门来讲，临床洞见是产品的定位和"卖点"，是制定产品价值描述和核心信息的出发点。对于临床研发部门来讲，临床洞见可以帮助确定研发策略、药品注册临床试验方案、患者入组和排除标准、项目管理计划。对于市场准入部门的同事，临床洞见可以帮助他们迅速掌握药品谈判时产品的利益。

总之，治疗观点和临床洞见反映了医学事务人员和临床医生互动沟通的内容，收获了制药企业改善当地医疗卫生系统的机会。治疗观点和临床洞见不是区域医学事务的专利，制药企业医学事务的任何人员，制药企业各个和医疗卫生专业人士直接互动沟通的人员都有责任和义务收集、贡献和验证临床洞见。

值得注意的是，制药企业和医疗卫生专业人士的互动沟通是制药公司合规管理的重要环节和核心部分。在收集和整理治疗观点和临床洞见的过程中，需要注意药品超适应证的讨论、不良反应的识别和报告、自发性问询的处理和报告、未上市产品线和化合物的讨论，以及个人敏感信息的讨论均应符合法律和法规要求。区域医学事务和医疗卫生专业人士科学沟通指南和标准操作规程是医学事务部最基本的工作流程之一。

临床洞见的提炼能力是医学支持和医学驱动的分水岭 治疗观点和临床洞见的描述需要准确、完整和全面。不能主观臆断，泛泛而论。系统化地收集和管理真实世界中的治疗观点和临床洞见，是医学事务部从医学支持进步到医学市场阶段的重要标识（另一个标识是独立管理预算和花费）。

在医学支持阶段，医学事务的人员只要关注自己药物的文章发表数据并及时传递给临床医生即可，医学事务内部会议的主要话题是学习和汇报国内外领域和药物的最近进展和药物数据，重点不是讨论真实世界中本区域内未被满足的医学需求，不是分析自己和临床医生沟通中发现的治疗观点，不是思考自己公司、自己药物能够给当地医疗卫生系统产生什么有益的影响和改变。

初级医学事务人员思考问题的出发点是我们能够给临床医生提供什么信息，不是我们能从临床医生那里为公司拿回什么信息，其信息流的重点是从内向外的，其科学沟通的思维是讲和告诉，而不是倾听和探求。

判断一家公司的医学事务在哪个阶段上的根本是其医学事务人员的思维模式，而高质量、高度专业（准确、真实和完整）和高影响力的治疗观点和临床洞见的流程、表述、报告是医学事务是否"高级"的试金石，也是制药企业公司管理层对医学事务战略定位的试金石。如果公司管理层或公司战略中，对医学事务的主要期望是为临床医生提供文章查阅、撰写、统计和发表服务及药物支持服务，为其他部门提供学术内容准备服务，为其他部门提供疾病和药物培训服务，而不是了解和掌握当地临床医生的治疗观点，了解和掌握当地未被满足的医学需求，那么，在公司战略中，医学事务的定位就是医学支持部门。在这种背景下，收集治疗观点和挖掘临床洞见就不是医学事务的主要使命和责任，其时机还没成熟，如何高质量、高效率、高影响地完成学术支持成为我们的主要任务。在这种情况下，对临床医生和专业学会的学术支持和辅助工作成为药物附加价值的一部分，公司对医学事务的投入相当于捐赠和赞助活动，亦无可厚非。在这种形势和情形下，对临床医生治疗观点的了解和掌握，对临床洞见的讨论和确定，对未被满足的医学需求的认知，都要依赖于药物经理和销售经理的协调、领导和汇报，医学事务同事在其中起到贡献和支持作用，无需自己准备治疗观点和临床洞见报告。

第七节　临床差距分析

　　未被满足的医学需求、临床洞见和商业敏感度是从不同角度来描述的同一个事情，即疾病诊疗路径中的治疗决策和治疗困境。

　　所谓需求或需要的本质是在期望和现状之间存在的差距。这种差距越大，这种需求的强度越大，填补差距的动力越强，解决问题的势能越大，同样意味着改进的空间越大，商业机会越多。填补差距后得到的成就感越大，满足需求后得到的幸福感越强。

　　临床差距的分析就是未被满足的医学需求的分析。对临床差距和医学需求的正确认知是驱动改变的主要力量。没有对比，就没有差距，差距分析的主要方法是对比。

一、临床实践的差距

　　临床差距的主要对比参照是治疗指南规定的规范化、标准化治疗，治疗指南是当地医学学术界对特定疾病的诊断、治疗、随访的期望和理想的系统性描述，其主要目的是厘清在现有的情境和环境下，临床医生"应该"如何诊断，如何治疗和如何随访。但是，在实际现状中，却不一定是这样。对比临床实际和治疗指南之间的差距，并探讨如何驱动临床改变，是临床学术交流活动的重要话题。各种疾病规范化管理的倡议和活动，实际上也是在通过揭示临床差距来驱动临床实践的改变，从而最终给合适的患者提供最优化的方案，得到最佳的临床结局。

　　除了将现状和治疗指南进行对比，发现治疗现状的差距之外，选择的参照体系还可以是先进国家或地区的疾病诊治路径，或者是不同疾病治疗领域之间的比较，同一地区现状和过去、未来趋势之间的比较。对治疗现状差距的核心问题进行梳理，是发起真实世界研究的重要课题来源。

二、临床认知差距

　　临床认知差距重点考察的是医疗卫生专业人员对疾病的诊断治疗知识的差距。治疗现状的差距是行为的差距，而临床认知的差距是知识的差距。目前，对于临床医生知识的更新有赖于非营利组织进行的各种医学继续教育活动和各种学术会议。对临床医生在实际工作中的知识水平的评估常常很难做到，对临床认知的差距主要来源于对其治疗观点和治疗行为的分析。其治疗决策背后，常常存在一个治疗观点，在治疗观点的背后，常常蕴涵着一个心理假设。这个假设，在逻辑学上即是其推理和论断的前提。将这个前提提炼出来，对比临床治疗指南或规范，即可找到临床认知的差距所在。如果这个假设或前提和治疗规范相比是不正确的或有局限性的、有缺陷的，则称之为缺陷假设，针对这些缺陷假设可以设计相关的继续教育课程，有效地填补临床认知差距，满足未被满足的医学需求。

三、证据差距

所谓证据差距，有三个角度：一是从疾病的诊疗路径的角度，一是从临床实践差距和临床认知差距的角度，一是从药品的数据角度。

疾病干预管理证据　是指在疾病的诊疗路径中，对疾病的流行病学、筛查率、诊断率、治疗率、控制率，各种治疗药物和手段的有效性、安全性、依从性，疾病的治疗结局等方面的循证医学研究。疾病的干预管理证据是制定治疗指南的基础和前提。对疾病干预管理证据的梳理是专业学会制定治疗指南所必须进行的事前工作。制药企业医学事务部在这一环节可以帮助专业学会进行文献和文章的梳理工作，至少可以把自己药物在疾病干预管理方面的有关证据分类汇总并提供给专业学会参考。

在分析疾病干预管理证据时，不仅要考虑证据的全面性差距，而且要考虑证据的质量和级别方面的差距。关于疾病干预管理方面的差距分析，又可以称为研究差距。

治疗行为和认知证据　治疗行为和知识水平方面的研究和证据可以帮助医疗卫生专业人士认识到和规范化治疗之间的临床实践差距和临床观念差距，从而驱动临床改变，最终达到改善患者预后的目的。在实际工作中，大家对这方面证据的认识在逐渐提高，这部分研究有一些已经超出临床研究的范畴，属于心理行为研究。这对医学事务部门来说，是一种挑战。广义的真实世界研究也应该包括临床治疗行为和认知的心理学研究。区域医学事务如果能具备这方面的证据产生能力，则标志医学事务正式从医学支持、医学市场阶段，走向医学驱动阶段。因为只有揭示实际临床行为和认知的证据才能驱动医疗卫生专业人员进行治疗决策的改变，才能形成不断进步的势能。在此建议将这方面的差距称为觉察证据差距。

四、药品证据

一般医学事务人员头脑中的证据差距指的就是自己药物在数据方面的差距，这是狭义的数据差距。广义的自己药物的数据差距，不仅包括药品注册研究数据，而且包括上市后研究和研究者发起的临床试验的数据；不仅包括临床试验的数据，而且包括非临床研究的数据；不仅包括替代终点的数据

（实验室检查），而且包括事件终点的数据，包括主观感受终点的数据。对自己药物的数据差距的分析，不仅要从学术推广的有效性和安全性出发，而且要从其完整性、权威性（质量和水平）、创新性和实用性的角度出发。

　　总之，临床差距分析的过程不仅可以帮助制药企业熟练地掌握治疗领域内未被满足的医学需求，发现商业机会，制定切实可行的药品研发和推广策略，促进业务增长，而且可以帮助所在区域的医疗卫生专业人员提高医疗专业服务的质量和水平，最终造福患者。

　　值得注意的是，任何临床差距都应该是阶段性的，在确定临床差距的过程中，应该剔除那些短期不能填补的临床差距，因为其中存在着不切实际的期望。临床差距应该是本地区临床实践中在未来3年内有能力填补的，而且是在先进国家和地区已经证实可以实现的。

　　差距产生的势能就是改变发生的引擎和驱动力，没有差距，就没有改变的动能。制药企业的医学驱动的基本含义是，制药企业业务增长模式是以未被满足的医学需求为核心运营的，制药企业的研发和经营活动是围绕着填补临床差距这个核心进行的。把制药企业的医学驱动模式理解为以医学事务部的活动为核心是不正确的，所有制药企业的业务部门都应该以未被满足的医学需求为核心研发和推广自己的药物，医学事务只是其中的一个重要成员。

本章小结

　　临床洞见对于医学事务来说，不是虚无空洞的词汇。临床洞见是医学支持和医学驱动的分水岭，是制药企业医学事务价值的具体体现，是医学事务的商业敏感度的标志，是医学策略的基础，是临床实践的诊断和治疗决策的出发点，是提高患者诊断率、治疗率、控制率、达标率和依从性的驱动力，是当地临床实践、临床认知和临床预后的真实世界知识和情报。

第五章 从临床差距到临床差异：如何定义药品价值

  药品在疾病诊治路径中的价值是以药品对当地医疗卫生资源的影响来衡量的，是以改善疾病和预后来实现的。一个治疗药物，即便临床试验中的数据表明其具备多么卓越的临床疗效，如果不能应用于当地疾病的临床诊治之中，不能作用于当地的医疗卫生保健系统之中，不能实现"合适的患者在合适的时机使用合适的治疗"，这个药品对当地的患者来说，就没有实现其潜在的价值。

  药品实现其价值的过程就是药品的商业化过程。发现和定义药品价值的过程就是发现和定义药品特性在疾病诊断和治疗路径中的改善作用的过程，就是制药企业能够为未被满足的医学需求提供自己的解决方案的过程。其中的关键在于临床效果的差异化。

第一节　临床差异化——药品数据特征和治疗优势

  审时度势、知己知彼是制定战略和策略的基础，也是发现药品价值实现机会的基础，疾病诊治路径、治疗观点和临床洞见、临床差距的分析都是审时度势的活动，而药物数据特征分析则是知己知彼、确立临床差异和治疗优势的基础。

一、药品数据的特征和类型

如果说药品的分子结构和理化特点、药物代谢动力学特点是药品的骨架，那么药品的临床效应和非临床效应就是药品的血肉。药品的数据特征就是药品本身特性的数据及其作用效应和作用结果数据的总和。

药品自身特性数据　包括药品的物理特性数据（分子量、空间结构、溶解度等）、化学特性数据、药效学数据（亲和力、选择性等）、药物代谢动力学数据、生产工艺数据等。这类数据主要描述的是药品本身的特性及其在生物体内的变化特点。

药品直接效应数据　是药品对生物体作用效应的数据，包括对遗传基因的影响、对组织病理学和组织形态学的影响、对生物标志物的影响、对临床化验指标的影响等。药品的效应数据揭示了药品干预和效应之间的直接因果关系。这种效应可以体现在临床有效性方面，也可以体现于药品不良反应方面。

药品疾病治疗效果数据　是药品对疾病治疗效果的数据，包括临床事件发生率的变化、临床症状控制率和缓解率的变化、疾病进程的改变、药物经济学和生活质量的改变，以及人群整体发病率和病死率的变化（治疗拐点）。

药品的数据直接产生于药物研发和商业化过程中的各种非临床实验和临床试验、疾病研究，是历时10余年涉及上千人的知识的累积，也是药物研发和发展投资的直接产出，是制药企业最重要的资产。

另外，在制定品牌医学策略的过程中，药物的市场数据（患者人数、市场占有率、年增长率等）也是重要的药品数据，反映了疾病治疗的类型和趋势。

二、药品数据和竞争品分析

定义药品价值，仅仅从药品自身数据出发是不够的，价值的判断和定义在比较中才能实现。没有比较，就没有优势可言。无论什么药品，在进入特定的疾病领域或者适应证时，都会面临比较。首先要与现有的治疗方法和手段相比较，自己药物是否存在独特的治疗优势，是否能解决现有治疗的局限性，是否有潜力改变治疗格局，给患者、医生和支付者带来更多的获益。同时，已经在标准治疗中的药品，还要面临生物类似物和仿制药品的比较，面临同类药物之间的比较，面临未来创新疗法的比较。你不去比较别人，别人也会来比较你。

一种药物，既有可能在治疗中替代其他药物，也有可能被其他药物或疗法替代。在治疗特定疾病时，在临床实践中可以互相替代的药物就是竞争药物。这种替代可以是全部替换，也可以是部分替换。竞争药品的定义是动态的，同类药品不一定构成相互竞争的关系，在早期还有可能是合作的关系，可以共同推动治疗模式的改进。从特定疾病的医疗资源分布的角度来看，疾病治疗的各种方式也有可能构成竞争关系，此时，辅助用药，甚至中医药都有可能和创新药物构成互相可替代的竞争关系。如果医疗保障部门实行按病种付费和支付封顶，那么，在此疾病中各种治疗方式的优先级的判断和选择就成为一个竞争环境，不同治疗方式之间不可避免地要进行比较和权衡。

要定义药品的价值，制药企业医学事务需要收集整理所有药品，包括同类药物在内的竞争药物数据、仿制品和生物类似物数据。只是了解自己的数据是远远不够的。知己知彼，百战不殆；不知彼而知己，一胜一负；不知彼，不知己，每战必殆[①]。

三、从数据到证据：药品的治疗优势

什么样的数据可以成为证据？什么样的差异才是有临床意义的差异？当药品的自身特性数据、药品的直接效应数据、治疗效果数据或者是市场动态数据成为医疗卫生专业人员制定治疗决策的依据时，数据就成为证据。无论是哪一类数据，都有可能影响到不同利益相关者的治疗决策、治疗选择，关键在于治疗决策者的价值判断。

一般来讲，对于疾病干预的药物，治疗决策者主要从药品的科学性、有效性、安全性/耐受性、易用性/方便性和可及性五个维度来考察。对于不同疾病、不同环境、不同患者、不同利益相关者，这五个方面的影响程度不同，需要动态看待和分析。我们可以将这五个方面称为药品的价值驱动因素。确定药品的治疗优势及核心医学信息，需要按照这五个方面来梳理和分析。

总之，我们需要从药物的数据，从治疗决策者的角度出发，通过比较和分析，确定药品的临床差异和价值差异，知己知彼，发现治疗优势，将数据变为证据，从价格走向价值。

值得注意的是，药物数据的产生过程是动态的，贯穿于药物的整个生命周期。药物数据的来源不仅有精心设计的研究，还有各种数据库、疾病登记项目、患者支持项目、政府医保数据库。药物数据不仅来自自己公司发起的研究，还可以来自临床医生自主的研究、学会和第三方学术机构，甚至竞争药物公司。因此，药物的证据和治疗优势、临床差异、价值判断都不是一成不变的。药物的各种数据要时时更新，药物的治疗优势要年年评估。

对药物数据的监控和更新，是医学事务部治疗领域内医学顾问或者医学

---

① 《孙子兵法·谋攻篇》。

信息专员的重要职责，也是制药公司对其的基本要求。如果药品医学顾问没有建立起系统性更新药物数据的方法、流程和习惯，则说明其尚未具备知识更新的能力。在实际工作中，一些品牌医学顾问对药物数据的监控和整理工作不重视，工作两年还不能随口讲出自己药物做过多少临床试验和研究，知识碎片化、不系统，更不用提对竞争药物数据的掌握了。在转岗和离职移交中，在上岗培训中，对药物数据的管理和培训基本上都无明确的要求。心中有数，不仅要有数据，还要有数字。

第二节　品牌策略——临床洞见和临床差距的选择和聚焦

在《策略性学习》一书中，作者Willie Pieterson认为品牌策略的核心在于回答一个问题：What will we do differently or better than our competitors to provide greater value for our chosen customers and superior profits for our organization（对于我们选择的客户来讲，我们如何通过比竞争对手做得更好或不同，来为公司获得更多的利润）？药品的品牌策略亦应如是，对一种药物来讲，制药公司各部门，包括医学事务部门要发现和传递的核心问题就是：和竞争药物相比，我们提供的治疗药物或治疗方法对我们适应证内的患者结局之独特的优势是什么？

一、策略就是选择和聚焦

临床效益的差异化是药品的核心策略。将药物的药理学作用、科学效应和临床结果转换和表达为对临床医生、支付者和患者的不可替代的临床效益是制药企业品牌医学事务的主要目的。而所谓品牌医学策略，就是为实现这个目的和期望所选择的道路，策略是实现临床效益差异化和最大化的方向和主要成功因素（key successful factor，KSF）。托尔斯泰曾经说过："幸福的家庭总是相似的，不幸的家庭各有各的不幸。"药品的成功之路也是相似的，而不成功的药品却各有各的不同。临床效益的差异化的核心在于聚焦和选择，在于有所为，有所不为。临床差异化的过程就是制药企业确定自己产品对患者结局影响的竞争优势的认知和共识过程。

明确的患者人群或患者类型　成功的药物会选择显示能够最迅速、最明显得到临床改善的患者人群。或者以生物标志物区分患者人群，或者以合并疾病区分患者人群，或者针对新发人群，或者针对初治患者，有所取舍。

创新的科学机制和概念　成功的药物会为医疗卫生专业人员带来创新性的作用机制或者创新性的治疗概念，使得临床医生广泛认知并对其改善疾病的诊断治疗路径的某一个部分充满期待，占领学术制高点，引领药物治疗的新趋势。

明确的改善机会　成功的药物会持续在学术界发表和发布系列学术研究成果和循证医学证据，制造和维持研究热点及学术热点，不断揭示其在疾病诊治路径中的实际效益。

密切的伙伴关系　成功的药物会从临床研发阶段开始和医疗卫生专业人士建立学术伙伴关系，通过各种学术平台和科学项目与其开展合作，共同培育和发展药物的数据和证据。

二、临床差距的聚焦和权衡

药品的成功之处在于其能够填补临床差距，满足未被满足的医学需求。然而，药品不可能满足疾病诊疗路径中全部未被满足的医学需求，也不可能填补所有的临床差距。

既然策略的制定是选择和聚焦的过程，那么我们在哪里进行选择？选择什么呢？我们不是从药物数据出发进行选择，我们是在充分了解和整理出的临床洞见的基础上进行选择，我们是在临床差距的基础上，结合自己药物数据和公司资源能力进行选择和权衡，决定我们去填补哪些临床差距，不去或暂时不去填补哪些临床差距。

首先，要按照疾病的诊治路径，整理上一年的治疗观点和临床洞见，结合自己药物数据和竞争药物数据，评估临床医生在进行治疗决策时的驱动因素和各种治疗方法的切合程度，发现和列出自己药物的切入点。

其次，在总结出的临床差距的基础上，按照重要性和紧急性分析临床差距的次序及其对当地医疗卫生水平的影响力。

再次，结合自己药物数据和竞争药物数据，发现和找出自己药物可以填补的临床差距，以及竞争药物或可替代药物的优势和劣势。

从次，考虑到填补临床差距的难易程度，结合当地医疗卫生系统的资源和现状，对自己公司的战略和资源进行可行性分析。

最后，选定下一年度医学事务活动需要填补的临床差距，确定如何衡量此临床差距（如何确定此差距被填补），并据此制定医学事务活动策略和计划。

上述聚焦和选择的过程，是团队的沟通和协调过程，是知识的提炼和产生过程，人员的能力、组织的结构和文化都会对临床差距的分析和聚焦产生决定性的影响。医学事务治疗领域负责人的工作能力和知识决定了这一过程是否能够在制药企业内部成功实施和贯彻，以及实施和贯彻的质量。

三、当地医疗卫生系统和疾病诊治知识

临床洞见和临床差距反映了制药企业内部，特别是医学事务人员对当地医疗卫生系统和疾病诊治的认知和知识，以及对治疗观点和临床洞见的收集和提炼。对临床差距的认知和呈现是学习的过程，制定策略是聚焦的过程，制定计划是协调的过程，实施计划是执行的过程。其中，学习过程是基础，既是聚焦、协调和执行的过程，也是不断修正学习的过程；既是跨部门不同功能同事之间对医学策略、医学计划的讨论和执行，又可以丰富和深入认识当地疾病的诊断治疗情况。在这个意义上说，医学事务的工作就是持续学习

的过程。下面列出了医学事务在持续学习过程中的常见问题，可以作为制定品牌医学策略和计划之前的参考和自我检查。

关于疾病的诊疗路径

❖ 疾病和患者类型的流行病学数据是什么？有什么变化和趋势？

❖ 患者的诊断、治疗和随访在既往几年有什么变化？

❖ 疾病治疗指南是什么时候制定的？如何更新？在临床实践中指南的依从性如何？

❖ 疾病现有的治疗方法和情况如何？这种治疗状态对患者的筛查、诊断、治疗和随访的影响如何？

❖ 最适合药物治疗的患者人群有哪些？患者是由哪些人来照顾的？由什么医生来治疗？他们是如何照顾和治疗的？和指南的要求有什么差距？

❖ 最适合的患者人群的准入和报销政策如何？患者的支付能力如何？

❖ 竞争药物的种类及其被认可的差异是什么？它们的核心信息和患者数量分别是什么？

❖ 未来3年内会有新的治疗方法和药物进入市场吗？它们对疾病的诊断、治疗、随访和预后有什么影响？

关于疾病的治疗决策

❖ 患者治疗中的主要障碍和动机是什么？其他公司是如何对这些障碍和动机做出反应的？

❖ 什么是驱动各种治疗方法使用的主要因素？各地区和国内外有什么差异？

❖ 从药物的有效性、安全性/耐受性、易用性/方便性和可及性四个维度，对治疗决策的影响因素进行排序（和市场占有率一致吗）？

❖ 竞争药物的特点和信息是否被认为是影响治疗决策的主要因素？其影响程度多大？

❖ 从医生、患者和支付者的角度，分析影响当地治疗决策的主要因素在未来的变化趋势？这种趋势是如何演变而来的？

❖ 为什么原来不重要的医疗决策因素后来却越来越重要了？对我们的意义和影响如何？

❖ 在每个患者人群，治疗决定的主要考虑因素是什么？有什么不同？

❖ 在患者人群中，自己药物和竞争药物对于现在和未来治疗决定有什么影响？

❖ 自己药物对哪种治疗决策因素影响最大？对哪种治疗决策因素影响最小？

❖ 如果治疗决策因素发生变化，对自己药物和竞争药物的影响是什么？我们自己药物在疾病治疗中的地位和作用，从现在到未来会有什么变化？为什么？

关于药品和竞争药物
❖ 我们药物的定位和当地疾病治疗决策的影响因素是否相关？若不相关，原因是什么？

❖ 竞争药物或同类药物是如何处理他们的薄弱点的？未来可能会如何处理？

❖ 我们是根据什么标准区别患者类型、医生类型和支付方类型的？根据什么确定优先级？

❖ 说明患者、医生和支付者的治疗观念和行为？

关于当地医疗卫生环境
❖ 前后1年学术会议、治疗指南和共识的召开和发布时间是什么时候？当地学者的作用如何？

❖ 前后1年治疗领域内批准和注册的新药物和新技术是什么（包括本公司）？

❖ 前后1年注册法规和准入支付政策的变化有哪些？

❖ 正在进行的治疗领域内的临床试验有哪些？由谁牵头？在哪些医院进行？研究设计如何？

❖ 各种证据产生方式在近年来有什么变化？

❖ 哪些政府部门的政策和决策可以影响疾病的诊疗和预后？

❖ 支付者、患者和临床医生做出治疗决策关注的数据点都有哪些？

第三节   药品价值陈述与核心科学信息

对各种利益相关者在疾病诊疗路径和治疗决策进行分析，可以产生临床洞见；在此基础上结合自己药物及竞争药物的数据进行分析，可以认识到临床差距；对于临床差距的选择和聚焦可以得到药物在特定市场的策略，明确自己的药物可以满足的医学需求及可以填补的临床差距，定义药物的价值。

药品的价值陈述（value proposition）声明了药物可以填补的临床差距、改善的临床结局以及特定患者人群的获益。药品的价值陈述分为前提、地位和证据三个组成部分，分别对应临床差距、临床结局和临床获益。

前提   对临床差距的简短描述。如对于未达标的高血压患者……

地位   用单一句子讲述药品X可以填补临床差距的临床获益。如药品X是……

证据   使用3~5个数据点说明药品X填补临床差距的理由。

价值陈述的基本句型是：**对于……未被满足的需求或患者，药品X可以/或提供了……（解决方案、治疗优势），因为它具有……的证据。**

药品的价值陈述定义了在一个阶段内被选择的最重要的未被满足的医学需求（临床差距）及其药物的临床获益和核心数据。明确这一阶段品牌的发展方向和目标，是品牌相关的市场活动、销售活动和医学活动、准入活动的纲领和指南。

药品的核心科学信息是对药物价值陈述的进一步发挥和延展，可作为科学沟通和学术观念倾向性评估的主要标准和条件，也可作为内部培训的大纲和指南。一般一个药品每年的核心医学信息不超过七个，分别为七个主题，每个主题能够回答一个问题。

❖   关于未被满足的医学需求。此信息应该揭示药物或治疗方法能够填补的临床差距，包括疾病的预后和现有治疗的局限性，具体描述临床差距的现状和危害性。回答的主要问题是：现有治疗的局限性和缺陷是什么？如果没有这种治疗或药物，那么患者或疾病的控制会有什么缺失？

❖   关于药物的科学优势。此信息揭示了能够填补临床差距的药物特征数据和作用机制，提供了改进临床效应的理由和理论基础。

❖   关于药物的临床有效性优势。此信息从临床数据角度证明了药物在临床试验中的有效性数据，此有效性数据针对的是第一条的临床差距。

❖   关于药物的临床安全性优势。此信息从临床试验的数据中揭示在特定患者人群中，在确保临床有效性的同时，兼顾药品的安全性数据，解决安全上的担心和顾虑。

❖ 关于药物的临床效益和比较性优势。此信息揭示的是药物的其他特性，如耐受性、易用性/方便性和可及性等方面的研究数据。同时，也可以揭示在达到临床有效、安全、方便和可及的目标之后，对临床差距的改善作用及对患者结局的改变和影响。

❖ 关于药物的特殊问题信息。比如针对同类药物常见和多方的严重不良反应方面的数据和信息（如他汀类药物致横纹肌溶解）。

❖ 关于治疗指南的推荐或者疾病管理中的地位的信息。此部分揭示了权威机构或先进国家和地区，药物取得的成绩和影响。

品牌的核心科学信息可以做成一张A4单页，作为内部培训资料和工作中的指南，所有数据都应该标注参考文献，所有参考文献的原文都应该被医学事务部相关人员阅读掌握。

核心科学信息中引述的药物研究或临床试验的证据级别水平应尽量属于高等级的证据水平。

药物的治疗概念和学术制高点　概念是思维的产物，治疗概念是临床思维的产物，是对在疾病的诊断、治疗和随访中发现的特征的总结和概括。逻辑学认为，任何概念的形成都要经过陈述、对比、抽象、概括和命名五个阶段。术语是概念的符号和标识，一个概念就是术语表达出来的观点。

药物的核心科学信息可以概括产生治疗概念。治疗概念赋予药物以灵魂。阿卡波糖因为其作用机制不刺激胰岛细胞分泌，并从中国患者饮食结构的现状出发，强调控制"餐后血糖"的治疗概念，在中国口服降糖药物领域"一骑绝尘"。氨氯地平的治疗概念"控制清晨血压"，缬沙坦的治疗概念"器官保护"，都是引领学术发展和药物应用的治疗概念。在某种意义上说，能够提出自己药物的治疗概念，特别是创新性的治疗概念，可以使自己的药物占据学术制高点，使竞争药物永远处于跟随模仿和争辩解释的境地，这是药物品牌市场策略成功的标志。

占据学术制高点意味着药品掌握了学术交流的话语权，药品的科学优势成为学术的热点，药品的临床优势成为治疗的标准，药品核心科学信息和治疗决策的主要驱动因素一致，成为治疗决策的出发点。阿托伐他汀在某种意义上，重新定义了高胆固醇血症，选择LDL-C作为众多血脂指标中最重要的衡量标准，提出了越低越好、强效降脂的治疗概念，不仅区隔了自己和竞争药物，而且引领了胆固醇的继续教育的学术发展，美国甚至出台和发布了《国家胆固醇教育计划》——一个以化验指标为核心的教育和培训计划。

通过治疗药物，创造出一个疾病亚型或为一个特定的病理状态重新命名，这是药物治疗概念占领学术制高点的最高境界。既然我们不能判定现在已经发现和命名了所有的疾病，那么，我们也不能假设所有的疾病都已经被发现和被充分认知，只等着人们去发明药物治疗和治愈了。事实上，如高血压、糖尿病、慢性肾病、肿瘤等疾病都是根据外表症状或临床表现来归纳命名的，并没有揭示其病理生理本质，实际上属于临床综合征，其发病原因各异，甚至不完全清晰，因此称为"原发性"。原发性的含义就是现在还不清楚其中的原因，等清楚了之后，就称为"继发性"了。随着科技手段的不断进步，人们对疾病的认知也必然不断深化，以治疗靶点为干预环节的创新药物，也必然推动人类对疾病的重新认知，从而发现新的疾病亚型或者新的病理状态。

第四节　品牌医学策略

品牌医学策略定义了为了满足当地市场疾病治疗中未被满足的医学需要，品牌医学事务活动的主要方式和方法，讲的是医学事务部门为填补当地的临床差距将要做出的贡献，讲的是医学事务治疗领域的人员将如何利用自己药物的证据产生和沟通活动与医疗卫生专业人员合作沟通的故事，讲的是现有的医学事务人员的业务能力和资源配置的故事。

品牌医学策略是药品发展策略的一部分　制药企业医学事务的使命在于通过提炼和揭示药品相关疾病领域未被满足的需求，管理和产生药品和疾病相关的知识，从而影响医疗卫生各个环节的决策过程，达到尽可能最多最快地实现和促进合适的患者均能够得到合适的治疗的目的（保证患者以最小的风险得到最大的受益）。无论采用什么策略，都不能脱离这一使命和出发点，都不能脱离未被满足的医学需求，都不能脱离对本地市场的临床差距的改善。

品牌医学策略是整个品牌管理计划的一部分，不能独立于品牌市场策略而存在。制药企业的市场营销活动和推广活动都是针对医疗卫生人员，特别是临床医生进行的，因为临床医生是处方者，也是治疗药物实现治疗价值的唯一途径。没有临床医生作为研究者进行药物的临床试验，治疗药物将无法取得注册批准；没有临床医生对治疗药物的使用观察（临床实践、有效性和安全性体验）和学术交流（如学术会议、学术研究、继续教育、文章发表），治疗药物也无法得到实际的应用。

更为重要的是，品牌医学策略所需要的资源投入，包括人员配备和活动费用，都属于管理和推广（administration & promotion，A&P）费用，而不是药品的临床研发费用。一些公众人士对于制药企业营销和推广费用超过研发费用颇有微词，并以此认为制药企业是药品"营销机器"，而不是药品研发机构，这是因为公众媒体对制药公司的费用结构并没有深入了解，片面认为制药公司只要研制并上市了创新药品即完成了自己的使命，殊不知药品上市前不到十年的临床试验数据，远远不能显示出药品的临床效益。殊不知，制药企业不仅要负责研发上市，还要负责上市后长期药物的安全性监测，负责总结药品在真实世界治疗中的数据和证据，负责和医疗卫生专业人士沟通和合作。而这些都是需要消耗人力和物力的，都是需要费用支持的，不是免费得来的。

一、品牌医学策略的描述

品牌医学策略的表述应该简明扼要地说明医学事务的活动目的，具体的医学活动项目可以在策略下面列出。针对选定的临床差距（未被满足的医学需求），医学事务的目的可以从药物使用路径中选择和考虑。药物的使用路径是从药品本身的角度对疾病诊治路径的另一个解读，包括了认知度、认可度、可及度和依从度四个阶段。例如，如果我们从临床差距的分析中认为临床医生对于"治疗达标"的认知度不够，那么，医学策略可以表述为"通过教育和真实世界证据提高对治疗达标的认知度"。

品牌医学策略的正式名称为策略必须事项或者直接称为主要优先事项。每个策略内部都可以包括证据产生活动或者是沟通活动。实际上，每个策略选择都揭示了一个疾病诊疗路径中的改善目标，这个目标又构成了微观环境下的期望。但这个期望被确定之后，随之启动了新的差距分析过程。

二、医学品牌策略的分析

仅仅用一句话列出医学策略选择，并不意味着医学策略的完成，医学品牌策略的领导者（主要是医学顾问或者医学事务经理）需要带领医学团队进一步明确以下问题。

❖ 目前每一个策略选择的现状和差距是什么？
❖ 什么医学项目是最有效弥补差距的手段（医学活动项目）？
❖ 如何衡量成功？
❖ 如何衡量填补差距的过程？有哪些绩效评估指标或里程碑？
❖ 如何应对和处理困难和挑战？处理这些挑战消耗的资源和人力有多少？
❖ 如何实现快速成功？如何庆祝我们的成功？
❖ 成功完成策略选择所需要的资源和人力有多少？

三、医学活动项目组合

在这里需要指出的是，医学活动的策略选择并不是具体的医学活动项目。具体的医学活动项目需要满足品牌医学策略选择的目的，是为其服务的工具。只有确定了目标，才能根据这个目标来选择工具，而不是相反。医学事务活动类型有很多，但是不外乎三大类。

证据产生活动　包括各种上市后研究活动、真实世界研究活动、疾病或药物登记研究、患者报告结局研究、数据挖掘和荟萃分析活动、病例回顾研究（chart review）等。

教育培训活动　包括各种继续教育活动、卫星会、会后会、讲者培训活动、科学沟通活动等。

合作资助活动　包括研究基金赞助、患者支持项目、文章撰写和发表项目、病例收集活动等。

决定了策略选择之后，可以根据上述的活动类型和公司战略、品牌的生命周期和资源配备、医学事务的能力和精力，来选择实现策略的具体活动。

第五节　品牌医学事务计划

品牌医学策略和医学事务计划并不完全是一回事。品牌医学策略讲的是医学事务要做什么事情，不做什么事情，背后的原因是什么，需要花费多少费用，对公司有什么价值；品牌医学计划是每件事情的具体行动策略和方案，是具体医学活动和项目的工作计划。

任何计划都不是待办清单，任何计划的逻辑组成都应包括：情景分析、目标制定、策略权重和取舍、活动和项目、预算和衡量指标、时间表和负责人。任何计划都应该明确说明两个问题：在哪里玩和怎么玩？

医学计划的内容组成　在品牌医学计划中，需要就每一项具体的活动做出行动和工作计划。如各个证据产生活动和临床试验的策略和计划，治疗指南和学会活动计划，继续教育和科学沟通会议计划，文章发表和资料准备更新计划，专家发展计划，患者项目计划，人员发展计划。

此外，还需要项目运营模型和计划、患者招募计划、预算和花费计划、统计分析计划、区域医学事务活动计划等。

凡事预则立，不预则废。具备管理预算及做医学策略和医学计划的能力标志着医学事务部人员从医学助手和医学支持阶段走向医学市场阶段。在医学助手和医学支持阶段，医学事务部没有自己的预算，也无需医学策略和计划。

品牌医学策略和计划不是给临床医生看的，而是治疗领域医学事务准备给内部跨部门团队和医学事务跨领域团队看的，相当于治疗领域和制药公司每年度签署的一个"工作协议"，也相当于制药公司内部资源的分配和使用规范。品牌医学策略是品牌策略不可分割的组成部分，需要符合公司整体战略和资源配置。不同药物，不同阶段，不同的临床差距，其资源配置是不同的，因此，品牌医学策略和具体活动也是不同的。千篇一律、同质化的医学策略等于没有策略。

医学策略和计划需要经过至少四轮的讨论和审核：治疗领域医学团队内部的讨论和审核，制药公司品牌管理团队跨部门讨论和审核，医学事务部门管理团队的审核和制药公司管理团队的审核。

对于证据产生活动，品牌医学计划还需要和包括统计师、临床研究专员（CRA）、项目经理等在内的操作人员进行讨论和审核，内容包括入组计划、研究中心确定、临床试验方案及相关文件、研究者会议、研究指导委员会日程、研究预算和花费、研究操作模型等。

第六节　治疗领域管理计划

通常来讲，医学事务计划是按照药品或品牌制定的，因而从理论上说，一个药物应该有一份医学事务策略和计划。但是，在实际过程中，由于各个品牌的生命周期不同，公司的业务重点和资源配置也因此不同，对于每个品牌使用同样的精力去准备品牌医学策略和医学计划不仅是不必要的，也是不合理的。

策略的重点在于聚焦，在于选择重点。在品牌医学策略之上，治疗领域的医学事务负责人需要从整个治疗领域的角度来管理产品线和产品组合。在整个治疗领域内，医学事务需要兼顾现有药物和在研药物，也需要兼顾现有适应证和在研适应证。既要在主要药物或主要药物的一个适应证上深耕，又要拿出部分精力（不超过20%）兼顾未来和其他。这就是制定治疗领域管理计划的原因。

制定治疗领域管理计划的主要目的是配置治疗领域内医学事务人员、业务重点和资源，协同治疗领域的知识管理和外部专家合作项目，确保和临床研发部门、注册法规部门一道，加速在研药物或适应证的临床试验和注册审批。

治疗领域管理策略和计划推荐聚焦于现有业务重点、产品线业务重点、外部合作项目、运营效能创新、组织和人员发展五个维度来思考和考虑。

策略选择的表述的基本句型是：行为动词（构建、开展等）+行为结果（+手段和方法）。如构建高效团队或者建立伙伴关系，增加患者依从性等。不建议采用略显被动的动词，如等待、维持。

第七节 医学事务计划具体项目或活动的执行

医学策略和计划的执行依赖于品牌医学领导人的协调管理能力，需要调整和协调制药公司的整个业务系统，才能够实施和执行，反复传递领导力信息，确保整个医学事务品牌相关团队的协调一致。每个策略支持的医学事务项目都需要具体的行动计划来克服执行中的障碍和阻力，推进项目的进展（图5-1）。

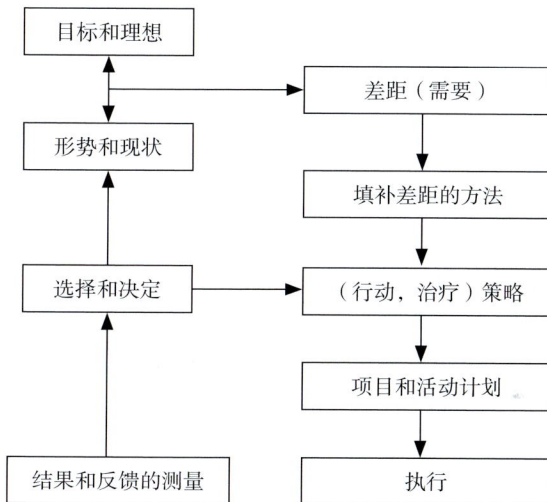

图5-1 策略和执行的基本思路

一、组织和团队的优势和劣势分析

在明确外部的机会和威胁之后，我们需要理解组织内部的优势和劣势，认清现实的条件和能力，才能确保医学事务的证据产生计划、教育沟通计划和外部专家参与计划的落地实施。我们不仅需要从具体药物的维度去分析和认清其优势和劣势，而且需要从公司战略层面、治疗领域层面和医学事务部门的人员和团队能力层面去分析自己的优势和劣势、长处和短处，扬长避短，循序渐进。切不可好高骛远，不切实际。

在分析组织团队的优势和劣势的时候，需要从具体的策略选择及支持策略选择的具体医学项目或活动的角度出发，明确未来期望的状态和现在的状态是什么样子的，找到两者之间的差距，列出成功填补差距的主要障碍。帮助医学事务团队的每个人理解项目的实施需要培养和锻炼的技能和知识，明确部门和团队在未来努力的方向。

我们可以从项目管理指标和要求、团队结构和流程、公司文化和行为、人员能力和动机四个维度来分析医学事务团队和人员的优势和劣势，并找到成功执行和落实医学事务计划所需要的能力和流程建设。

二、项目的沟通和关键信息

一个成功的项目需要一个明确的领导力信息，需要将策略选择转换为具体的行为活动和人员责任，需要一声清晰而响亮的号角。项目的执行和参与人员在不知所以然，不知其在其中的作用，不知项目的意义，不知道个人或职能在项目中的重要意义的时候，是不可能积极参与，也不可能高效执行的。

项目的核心信息相当于品牌的价值陈述，需要使用最平白的语言赋予项目以意义，主要是项目成功后对当地医疗卫生保健系统中未被满足的医学需求的改善作用，以及对公司业务成长的意义。

项目的名称一般取项目英文全称的缩略语组成一个符合项目意义和价值的词语组合，有时可以以此设计项目的标识。项目的名称和标识就如项目的旗帜和标语，可以提高医学项目的知晓度和影响力。

因为医学事务的活动或项目属于非推广活动，因此，不推荐项目的标识使用药物色调，但是可以使用公司标准色调。如果涉及药物，可以使用药物通用名的第一个字母来标志项目的归属药品。如缬沙坦的系列医学项目，可以采用Valsartan的"V"作为名称的第一个词，如VALUE研究、Val-HeFT研究；修美乐在中国上市后的项目名称ADAPT、ADMIT都来自其药物通用名（阿达木单抗）的第一个字母。

三、运营模型

提高医学项目和医学活动的水平，需要分析和构建能促进高效执行的系统、流程、环境和文化，需要配备合格的人力资源和团队，需要有高效执行的策略和方法。我们把这一过程的设计和计划称为项目的运营模型。一个项目的运营模型包括过程评估和回报、团队结构和流程、文化和行为准则以及人员能力建设四个部分。

过程评估和奖励机制　具体医学项目的成功执行需要项目负责人和团队在项目计划时能够将主要的策略选择转换为可执行的医学项目和活动。在具体的项目活动中，要重新梳理和分析目标和过程、差距和障碍，制定切实可行的监测指标和里程碑阶段；要设计奖惩和调控机制，并庆祝阶段性的成功。

团队结构和流程　项目执行团队的经验、热情和组成是项目成功的保障。项目小组的组成应该有充分的证据证明其能够在项目中发挥自己的作用。项目的流程包括沟通机制、审批和报告机制、付费标准和流程等。这里的主要挑战是，在组织中，很少有全职的人员投入到项目之中，大部分项目团队成员还负责其他的项目或活动。团队的成员如何分配精力和权重在本项目之中，是项目领导者需要考虑的问题，不能假设小组成员都投入百分之百的精力在一个项目上。多任务处理是现代组织对员工能力的基本要求。

共同认可的价值观和行为　项目小组在项目开始阶段就应该建立基本的行为准则，明确应该如何合作，明确哪些行为是不被接受的。项目失败的一个重要因素是项目小组各个职能组成人员心思各异，言行不一，没有拥有感和责任心。

人员的能力要求和激励　项目负责人需要从项目成功的要求出发，梳理和明确项目小组成员和负责人的胜任能力，分析和明确项目中需要什么角色和职能，这些角色和职能的要求是什么，然后才能在现有人员中挑选和邀请项目小组成员。根据现有人员的能力差距，设计和提供相应的培训和辅导，使每个参与项目的同事明确其需要努力的方向。在临床试验和研究项目中，需要为每个成员建立项目人员档案，包括其资质证明（GCP等证书）、能力评估、个体培训计划和培训记录。

项目行动计划　在心理和行为上抵抗变化和新事物是人的本性，也是组织中员工的本性。在医学项目的高效执行上，如果仅仅停留在沟通和协调阶段是远远不够的，每个医学项目、医学活动一定要有具体的项目执行计划。

我们可以使用下面七个问题开始具体医学项目的计划，对这七个问题的回答和描述称为项目行动计划或项目描述。

❖　项目重要性。此项目在整体品牌医学事务计划中的地位是什么？它是如何帮助我们实现策略选择的？项目的影响力如何判断？

❖　项目的目标。项目的具体目标是什么？对策略选择的意义是什么？前两个问题可确保具体的医学项目符合整体的策略选择，有助于填补未被满足的医学需求。

❖　项目描述。具体讲述项目的名称和具体步骤。

❖　项目监测和评估的指标及方法。如何判断和衡量项目的成功？项目的关键绩效指标是如何设定的？在这里要特别注意，KPI的设定应该和项目之目的密切相关，无助于衡量目标的KPI是没有必要的。

❖　时间表和里程碑。项目和活动的时间表和里程碑是什么？

❖　费用。项目总预算是多少？如何分解到各个部分？

❖ 项目团队和负责人。项目及各个组成部分的负责人是谁？

特别重要的项目需要在首要位置列出项目的内部发起人组成和项目的监管团队组成。公司领导和管理层对项目的关注和重视度可以在这部分中充分展现出来，这对于医学项目的推进有着重要的影响。

一个医学项目或活动成功执行的关键因素包括以下五个方面。

❖ 充分参与，多方受益。项目的负责人在项目开始和执行的整个过程中都需要邀请相关部门或团队的人员广泛参与，并建立内部联盟，获得领导层的支持。项目的目标也要确保每个参与的部门或职能都能从项目的参与中取得自己的利益和成绩。你不能期望别人都能无条件无私地来支持你，来给你搭台，给你抬轿子。一个证据产生的项目，不仅需要医学顾问的参与，还需要临床操作部门和人员、统计分析人员的参与；有的甚至需要财务部门、法律部门、业务部门和业务发展部门的支持，需要注册法规部门的协作，需要全球其他国家和地区的支持。使项目成为公司的项目而不是医学事务部门的项目，使项目成为一个团队的目标，而不是一个人的战斗，是确保项目成功的关键要素。

❖ 确定和争取快速成绩。任何一个项目的高效执行都不是一个人能够独立完成的，都需要各自职能和部门同事的协助和支持。同样，任何一个重要的项目都不是能一时一刻快速完成的，有的项目甚至要持续一年或数年。而且，任何一个项目的高效执行和实施、落实，都需要面对各种挑战和困难。因此，明确项目在实施过程中的进展，特别是快速的成绩，有助于增强团队对项目的兴趣，维持对项目的热情和热度，增加对项目的信心和关注，这是项目成功进行的关键之一。对于一个临床试验或证据产生活动，我们不能只要求一个研究产生一篇文章和一个结果，而且这个结果还是在3年之后。我们需要以这个研究为平台，不断地出文章和结果，如在研究设计阶段，可以发表关于研究问题的综述；在研究开始阶段，可以发表研究设计文章；在研究进行过程中，可以发表基线数据，发表中期分析；在研究结束之后，除了整体研究结果之外，还可以发表亚组分析、事后分析、各区域分析等。

❖ 总结和分享最佳实践。在项目的实施过程中，不断总结最佳实践和案例是项目经理或负责人领导力的主要体现。项目负责人言行一致，对项目的热情和信心是很重要的成功因素。项目负责人需要不断地在公司内外提高项目的知晓度，争取内外的各种认可和奖项，才能激励整个项目团队不断将项目向前推进。

❖ 稳定的人员和团队。任何项目都是由具体的人员和团队来实现的。因此，选择和培养有能力、有热情、有精力的人员参与到项目团队中来是十分重要的。项目负责人应该是可信赖的人员，团队的主要核心都应该在公司或医学部门内部有一定的信用。一个离职率很高的医学项目团队，完全可以葬送一个优秀的医学项目。另外，在项目的运营过程中，要根据人员的表现和投入状态，迅速淘汰不合格的成员，构建高绩效团队，这样才能确保项目不会失败。

❖　按照运行模型，建立常规的沟通机制和会议。包括周会、月会和项目通讯等。项目团队要作为一个整体来监控和分析项目执行的KPI趋势和现状，特别是现状和目标之间的差距，并客观分析面临的挑战和问题，进行相应的调整和奖励或警告和惩罚。一个不能掌控的项目一定是个失败的项目。项目管理就是使项目的进程和结果、花费及精力投入和预期相符合。要严格避免对项目放任自流或交给第三方服务公司运营，从而无限制、无节制地拖延和投入。如果项目不能按预期执行，或者没有精力、没有能力执行；如果项目在解决问题的同时，带来了更多的问题，就要从现实的角度出发，及时停止项目。不要找各种借口拖延，也不要文过饰非，掩盖和埋藏问题。这是项目负责人和医学事务经理的责任心的体现，也是其职业声誉的重要见证。

总之，制药企业医学事务不仅需要具备策略思考的能力，具备从当地疾病的诊断治疗路径中找到未被满足的医学需求的能力，具备发现和找到自己药品能够填补当地临床差距的机会的能力，还需要能够领导跨部门、跨职能团队高效率地执行和实施医学事务各项活动的能力。

本章小结

　　品牌医学策略和计划是制药企业医学事务部的内部管理活动，是医学事务部门和制药企业管理层每年一度的约定，需要回答五个基本问题：我们目前在哪里，要去哪里，怎么去那里，到那里对公司有什么价值，需要多少人力和物力。制定策略的过程是论证选择正确方向的过程，而呈现计划的过程则是显示正确方法的过程，以对的方法做对的事情，让合适的患者在合适的时机得到合适的治疗。

　　品牌医学策略和计划不是一个单独的内部业务文件，而是公司品牌策略和计划的一部分，是跨部门品牌管理团队的共识和行动纲领。合格的品牌策略和计划可以提高制药公司管理层和整个业务团队的凝聚力和执行力，减少未来的不确定性和随意性，从而更好地掌控变化，掌控未来。

第三部分

证据产生和沟通活动

第六章　学术沟通和核心信息：构筑科学影响力

　　学术沟通和学术推广不同，学术推广中信息流是单向的，而学术交流和沟通中信息流是双向的。在信息超负荷的时代，医疗卫生专业人员需要制药企业提供关于其上市药物和在研药物的最新数据、其他国家和地区的研究进展等准确、完整和全面的科学信息；制药企业也需要了解医疗卫生专业人士在特定疾病诊断和治疗中的临床洞见和临床实践中的难题和痛点（未被满足的医学需求）。

　　学术推广活动是在药物批准的适应证内，由制药企业有关人员针对医疗卫生专业人士的单向信息传递活动，旨在通过提供药品在已批准适应证人群中的临床有效性和安全性证据，促进药品在这组人群中的临床使用和处方。

　　药品学术推广人员被称为医药代表，制药企业的学术推广活动和资料受到药监局的严格监管，超适应证的推广行为将被处以严格处罚。但是，药监局无法切断制药行业和医疗卫生服务提供者就药品的科学信息进行的互动交流，这种交流是推动创新药物的研发和应用、提高疾病诊治水平、确保患者权益和药品可及的公正性及公平性的要求。

　　为此，制药企业需要雇用有资质、有能力与临床医生进行平等学术交流的专业人员来承担这项工作，且对这组人员不能够以药品的销量和市场占有率来衡量其工作的成功与否，不能直接汇报给商业部门，这是制药企业医学事务的由来。和商业部门不同，制药企业医学事务部门需要不同的汇报线和单独的绩效评估体系及奖励机制。

第一节　学术交流和沟通

学术的本质是考据，是对基于最新认知的概念和推理的追究和质疑，是对事实和真相的不断追求，是提出问题、分析问题和解决问题的思维过程。学术不是传达和传递信息，不是将自己的推理和结论强加给听众，也不是解释说明自己的推理和判断。药物可以商业化，学术不能。商业化的学术是宣传和操纵。学术是知识的沃土，而不是利益的外衣。

一、学术交流的目的和原则

医学事务的本质是非推广性质，这一本质决定了医学事务无论采用何种形式，其信息流都是双向的，科学信息主要从医疗卫生专业人员流向制药企业。这种科学信息是关于当地临床诊治的真实世界知识，是临床医生在临床实践和总结诊断治疗观点时的难题和困境，是制药企业医学事务人员和医疗卫生人员对本地临床实践的共同认知。

信息的传递只是第一步，而得到知识才是最主要的目的，因此，医学事务人员对真实世界知识进行总结和提炼，并将这些知识传递给整个公司的药物研发和商业化团队，梳理和产生符合当地医疗卫生决策的证据产生策略和内容，改变和优化制药公司的商业决策甚至投资方向，是医学事务团队对制药公司的真正价值所在。至于向医疗卫生专业人士传递制药公司药物的核心信息，回答药物在临床实践中遇到的实际问题，协助临床医生进行知识的更新，支持学术组织的继续教育活动只是在这个前提下的具体信息输出活动，其目的是得到更多的反馈和建议。

只有准确、全面、彻底地了解当地医疗卫生专业人员在临床实践中未被满足的医学需求，才能设计出在学术会议上有吸引力的话题，才能有针对性地展现自己的证据，才有可能通过自己的药物和服务影响并改善临床实践，从而实现制药企业存在的终极目标——改善患者的结局。只有深刻了解自己的受众，才能"教育"他们。

所谓学术交流和沟通，其本质是在科学认知的基础上进行的，而不是在主观和利益交换的基础上进行的。话语谈论的是数据和研究（data driven communication），话题集中于疾病的诊断和治疗路径，结论是双方讨论得到的，而不是直接灌输的。这一点也是医学事务学术活动区别于直接推广活动的根本之处。

二、学术交流的形式和内容

医学事务和医疗卫生专业人员的学术沟通和交流有主动沟通和被动应答两种形式。主动沟通（proactive activity）包括面对面拜访和发起组织非推广性会议，被动沟通（reactive response）主要指回答和应对医疗卫生专业人员的问询和研究需求（unsolicited inquires and requests）。

面对面拜访 在现实世界中，很少出现单纯为了学术交流而进行的面对面拜访，临床医生或者其他医疗卫生专业人员的日常临床实践活动本来就很繁多，根本没有兴趣、没有心情，也没有时间在其工作时间和制药企业的人员讨论和交流学术问题。日常学术拜访通常是需要利用各种契机来实现的。

- ❖ 学术会议邀请；
- ❖ 参与制药企业发起的临床试验或真实世界研究；
- ❖ 针对讲课幻灯片的答疑和讨论；
- ❖ 学术会议中的交流和提问，包括正式场合和非正式场合；
- ❖ 对临床医生发表的文章和观点的探讨；
- ❖ 在参加学术会议的路上。

当然，在和临床医生熟悉之后，通过视频和社交媒体进行的虚拟学术讨论可以替代部分沟通和交流。但是，无论现代信息技术如何发达，人和人之间面对面、一对一的沟通和交流是无可替代的，就像电子书永远不能替代纸质书一样。

学术会议 学术会议的主要形式也是面对面交流，远程视频会议和电话会议更适用于内部会议或者是普及教育活动的延伸活动。只有建立了彼此信任的合作伙伴关系，才能够和临床医生通过远程视频会议或者电话会议进行双向交流，比如一些研究者会议和项目合作会议，此时双方的目标一致，已经成为一个工作团队。

制药企业发起和支持的学术交流会议形式种类繁多，根据其目的和形式可分为推广性会议和非推广性会议。药品的推广是在相关法律法规监管下的合法行为，制药企业在当地已经批准的适应证之内可以堂堂正正地举办各种推广性学术会议，传递自己药物在特定人群中的临床有效性和安全性的核心信息及其证据，使用自己的品牌名称、品牌颜色和品牌口号。常见的推广会议形式包括科室会、跨科室会、院级交流会、城市学术论坛和研讨会、城市巡讲、新产品上市会等。

制药企业发起的非推广会议包括咨询性活动、教育性活动和研究性活动三种类型。

咨询性活动 主要形式是专家顾问委员会，其目的是获得治疗领域内的行业专家对预先设定问题的建议，包括研发策略、市场策略、医学策略及内容和证据产生等方面。在专家顾问委员会中，信息流向是从领域专家到制药企业，受邀参加会议的专家必须具备相关资质和经验，其作用角色已经转变为咨询顾问，而不是讲者或听众。

教育性活动　主要包括讲者培训和疾病认知会议、治疗指南或共识推广会议、学术会议卫星会。

研究性活动　主要包括研究者会议、治疗领域指导委员会、数据审核和安全管理委员会等。

严格来讲，制药企业发起和支持的非推广性会议不能使用具体药品的商品名、药物颜色和药物标识、药物口号，以和推广会议相区分。医学事务部门举办的活动都属于非推广性活动，而非推广性活动也有可能是其他部门，如临床研发部或市场部、法规事务部举办的。一般制药企业都规定"销售"部门不能举办非推广活动。

自发性问询　临床医生对于药品推广活动中制药企业所传递信息的疑问和反对意见不属于自发性问询的范畴。自发性问询是临床医生在临床实践中自主发起的对制药企业寻求信息和学术协助的需求。记录和分析临床医生的自发性问询，有助于发现临床实践中未被满足的医学需求，是治疗洞见的来源之一，处理和随访自发性问询也是创造面对面拜访的契机之一。

对超出适应证或者是在研药物的自发性问询，只能由医学事务部的人员（区域医学事务人员或者医学信息专员）来处理并记录。常见的自发性问询包括但不限于以下方面。

❖ 对制药企业发起的在研药物之临床试验结果的进一步资料；
❖ 研究者发起的临床试验的提议；
❖ 竞争药物的信息带来的概念混淆和疑问；
❖ 药物不良事件的处理方法；
❖ 药物在特殊患者中使用的剂量和安全性信息（有时属于超适应证使用）；
❖ 有关原粉或研究用药物的支持和帮助；
❖ 其他。

值得注意的是，有些自发性问询超出了制药企业的核心业务和能力范围，如要求数据统计的支持，寻求医学写作和文章发表的协助，美化和修饰其演讲幻灯片，要求提供竞争药物或公司的药物信息和资料，或者要求制药企业直接和患者接触并处理药品不良反应投诉等。这些都不属于制药企业和医疗卫生专业人员学术交流沟通的内容和范畴，也不是制药企业医学事务的职责和义务，医学事务的学术影响力不能通过交换医学服务得来，只能通过知识的产生和交流得来，医学服务交换来的是关系。

总之，制药企业和医疗卫生专业人员的学术交流是双向的，形式是多样的，话题围绕临床实践中未被满足的医学需求，其既不是灌输和洗脑的工具，也不是超出制药企业经营范围的医学服务。学术交流的内容是一切的关键。

如果学术交流的话题和内容脱离了对当地临床实践的准确、全面和完整的理解，制药企业发起和组织的学术会议将会流于形式、千篇一律或者是炒冷饭，不用参加都知道其主要话题是在谈自己的药物在临床上既有效又安全，或者是打击别人、抬高自己，或者把所有的有益效应归因于自己的药物，所有的负面效应则和自己的药物没有相关性。这样的所谓"学术会议"将会越来越使医疗卫生专业人员失去进行双向学术交流的兴趣和动力，制药企业也会越来越丧失其专业性和可信度。制药企业的医学事务需要回归设立医学事务的初心，回归学术沟通的本质，不忘初心，方得始终。

第二节　核心科学信息和治疗观念评估

每一个药品，都在患者诊断治疗的过程中发挥自己独特的价值，都承载着科学上的治疗概念，都能解决患者或临床医生的一部分问题，无论大家是否认识到这些。对于制药企业来讲，最大的挑战不在于研发和生产这一化合物或物质，而在于发现和认识到这个化合物对疾病诊治的独特价值，在于精确知晓合适的人群、合适的时机和合适的剂量。没有一种药物可以在所有时候适合所有的人，解决所有的问题，这是不言自明的道理。

评估目的　制药企业在开展推广活动和学术交流活动之前，需要解决一个根本问题，那就是本区域内的治疗领域专家对自己所认识的药物的核心价值、核心科学信息和核心科学证据的认可程度如何？是否符合临床专家在临床实践中的治疗观念？如果不符合，其原因是什么？这就是临床专家的认可度评估。

评估方法　专家的认可度评估实际上是一项心理学的态度测试研究，指在每次学术会议之后对区域内选定的专家进行针对药物核心科学信息的问卷调研，采用哥特曼量表或里克特量表进行收集、评分和分析，每年可以进行1~2次。这种评估也可以作为医学事务学术影响力的衡量指标之一。

评估人群　首先按照外部专家选定的标准对区域内的临床医生进行分级，根据品牌医学计划选择和制定外部专家年度学术互动计划。列入学术互动计划的目标专家即为这项研究和评估的对象人群，在整个年度，其名单不能进行调整。

评估的内容　将列入年度药物医学策略和计划中的5~7条药物核心科学信息作为评估的尺度。药物核心科学信息的描述要做到以下几点：符合准确、全面、完整和用数据说话的原则，无主观判断和推广性结论；就事论事，一个信息说明一个问题；针对一个未被满足的医学需求，每条信息的字数不超过50字。

研究可以使用哥特曼或里克特态度量表，里克特量表包括极度不同意、不同意、同意、高度同意和不确定五个维度，或者使用十分的尺度计来进行选择。

可以在调查问卷的最后提出开放式问题，例如，您对此项描述不同意或不确定的原因和顾虑是什么？

评估结果和校正　对外部专家治疗观念的评估可以揭示公司内外对药物治疗概念的认知差距，可以指导会议话题和内容的制定和准备，也可以驱动医学事务人员开展区域内或领域内的学术交流，衡量和评估学术交流的数量和质量。

❖ 动态反映和外部专家进行学术交流的数量、趋势和EE覆盖率。每年要求的EE的目标覆盖率应该是100%，覆盖次数应该超过3次。

❖ 动态反映支持者、反对者、中立者的百分比的变化趋势。

❖ 有可能分析出不同学术沟通手段的影响。

❖ 有助于改善和修正医学策略中对核心科学信息的描述。

医学事务部门可以按照每个区域或每个治疗领域的划分方式来完成此项研究结果的总结，并写出正式的研究评估报告。为保证研究结果的可信度，医学事务各领域或各区域的相应负责人可以在内部召开跨部门会议，校正和分享自己在真实世界工作中的发现和收获。研究定稿后，可以将自己准备的演讲幻灯片在适当的场合回馈给参加调查的外部专家。

研究报告属于医学事务内部工作的正式文件，研究报告的质量和研究完成的效率明显体现了区域医学事务和品牌医学顾问的专业化和职业化能力。

第三节 专家顾问委员会

从严格意义上来看，制药企业内部没有临床专家，因为制药企业的本质是营利性公司或机构，不是直接为患者实施诊断治疗的医院，不能直接给患者提供医疗卫生专业服务。临床专家一旦加入了制药企业，成为制药企业的全职雇员，也就不再是临床专家，而是各个职能专业人员。如果一定还叫其专家的话，则是医学事务专家、药物研发专家或者药品注册专家。

专家顾问委员会是一项制药企业聘请外部治疗领域的专家为自己提供咨询和建议的传统活动。由于其信息是从外部治疗领域专家流向制药企业内部，所以专家顾问委员会属于非推广性活动，无论其预算是来自医学事务部还是临床研发部，是来自市场部还是市场准入部，专家顾问委员会都不是推广性的学术会议，不能用以变相地传递药物有效性及安全性信息。

一、咨询会议目的

专家顾问委员会的召开必须有明确的咨询目的，包括事先准备的需要咨询和解决的问题清单，所有问题应该具有共同的主题，不要期望一次会议解决所有的问题，要确保每个列出的问题都能得到充分的讨论和建议。专家顾问委员会常见的讨论主题如下。

- ❖ 品牌医学策略或者品牌策略的相关问题；
- ❖ 对于品牌数据和证据的梳理以及证据差距的讨论；
- ❖ 药品临床试验设计和类型；
- ❖ 药物科学沟通策略和证据的咨询；
- ❖ 大型临床试验的发布及其结果的沟通策略，特别是对中性或负面结果的解读；
- ❖ 各国治疗指南或共识间的差别和评价；
- ❖ 真实世界研究策略；
- ❖ 药物审评和医保准入的策略和信息；
- ❖ 其他。

二、咨询专家的选择和邀请

专家咨询委员会的受邀专家和主席是根据会议的目的来选择和邀请的，而不是根据专家在领域内的地位和资历来邀请的。受邀专家的简历中必须有能够体现与所咨询问题相关的经验和成就。如果一个临床专家的研究方向和领域成就集中于心肌梗死的抢救和治疗，那么，他受邀参加关于心力衰竭方面的专家咨询委员会就显得不符合资质了。

在参加专家咨询委员会的专家选择上，需要注意以下方面：

❖ 专家简历和临床科研经历需要能够证明其具有参会的资质。

❖ 专家人数不能超过20人，专家人数太多，形成不了有效的讨论。

❖ 专家在参加会议前需要充分准备，对所要回答的问题有清晰的了解并感兴趣。

❖ 专家需要和制药公司签署咨询协议，在特殊情况下（如在研药物或者涉及公司知识产权或未发表的临床试验结果）还需要签署保密协议。

❖ 要考虑到受邀专家之间的学术关系和学派传承，最大限度地避免学派因素和人际因素（主席的高度影响力）对平等发表学术意见的干扰。

❖ 要尽量减少内部人员的参与，特别是销售部、市场部人员的参与，以减少商业因素的干扰。在会议正式开始后，制药公司内部人员比例不应超过总人数的30%。

❖ 如果会议有录音和录像，制药企业需要在会前邀请时向专家说明其目的和用途，并在咨询协议中列明确保专家隐私权和观点不受侵犯的保护措施。

❖ 制药公司不能因为专家间治疗观点和意见的不同来选择和邀请参加者。专家顾问委员会需要对负面批评和抱怨持开放态度。

三、场地选择和会议设计

专家咨询委员会要按照制药公司有关非推广会议的政策和要求选择场地和设计会议日程。

❖ 场地应该具有非娱乐性质，减少娱乐休闲因素对与会者心理的干扰。明确在会议进行时，临近的会议室没有婚宴或者娱乐活动（如药物发布会、演唱会）等意外干扰。

❖ 会场的标识和会议资料要简洁，符合科学会议的标准。不使用药物商品名、产品色及产品口号，不要使用横幅或易拉宝等品牌宣传资料和品牌标志物，减轻商业活动对参加者心理的影响。

❖ 会议日程中，讨论的时间至少要超过演讲的时间，演讲人员可以是公司内部人员，也可以是外部专家。演讲的目的不是讲解知识，而是启发讨论。

❖ 会议的座位安排可以是环形或者是圆桌会议，确保所有参加者能够看到彼此。

❖ 所有参加者的座位前需要放置名牌、话筒、讨论提纲和会议背景材料。

❖ 确保会议前和会议中有舒适的休息休闲区，供提前到来的专家休闲等候和交流之用。其他部门人员也可以利用这个区域和专家进行交流。

✧　确保会议的结束时间不要太晚，尽量避免发生专家提前离场的情况。

四、会前准备

专家咨询委员会的会前准备要充分，至少要提前3个月开始准备，包括内部申请，确定会议目的和咨询问题的跨部门会议，主席和参加会议的专家名单和资质确定，准备和审核咨询协议和保密协议，确定主席发言提纲及会议中的注意事项，确定会前沟通的要求和会前阅读资料等。

✧　需要尽早沟通并确定专家的时间，特别是主席的时间。安排专人在会议当天接送会议主席，保证会议的按时召开。

✧　在会前一定要拜访一次参会专家，确保其明确会议的内容和协议的条款。

✧　安排一名资深医学事务人员（医学总监）参与协调和讨论，并在讨论中协助主席处理意外情况和问题。

✧　安排一名内部人员进行会议记录和总结，准备好录音或者录像设备，最好安排一名专业摄影师全程拍摄互动瞬间。

五、会中讨论

在专家咨询委员会中，讨论的启动是最困难的环节，有时需要主席首先发言或调动情绪。在讨论时，最好将问题呈现在屏幕上，包括问题背后的问题，这一问题对制药公司制定策略的意义，为什么要提出这个问题等。

主席需要控制讨论的节奏，确保讨论的内容不偏离会议的主题。对于在场专家对公司的期望和要求、抱怨，在座的医学总监要迅速反应，不要冷场。对于有关上市药物或在研药物的数据问询，医学总监也需要迅速回答或指定相应人员立即反应；如果偏离主题，需要协助主席将话题带回。

六、会后随访

会议之后，参加会议的团队成员要迅速召开内部会议，就了解到的信息和建议进行内部统一和记录。对每个参会的专家，最好发出一封感谢信，并将公司的收获和进一步行动告知专家，让他感觉自己的意见得到了公司的重视，自己的时间没有浪费。

负责参会专家的区域医学人员要及时将专家在会议中的照片、会议专家的合照，甚至会议纪要亲自递送到专家手中，并以此为契机形成几次为讨论未被满足的医学需求而进行的学术拜访。1次专家顾问委员会，至少可以带动3次学术交流。

七、会议纪要和行动计划

会议纪要的起草和审核也是非常重要的环节。会议纪要必须按照公司相关规定的模板，列出主持者、参加者、缺席者、早退者等参会人员，会议的时间和地点，讨论的主题、内容和时间，公司为此做出的决定以及进一步行动计划，行动计划的负责人或部门，以及完成的日期。会议记录者和会议纪要审核者需要签字和注明日期。会议纪要一定要在会议结束后一周内完成，切不可虎头蛇尾。如果专家顾问委员会在结束之后没有任何收获和行动，这是会议失败的标志，而且，这本身也是违规的行为，因为专家顾问委员会的会议纪要是公司审计时需要的文件之一。

对于全程录音或录像的专家咨询委员会，建议在会议纪要的基础上，根据录音资料整理出整个会议讨论的文字版，并配以照片，这将会成为一本内部学习资料。在整理完毕后，需要递送给参会专家，请其确认内容的准确性和完整性。

由于很多专家的时间难得，在举办专家咨询委员会时，可以利用这一机会和条件，对专家进行5~10分钟的视频访谈，请其说明一个学术观点或者解读一个临床试验，这些视频资料可以在未来的学术交流场合中使用。当然，如果要进行这些活动，需要事先征求专家的意见，签署有关协议，或者在咨询协议中加入增补条款。

第四节　讲者管理和培训

制药公司发起和举办的学术会议包括推广性会议和非推广性会议，选择和邀请医疗卫生专业人员作为会议的讲者是普遍和正常的行为。受邀作为制药公司组织的会议的讲者，是医疗卫生专业人员和制药公司最重要的连接之一。

一、从医疗卫生服务者到专业服务提供者

在这个过程中，包括临床医生在内的医疗卫生专业人员为制药企业提供的是专业服务，他们的角色不再是意见领袖，不再是处方者，也不再是客户，而是专业服务提供者。而制药公司作为服务的购买方，也有责任和义务规定服务的内容、质量、评价和付费方式，确保讲者的服务费用符合其劳动价值，确保购买服务的过程不涉及影响力交易，确保讲课的内容符合相关的法律和法规，不侵犯患者隐私权和肖像权，不侵犯第三方知识产权。同时，要确保讲者的内容不涉嫌帮助制药企业进行变相的适应证外推广和上市前推广。

因为讲者是制药企业雇佣的专业服务者，因此，作为讲者的医疗卫生专业人员需要和制药企业签署专业服务协议并切实遵守服务协议中的有关规定。制药企业有责任和义务在医疗卫生专业人员提供服务前，对其讲课幻灯片或讲课内容进行审核和批准。只要是制药企业组织的学术会议（所有资金都来自同一家制药企业），制药企业就要和讲者签署专业服务协议并审核讲课内容，即便讲者主动放弃讲课费用，因为制药企业要为此承担法律与合规的风险和义务。对于学术组织等第三方举办的学术会议，制药企业只负责和组织者间的资金往来，对其讲课内容不负责任。

二、讲者管理和讲者库

对制药企业讲者的选择、评估和付费标准的掌握不是医学事务管理的范畴，而是制药企业合规以及运营部门管理的范围，医学事务只是参与方之一。

讲者的选择和评估标准　制药企业对于学术活动中讲者的选择标准应该和行业意见领袖的选择标准不同。讲者选择的主要标准不是其在临床中的影响力和在学术机构或学术组织中的地位（否则涉嫌影响力交易），更不是其临床处方量和学术倾向（涉嫌利益交换），而是其对所讲的话题和内容的熟悉程度，是其在内容所涉及的领域内的临床实践、研究成果和学术兴趣，是

其演讲的表达能力和技巧，及其提供专业服务的态度和行为。

制药公司应该在公司层面上，制定统一的讲者评估和管理的标准操作流程，并将所有讲者的评估资料和文件（包括讲者的资质、服务的历史等）存放在统一的数据库中。

在特定治疗领域中，所有经审核和认定的合格讲者的资质文件均被称为讲者库。

三、讲者的付费和报酬

讲者报酬、付费标准和次数限制需要在公司层面上，按照各个治疗领域的情况进行确定，讲者的服务包括服务时间（讲课时间）、服务内容的准备时间，以及为进行专业服务付出的其他劳动。服务费用的计算是根据所在国家或地区的公平市场价值（fair market value，FMV）来确定的，不同国家医疗卫生专业人员的劳动服务会有相应的差异，有可能出现同工不同酬的现象。中国专家到国外场合讲课，其报酬也应该按照其在母国的公平市场价值进行计算。目前，制药企业之间不能就医疗卫生专业人员的服务付费标准进行正式的沟通并达成共识，因为考虑到商务活动中的《反不正当竞争法》和《反垄断法》等，公司内部需要自行决定自己的服务标准。

四、医学事务在讲者管理中的作用

医疗卫生专业人员提供给制药企业的专业医学服务除了讲课，还有专业翻译、专业写作、专业咨询等。制药企业合规和行业准则的核心内容就是针对制药企业和医疗卫生专业人员间的互动沟通和专业服务制定的，这也是制药企业合规部门的主要职责所在。在讲者管理中，医学事务不是起领导和牵头作用的部门，其主要职责如下。

❖ 参与讲者的付费标准讨论；
❖ 参与讲者的审核批准，包括新增讲者、讲者库的审核和更新；
❖ 审核批准所有讲者的演讲内容，包括讲课幻灯片。

值得注意的是，医学事务部不能为具体的讲者准备讲课幻灯片及相关资料，讲者的劳务报酬已经包含其准备幻灯片的时间和相应的报酬。医学事务部可以为讲者提供统一的标准的科学幻灯片库和相应的文献，供其在制作幻灯片时参考。应该是制药公司内部会议的组织者（活动发起部门）和讲者阐明其讲课的内容要求和服务标准，并提供相应的支持，而不是医学事务部。

对于临床研发部门、医学事务部门、药物警戒部门以及药物经济学部门来讲，医疗卫生专业人员提供的专业服务还包括研究服务。但是，因为研究费用是直接付给研究机构的，制药企业的任何研究和资助项目，包括研究者发起的研究，都不和研究者个人进行协议签署和资金往来。在制药企业内部，医学事务对研究者的付费标准和主要牵头单位的付费标准的制定和更新起领导作用。

五、讲者培训

在新药物或新适应证上市之前，医学事务部的一项主要工作是讲者培训。制药公司的讲者培训属于非推广性活动，是为了保证讲者付出的劳动符合其公平市场价值，保证讲者的知识和认知符合讲课的标准而进行的。

讲者培训的内容不仅包括有关疾病诊治路径的全面、准确和完整的最新认知和证据，也包括在药物的发现和临床试验、真实世界研究中获得的全面、准确和完整的最新认知和证据。必要时，讲者培训要包含演讲技巧的培训和辅导。

在上市后阶段，由于很多讲者对有关药物缺乏全面、准确和完整的认知，为了确保其演讲的效果，制药企业也需要对其进行讲者培训。这种培训多为一对一的形式，由会议的组织者进行。区域医学事务人员可以提供协助和支持（作为增加自己了解医疗卫生专业人员未被满足需求的契机和杠杆），或者负责自己组织的学术交流的讲者培训（确保医学事务组织会议的质量和效果）。

一般的讲者培训都是以讲课幻灯片为介质进行的沟通和交流，在此建议在互动沟通中形成或使用一张A4表格，将要求和演讲主题、论点和论据呈现在一张纸上，达到提纲挈领、纲举目张的效果。从演讲的目的出发，从演讲的结构入手，掌握演讲的逻辑。

第五节 学术演讲——构筑科学故事线

面对医疗卫生专业人员直接进行学术演讲，讲述自己药物的研发故事和科学故事，介绍自己药物的临床试验和真实世界研究，介绍自己公司在治疗领域内的在研药物和研发策略，是医学事务人员的基本功，也是提高学术影响力的重要方式。针对这些话题的科学沟通和演讲，是不可能也不允许由第三方或者医疗卫生专业人士代替的，因为从理论上讲，公司外部人士不可能比公司内部的医学事务人员更了解这些话题。

针对医疗卫生专业人员的学术演讲是对医学事务人员的学术能力、知识水平、表达能力、综合素质，甚至责任心和主人翁心态的一项重要考验。

一、内容设计和逻辑思路

好的演讲内容和好的临床研究一样，都是围绕着一个主题进行演绎和归纳的过程。专业的演讲不是不停地告诉听众你知道什么，而是带领你的听众度过一段做决定或者揭示真相的时间，应该始终抓住听众的注意力并和听众一起得出演讲的结论，最终使听众会心一笑，有一种茅塞顿开的解脱感和释放感。

在准备演讲幻灯片时需要深入了解和掌握其中的内容和主题，深刻了解听众的知识水平、学习习惯、兴趣心理、临床中的难题和困惑，然后选择和确定演讲的逻辑顺序（重要性顺序、时间顺序、阶梯顺序、结构顺序），在论点和论据的基础上，选择采用归纳、演绎、类比或者比喻等逻辑工具，不断进行因果关系或相关关系的推理判断，最终得到自己期望的结果，并引发听众的思考和行动。

二、结构、节奏和科学故事线

学术演讲并不是照本宣科地阅读幻灯片，而是像一部好莱坞大片一样给听众呈现一场科学内容的精美片段。从开场情境到各部分的起承转合，如电影的场景转换，永远聚焦主要问题，保持张力和节奏。

除了准确、全面和完整地呈现科学信息的原则，在科学故事的结构及故事线的设计和表达上，可以采用美国好莱坞剧本作家罗伯特·麦基的这段话作为设计故事线的指导原则："这些人物是谁？他们想要什么？为什么想要？他们将要采用怎样的方法去得到他们想要的东西？什么将阻止他们？其后果是什么？找到这些重大问题的答案并将其构建成故事，便是我们压倒一切的创作任务。"

优秀的科学故事会鼓舞人心，临床医生在获得知识的同时，将会有一种"英雄般"的感觉和冲动——在临床实践中拯救患者于苦痛之中。

三、版面设计和质量标准

学术演讲幻灯片的版面设计和质量也是需要仔细下功夫的地方。版面的设计包括图片、颜色、线条和字体的使用和布局，需要给听众以简洁和干净的专业印象。

- ❖ 字体大小要确保会场后面的听众能够看到，一般不小于14号；
- ❖ 整个幻灯片的颜色不要超过3种，不要使用产品色；
- ❖ 不要采用立体图来呈现数据，数据标识的颜色要一致，对比度要强烈；
- ❖ 学术图表和参考文献的格式，要符合专业医学杂志的投稿标准；
- ❖ 幻灯片背景采用单色调，不要用无关图片干扰主题效果；
- ❖ 不应出现错别字，不要多种字体混用；
- ❖ 不要出现推广性语言和主观性论断；
- ❖ 不要攻击和贬低竞争药物，或者贬低第三方，包括患者、支付者、供应商和代理分销商；
- ❖ 根据行业规范，添加局限性声明、利益冲突声明或免责声明。

四、表达态度和技巧

在讲台上，演讲者的衣着、目光、动作和表情、音调都是其专业性和职业性的体现，也是其传递信息的方式。人们甚至可以从中判断出学术演讲者的学识、性格、在组织中的地位和职业收入。目光躲闪者，自信心不足；声音低弱者，内心有自卑感；衣着不适宜者，没有情商和经验，属于菜鸟；衣着随意者，自视甚高；等等。需要注意的是，你的演讲内容，特别是学术内容和数据，人们可能很快就忘记了，但是，你演讲的态度和技巧、演讲中出的洋相、讲的小故事和幽默、表达的观点被听众记住的时间超出你的想象，专业和高超的学术演讲给个人和公司带来的"不公正的优势"的影响力也远远超出你的想象。

外交无小事，学术演讲也无小事。树立自己专业、科学、严谨、可信的学术形象正在此时。

第六节 学术写作和专业写作

学术写作和专业写作贯穿医学事务日常活动的各个方面，而不仅仅包括工作时电子邮件的写作和制作科学沟通的幻灯片。专业医学事务写作包括各种研究文档、协议、会议纪要和内部报告的准备和管理，各种计划、情况说明及标准操作流程、工作指南的起草、准备和管理。只会做讲者幻灯片的医学事务，一定是初级的医学事务，不论其做讲者幻灯片的水平有多高、钻研有多深。

曾经有一位医学总监在背地里感慨："医学事务人员都是从事临床工作的硕士研究生或博士研究生，都写过毕业论文和病例、临床病例讨论，为什么到了制药企业，连一份简单的临床医生治疗观点和洞见都写得这么不专业，更不用说分析和总结了。"优秀的医学事务人员应该具备专业医学写作的能力。在医学事务的日常科学沟通中，需要高质量高标准地完成以下文件和报告的写作。

❖ 会议纪要和会议提要，这不仅包括医学事务部组织和发起的学术会议纪要，还包括大型学术会议的总结和提要。

❖ 区域专家的科学评估报告，包括本区域医疗卫生系统的概述和总结、疾病诊治路径的总结以及临床洞见的总结报告。

❖ 描述性综述，对特定药物、特定未被满足的医学需求、特定临床试验的总结性文章。

❖ 治疗领域总结，对自己区域内疾病诊断和治疗历史的梳理和总结。

学术写作需要按照专业杂志的投稿要求，反复锤炼专业语言，需要注意的是，不要把商业语言和词汇应用到医学专业文章之中，如客户、复合年增长率、利益相关者、竞争优势、药物优势、差异化、市场准入、专家倾向性、意见领袖、临床价值、消费者、市场占有率等；也不要使用不规范的医学名称和术语，如血色素（血红蛋白）、心肌梗塞（死）、咳（咯）血、心律紊乱（不齐）、血液（流）动力学、机理（制）、中风（脑卒中）、浮肿（水肿）、高血脂症（高脂血症）、心房纤颤（心房颤动）、禁忌症/适应症（证）、心房填塞（压塞）、稳定性（型）心绞痛等。

根据全球制药企业关于文章发表的行业规范，制药企业人员，包括医学事务部人员是可以正式发表自己撰写的原创文章的，也可以列入制药企业发起的临床试验的文章发表的作者名单，只要符合作者的四项条件和标准。因为涉及知识产权和专利保护，在发表文章之前，需要咨询公司法务部门的意见并按照相应的公司规定执行。

第七节　专业学术交流和提问

在和医疗卫生专业人士进行学术交流的过程中，特别是一对一的面对面交流中，能够问出专业性的学术问题，并在舒适自然的情况下进行平等的学术交流，是医学事务人员的核心技能。

一、积极倾听

积极而投入地倾听专家的讲述是专业性提问的前提。积极倾听意味着自己有能力控制住自己内心的声音，采用更开放的心态，投入到专家的讲述中去，发现其中蕴涵的假设和前提，发现治疗哲学和观点，发现其思维路径及做出治疗决定背后的因素。

根据自己内心声音的大小，倾听可以分为五种不同的类型。

❖　基本不听。你讲你的，我讲我的，表达和传递完核心医学信息就宣告谈话结束，两个沟通者对下一次谈话和交流没有任何期待。

❖　假装在听。在别人表达时，一个字也听不进去，脑袋中想的是如何找机会讲自己的观点和信息，常常突然打断表达者的话，插入自己的故事和观点。谈话结束时，表达者发现自己的利益和兴趣根本不是对方考虑的因素，心里出现失落感和疏离感。

❖　选择倾听。选择对自己有利或与自己有关的，忽略掉表达者的原意和前提，不断地在交流地过程中，作出自己的判断，干扰表达者的思路。这是交流中常见的错误，谈话结束后，表达者兴味索然。

❖　积极倾听。放下表达自己观点的执念，对别人的谈话有足够的好奇心和兴趣，激励表达者舒适而自由畅快地表达自己的观点。

❖　同理倾听。站在表达者的角度去思考和倾听，从表达者的角度和利益出发去分析和思考问题，最终一同发现一些真相。谈话完毕，双方都有茅塞顿开的感觉。

二、开放式提问和闭合式提问

在学术交流中，提出问题的形式包括两种。

开放式问题　开放式问题允许交流者自由地表达看法，基本要素包括5W1H：时间（When）、地点（Where）、人员（Who）、对象（What）、原因（Why）、方法（How）。如您在这种情形下，是怎么处理药品不良反应的？您是如何想到采用这种方法处理这个问题的？等等。

闭合式问题 闭合式问题限定了交流对象的回答，使其不能自由发挥。如在您的印象中，有多少比例的患者治疗没有达标？您以前进行的研究结果显示，有一些患者因为经济原因而中断治疗，是不是这样？

两种提问方式无所谓好坏，在具体场合和环境中，可以采用不同的方式。开放式问题可以促使表达者思考和发挥，闭合式问题可以引导话题的流动，澄清表达者的观点。但是，如果使用不当，开放式问题可能导致交流跑题，闭合式问题可能使得交流中断。

连续的闭合式问题将会使表达者感觉受到质疑和审讯，连续的开放式问题也是如此。如连续问"那又怎么样？"或者连续询问数字，给人以居高临下的质疑感。如果交流者之间出现这种感觉，就偏离了学术沟通的本质。

三、虚假性提问和恶意性提问

问题反映了提问者的意图和立场，也反映了提问者是否真正具备对表达者的尊重和兴趣。这一点是人们在交流时可以真切感知的。一旦在学术交流中，表达者感知到提问者的虚假和奉承、质疑和否定、挑剔和炫耀、攻击和敌意、操纵和诱导等意图和立场，平等的学术交流和沟通就烟消云散了。

虚假性提问 在学术报告结束后，我们常常可以发现一些问题，即提问者并不是在关心报告的内容，而是在通过提问表白和表现自己，或者炫耀自己的成果，或者树立自己特立独行的风格，或者显示自己的思考高于表达者，发现了表达者的错误和缺失。

恶意性提问 一切让学术交流的表达者感觉到不被重视和尊重，感知到提问者的蔑视和贬低、质疑和否定、挑剔和炫耀、攻击和敌意的问题，无论是开放式问题还是闭合式问题，都属于恶意性提问。有时，同样一个问题，在不同的场合问，会使人感到不同的意图。

陷阱式提问 陷阱式提问一般都有连续两个以上的问题，让表达者处于自我矛盾、进退两难的尴尬境地，特别是在学术会议会场或多人在场的情况下。被提问者常常会感受到敌意和被操纵、被愚弄的感觉。

诱导式提问 诱导式提问又可以称为操纵性提问，是指提问者通过精心设计的圈套，操纵和诱导表达者说出提问者想要表达的意见或者承诺做出提问者想要的行动。

出现这些虚假性提问和恶意性提问的根本原因在于提问者偏离了学术交流和平等沟通的本质，在学术交流中掺杂了太多的功利性和企图心，掺杂了太多自我实现的欲望，对科学知识本身、对患者和疾病的诊疗路径没有好奇心和使命感。

人和人之间的交流合作、举止言谈中流露出来的善意和价值观是能够被感知的，你的态度、声调、眼神、气色、姿态无一不在透露和揭示着真相。

专业的学术沟通，需要专业的学者，而专业学者的思维是清晰整洁的（clear and clean），态度是真诚的，任何隐藏和伪装都会被感知和发现，这时，补偿的手段只剩下金钱和利益。

四、专业性提问

专业性提问是医学事务人员在疾病的诊疗路径中发现临床洞见的唯一工具，是围绕疾病诊疗路径中的治疗痛点的宏观和微观（zoom in and zoom out）的探索和发现，是知识的分享和产生过程。专业性提问最终达到的效果是交流双方都有同样的恍然大悟的感觉：啊哈，原来如此。专业性提问都属于洞见性问题。所谓洞见性问题，是指从疾病诊治路径的概念、做出治疗决定的价值观、疾病治疗的目标和理想结局3个角度出发的开放式问题或闭合式问题。常见类型包括澄清性问题、假设性问题、动机性和结果性问题、恭维性问题或赞许性问题以及尖锐性问题5种。

澄清性问题 在日常交流和学术交流的时候，人们对所讲的概念、数据等名词或者数词的含义的理解其实是不同的。在我们谈论降压达标的时候，我们在谈论什么？讲的人头脑中想的是迅速而快速地降压，而听的人却理解成达标之后的靶器官保护。因此，对于关键的名词和概念需要进行澄清和确认，这种问题称为澄清性问题。对不明白的知识和概念进行的问询和信息寻求也属于澄清性问题。熟练使用澄清性问题，有助于提问者深刻而准确地理解受访者的业务过程，更有助于受访者全面审视自己的认知及业务过程中的盲点和痛点。

假设性问题 假设性问题是提问者设定一个情境，请表达者就此情境进行判断和解读的问题，假设性问题可以帮助提问者了解受访者的价值观和做出决定的方式。

动机性和结果性问题 动机性问题的作用是探讨受访者行为和观点背后的初心和愿景。受制于真实世界的各种现实条件和局限，在很多情况下，人们实际的行为和观点并不是原始的初心和真正的愿望。有些事情是不得不做的（have to do），不是一定要做的（must to do）。很多治疗手段和决策是在不得已的情况下做出的。此时，剥离掉一切外在因素的干扰和影响，可以帮助学术交流回到改善患者结局和预后的本质，起到迷途知返的效果。

恭维性问题或赞许性问题 恭维性问题或赞许性问题是从访谈对象的历史和成绩出发，探讨其成绩背后的原因、主要成功因素、在实现成绩的路上需要克服的障碍和阻力等。需要注意的是，我们不应该以功利上的成败来评估疾病的诊断和治疗，而应该以患者痊愈的结局来讨论成败；更不应该以医疗卫生专业人员职业生涯的成败来赞许或恭维，那样就变成谄媚和逢迎了，这样就不能平等地进行学术交流了。

尖锐性问题　尖锐性问题又称敏感性问题。所谓尖锐性问题，是让受访者震惊和意外的问题，有时也是受访者掩饰和遮盖的、不喜欢提及或难以启齿的问题，常常蕴涵着痛苦不悦的回忆和经历。在学术交流中使用尖锐性问题，可以帮助受访者或提问者发现盲点和误区。针对疾病诊断和治疗路径的尖锐性问题可以发现医疗卫生专业人员的私人及科室发展利益与同业人员之间的关系等。尖锐性问题不能经常使用，但是，没有尖锐性问题，就不能形成和建立合作伙伴关系。这一点，需要认真把握尺度，看破而不点破。

五、专业笔记

在学术交流过程中，除了主动聆听和专业提问，专业笔记是第三个重要的技能。专业笔记不仅可以帮助提问者梳理思路、记录要点，更重要的是可以起到访谈工具的作用。在访谈过程中，提问者可以在笔记上画出思路流程、思维导图，并和访谈者共同回顾和总结，确认其要点；还可以针对各种疾病事件，共同分析事件之间的因果联系和相关程度，提高访谈的效率；更可以梳理谈话的结构，享受信息流动和沟通之美。

本章小结

　　本章勾勒和梳理了制药企业医学事务建立科学影响力的活动类型、内容及医学事务人员在建立科学影响力的过程中必需的知识和技能。同时，本章也阐述了在医学事务发起的教育性活动和学术交流中的注意事项与合规准则。只有坚持这些原则，才能将医学事务的科学沟通与商业部门的学术推广区别开来，才能呈现出医学事务独特的、不可替代的价值和作用，才能与医疗卫生专业人员建立基于改善患者预后的长久和坚固的合作伙伴关系。

　　学术的核心是真相和真理，是对事物真相和真理的全面、准确、完整的探讨和揭示。学术能力代表着提出问题、分析问题和解决问题的能力，学术影响需要建立在听说读写问五个基本能力的基础上，而这些正是整个人生教育阶段的核心任务。制药企业医学事务部的人员基本上都经过近二十年的医学教育和继续教育，理应出色地胜任学术演讲、学术写作和学术交流工作。医学事务人员没有经过专业的市场营销、销售技巧和培训技能训练，理论上不能胜任销售、市场和培训工作，除非自学成才。

第七章　从数据到证据：支持治疗决策

数据是一种思维过程，而证据是数据在社会行为中作为决策和推断、论断的依据时的一种叫法。换句话说，只有当数据被用作决策和论断的依据时，数据才能变成证据。

第一节　从数据到证据——药品的证据链

在药品的发现、研发和商业化过程中，制药公司内部和外部的各种利益相关者需要做出一系列的关键决策，而这些决策的依据就是药品的研究数据。如果说，药品的化学结构和理化特性是其骨架，那么，药品数据则是其作为药物的血肉。

药品效应和因果关系　药品数据的核心是其效应，无论是期望中的效应还是不期望的效应，或者是意想不到的效应。药品的数据反映了药品作为一种外界干预在体内产生的效应，这种效应可以表现在从基础到临床的各种变量和指标上，关于药品的基础研究和临床研究都是为了证实药品和效应之间的因果关系。关于药品的机体效应的指标和变量大致可以分为以下9类。

❖ 理化效应：与治疗靶点间的亲和力和选择性；
❖ 基因组变量：基因学改变；
❖ 组织病理学变量：组织形态学改变；
❖ 生物学变量：生物标志物的改变；
❖ 药效和药代动力学变量：参数的改变；
❖ 临床实验室变量：临床化验指标的改变；

❖ 临床事件终点变量：临床终点事件、缓解率、疾病进程的改变；

❖ 药物经济学和生活质量变量：效价比的改变、感觉的改变；

❖ 流行病学和结局研究：治疗拐点。

药品的这9类数据构成了药品的整个生命周期，是药品生命过程中的能量和养料，支撑着药品诞生、成长、成熟、衰退甚至中途撤市的生命周期。值得注意的是，药品的数据是在其生命周期中逐步完善的，没有一个药品会生来具有所有的数据，药品的数据是在成长和成熟过程中产生的。在这个意义上说，药品的数据并不会因为其上市而停止更新，恰恰相反，药品的数据会随着其上市而更加丰富多彩。

一、药物生命周期中的决策和证据

药品应该具备哪些数据和证据？药品的证据和研究指标应该如何确定？如何进行药品的数据和证据分析（evidence mapping）？如何判断药品的数据差距？研究问题如何提炼？如何设计药品的临床试验？要回答这些问题，需要从药品生命周期中的各种关键决策及决策者和利益相关者的角度去考察分析。

药物研发决策　在药物研发中，主要的决策者是制药公司内部的管理层，其依据是治疗领域内未被满足的医学需求及药物作用机制的创新性。因此，需要的数据是药物的基础科学数据和疾病的真实世界数据，以及药品市场的数据、竞争药物的数据。

药物上市决策　在药品上市过程中，主要的决策者是药物监管当局。其主要关心药品安全性和有效性，及药品能在多大程度上解决当地未被满足的医学需求，评估的是药品对当地人群和疾病治疗带来的风险和效益。对于药监局来讲，安全性前提下的有效性更为重要。

药物治疗决策　在药物进入临床实践之后，药物的治疗决策主要是由临床医生做出的。其主要关心的是药物在真实世界中的有效性和耐受性。这种有效性和耐受性不是单纯从药品出发的，而是该药品作为一种新的治疗手段的有效性和耐受性，及其解决未被满足的医学需求（治疗痛点）的能力；是药品对疾病结局的影响，而不只是对化验指标的影响。对疾病结局（事件终点）的改善效应是临床医生在理论上关注的最重要的数据，这是循证医学的出发点和主要期望。

药品准入决策　药品是否应被列入支付者认可的付费范围？这一问题的主要决策者是医疗保障部门，部门领导是关键决策者，临床医生和学术组织、制药公司则是决策影响者。医保部门关心的主要问题并不是特定的药物，而是药物代表的治疗方法的经济性以及药物治疗的疾病在当地的危害和影响力。该药物及其竞争药物的定价也是影响药品准入的重要因素，但不是关键因素。

药物依从决策 处方药品是否能够长期使用，不仅取决于药品的有效性和经济性，还取决于药品的耐受性、易用性/方便性和患者体验。这里的主要决策者是患者及其照顾者（支持者）；这里的有效性，不仅是化验指标的有效性以及患者长期结局（事件）的改善，更重要的是患者短期症状的缓解和生活质量的改善程度。

总之，药物的数据是否足够，取决于在药品发现、研发和商业化过程中不同决策者的不同决策。证据的多少取决于决策者的影响力和地位，取决于制药公司在药物生命周期不同阶段对药物的预期，取决于临床医生对特定疾病的未被满足的医学需求。

二、证据的分类和级别

对于治疗药品来讲，药品的证据是用来判断其干预和效应之间的因果关系的工具，在这一过程中，如何区别因果关系和相关关系？干预和效应之间是否纯属巧合？是否存在第三变量？是否存在逆向因果关系？这是设计和评估药品数据时的关键问题。

只有揭示干预和效应之间因果关系的数据才是真正的证据，只是证明了相关关系的数据并不是严格意义上的证据。药品的证据可以根据其因果关系的判定程度分级，证据等级越高者，其因果关系判断越可信。将研究对象随机分为干预组和对照组，据此分析干预组的作用效应，是判断因果关系的理想标准。因此，随机对照临床试验是药品临床试验的基本设计，基于多个随机对照试验的Meta分析和系统评价也是判断因果关系的权威证据。而病例对照研究、队列研究对于判断干预和效应之间的因果关系的效能和可信度就差了一些，个案研究和专家意见也只能作为参考和辅助。

20世纪80年代，加拿大的研究人员首次从试验研究设计的角度对证据进行分级，明确指出研究证据要高于专家意见，从而从经验医学时代过渡到了循证医学时代。证据级别从高到低的顺序是Meta分析、系统综述、随机对照试验、队列研究、病例对照研究、病例报告和病例系列、动物试验/实验室研究，它们共同组成证据金字塔。

然而，随机对照研究并不一定是高质量的研究，研究设计和实施中的各种局限性、研究结果的精准度及不一致性、研究证据之间的不直接性、文章发表的偏倚都可以降低随机对照研究结果的可信度；而大幅度的效应结果、明确的剂量反应关系和混杂因素的充分控制也可以提升观察性研究的可信度，使其成为高质量的临床研究。只有高质量的研究才能揭示干预和效应之间的因果关系，而评估研究质量高低需要考虑的因素，除了临床研究设计，还有临床研究的操作和执行、研究人群的选择、研究变量的选择和采用、研究结果的精准程度，甚至研究文章的发表过程。

循证医学时代标志着疾病预防、诊断和治疗的决策要以反映因果关系的数据（证据）为基础。对于不同的研究数据，根据其可信度可分为不同的级别（GRADE分级），并做出相应的推荐（治疗指南），临床医学实践应该根据治疗指南的规范化标准进行疾病的治疗决策。

推荐分级的评价、制定与评估（Grading of Recommendations Assessment，Development and Evaluation，GRADE）是2000年，由包括WHO在内的19个国家和国际组织的67位临床指南专家、循证医学专家和证据研究人员制定的国际统一的证据质量分级和评估标准，于2004年正式颁布，用于指导系统评价、治疗指南的制定和卫生技术评估。

GRADE方法从患者的预后而不是从研究设计出发，重新定义了证据的质量评估方法，区分了证据的质量和治疗决策中的推荐程度；阐明了评估和调整证据质量高低的因素，观察性研究也可能是高质量研究，而随机对照研究设计本身并不能确保其研究过程和结果是高质量的；GRADE为将研究证据转换为治疗决策因素提供了清晰的路线图。

三、证据产生活动

制药企业医学事务的证据产生活动之所以不再称为数据产生活动，或者上市后临床试验，其主要原因是要从思维定式上进行转换，从揭示患者的结局和治疗决策出发，而不是从药物本身的特性和文章发表出发。

除了传统的直接研究（观察性研究、干预性研究等），系统综述、Meta分析、支持治疗指南以及专家治疗共识的制定，也是重要的证据产生活动。

对于研究者发起的临床研究以及第三方研究，因为其发起者不是制药企业，不应列为证据产生活动，即使制药企业提供了某种程度的支持。制药企业因为其经营本质，也不适合发起和制定治疗指南或专家共识文件。但是，制药企业医学事务部可以发起和支持针对特定主题的Meta分析和系统综述，也可以协助专业学会和组织按照GRADE标准，准备相关的证据概要表草案供其参考，但不能影响其独立进行质量强度和推荐强度的判断。制药企业医学事务部门可以支持或不支持临床医生或第三方发起的有关自己药物的证据产生活动，可以监测和使用其公开发表的结果，但是不能在证据产生过程中施加干预和干扰。

第三方发起的证据产生活动有时可以严重影响药品的临床应用。2007年出现的"文迪雅事件"就说明了这一点。

文迪雅（Avandia），通用名为罗格列酮，是GSK公司研发的噻唑烷二酮类口服降糖药物，于1999年5月被美国FDA批准上市。罗格列酮上市之后一路高歌猛进，临床使用规模迅速增长。作为治疗领域内的突破性创新药物，罗格列酮不仅有详实的循证医学证据的支持，而且还延展了产品线，上市了罗格列特、二甲双胍及格列美脲的固定剂量配方制剂。到2007年，其全球销售额已经达到33亿美元，成为名副其实的"重磅炸弹"和2型糖尿病治疗中的中流砥柱。但是，其2008年的全球销售额却急剧下降到21亿美元，2007年文迪雅发生了什么？是专利悬崖？还是突发性不良反应群体事件？

事件源自2007年5月21日发表于《新英格兰医学杂志》的一篇文章，这篇文章不是临床试验的研究结果，而是对公开数据库进行数据挖掘的结果，是对已发表的罗格列酮相关随机对照研究的 Meta分析。作者通过对已经公开发表的文献、FDA和GSK公开数据库中的数据进行再分析，在116项罗格列酮相关研究中，选取了42项研究期长于24周、有对照组和心血管终点的研究，结果发现罗格列酮组与对照组相比，急性心肌梗死发病率增加了43%（风险比为1.43；95%CI：1.03~1.98；P=0.03），心血管死亡增加了64%（风险比为1.64；95%CI：0.98~2.74；P=0.06）。

研究一经发表，立即在学术界和制药行业引起轩然大波，GSK公司的股票价格因此暴跌8%。这篇综述的主要作者是美国克利夫兰临床医院的Steven Nissen，他也是万络事件中在《美国医学会杂志》（*Journal of the American Medical Association*，*JAMA*）上发表Meta分析的主要作者。对此，GSK公司的医学部迅速在官方网站发布声明，表示"极其不认同"该研究结果，因为"该观点证据不足，且作者亦承认使用的方法有明显的局限性"。同时，《柳叶刀》杂志的编者述评也对Meta分析的数据表示质疑。

主要质疑点如下。

❖ Meta分析不适合得出确定的安全性结论：Meta分析是把多项研究结合起来，对概要信息进行分析的方法。这种方法不适于得出不良事件确定性结论，因为每个研究都是针对特定的问题设计的。其样本大小、持续时间、入组人群以及研究终点都不相同。

❖ 大规模的长期随机对照临床试验证明，和安慰剂相比，罗格列酮单药治疗没有增加心血管风险，如ADOPT研究（糖尿病转归进展研究）、DREAM研究中和RECORD研究。

❖ 真实世界研究：综合分析美国疾病管理数据库中的33 000例糖尿病患者的数据，发现服用罗格列酮的患者出现缺血性心血管事件（包括心肌梗死）的概率，与服用其他口服抗糖尿病药物的患者相比，并没有什么不同。

❖ GSK一直与FDA及其他管理机构分享其关于罗格列酮的Meta分析和对照研究的数据，这些数据公布在临床试验数据库中，公众可从中查询。

❖ 统计学专业人士也对该研究的设计和统计方法提出了疑问。

无论这些解释和质疑如何科学合理，罗格列酮还是无可挽回地衰落了，所有噻唑烷二酮类药物均从2型糖尿病的标准治疗中退居二线，被控制使用。

而PPARγ这一治疗靶点和路径也被质疑存在对患者的安全侵害，一些正在研发中的药物也因此受到影响。

四、疾病事件链

因果关系的本质在于先有因的存在，才有果的发生，因果关系存在先后顺序，去除因，果就不会发生，这也是疾病干预的基本逻辑。在理想状态下，从出现危险因素到疾病发生，到各种并发症的发生发展，再到结局和死亡，这一系列事件即为疾病进程，我们将之称为疾病发生发展的事件链。1991年，来自中国台湾的学者Victor J. Dzau等提出了心血管事件链，将患者心血管疾病分为5个因果相连的事件周期，即心血管危险因素（高血压、高血脂、吸烟、肥胖等）、心肌缺血、心肌梗死、心力衰竭和死亡。

疾病事件链的提出为疾病的研究和药物的证据研究提供了清晰的方向和框架，也为药物适应证的扩展和结局研究提供了一个基本思路。对各事件间的相关关系和因果关系的研究（相对危险度、比数比、多元回归分析），及药物干预对各系列事件或事件组合发生发展的影响，有效指导了药品证据产生活动和数据差距分析活动的进行。

总之，药品的证据揭示了药品干预与疾病表现（症状）和疾病进展（事件）间的因果关系和（或）相关关系，通过确立干预–效应关系，为治疗决策提供可信的依据。药品证据产生活动的最终目的不仅仅是获得药物的基础研究数据或临床数据，更是为疾病的诊断和治疗决策服务的。随机对照研究虽然是揭示干预–效应间因果关系的金标准，但是，高质量的观察性研究比有瑕疵的随机对照研究更有说服力和可信度。

第二节　药品Ⅳ期临床试验和上市后研究

经过Ⅰ期、Ⅱ期和Ⅲ期临床试验（上市前临床试验），药品得到药监当局的批准和上市许可，但并不意味着药品临床试验的终结。虽然药品在理想的患者群中已经证明了其有效性和安全性，但是对药品安全性的监测和有效性的探索将会贯穿整个药品生命周期，对疾病和药物适应证的研究及认识也不会因该药品获批用于某疾病或适应证并上市而停滞不前。

一、上市前研究的局限性和未解决的问题

药物的专利通常于上市前获得，上市前临床试验占用的时间越长，药品上市后的专利独占期必然越短，来自同类药物的竞争压力越大，药品的社会价值和经济价值受到的影响越大。因此，制药企业临床研发的基本动力是在尽可能短的时间内完成上市前临床试验。为了实现这一目标，制药企业一般采用以下几种方法优化临床研发策略。

适应证选择　优先进行疗效最显著或需求最强烈的适应证的临床试验，然后再开始其他适应证的临床试验。特别是对于肿瘤领域和免疫领域的药品，由于很多疾病有着相同的作用机制和信号传导路径，研发策略会先从最有信心的适应证和最显著的未被满足的需求开始。特别是目前还没有公认的有效和标准治疗的适应证，更是药物研发优先进入的领域，因为在这个阶段，随机对照临床试验可以采用安慰剂作为对照组，其预期差异大，所需要的样本量最小，上市前临床试验占用的时间最短。

优化人群选择　对于上市前临床试验，研究团队遇到的最大挑战是试验入组速度，而决定试验入组速度的关键在于上市前临床试验的入组标准和排除标准。为了充分显示药物干预和临床效应之间的关系，在上市前的随机对照研究中，需要排除以下干扰和复杂人群，如老年人群（大于65岁）和妊娠哺乳期妇女、儿童人群、肝肾功能受损者、在入组前使用特定药物（同类药物或中草药等）的人群、合并各种危急重症和特定疾病/合并症的人群、生活特殊习惯人群如酗酒者等。

对于入组上市前临床试验的人群，有时还需要饮食和生活方式干预，或者设置洗脱期等。在某种意义上说，严苛的入排标准在上市前临床试验中是一把双刃剑，既能充分显示临床疗效，减少研究的样本量，提高药物批准的成功率；但是有时也会提高入组的难度，减缓临床试验的速度，同时缩窄治疗人群。近年来的靶向治疗药物上市前临床试验，在患者入组前还需要检测

生物标志物，更进一步缩窄了受试者人群。

对照药物选择　上市前临床试验对照药物的最佳选择是安慰剂，但是，在存在标准治疗的情况下，选择安慰剂作为对照存在伦理问题，因此，选择适当的活性药物或者标准治疗作为活性对照成为药物研发中的重要策略。

研究终点和指标的选择　上市前临床试验一般选择实验室指标或替代终点，对于事件终点和生存终点的选择持谨慎态度。选择合适的研究终点，特别是主要终点，是药品临床研发中的重要策略。

治疗剂量和用法的选择　为了确保药物成功地通过上市前临床试验，临床研发策略还包括选择和优化药品的剂量和用法，有时选择的剂量偏保守，这是为了确保药物上市前的安全性能够被药监当局接受。如他汀类药物上市时的剂量都偏保守，后来在研究中发现，只有更高的剂量才能产生逆转斑块的作用；缬沙坦也是如此，上市时的剂量只能控制轻中度高血压，但是对靶器官保护的作用不足。

另外，为了加速上市前临床试验的速度，确保药物尽可能早地获批和上市，制药企业通常愿意和药监局协商以进行有条件批准或加速审批，其代价是需要在上市后继续进行药品的有效性和安全性研究。

在药物批准上市时，我们已经知道其在特定适应证人群中的有效性和安全性，也知道其在临床试验人群的常见不良反应，并判定其安全性可以被接受，临床效益大于其风险。但是，在药品批准上市时，我们对其安全性的了解仍然是片面的，我们不知道的信息如下。

❖ 药物罕见的不良反应；

❖ 药物延迟发生的不良反应；

❖ 长期慢性使用药品会造成的后果；

❖ 药物累积效应的后果；

❖ 错误服用药物或者滥用药物的后果；

❖ 在上市前临床试验中排除的人群中使用的后果。

综上所述，制药企业有责任也有义务在药品批准和得到上市许可之后开展上市后Ⅳ期临床试验，在更广的人群、更长的时间、更大的范围、更真实的环境中积累其安全性和有效性的数据。特别值得注意的是，有些罕见的临床效应（有利的额外效应或者不良反应）需要大样本和长期的研究才能发现，单凭上市前阶段的临床试验就确定其风险和效益是有着严重的局限性的。干预性研究和观察性研究都是确定干预与效应间因果关系的科学工具及方法，随机对照研究则是其中效力最强的一种。

二、药品Ⅳ期临床试验

药品Ⅳ期临床试验是制药企业发起的药品临床试验的重要组成部分，其存在的理由是，在药品获得特定适应证的上市许可（NDA）之后，制药企业还有责任和义务继续进行药品的有效性和安全性研究。

药品Ⅳ期临床试验的目的　药品Ⅳ期临床试验是为了在更广泛的使用条件下进一步研究药品的临床疗效和安全性，评价药品在临床实践的普通人群中和Ⅲ期研究排除的部分特殊人群（不属于禁忌人群）中的风险和效益，探索和改进用药剂量和用法，发现罕见不良反应或临床效益，监测和确定其安全性信号和风险。由于药物安全性信息是随着药物的临床应用而不断丰富的，因此，药物Ⅳ期临床试验的数据也是制药企业定期更新其药物核心数据和药物说明书的重要依据和来源。药监局可以根据上市后临床试验数据做出黑框警告、撤市、完善用法用量、增加安全性数据等决定。

对于制药企业来讲，Ⅳ期临床试验除了要满足上述药物监管的要求，还需要从临床医生、患者、支付者和竞争药物的角度出发，兼顾临床治疗决策、准入决策的证据需要；不仅需要评估药物的效益和风险，还需要评估药物的价值。

Ⅳ期临床试验的要求　和上市前的临床试验相比，Ⅳ期临床试验的要求和标准并没有降低，不同的只是研究方法和研究结果的可信度及可验证性。

❖　研究目的和研究问题。研究需要具有清晰的研究目的和明确的研究问题。研究人群应该在已经批准的适应证范围之内，入排标准需要根据研究目的和问题来确定，至少要比上市前临床试验的人群要广。

❖　研究可以是观察性研究也可以是干预性研究，但是药物的Ⅳ期临床试验一般都是前瞻性研究。

❖　Ⅳ期临床试验可以采用对照研究或单臂的临床观察设计。对照组既可以使用安慰剂，也可以采用不同剂量或不同剂型、活性药物或标准治疗，治疗前后进行对照。

❖　研究设计中要充分考虑到对偏倚和混杂因素的控制。

❖　样本量和统计分析计划。需要根据研究问题计算样本量和制定统计分析计划。

❖　药物的Ⅳ期临床试验需要按照相关法律法规进行临床试验登记，需要履行不良反应报告义务，定期报告研究中发生的不良反应及其处理和转归；阶段性研究报告和研究总结报告需要按照药物警戒部门和当地药监局规定的不良反应报告制度进行准备和递交。

❖　研究发表：无论结果如何，Ⅳ期临床试验都需要根据规范（GPP）的要求进行文章的发表。

三、上市后监测

上市后监测（post marketing surveillance，PMS）指上市后临床监测和以

药物安全性为主要目的的Ⅳ期研究。上市后安全性监测的主要研究设计是观察性研究设计，多为非赠药的Ⅳ期临床试验，研究药物来自商业用药，发起者一般是制药企业。根据上市后安全性监测是制药企业自动发起的，还是药物批准上市时药监局要求进行的，又可以分为上市后安全性研究和上市后承诺研究。

上市后安全性监测也可以采用对照组进行研究，或者采用干预性研究设计，给参加者提供免费药物。原则上来讲，任何超过一定样本量的药物Ⅳ期研究都可以看作是药品上市后的安全性监测。

上市后安全性监测对药品不良事件的长期和大规模监测活动不仅可以发现少见的不良反应，明确药品在Ⅲ期临床试验没有涵盖的特殊人群（如老年人群、多种合并疾病和用药人群、肝肾功能不全人群、无禁忌的妇女人群、不良生活习惯和贫困人群等）中的安全性，而且，有可能在观察中发现在上市前阶段预期外的特殊临床效应，从而为拓展药物的新的适应证提供有益的线索。

值得注意的是，药品的Ⅳ期临床试验和上市后安全性监测对于制药企业来讲，不一定都能得到正面的期望中的结果，有些时候，会因为上市后的研究给药品增加黑框警告，甚至增加药物撤市的风险。

四、药物Ⅳ期临床试验的误区

值得注意的是，药品的Ⅳ期临床试验必须具备以下条件。

❖　研究是制药企业发起的临床试验。药品Ⅳ期临床试验需要严格遵守GCP准则，制药企业需要继续承担发起者职责。第三方发起或研究者发起的临床试验不属于药品Ⅳ期临床研究。

❖　药品Ⅳ期临床试验的入组人群必须是在批准的适应证范围之内。超出适应证的药品临床试验，不属于药品Ⅳ期临床研究。制药企业需要根据药品在该适应证中的数据情况和研发状态，确定超出适应证的临床试验是属于药物Ⅰ期、Ⅱ期还是Ⅲ期临床试验，无论其目的是否为申请新适应证。制药企业需要按照药监局的相应要求在临床试验开始前取得临床研究许可（CTA）。

❖　药品Ⅳ期临床试验必须是临床试验。临床试验是在人体进行的前瞻性研究，研究者决定受试者接受特定药物或干预治疗。"临床"的一个含义是指受试者经过临床医生的诊断，患有某种疾病；"临床"的另一个含义是试验是在临床实践的环境中进行的，研究观察的指标和终点是在临床实践中公认的评价指标。Ⅳ期临床试验的定义要符合GCP对临床试验的定义。

不是所有获得上市许可后的药品研究都是药品Ⅳ期临床试验，适应证外的拓展研究、药物的动物实验等非临床研究、药品体外试验等机制和疗效探索研究、研究者或第三方公司（如竞争药物公司）发起的临床试验或研究都不属于药品Ⅳ期临床试验，但属于药品上市后研究的范畴。

五、上市后研究

上市后研究不一定都是Ⅳ期临床试验，但药物的Ⅳ期临床试验一定是上市后研究。在某种意义上说，对新适应证和新作用机制的探讨也属于药品上市后的研究，只是在临床试验中属于Ⅱ期、Ⅲ期或者是非临床研究。药物Ⅳ期临床试验和药品安全性监测研究是上市后研究的最常见类型，除此之外，药物的上市后研究还包括以下类型和目的：

适应证外探索和机制探索研究　这部分研究特指体外细胞组织或动物实验，其目的是进一步探索和研究药物在细胞和分子水平上或组织病理水平上对机体的科学效应，而不是临床效应。如对药物组织亲和力和选择性的进一步研究，利用影像技术研究他汀类药物对斑块的影响的研究。其研究观察的指标和终点要求不是在临床实践中作为评价临床疗效的标准，因为一旦采用临床疗效标准作为评判指标，就超出了机制研究的范畴，也超出了基础科学研究的范畴，进入到药品临床试验范畴。

制药企业的医学事务部通常以研究基金的形式支持具备资质和实验室条件的研究所或研究机构完成此类研究，机构在进行动物实验时，应遵守GLP和实验动物保护条例，制药公司通常直接从工厂获取原粉，提供给研究机构。值得注意的是，制药公司不会提供药品的标准品给研究机构进行基础研究。对于化学药物，制药企业的医学事务部需要建立基础实验药品申请和管理流程及研究性基金管理流程，以指导这类上市后研究。

适应证延展临床试验　针对Ⅲ期的局限性和排除标准，药品的Ⅳ期临床试验可以在适应证内进行更深入和更广泛的探索研究，但是制药企业在开展这些研究之前，需要和药监局探索其是否属于超适应证范围，必要时可申请临床试验批件。

❖　特别人群的研究。如对不同程度的肝肾功能不全者的研究，对合并特定疾病或并发症患者的研究等。这些特殊人群常常在Ⅲ期研究中被排除或部分排除，通过Ⅳ期临床试验可以进一步弥补上市前研究的不足和局限。如药物被批准的适应证是轻中度高血压，若在上市前研究中并没有侧重轻中度高血压合并糖代谢紊乱和脂肪代谢紊乱的患者，在上市后则可以侧重在此特殊人群中进行深入的研究。如果药物批准的适应证是透析人群，而上市前主要研究的是血液透析人群，上市后可以重点研究一下腹膜透析人群。

❖　基础用药改变的研究。很多药物都是在明确的基础治疗之上的附加治疗。如新型口服降糖药物的基础治疗多为二甲双胍，如果上市前临床研究都是以二甲双胍为基础的治疗，那么上市后临床试验可以在以阿卡波糖或其他药物为基础的治疗上进行研究。

❖ 治疗顺序和治疗前提的进展和改变。有些药物的Ⅲ期临床试验是在另一种药物治疗疗效不充分，或者是疗效不佳，或者是不能耐受的前提下进行的，而对其疗效和耐受性的定义和认识却有可能随着时间的变化而变化。在上市之后，常常需要进行上市后Ⅳ期临床试验，在变化的新条件下进行临床试验，或者在未经前者治疗的前提下进行新的临床试验，以获得在新进展新条件下的关于药物有效性和安全性的数据。

❖ 研究终点的改变。在Ⅲ期临床试验中，临床终点一定是当时评价所申请的适应证相关的标准临床指标，并且这种指标被药物监管当局①认可。但是，随着药物临床数据的丰富，我们还常常发现药物对疾病相关的其他指标存在潜在的临床效应或者对其他非疾病相关的指标存在潜在的有益作用。如在研究罗沙司他的过程中，研究人员发现，药物除了对血红蛋白有升高作用外，对血浆胆固醇水平、转铁蛋白水平和肾脏功能的进展都存在有益的作用。可惜在Ⅲ期研究中，这些指标都是纠正肾性贫血以外的作用，而不是主要观察指标，这种情况下，专门针对这些指标进行的一系列上市后临床试验和研究将会增加对药物的全面了解。

治疗策略和治疗时机研究 从药物上市前的Ⅲ期临床试验的设计到研究结果的确定，一般需要三年以上的时间。在这期间，对疾病和所研究的适应证的治疗策略可能会出现比较大的变化，如序贯治疗的种类、药物治疗的时机、药物治疗的组合以及药物治疗的剂量都可能出现变化和进展。因此，有些上市后研究可以比较两种不同的治疗策略、不同的治疗时机对患者整体预后的影响。

终点事件的头对头研究 设计良好的头对头研究是确定药品之间差异的临床证据。Ⅲ期研究主要研究终点多数为替代终点，而循证医学最理想的为事件终点或者死亡终点（硬终点），特别是对降压、降糖或降脂药物来讲，心脑肾脏事件及其住院的终点（主要不良心血管事件，major adverse cardiovascular events，MACE）是最具说服力的循证医学证据。

另外，由于同一种疾病在不同区域的标准治疗或者治疗现状是不同的，Ⅲ期临床试验中的活性对照并没有考虑到区域医疗实践的不同情况，因此，将药物和治疗现状直接头对头地比较，可以有力地补充药物的证据，促进当地医疗卫生实践水平的提高。例如，诺华公司发起的EXAM临床试验，是倍博特（缬沙坦氨氯地平片）上市后在中国发起的唯一的随机对照临床试验，直接比较倍博特和硝苯地平缓释片在中国高血压患者中的有效性和安全性。这是因为在中国很多地区，硝苯地平缓释片是最主要的降压药物。

---

①是监管当局，不是临床医生。

药物的疾病管理和流行病学研究　制药企业还可以在药品成熟阶段发起特定药物对特定地区的疾病管理的流行病学研究，选择其他地区的疾病管理作为对照组，整体考虑区域疾病管理，开展药物对疾病的诊断、治疗和预后随访的影响的研究。另外，药物在特定区域的使用情况的横断面研究及其趋势分析、药品的使用率、依从性和达标率等流行病学研究也是上市后药物临床研究的重要类型。

总之，本节总结了上市后研究的几种常见类型，包括药品的Ⅳ期临床试验、上市后安全性监测，以及药物的基础研究（非临床研究）和流行病学研究。值得注意的是，这些类型的研究都是前瞻性的研究，既有观察性的临床试验又有干预性的临床试验，而且都是由制药企业发起的研究。

没有涉及任何药物的疾病流行病学研究，不属于药品临床试验，也不属于药品上市后研究。对于药品的上市后回顾性研究和药物登记研究则属于真实世界研究的范畴。

不是制药企业发起的关于药品的临床研究或临床试验，不属于药品的Ⅳ期临床试验，但是属于药品的上市后研究，如竞争药物公司发起的临床试验（药物作为活性对照）或者是研究者发起的关于药品的临床试验。无论制药企业参与的程度如何，都不属于制药企业本身发起的上市后研究，但是其研究也属于药品上市后研究，其结论和发现也会对药品的有效性和安全性的认知产生影响。制药企业的药物警戒部门和医学信息部门对此类研究中安全性的监控不应忽视。

值得注意的是，无论上市前还是上市后的药品研究，都是服从其主要研究目的而设计和执行的，都具有其特定的优势，也有其固有的局限性，没有一项研究可以兼顾研发决策、监管决策、临床决策、准入付费决策和患者的依从顺应决策。所有的药品临床研究都是构成药品决策证据链的一部分存在，互相连接，互相支持，也互相影响，其最终目的是使得合适的患者在合适的时机得到合适的治疗。

第三节　研究者发起的临床研究和第三方试验

研究者发起的研究（investigator initiated trial，IIT）是指研究的发起者是临床机构的研究者，而不是制药企业。在这个意义上，我们把研究发起者是制药企业的临床研究称为企业赞助试验（industry sponsored trial，IST），如药物临床研发中的 I 期到 IV 期临床试验。

IIT是研究者申请和发起的一个或一系列临床试验，制药企业不承担主导角色和申办者职责，仅仅直接或间接提供试验用药、对照药物或部分经费。据统计，我国在美国临床试验注册数据库（ClinicalTrials.Gov）登记的临床试验中，大部分都是研究者发起的临床试验，而且有逐年增多的趋势。实际上，很多IIT都不是制药企业直接资助的，而是由美国国立科研基金全部或大部分资助的。在美国，美国国立卫生研究院（national institutes of health，NIH）资助是仅次于制药企业资助和第三方组织（大学、基金会等）资助的第三位临床试验经费来源。对于来自IIT的药品数据，制药企业医学事务部门的医学顾问和医学信息专员、药物警戒专员要定期关注和分析，对其中的药物安全性数据和有效性数据也要定期更新。

只有制药企业针对药物发起的研究才有临床试验分期，研究者发起的研究是没有分期的，也是没有"上市前研究"和"上市后研究"的说法的。理论上，研究者可以在药品的临床试验的任何分期中发起自己关于药物的临床试验，但是实际上，在药物研发的早期阶段，制药公司因为药品专利、知识产权和药品监管方面的考虑，一般不会支持研究者先于制药企业开展临床试验。对于罕见病、特殊疾病或适应证，在上市前进行的研究者发起的临床试验也可以被药监局接受，并以此作为上市批准的证据之一。在大多数情况下，研究者发起的临床试验的类型和药品 IV 期临床试验的类型基本相同，区别只是研究者的科学兴趣，以及临床研究操作和执行的责任与义务方面的不同。

一、研究者和制药企业的职责

研究者发起的临床试验是临床医生作为研究者，出于对药物的科学兴趣和认知，决定发起的关于药物的临床试验。此时，临床医生不仅是研究者，而且也是此项研究的发起者，制药企业则是研究的支持者，而不再承担研究发起者的职责。研究者发起的临床试验的核心是GCP规定的"发起者的职责由谁来承担"的问题。毫无疑问，发起者不是制药企业，而是临床医生及其雇主（临床机构），在这个意义上说，研究者发起的研究本质上是机构发起的研究（institution initiated trial，IIT）。

研究机构的发起者职责　根据GCP的规定，研究机构需要承担研究发起者的职责，其中最主要的职责如下。

❖　研究机构需要确保研究者发起的研究遵守GCP的各项规定，确保研究经过独立伦理委员会的批准，入组患者需要签署知情同意书。

❖　研究机构需要确保雇佣和培训合格的人员进行研究的监测、不良事件的报告、数据的统计分析和文章的发表。

❖　研究机构负责试验用药的采购、包装、分发和存储。

❖　研究机构需要给受试者购买临床试验受试者保险，负责报告试验用药的不良反应。

❖　如果药物尚未被当地药监局批准或者是超出当地批准的适应证，研究机构需要向当地药监局申请临床试验批件。

❖　如果研究设计为多中心临床试验，研究机构需要和各个中心签署临床试验协议。研究机构要对各中心和临床试验相关的流程和事件负责，包括试验用药不良反应的报告和处理。

❖　研究机构需要按照有关要求和规范，独立在药监局指定的药品临床试验注册网站上登记和注册自己发起的临床试验，一般是在首例受试者入组21天之前，并获得相应的临床研究识别码（national clinical trial number，NCT）等。

❖　研究机构对于临床试验的资金使用应该具有明确的流程和定期报告，并接受制药企业的不定期审计。因各种原因没有完成试验或者试验中止，应有明确的退款和试验用药销毁流程。

❖　研究机构有责任保护患者的隐私及制药公司的专利信息和知识产权。

❖　在主要研究者（个人）因故调离或者不能开展临床试验时，研究机构需要有相应的善后流程，并协助制药公司收回没有使用的资金。

❖　研究机构需要独立面对和处理由药品不良事件导致的死亡和法律诉讼。

制药企业的职责　制药企业在决定支持研究者发起的临床试验之前，需要确保研究者及其研究机构知晓并了解GCP规定的发起者职责，评估其是否符合资质和有能力承担临床试验发起者的责任。在此前提下，才能开始讨论是否支持该项研究。

❖　制药企业需要告知研究者其在临床试验中的责任和研究协议的规定。

❖　制药企业需要评估其研究方案的科学性和可行性，评估其对药品整体数据的影响是否符合药品的研发策略和医学策略。

❖　制药企业需要评估自己内部是否有能力提供试验用药的包装和运输服务。对于安慰剂和活性对照药物，制药企业需要评估是否有能力协助发起者进行生产、购买、包装和运输等活动。

❖ 制药企业有责任支持和提供包括药品研究者手册在内的资料，以便发起者递交伦理委员会或者药监局审批。

❖ 制药企业有责任协助研究发起者（研究机构）培训研究者有关药品的研究数据、不良反应报告流程和要求。

❖ 制药企业不能干预和参与临床试验的整个过程，特别是患者入组、数据统计和文章发表过程，也不能因为支持临床试验而获得相应专利发明的知识产权。

❖ 制药企业必须保留部分对研究者发起的临床试验进行审计的权力，特别是对于独家支持的研究。制药企业不能支持违背临床试验规范的临床试验。

❖ 制药企业不能代替研究机构和第三方服务供应商，包括数据处理提供商、药品包装和运输服务提供商、医学服务和写作提供商、试验保险提供商签署关于研究者发起研究的服务协议或者三方协议。

❖ 制药企业不能越过研究机构（发起者）与其分中心发生该试验项目下的任何资金往来和支持服务，除不定期审计的权力以外。

二、监管部门和研究机构对IIT的管理

国家药品监督管理局药品审评中心在《已上市抗肿瘤药物增加新适应症技术指导原则》中明确指出："申请新适应症所提供的临床研究数据可以来源于两部分，一部分为制药企业发起的临床研究，另一部分为研究者发起的临床研究。高质量的IIT结果也可以作为支持批准增加新适应症的重要参考。"虽然国内没有颁布现行的关于IIT的专门的法律法规，但是药物审评部门认为，对于新药的临床试验和上市后药物扩大适应证的研究等可能增加受试者风险的研究，无论发起者是制药企业还是研究者或者是学术机构，均应向国家药监局递交新药临床试验申请（CTA）并定期递交相关研究资料。

美国FDA的研究监管 在美国，如果研究药物已经上市并且临床研究人群在适应证外围之内，无需在研究前取得IND申报。如果超出批准适应证，则需要判断是否属于豁免IND申报的条件，条件如下：①试验结果不作为申请新适应证或者药品说明书的重大改动的依据；②试验结果不作为处方药广告的重大改动的依据；③试验不改变给药途径、剂量、受试人群等增加用药风险的因素；④试验操作和执行遵守《联邦法规21章》第50条和56条对于机构伦理审查委员会和知情同意的要求；⑤试验要根据研究性新药的推广和收费规定执行。

对于研究者发起的在肿瘤患者中进行的临床试验，FDA专门出台了豁免NDA的补充指南。根据该指南，如果临床试验结果不旨在用于注册或商业目的，那由所在机构伦理委员会批准即可，研究者无需递交NDA申请。

欧盟对IIT的监管 在欧盟，制药公司发起的药物临床试验属于商业化研究，而IIT属于非商业化研究。所有在欧盟进行的药品临床试验都需要申办者（发起者）递交临床研究申请（CTA），并且通过机构伦理审查，报告可疑非预期严重不良反应（suspected unexpected serious adverse reaction，SUSAR），并且需要具有保险、赔偿流程和证据。如果申办者是大学、医院、公共科学机构、非营利组织、患者组织或者研究者个人，且不会将研究结果提供给第三方用于注册和其他商业目的，不作为药品上市许可的一部分，则可以通过简化临床试验申请的流程进行。

各个研究机构对于IIT的监管和规定 除了药监局对研究者发起的新药临床试验的有关监管规定外，一些研究机构或学术组织，如中山大学肿瘤防治中心和中国医学科学院血液学研究所等，也制定了相应的管理规定和流程。

三、制药企业对IIT的管理

各个大型制药企业针对IIT也制定了相应的标准操作流程和指导文件。对于跨国制药企业，在制定年度品牌医学策略的同时，还会制定特定药物的IIT支持或不支持的工作指南，在全球层面对IIT进行管理，如建立统一的网站，供IIT申请者递交相应的建议和提议，建立统一的研究协议模板，并定期举行内部的IIT方案审核委员会，对研究建议的科学性和可信性进行评估。

但是，制药企业内部各部门对于IIT的认识存在很多误区，对其研究结果及研究者的合作伙伴关系的建立充满乐观，而低估或漠视操作过程中存在的问题和风险，特别是对医学事务人员和药物警戒部门人员在其中付出的精力和时间严重估计不足。

部门之间职责模糊 注册和临床研发部门的人员有些认为IIT和自己无关，临床研究专员（CRA）和项目经理把精力和时间都放在制药公司发起的上市前临床试验中，对于研究者提出的IIT的研究建议一般都推到医学事务部门。更有甚者，有的项目经理因为害怕得罪"专家"（主要研究者），影响其III期临床试验的进度，将其IIT的建议推给医学事务人员去跟进和执行。或者将入组困难的IIIb期临床试验直接改为IIT，以为这样就能省去临床试验操作上的难题和麻烦，节省研发费用。

研究药物在工厂进行再包装和分发运输也成为操作中的难题之一，因为工厂的主要任务是按计划生产，突然增加的包药工作量是不确定的因素。

在制药企业做出支持研究者发起的临床研究决定的时候，没有一个职能部门认为支持研究的执行是其工作的重点。

混淆IIT和研究赞助 制药企业各部门人员特别是管理层人员对IIT和研究赞助的区分认识并不一致和清晰，主观上认为IIT和研究赞助一样，制药企业无需为其过程和结果负责。从本质上说，研究者发起的临床试验或者研究

（IIT）应该是使用制药公司药物的临床试验。而非临床试验或者没有使用制药企业生产的药物的临床试验，不应该划入IIT的范畴，应该属于研究赞助，如果制药企业决定资助的话。

研究机构和研究者选择性承担申办者（发起者）职责 研究机构的法律顾问或者专职律师对于GCP规定的药物临床试验申办者的职责不甚了解，从研究机构的风险角度出发，对于制药企业的IIT研究协议常常不能接受，不愿意承担申办者的职责，特别是针对试验中受试者因试验药品不良事件而要求的赔偿方面，很难接受制药企业与此无关的条款。而研究者作为研究设想的提议者和临床方案的作者，也不习惯接受从研究者到发起者–研究者的职责转换，常常过高地估计了自己的研究执行能力和资源配置能力。

制药企业不适当参与 在一些情况下，研究者发起的药物临床试验是在制药企业的某些人员不适当的鼓励或怂恿下发起的，并不是出于研究者本身强烈的科学兴趣，也不是其主要的科研目标。在这种情形下，IIT操作过程常常被研究机构和研究者放在次要的或可有可无的位置上，研究计划被无限期拖延，甚至拖延到研究协议过期。

研究者也没有把自己放在研究发起者的位置上，而是把自己放在制药企业"客户"的位置上，将很多事务性工作，包括撰写临床试验方案和病例报告表、准备伦理会议的幻灯片、数据统计和分析、研究报告的撰写、研究文章的撰写和发表、保险公司和第三方服务的谈判和购买等发起者的职责，让制药企业的有关人员协助和帮忙。这样的合作不仅严重地占用制药企业专业人员的时间（实际上，制药企业并未将上述研究者发起研究中的内容加入到任何职能部门的工作描述之中），而且严重影响研究的质量和可信度，甚至影响到研究机构和研究者本身的学术声誉。2014年，某跨国制药企业就因为不适当地介入在日本支持的一项大型IIT研究而声誉受损，全球CEO专程为此鞠躬道歉。

制药企业的医学事务部必要时需要站出来承担在公司内部领导和制定研究者发起研究的标准操作流程、基本要求和工作指南的职责。否则，在遇到此类研究资助请求的时候，制药公司各部门之间将出现推诿和忙乱的状况。特别值得注意的是，在制定品牌医学策略和计划的时候，不能将IIT的数量和患者数量归到自己的工作目标中，也不能将IIT的文章发表列为自己的文章发表计划，因为IIT的进度、数量和研究结果不属于制药企业，而属于该研究的发起者（申办者）——研究机构。

四、第三方研究

制药企业的很多人将IIT和第三方研究混为一谈，实际上，两者还是有差别的。在药物的临床研究的发起者（申办者）中，制药企业本身是一方，研究机构是第二方，而制药企业和研究机构之外的组织、机构和公司都是第三方。所谓第三方研究，就是第三方发起的药物临床试验。

非商业组织作为第三方　由大学、公共科学机构、非营利组织、患者组织发起的研究都属于第三方研究。对于制药企业来讲，由美国国立卫生研究所发起和资助的临床研究也属于第三方研究。

商业公司和组织作为第三方　此类第三方研究包括竞争药物公司和仿制品、生物类似物的生产企业发起的药品临床试验，其临床试验的活性对照药物选用制药公司的药物。

制药企业需要针对第三方研究提出的购买研究用药和支持研究用药的要求，制定专门的操作流程和工作指南。这些工作基本上超出了制药企业医学事务的日常职能范围，但是，医学事务有关人员需要从临床试验登记网站、医学文献和学术动态中密切关注自己药物有关的有效性和安全性信息。

第四节　真实世界研究和证据

医学界提出"真实世界"这一概念是在1966年，1993年Kaplan在591例高血压患者中开展雷米普利的疗效评价，开创了药物真实世界研究的先河。2016年12月，美国国会颁布了《21世纪治愈法案》（ *21 Century Cure Act* ，21 CCA），从而使真实世界证据从幕后走向前台。FDA也自此召开了一系列研讨会，旨在于2021年前出台一部切实的关于在药物审批中使用真实世界研究（real world study，RWS）产生的数据（real world data，RWD）进行监管决策的规章制度。

一、真实世界研究的概念

所谓真实世界研究，其实是相对于随机对照研究所造成的"理想"世界来讲的，没有随机对照研究的严格的入组和排除标准，没有随机对照研究的标准化和机械化的操作程序，没有随机对照研究的试验药物的规范化和免费使用，也就无所谓真实世界研究。

真实世界研究考察的是药物在临床实践中而不是在临床试验中的有效性和安全性，是在更广泛的人群、更长期的实际应用中考察药物的临床效应，是从主要终点和临床效果之外的更多维度（包括患者生活质量和主观感觉等）考察药物对患者的影响。

在药品的真实世界中，患者不再被称作受试者，临床医生也不再是研究者，医院也不再被称为研究机构，一切都回归到临床实践本身。

药品的真实世界研究除了不是传统的随机对照临床试验外，可以采用任何揭示临床效应的研究形式。其主要核心是研究设计是非随机、开放性、不使用安慰剂的科学研究。有人把实效性随机对照试验也看作真实世界研究的一种。

真实世界研究既可以是观察性研究，也可以是干预性研究；既可以是前瞻性研究，也可以是回顾性研究；既可以是对照性研究，也可以是单臂队列研究。研究既可以采用内部对照组，也可以采用外部对照组；数据既可以通过研究主动收集，也可以在现有的数据库中挖掘和提炼。

正如随机对照临床试验有其固有的局限性一样，真实世界研究也有其固有的局限性。真实世界研究虽然形式多样、规模更大、观察期更长、更全面，但是其数据异质性强，混杂因素多，偏倚控制困难，药物及其效应的因果关系和相关程度判定的可信度与随机对照试验（randomized control trials，RCT）相比较低。药品的真实世界研究只有和药品随机对照研究结合起来，才能反映其临床效应和临床效益的全部，单一形式、单一来源的研究和数据都是片面的、不完整的。以片面的、不完整的数据做出的任何决策都是不科学的，科学的意义不仅在于准确，而且在于完整，盲人摸象并不是科学思维。

真实世界研究数据既可以是主动收集的研究型数据，也可以是在现有的数据中进行数据挖掘和有目的采集的非研究型数据。药物真实世界的数据可以来自任何地方和任何方式，包括但不限于以下几个方面。

❖ 管理型数据库的非研究型数据。医院、医保部门、民政部门和公共卫生部门等医疗卫生系统和医疗保障部门基于社会管理和健康管理建立的数据库，如电子病例记录、医疗保险和付费记录、居民健康档案和数据库、药监部门药物不良事件数据库。

❖ 药物和疾病注册登记等医学研究型数据，如一些治疗学会发起的疾病登记和药物登记系统及数据。

❖ 可穿戴设备和手机应用软件收集的健康数据。

❖ 患者报告事件结局。

❖ 其他，包括药物经销商、社交媒体和网站。

二、真实世界研究的意义和目的

真实世界研究是以患者为中心的研究，而不再是以药品为中心的研究。真实世界证据不仅可以用来支持药品监管决策，为药物新的适应证和适应证的扩展提供证据，为药物的注册试验提供有力的补充；还可以用来支持药物的临床决策，掌握疾病治疗路径中未被满足的医学需求，了解治疗指南和治疗实践的差距，为指南和规范的制定提供参考；而且真实世界证据还可以给支付者提供临床疗效和成本效益方面的参考，给患者及其照顾者提供有关合理用药和规范用药的指导。真实世界的研究填补了药物临床试验和临床实践之间的知识空白。

在这个意义上说，真实世界研究不仅仅是上市后研究，在药物上市前的临床研发阶段，也需要开展真实世界研究作为随机对照研究的补充资料。患者报告结局研究（PRO）在一些肿瘤药物和银屑病药物研究中已经附属于随机对照研究，作为注册研究的补充。

药物的真实世界研究旨在通过疾病的诊断路径，发现和揭示未被满足的医学需求和临床诊治差距，揭示药品的临床差异及其在改善当地医疗卫生系统中的临床价值，同时掌握其局限性和安全性人群。

药物的真实世界研究主要研究内容如下。

❖ 疾病（适应证）人群的特点；

❖ 治疗类型和路径；
❖ 疾病的自然病程；
❖ 药物研发的可行性；
❖ 药物合适的治疗人群和定位；
❖ 药物安全性信号。

三、药物真实世界研究的类型

药物真实世界研究无论采用何种设计方法，都要包括三个要素：患者、干预和结局。经典随机对照研究的理想受试者是同质化人群，而真实世界研究的受试者却是异质化人群，因此要求样本量足够大，以便进行亚组分析和比较；经典随机对照研究的干预单纯是指在研的药物，而真实世界研究的干预是包含研究药物在内的治疗方法、治疗策略和治疗时机；经典随机对照研究的研究终点和主要变量主要是临床实验室检查指标及其变化，而真实世界研究的主要变量是临床事件终点，包括主要心脑血管事件、住院、并发症和继发疾病的发生发展等，也包括各种生命和健康量表、生活质量和主观感觉评分等。

注册登记研究 登记研究是一种前瞻性观察性研究方法，通过主动性地收集既定的临床数据，然后按照既定的方法进行统计分析，来评估特定疾病、特定治疗方法或特定医疗服务的结果和结局。按照其主要登记的对象，登记研究可以分为疾病登记（disease registry）、药物登记（product registry）和卫生服务登记（health care registry）。由学术学会和研究机构发起和维护的疾病注册登记数据库及队列研究，主要是疾病登记研究，例如美国癌症研究中心登记、美国肾脏病数据系统(USRDS)、中国卒中中心登记、中国冠心病支架登记等。截至2019年，没有发现有影响力的制药企业发起的药品登记研究。

近年来，随着经济和信息技术的发展以及重视程度的提高，由学术组织发起的注册登记研究方兴未艾，在年度学术会议交流和文章发表中所占的比重呈逐年提高趋势。但是，由于目前的登记研究并没有和临床实践中的电子病例系统进行整合，需要专门采集和录入数据，学术组织对各家医院并没有行政管辖权力，研究数据的归属和分享、研究发现的专利和知识产权问题成为阻碍开展登记研究、确保数据质量及完整性的主要因素。2017年北京大学公共卫生学院联合北京大学健康大数据中心和《中华流行病学杂志》建立了中国队列共享平台（China Cohort Consortium），截至2019年11月，已经成立了包括药物流行病学、营养与遗传流行病学、免疫流行病学、老龄健康、先天性心脏病、重大慢性病防控等在内的10个队列数据共享工作组，积极探索不同学科、不同医院之间的疾病数据共享和合作模式。

在建立药物注册登记研究数据库并与各家医院合作方面，制药企业具有一定的优势，因为制药企业更关注的是药物登记产生的数据和证据，研究结果和文章发表的所有权并不是其主要关注点。

患者报告结局　患者报告结局是采用特定的量表和工具，衡量和评估患者健康状况和治疗效果的真实世界研究，是疾病症状管理的策略和方法之一，可以从患者的角度多维度地反映疾病状态和治疗体验。由于FDA的关注和倡导，PRO越来越受到制药企业的重视，2017年，一项来自美国塔夫茨大学的研究表明，在250家制药企业和CRO中，55%会使用PRO作为临床试验的辅助手段。

PRO采用的量表分为总体评价量表和特定疾病评价量表。总体疾病评价量表主要有欧洲五维健康量表（EQ-5D）、六维健康量表（SF-6D）、健康状况调查简表（SF-36）、健康评定量表（HAQ）、生活质量评估（health related quality of life，HRQoL）、疾病影响程度量表（SIP）等标准化量表。而特定疾病评价量表则随着疾病领域的不同而不同，如贝克抑郁量表（BDI）、类风湿关节炎生活质量问卷（RAQoL）、克罗恩病活动指数（CDAI）等。研究设计者需要根据具体疾病和适应证的未被满足的需求及各种量表的特性和局限性来选择和购买。

除了支持某些特殊疾病和药物（如精神神经性疾病、疼痛、各种骨关节疾病、银屑病、肿瘤等危急重症）的药物监管和注册以外，PRO还可以在疾病管理的以下领域发挥其独特的作用。

- ❖ 中医药或辅助用药的效能评估；
- ❖ 患者对治疗或医疗卫生服务的满意度的评估；
- ❖ 患者社会心理健康的评估；
- ❖ 患者健康行为和生活习惯的评估；
- ❖ 患者疾病自我管理能力和知识的评估；
- ❖ 疾病的患者管理策略和患者分层。

总之，随着信息技术的发展、可穿戴监测设备的完善以及患者知识水平和教育水平的提升，患者在治疗决策中的作用越来越大，患者报告结局研究的技术将趋于完善，应用将会越来越广泛，为评价药物增加了一个全新的视角和维度。

实效性随机对照研究　实效性研究是传统的随机对照研究在真实世界中的改良和适应。虽然同为随机对照研究，但是实效性研究采用更为异质化的受试者人群（入组标准宽泛）、更为灵活的随机方法（可分组随机）、更为宽松的对照组（可为外部对照），可收集更多的研究指标和数据。

实效性随机对照研究是真实世界研究中的干预性研究，但是，干预的条件可以是药物本身，也可以是药物代表的治疗方式或者不同的医疗服务方式。与传统的随机对照研究不同，实效性研究的核心目的不是建立干预和效应之间的因果关系，而是比较不同医疗服务手段间疾病管理和预后的异同。实效性研究的干预条件常常属于复合干预，由数种相互作用的因素组成，常常超出单一用药本身。实效性研究的数据可以来自临床机构日常的诊断和治疗系统，其随机方法可以用在更高的层次上，如医疗服务提供者随机分配两种不同的疾病管理和控制的策略或方法。

PRECIS（Pragmatic -Explanatory Continuum Indicator Summary）工具最初是2005年由25个国际随机对照试验的研究者首先提出的，2008年11月在《英国医学杂志》发表了CONSORT工作组对于实效性研究的扩展要求，之后在2015年发表了PRECIS-2作为评估实效性研究设计是否符合研究目的的工具。PRECIS-2是由以下9个维度组成的轮转模型。

- ❖ 纳入标准。研究将入组的患者特征如何？
- ❖ 患者招募。如何招募患者？
- ❖ 研究场景。在哪里实施干预？
- ❖ 研究实施。需要哪些专业知识和资源来实施干预？
- ❖ 干预的灵活性。如何实施干预？
- ❖ 干预的依从性。采用什么措施提高患者的依从性？
- ❖ 随访。对受试者随访强度如何？
- ❖ 主要结局。结局和受试者的相关程度如何？
- ❖ 主要分析。数据覆盖程度如何？

通过PRECIS-2轮状模型，以1~5分的维度来评价一项随机对照研究是属于传统探索性随机对照研究还是实效性随机对照研究。这一工具的目的是帮助研究团队检查研究设计是否和研究目的一致，以确定研究结果的适用性，为干预性临床试验的设计和决策提供一个有力的工具。

回顾性研究 真实世界研究的重要类型是在现有的管理数据库中根据研究问题，回顾性分析有关数据，从而发现在临床实践中，特定患者人群使用特定药物的结局和影响。回顾性研究可以采用病例对照方法或者区域对照方法来分析和比较医疗卫生服务和医疗卫生系统的改善程度。

由于制药企业没有数据库的拥有权，因此，回顾性研究的数据挖掘、荟萃分析、病例分析、病例报告多以外部合作项目或者研究性基金的形式来操作和实施。制药公司也可以提供数据分析计划来向数据库拥有者购买相应的报告。

四、真实世界研究的实操和挑战

制药企业要获得并累积有关自己药物和相关疾病或适应证的真实世界数据及证据，并不如想象般容易，有时甚至比自己发起随机对照研究的难度和风险还要大，其中的模糊性和不可控因素尤为突出，不仅涉及多种利益相关者对研究问题的确定和共识，而且涉及选择哪些类型的真实世界研究以及合作伙伴的选择和沟通，涉及患者隐私和权益的保护，涉及数据获取的合法性和质量，涉及关于研究涉及药物（自己公司的药物以及患者所有治疗药物）的不良事件的报告和采集，涉及数据分析处理和结果的可信度，涉及公司和合作方的知识产权和专利保护等方面的问题。

研究策略和研究问题的确定　制药企业医学事务部及品牌管理团队在制定品牌策略时，需要根据疾病的诊疗路径全面梳理未被满足的医学需求，根据当地的临床洞见，分析临床医生的治疗痛点和两难处境，确定药物的证据差距。只有经历了这一过程，才能提炼出有影响力的研究问题。在确定研究问题的基础上，选择合适的真实世界研究的形式，是对医学事务人员策略思考能力的一项考验。

合作伙伴的选择　真实世界的研究，选择合适的合作伙伴非常重要。如果研究方向、研究问题不是合作伙伴关注或感兴趣的科学问题，不能被列入合作伙伴的工作日程和优先级，真实世界的研究是不会成功实施的。合作伙伴包括内部和外部，内部的合作伙伴包括参与品牌管理的各个部门，如市场部和市场准入部门的成员、研究的项目经理、相关的医学顾问和医学沟通经理；外部合作伙伴包括学术组织、临床医生、研究统计师和第三方服务供应商等。在评估合作伙伴对研究的兴趣时，下面几个问题可以作为思路。

❖　重要性。研究问题的确定是否与合作伙伴讨论过？

❖　相关性。研究是否和当地的临床实践相关？

❖　消耗性。研究的实施是否干扰正常的工作或临床工作？

❖　影响力。研究结果是否可以改进医疗实践和促进治疗决策？

干预性研究和非干预性研究的认定　对真实世界研究中的干预和非干预性研究的判定并不如想象得那么容易，实际上，干预的概念是从研究本身的角度来判断的，并不是从疾病治疗的角度来判断的。

所谓干预性研究是指研究本身改变了临床实践中的常规诊断和治疗路径（涉及筛选和诊断、治疗和随访、监测和管理的各个阶段和各个环节），并不是指特定的药物在特定疾病中的使用，换句话说，研究干预的是普通的临床实践，而不是特定的临床疾病。研究对于临床实践的干预包括但不限于以下几个方面。

❖　研究方案的宣传教育和培训可以增加临床医生对于所研究疾病的重视程度和认知程度。

❖　研究中的劳务费用有可能改变医生对治疗药物的选择。

❖　研究中提供给患者的支持和教育活动，包括交通费用和研究活页在某种程度上也改变了正常的临床实践。

❖ 研究中的随访次数和电话随访有可能对临床结局产生影响。

❖ 研究中采用的观察指标和量表，不是日常临床实践中使用的评价方式，有可能改变临床实践。

因此，在这个意义上说，所谓非干预性研究，应该是对临床实践没有任何影响的研究，而不是通常理解的是否使用研究药物。这一点也是制药企业发起的药品上市后临床观察在和研究机构伦理委员会、研究机构律师沟通时的主要争议之处。

制药企业认为自己发起的观察性研究属于非干预研究，没有改变临床实践，因此，制药企业无需提供研究用药，无需承担患者的交通费，无需为参加此项非干预研究的患者购买专门的保险，也无需对由药物严重不良反应导致的住院事件以及法律诉讼负责。而研究机构的律师和一些伦理委员会的成员却认为，即便是观察性研究，它也是制药企业发起的临床试验，有的还配备了临床监察员（CRA）和临床研究协调员（clinical research coordinator，CRC），患者为此签署了知情同意书。但是，在这种不赠药的观察性研究中，患者几乎没有获益，研究机构承担的责任过多。因此要求制药企业提供患者的交通费及其他补助。如果制药企业同意这些要求，则其发起的上市后观察性研究可以被看成是某种程度的干预性研究，研究的性质将会由此而改变。这成为制药企业开展上市后观察性研究的难题和挑战。

数据的完整性和数据监管　根据ICH-GCP E6（R2），数据的完整性的含义包括全面性、一致性、准确性和可信赖性。这要求数据从产生到存储、消亡的整个过程都是可信的。

数据监管工作中研究数据的获取、存储和分发都要符合相关的法律法规。国际组织和国家对于患者的敏感个人信息和国民医疗健康数据的保护越来越成系统。2018年欧盟颁布了《通用数据保护条例》（*General Data Protection Regulation*，GDPR），2019年9月30日《开曼群岛数据保护法》生效。在中国，《人类遗传资源管理条例》和《个人信息出境安全评估办法》也相继出台。

在实施和管理真实世界研究的过程中，制药企业在进行对数据库的权限管理，对原始数据获得时的知情同意，对个人敏感信息的管理，对数据库的建立和维护，数据的编码、录入、审查和清理，外部电子数据库的管理，数据的保存和存档，数据安全和备份，数据在不同法律实体和国际交流中的管理和控制，第三方服务公司的尽职调查（due diligence，DD）之前，需要对能力、资源和人员进行仔细评估。

数据完整性和安全性的管理、数据分析和管理计划的准备和制定，并不是传统的医学事务部门的医学顾问和医学沟通经理所能承担的。在自己知识和能力不具备的情况下，可以将这类工作外包给第三方，但是对第三方的尽职调查、合同签署和结果验收，也不能由现有的医学顾问和医学事务经理进行，除非制药公司给予其特殊的专门培训和认证。如果进入医学驱动时代，医学事务部需要雇佣专门的合格人才来管理和实施真实世界研究及Ⅳ期临床试验。

第五节 药物经济学和疾病负担研究

药物经济学和结局研究严格说起来并不属于医学事务的研究范畴，而属于卫生经济学研究的内容，因为其对应的医疗卫生决策者属于支付者，如各级政府的医保部门，所以在一些制药公司被列为市场准入部门的工作范畴；但是，HEOR的数据来源是临床试验、荟萃分析、系统综述、上市后研究、观察性研究、真实世界研究、患者报告结局研究和临床预后评估，因此在一些制药公司由医学事务部内部设立的专门人员负责。卫生经济学和结局研究包括三个分析：成本效果分析（cost effectiveness analysis，CEA）、成本效益分析（cost benefit analysis，CBA）和成本效用分析（cost-utility analysis，CUA）。

疾病负担研究 主要研究疾病、伤残和过早死亡对整个社会经济及健康的压力和影响，疾病负担包括个人负担、家庭负担和社会负担。疾病的个人负担包括对患者躯体的损伤、身心残疾和死亡，以及由此引起的就业、教育和社会关系方面的障碍。疾病的家庭负担包括疾病对家庭成员或照顾者造成的困难、问题和不良影响。疾病的社会负担是疾病导致的对社会人群心理、经济和安定等方面的影响，以及疾病消耗的社会资源对整个社会的影响。

疾病负担研究的指标如下。

疾病和死亡的流行病学 包括疾病的发病率和患病率、病残率和病死率、门诊和住院率、死因位次等。

期望寿命和健康期望寿命 1982年，美国CDC提出潜在寿命损失年（potential years of life lost，PYLL），用于计算和比较疾病导致的寿命减少年数。

失能调整生命年（disability adjusted life year，DALY）和质量调整生命年。1993年，哈佛大学公共卫生学院提出了新的指标伤残（失能）调整寿命年（指从发病到死亡所损失的全部健康寿命年数，包括早死导致的寿命损失年）和疾病伤残引起的健康寿命损失年两部分。质量调整生命年（quality adjusted life year，QALY）是基于马尔科夫模型计算的，可以同时考察疾病干预对生存质量和生存时间两个方面的影响；可以比较同一状况下，不同医疗干预的效果；可以衡量治疗和护理的健康收益，为优化社会医疗资源的配置提供参考。

伤残调整期望寿命（disability adjusted life expectancy，DALE） 2001年，WHO对伤残调整期望寿命的计算方法进行了改进，即健康调整寿命年（health adjusted life expectancy，HALE），用来计算完全健康状态下的期望寿命。

生存质量研究 世界卫生组织对生存质量的定义是"个人在自己的生存环境与文化价值体系之下，对自身生存的自我感受，与其生存的目的、期望、标准和担忧有关"。

健康相关的生存质量（HRQoL）　健康状态的评估主要采用标准化的量表进行，包括与健康相关的生理、心理和社会功能的评估，如医疗结果研究36项简表（medical outcome study short form-36，MOS SF-36）。除了通用健康量表之外，还有针对特定疾病、人群、功能和症状的专用量表，可供临床研究和临床试验选择。

药品利用研究（drug utilization study）　药品利用研究是对特定区域内药物的市场、供给、处方和使用的研究，其重点是考察药物利用导致的对医疗、社会和经济的影响以及各种因素对药物利用的影响。药物利用研究不仅可以显示药物在特定区域的应用模式，还可以预测药物的需求量和需求结构，监测用药趋势和滥用药物的情况。

总之，药物经济学和结局研究、疾病负担研究和数据是制药企业药物证据链和价值链中不可或缺的一环，也是医学事务有关人员应该了解和掌握的知识，即便这些研究的发起和实施一般不在传统医学事务部门的范畴之内。

第六节　药品研究的管理和文章发表

制药企业医学事务部门涉及的研究形式多种多样，各个领域的药物也处于药物生命周期的不同阶段，人员的能力和资源的配置在不同公司也有不同的特点。加之，医学事务所涉及的证据产生活动并不仅仅涉及药物，也不仅仅是上市后研究。在上市前阶段，对疾病和适应证的评估以及研究者发起的临床试验，患者报告结局和真实世界研究，Ⅲ期非注册目的临床试验以及各期药物临床试验结果的发表，都在医学事务的范畴之内；药物警戒也贯穿于整个药物研发阶段，而不仅仅是上市后阶段。

随着形势的不断发展，制药行业对医学事务部门的研究组合设计和策略、研究流程管理、预算管理和资源配置、项目和服务商管理、药物警戒等方面提出了更高的要求。

研究组合的选择和禁区　在药品生命周期的不同阶段，在不同的区域和地区，不同的利益相关者（患者、医生和支付者）要求的证据是不同的，证据产生活动也应该不同。这为品牌医学事务证据产生活动的设计提供了很多空间和创新的机会。在医学事务阶段，证据的产生活动不应该追求千篇一律、千人一面，而应该是百花齐放、百家争鸣，世界上没有两片完全相同的叶子，也没有两份一模一样的品牌医学研究计划。

在制定品牌医学研究计划时，要从真实世界临床实践中未被满足的医学需求出发，克服心中大而全的束缚，克服完美主义的羁绊，考虑药品的经济、社会和竞争环境，考虑自己的实际能力和资源配置，不要在解决一个问题的同时，带来更多的问题。

研究的证据级别可以不高，研究结果可以是负面的，可以无法阐明药品和临床效应的因果关系，但是，研究的程序必须正义，研究伦理必须得到遵守，研究付费必须合理公平，研究结论必须公正透明，不能开展假研究（被认为是种子研究、促销手段），不能产生假数据（操纵和编造数据），不能出现假作者（影子作者），不能出现任何瞒报和漏报不良反应的行为。

无论开展什么类型的证据产生活动，制药企业医学事务部的每个相关人员必须具备相应的资质，包括但不限于药品临床试验管理规范的培训证书、研究相关SOP的培训记录、药物安全和不良反应报告的培训记录。

流程管理和建设　制药企业医学事务部在没有建立规范的医学研究及证据产生活动的基本和必需的流程之前，在有关人员没有经过培训和资质认证之前，是不应该开展任何形式的临床研究的。没有资质证明的人员不能承担相应的职责，这是保障研究质量的基本原则和底线。

制药企业医学事务部门至少需要制定下列关于证据产生活动（医学事务研究活动）的标准操作流程或者工作指南，并确保每个治疗领域的医学事务人员都进行了充分的培训。

- ❖ 人员资质证明和个人培训、学习计划。
- ❖ 医学事务研究的审批流程。
- ❖ 研究相关文件的起草和审批工作的指南及流程，研究相关文件包括研究保密协议、研究协议、研究方案、知情同意书、病例报告表、统计分析计划、文章发表计划等。
- ❖ 研究相关协议的准备，工作指南和流程的审批。
- ❖ 研究用药包装和管理流程。
- ❖ 第三方服务供应商的审核、使用指南和流程。包括对第三方服务供应商，如数据统计公司、CRO、合同生产组织、医学写作服务公司、外派服务公司等的尽职调查、风险评估、合作协议、质量管控和验收等部分。
- ❖ 研究中心管理和监测工作的指南和流程。
- ❖ 研究数据管理和质量控制流程。
- ❖ 研究中药物不良反应的监控和管理流程。
- ❖ 研究文件和数据库管理指南，包括试验文件汇总（trial master file，TMF）目录和模板，电子数据库的管理和转移指南等。
- ❖ 研究披露登记以及文章发表流程和指南。
- ❖ 研究启动和中止的流程和工作指南。
- ❖ 特殊类型研究指南，如研究者发起的临床试验、患者报告结局研究、真实世界研究等。

医学事务的研究组织和参与人员需要清晰和明确制药公司内部对临床试验审计的基本要求和流程，并能够自信而独立地应对、准备和处理审计后的改正和预防措施（corrective action and preventive action，CAPA）。

预算和付费管理　医学事务在管理和运营临床试验或其他证据产生活动时，最容易忽略的是预算和付费管理，这常常成为医学事务执行能力上的短板。虽然在临床研究的过程中，会遇到各种各样的意外情况，但是没有一个意外情况可以成为医学事务预算和付费管理不善的理由和借口。预算和付费管理中出现的任何问题都和医学事务研究负责人员对实际研究工作没有经验、没有能力、没有策略、没有责任心或者监督机制缺失有关。一般来讲，制药企业医学事务研究的费用和预算不是来自药品的研发（R&D）费用，而是药品上市后的管理和推广（A&P）费用。制药企业对上市后药物医学研究的投入不是没有限度、没有止境的，每一项研究的费用在财务报表上最终都要落实到特定药物的收益与损失（profit & loss，P&L）上。

医学事务研究预算和费用管理的一般原则如下。

❖　研究每月需消耗预算和实际花费的比较，两者之间的差距应该不超过10%，每年研究实际花费和预算花费的差距不应超过3%~5%。研究的整体预算需要每年进行调整和申请。

❖　研究付费应该按照研究预先计划的里程碑事件完成付费，首次研究费用不应超过总费用的30%。研究付费的里程碑事件包括研究协议签署、伦理委员会批准、第一例患者第一次给药（first patient first dose，FPFD）或第一例患者第一次随访（first patient first visit，FPFV）、最后一例患者最后一次给药（last patient last dose，LPLD）或最后一例患者最后一次随访（last patient last visit，LPLV）、数据库锁定（DBL）、研究报告（clinical study report，CSR）完毕和研究文章发表。

❖　研究的预算管理需要按照费用结构和分类进行细分管理。研究的预算可分为付给研究机构和中心的费用（伦理费、管理费、研究者劳务费）、付给第三方服务公司的费用（数据管理和统计费用、CRO/CMO费用、研究用药有关费用等）、研究者会议和沟通费用、公司其他成本费用等四大类别的费用。需要注意的是，在运营医学事务发起的研究时，如果超过80%的费用都花费在第三方服务公司的各种项目上，提示研究效能和研究的质量、执行存在风险，也说明研究的实施和执行超出了现有医学事务人员的能力和管控范畴。

❖　主要研究中心的牵头费不应超过研究总预算的10%~15%，而且要有明确的协议规定其应负的职责和义务，如果牵头单位没有履行责任和义务，应该有相应的措施来补救和处理。

❖　对于真实世界研究或者观察性研究，研究者费用不应涵盖临床医生在真实世界中的临床实践的费用，也就是说，制药企业不应该为临床医生进行的日常的临床诊断和治疗实践支付劳务费用。

❖　制药企业不应该为研究者发起的临床试验或第三方发起的临床试验承担其在GCP规定下的职责和义务，要避免和临床研究服务公司以及研究发起者签署三方协议。

项目管理和团队合作　从来没有临床项目管理技能和经验的医学顾问或者医学沟通经理是没有能力担任任何上市后药物临床试验的组织者和项目负责人的，他们设计的临床试验或研究几乎没有可实施性、可操作性。这种行为本身就违背了临床试验规范的基本原则，是增加临床试验操作风险的最主要因素。

对于医学事务部门来讲，一个合格且负责任的研究项目经理对于医学事务各项研究的执行至关重要。一项临床研究项目，不论是真实世界研究还是研究者发起的临床试验，都不是一人一力能够完全操作和完成的，何况在人员流动和发展活跃的治疗领域。要建立必需的内部资质审核和批准流程，建立必需的质量监控和管理流程，成立专门的项目团队，明确团队成员的职责和义务，才能具备医学研究的基本条件。

临床试验服务外包和供应商管理　一般的医学事务部门的人员缺乏数据统计（统计分析计划和统计分析报告）、数据库的建立和管理、法律协议和合同的管理、外包人员的薪酬福利及劳动保护等方面的能力和经验，也缺乏必要的进行尽职调查核查和准备研究工作范围表（scope of study worksheet，SSW）等文件的基本知识和经验，更无法进行外包服务的执行和风险评估操作。在开展研究项目之前，相应的医学顾问、医学经理必须接受相应的培训和考核，并予以记录存档。

虽然在公司层面，对于第三方服务供应商有统一的采购和批准过程，但是，当研究中的各项活动外包时，第三方供应商的服务质量、水平和成效仍然是研究实施中的风险。

初级的医学事务人员因为缺乏对所购买的外部服务的充分知识和经验，缺乏谈判和沟通技巧，急于找到服务供应商完成任务，在和外部服务供应商的沟通过程中，常常落入陷阱或留下很多漏洞，为研究的执行埋下很多地雷。第三方服务提供商必须提供充足的合格人员参与到研究项目中，其参与的人员应该是专职人员。第三方公司的管理费用和人员培训费用不应超过总服务费用的20%，对其研究的收费标准不要根据服务时间来计算，而应该按照研究的里程碑或可支付的成果来计算。因各种原因没有达成预先约定的可支付成果，或者在实施中出现中途退出、中途涨价、中途更换人员等情况时，要有相应的惩罚条款。

服务的外包和验收不能由没有任何经验和记录的医学事务人员单独进行，需要公司内部各部门的协助和支持。对于研究中相关的法律文件和合同，需要公司法律部门的协助和审核。对于研究统计分析计划或统计分析报告，需要公司内部的统计部门审核或验收。药物警戒部门需要参与从研究方案确定到研究实施和研究报告结束、研究文章发表的全部过程。对于电子数据库的建立和服务外包，要由公司内部IT部门审核和批准。如果公司内部没有相应的统计部门或者IT部门，或者没有相应的经验和资质，在请示管理层决定后，可外包给有资质的无利益冲突的第三方服务公司进行验收和评估。临床研究外包人员的服务合同以及人员绩效考核标准需要征求公司人力资源部门的意见，并有记录。

医学事务研究指导委员会　医学事务研究的主要目的是探求疾病诊治路径中未被满足的医学需求，因此，正式聘请当地有学术影响力和有见识的临床专家、流行病学专家、统计专家和卫生经济学专家等各方面医疗卫生专业人士，参与到整个治疗领域内的研究策略的制定、研究过程的监管、研究结果的发表、研究数据的共享、研究中心的确定和文章作者的排序等研究活动中，是加强治疗领域所有类型研究管理的有效方法，也是制药公司和利益相关者建立合作伙伴关系的有效工具。

研究专家指导委员会需要符合以下条件。

- ❖ 有固定的组织章程、职责和义务；
- ❖ 有固定的主席和做决定的机制；
- ❖ 有相对固定的成员和会议日程；
- ❖ 有正式的聘书；
- ❖ 有正式的合作协议。

研究文件的标准化和管理　所有研究文档和表格的标准化文档及文档管理电子系统的建立，是制药企业医学事务部的基本工作之一。

- ❖ 专门的系统管理员及权限管理；
- ❖ 所有研究相关文件的存储，包括研究电子数据库和发表的文章；
- ❖ 按时检查和更新、审计；
- ❖ 项目交接需要有清单和签字；
- ❖ 数据库安全性保障和备份。

第七节　身心医学与行为心理学研究

制药企业和医疗卫生保健系统的根本目的是控制和治愈疾病，稳定和恢复患者的健康。以药物为中心，到以疾病为中心，再到以患者为中心的思路转型过程，体现了医疗行业真正的人道精神。而对患者的精神负担和心理状态的研究，以及对临床医生的治疗观点和临床实践行为的研究也越来越受到重视。

从本质上说，刺激和反应的因果关联与药物的干预及其临床效应之间并无本质的不同。药物治疗产生临床效应，疾病认知产生治疗行为，病痛症状导致心理障碍，其理一也。社会科学的研究和自然科学的研究一样，都在试图阐释其中的相关性和因果关系，减少对未来的不确定感，规避风险，减少损失。探究药物对患者精神心理路径的影响，探究治疗观点的形成及其和治疗行为的关系，探究当地治疗模式形成背后的价值观和驱动因素，是制药企业医学事务部，特别是区域医学事务尚待开发和开展的领域。

一、疾病精神负担的研究

疾病对人类健康的影响是全面的，不仅有身体方面的影响，而且有经济方面的影响；不仅有精神方面的影响，也有家庭方面的影响；不仅有对患者生活的影响，也有对社会的影响。在某种程度上说，疾病导致的患者生存和生活的变化，是剥夺人身自由和精神自由的最主要的威胁。躯体的痛苦和失能必然导致精神的负担。2019年《中华皮肤科杂志》发表了有关中国银屑病患者疾病负担和生存质量调查的研究，该研究采用问卷调查的方法，募集银屑病患者497例，发现因为疾病导致失业者占37%，34%的患者有过自杀倾向，重度组[皮肤病生活质量指标（DLQI）>10]有自杀倾向者占46.3%。评估药物干预对特定疾病导致的精神负担和心理障碍的改善程度，也是未来医学事务可以发挥自己价值的领域和空间。

二、临床实践行为研究

临床医疗实践也是人类的社会实践活动之一，医疗实践活动必然涉及心理认知、治疗观念和治疗行为。2018年美国心脏协会（American Heart Association，AHA）年会发表的一项国际多中心随机对照临床试验——Bridge Stroke研究，就是评估质量改进项目对临床结局影响的研究。研究的对象为急性缺血性脑卒中或短暂脑缺血发作的患者，研究将巴西、阿根廷和秘鲁的36

家医院随机分配到依从治疗指南组和常规治疗组，主要观察终点为住院48小时内和出院时循证医学的依从性评分。研究结果显示，依从指南并没有带来临床结局上的改善。虽然结果是阴性的，但是，其研究设计和思路可以为医学事务部有关人员在制定医学活动计划时提供参考和启发。

三、深度访谈

深度访谈是定性研究、采集观点和数据的方法。采访者根据事先准备好的访谈提纲和方案，面对面地和被访谈者深入探索其内心的思想、看法和观点，而被访谈者需要事先对访谈问题进行认真的准备，两者约好专门的时间，就访谈问题进行仔细地探讨，并认真地记录。对一定数量专家进行的深度访谈及进一步分析，可以产生很多真知灼见和研究成果，甚至可以出版研究报告和有关书籍。区域医学事务在新产品上市前阶段，或者在制药企业进入一个崭新的治疗领域时，开展一定数量的专家深度访谈，可以迅速而系统地了解专家的治疗观点和临床洞见，为制定有效的医学策略打下坚实的基础。

总之，身心医学、心理学、社会学和行为学研究，或许能为未来的医学事务特别是区域医学事务的活动开辟一片新的天地，成为体现医学事务价值和影响力的蓝海，值得我们从现在开始准备相应的知识、人才和能力，并进行积极的探索和试验。

本章小结

　　数据是科学的语言，证据是决策的基础。医学是科学的一种，但不是科学的全部。决策过程本身属于心理和行为科学。科学决策和决策的科学化都需要制药企业在更高的格局上对待数据产生活动。数据产生活动的目的是给治疗决策提供证据，研究、试验和实验都是数据产生活动。在大数据信息时代，制药企业医学事务部门任重道远，潜力无限，大有作为。

第八章　外部交流与合作：建立有意义的伙伴关系

　　制药企业和医疗卫生专业人员建立合作伙伴关系必须是为了患者（以患者为中心，就是以患者的诊断治疗路径为中心），为了提高医疗卫生保健系统的效能和效率，为了整个人群的健康以及由健康带来的生存和自由的基本人权，而不是为了双方各自的利润、利益和发展。

第一节　学术机构、医院和临床专家

　　制药企业是医疗卫生保健系统的一个重要组成部分，属于供给侧，医院及其医疗卫生专业人员属于服务侧，患者及医保等支付方属于需求侧，而学术研究机构以及专业学会是服务于服务侧的第三方。在整体格局上，供给侧只有通过服务侧才能实现其药物的价值和企业的价值。整个医疗卫生保健系统受到药监局和卫生部、工商局和科技部等部门的监管和调控，制药工业本身又是国家战略产业的重要组成部分。除此之外，军队武警和兵团、监狱等机构也会建立自己的医疗卫生保障体系，该体系独立于国家行政卫生体系之外。

　　临床医生属于医疗卫生保健系统中医院的雇员，具有国家承认的行医资格，其使用药物合法干预患者身体机能的权力来自国家行政机构的授权和认可，并受到发证机关的监管。在国家和政府的层面上，很少授予临床医生"专家"称号，所谓临床专家、学科带头人是民间的非正式称呼，没有认证和撤销的标准。而博士是国家教育部认定的学位，也不是衡量临床医生诊治疾病能力的标志。

专业学会大多属于民间学术组织，受民政部管辖和监管。专业学会对其成员及参与机构并没有行政管辖权力，只能制定治疗指南和规范，组织继续教育和认证活动，举办专业内的学术交流活动和学术会议，也可以承接政府有关部门委托的学术活动或者健康促进项目。和专项基金会不同，专业学会在定性上基本都属于非营利机构。公立医院大多数属于非营利性组织，其雇员属于国家事业单位，大多数不属于国家公务人员或者官员。

制药企业属于药物研发和生产供应企业，是国家工业体系的一部分，世界上基本上没有非营利性企业，中国亦如是。

营利性质的制药企业和非营利性质的临床医院发生业务联系与合作时，将会产生什么样的反应？当推广性质的药企商业部门和医院的雇员发生个体接触和联系的时候，会发生什么？当非推广的医学事务部门和临床医生进行学术交流的时候，会发生什么？这些问题是制药企业和临床医生、医学事务及临床专家进行接触、沟通与合作时首先要考虑的根本性问题，没有这个思考的格局，就会给双方的长期合作带来风险和隐患，也不可能建立相互信任、相互依赖的合作互赢的伙伴关系。

第二节　从外部专家到合作伙伴

曾经在制药企业内部，把在特定治疗领域的学术带头人称为关键意见领袖（key opinion leaders，KOL）。KOL这一概念最早来自信息技术产业，在20世纪80年代，人们发现群体中使用新技术的行为基本是受关键意见领袖影响和驱动的，只要做好关键意见领袖的工作，取得其支持和代言，就可以迅速普及新技术和新概念。在社交媒体和自媒体时代，人们又将关键意见领袖称为网红或大V、大咖。鉴于上述原因，加之使用关键意见领袖具有药物推广之嫌，因此，2010年以后，多数制药企业将原来的"KOL"废除，改叫主要外部专家（key external experts，KEE），或者直接称之为EE。EE包括临床医生，也包括其他具有擅长专业的外部人士。

一、学术影响力分级

制药企业通常会根据外部专家的学术影响力范围和程度将其分为三到五个层次，如据其学术影响力的范围可以分为全国性（包括国际性）专家、区域性专家和城市地域性专家三个层次；据其影响力的程度可以分为学术权威、学术领袖、学科带头人、疾病带头人和临床实践者五个层次（图8-1）。在实际工作中，一般采用前一种分级方法。

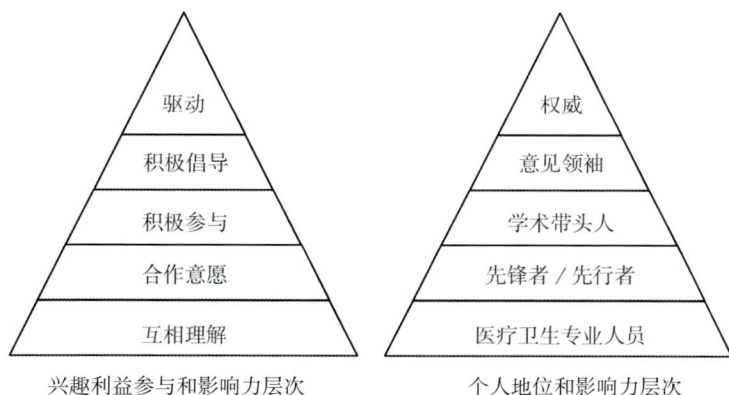

图8-1　利益相关者的影响力和利益层次

学术影响力主要考察临床医生在该疾病治疗领域的学术研究和学术交流中的地位和作用。学术交流主要考察其在专业学术组织中的地位和作用，在治疗指南中的地位和作用，在各级学术会议中的地位和作用。学术研究主要考察其在特定疾病领域中的文章发表情况，既往的和正在进行的学术研究及其研究兴趣方向，其学术研究在治疗领域内的创新性、科学性和影响力。

另外，临床医生的学术影响力还体现在其在各种跨疾病领域、跨行业领域中的专家委员会的参与情况，如代表该领域作为药监局或医保部门的特聘专家咨询或专家组成员；在治疗领域内的活跃程度（在大众媒体或科学媒体中的活跃程度，在各种制药公司举办的学术活动中的参与情况）；获得政府和非营利组织研究基金的情况，以及临床医生在其受雇机构（研究所或医院）中的影响力和活跃程度。

制药企业进行EE分级的目的是识别学术交流和学术合作的对象和利益相关者，了解和确保学术交流与合作的人员的学术兴趣和胜任能力，而不是依据行政权力和临床处方潜力来寻找建立合作伙伴关系的对象。对于制药企业医学事务部来讲，外部专家在本质上并不是"客户"，也不是"讲者"，而是学术交流和学术合作的伙伴，即便在名单上可能会有很大程度的重叠，但是其性质和角色是不同的。

事实上，在英文中，制药企业内部对于不同性质的角色的称呼是不同的。对于外部专家的识别，称为分级。在讲者活动中，临床医生的性质是专业服务提供者，其分级是根据公平市场价值（FMV）而制定的，称为讲者分级（FMV grade）；对临床医生的处方行为和态度的分类，被称为临床医生分层。

从客户到利益相关者　在英文中，利益和兴趣是一个词，都是"interest"，没有兴趣，也就没有利益。从本质上说，利益就是价值实现的结果。没有利益，也就没有价值。制药企业和医疗卫生专业人员进行学术交流与合作的价值体现在各自利益的实现过程中。幸运的是，在提高当地疾病的医疗卫生诊治水平、提高患者预后的目的上，制药企业和临床医生的基本利益是一致的；甚至在制药行业互相竞争的企业之间，这种利益也是一致的。而基于这种共同利益的合作和竞争，构成了合作的基础。

在医疗卫生保健体系中，制药企业和临床医生、患者、支付者共同构成了核心利益相关者。商业上"客户"的意思是购买服务或药物的一方，在医疗卫生保健体系中，真正的客户是支付方，是医保部门和医疗保险商业公司，是购买医疗保险和缴纳社会保险的广大患者和公民。制药企业提供药物，临床医生提供服务，两者都属于供应商和服务方，两者之间必须进行紧密合作，才能更好地服务于共同的客户，实现自己的价值，这是其最根本的利益。

值得注意的是，这里讲的利益是中性词汇，不同于法律领域的利益输送，这里输送的不是"兴趣（interest）"，而是"利益（benefits）"，指的是商业公司使用不合法的手段转移资产和利润的行为。

二、利益相关者发展计划

利益相关方在合作中需要经过互相理解、产生合作意愿、积极参与、积极倡导、领导驱动五个层次。这五个层次共同构成了利益相关者对具体项目的影响能力，也反映了利益相关者认知和投入的意愿和能力，我们可以称之为合作伙伴影响力层次，见图8-1。

如果将其作为一个维度，将利益相关方在彼此合作中获得的预期利益作为另外一个维度，我们可以得到利益相关者的识别和发展模型。合作伙伴利益层次有四个级别，分别是新伙伴/合作不良、交易型伙伴关系、合作型伙伴关系和整合性伙伴关系。

我们可以通过利益相关者权力利益矩阵（Power-Interest matrix）模型，辨别和利益相关者的合作关系正处于何种状态，从而制定利益相关者的识别和发展的策略及计划。利益高度一致、影响力强的利益相关者才是真正的合作伙伴；利益不一致，影响力弱的利益相关者不是合作伙伴，针对利益一致而影响力弱的利益相关者，需要制定利益相关者发展计划。

三、伙伴关系建立的基础和步骤

利益相关方的合作过程实际上是利益相关方建立互相信任的伙伴关系的过程。信任的基础不仅仅取决于双方的人际关系，也取决于合作利益的一致性。麦肯锡提出的信任公式指出了在利益相关方建立信任的要素：资质能力、可靠性、亲近程度和自我取向。信任的程度和前三者成正比，和利益相关者的自我程度成反比。

合作伙伴之间，仅仅有信任是不够的，伙伴关系必须在合作过程中经历协同、冲突和对话等考验。Susan Z. Finerty 在其*Master the matrix*一书中提出了在复杂情况下完成项目的七个必需的步骤，可以供我们在和利益相关者合作完成医学事务各项活动时参考。

利益相关者的识别以及伙伴关系的评估　包括各个利益相关者具体对项目和活动影响力层级及利益层次的正确认识和评估。

合作目标的协同一致　选择合适的合作伙伴，明确重要的合作目标和优先级，并达成共识。人为导致的协调不良的因素主要在于我们头脑中假设合作伙伴已经了解合作的意义和内容，或者我们忽略和忘记了与合作伙伴的协调过程。在建立长期合作关系的时候，需要和利益相关者一起确定目标协调不良的早期征兆，把所有问题放在台面上，增加透明度，从全局和大局着眼，而不掩盖问题，不个人化和情绪化。

责任和义务清晰　无论是内部跨部门合作还是外部和临床专家的合作，在具体项目运营时都需要明确各自的职责和义务。在此之前，需要分解具体项目的具体任务和职责，明确需要进行的具体决策有哪些，然后，召集尽可能多的相关人员在一起确定各自的职责，按照RACI框架，形成项目的共识文件。在此基础上，设想不同的情境下执行和具体决策的过程，反复进行几次情境练习，不断更新和修改。

决策原则共识　利益相关者之间要对项目合作中的决策原则和过程达成共识。这种决策的共识将会形成相应的文化和灵活性。在项目执行中，做出的每一个决定的质量、速度和方式都是项目执行的关键成功因素，也是项目的竞争优势之一。

不断加强影响力　在合作过程中，要自始至终不断评估利益相关者之间及其关键成员的影响力层级，保持成员之间的投入程度，保持成员之间的信息流动。

不断加强沟通，去除假设和冲突　在沟通过程中，我们常常在头脑中预设了很多假设，这些假设的存在削弱了我们和利益相关者之间沟通的有效性和充分性，并导致利益相关者的挑战和不满，因此，我们需要时时提醒自己仔细考虑下列方面。

- ❖ 利益相关者已知和未知的事情；
- ❖ 利益相关者从其他人那里得到了哪些信息；
- ❖ 利益相关者需要了解的信息；
- ❖ 谁是告知利益相关者信息的合适人选；
- ❖ 利益相关者得到信息的方式；
- ❖ 利益相关者的人格特征和偏好倾向。

有效会议　在某种程度上讲，工作就是会议，问题是我们如何召开必需的和有效的会议。有效的会议应该具有非常明确而特异的结果，简明的、结果导向的议程，合适的可以做出决定的参会人员，高效的主持技能和会议后的随访跟进。

会议主持的基本要求如下。

- ❖ 保持议题；
- ❖ 鼓励讨论；
- ❖ 参会者的参与度平衡；

❖ 引导讨论朝向预期的结果或决定；

❖ 管理会议时间。

内部各部门之间建立合作伙伴关系的原则及过程与此相同，各部门之间不再是内部客户的关系，也不再是谁支持谁的关系，而是互相支持的伙伴关系。这是医学事务到达医学驱动阶段的重要标志。

第三节　从医学服务到业务支持

制药企业医学事务部和医疗卫生专业人员及机构建立学术伙伴关系的道路是曲折的。由于临床医生对制药企业的印象和了解多从医药代表那里得到，其工作机构也多为公立医院，所以，临床医生常常不清楚自己多重角色的转换（医疗卫生技术服务者与处方者，处方者与客户，专业服务提供者与药品消费者）。在临床医生看来，制药企业医学事务部是制药企业为了推销自己药物而提供额外医学服务的部门。即便是从临床医生转行为制药企业的从业人员，也是这样定位医学事务的。如果公司内外的利益相关方大多数都是这样的思路，说明该公司的医学事务还处于医学支持阶段。

一、医学支持和服务

临床医生期望的医学服务主要是在其繁忙的临床工作中由医学事务人员提供的继续教育、医学信息、医学写作和文章发表等方面的专业服务。

继续教育服务　临床医生期望制药企业的医学事务部人员能够定期提供治疗领域内的新进展和新发现的信息，包括治疗指南的更新信息、大型临床试验的结果等。临床医生不只是希望制药企业提供自己公司药物相关的知识，而是希望其提供整个治疗领域内的知识更新服务。在这一点上，临床医生期望制药企业的医学事务人员成为其学术秘书。

医学信息和服务　临床医生期望制药企业医学事务人员能够提供文献检索和查新等服务，以帮助其解决临床中遇到的问题或激发其科学兴趣。这种医学信息不局限于其治疗领域，也不局限于药物适应证之内的信息，而会涉及临床医生特别感兴趣的或超适应证应用探索的信息。

医学写作和文章发表服务　临床医生期望制药企业的医学事务人员能够帮助其制作讲课幻灯片、起草和修改科研文章、翻译幻灯片和科研文章，并协助其文章的递交和发表。有时，临床医生期望制药企业能够编写或提供患者教育资料的内容准备和印刷服务。当然，这些资料必须以临床医生的名义发表，制药企业的人员不能够署名。有时，临床医生期望制药企业能够提供统计分析、方案写作等临床研究方面的文件准备服务，有些临床研究与制药企业的药物及领域无关。

物资、人员和资金支持　临床医生期望制药企业的医学事务人员能够提供其机构和组织不能提供或者需要复杂流程才能得到的患者管理、科研管理、信息技术等方面的资金和赞助。为了扩大自己所在科室和机构的影响力，临床医生也期望制药企业能够提供人员和资金，协助其主办专业技术学习班和专业研讨会。

不良反应投诉处理　临床医生在面对患者及家属就药品不良反应的投诉和索赔要求时，常常第一个想到的是找制药企业的相关人员来处理，期望制药企业为其出面安抚患者、解决纠纷。

制药企业的商业部门在面对临床医生的这些医学服务需求时，常常会转给医学事务同事去跟进和处理，而他们对于医学事务人员进行这些工作也乐见其成，只要不因此得罪自己的临床医生即可。

二、医学事务的处理原则

在临床医生的学术需求与医学事务的使命及价值出现冲突和矛盾时，没有经验的医学事务人员要么陷入进退两难的境地，要么因推诿躲闪陷入被动困惑的境地，更多的是牺牲自己的时间或者挪用挤占正常的医学事务工作时间，承担临床医生学术助手或秘书的工作。虽然获得了临床医生和区域商业合作伙伴的好评，但是却没有完成医学事务部门设定的目标和绩效要求，没有产生高质量的临床洞见报告，没有完成证据产生活动，没有执行品牌医学计划，没有完成目标专家的学术交流计划，没有评估和监控临床专家的影响力层级和利益层级，到头来里外不是人，心中充满了委屈和愤懑。

毋庸讳言，上述的临床医生学术助手的工作是临床医生在不知道医学事务的使命和活动、不知道制药企业为什么要设置医学事务部门的前提下产生的，我们也不能要求临床医生在和我们互动交流之初，就能了解我们的真正价值和使命。人们在不了解你能给他的业务和发展带来什么真正利益的时候，最理想的选择就是把你变成他的免费助手和服务者，而他回报给公司以好感和处方。在这种情况下，医学事务人员的处理策略应该是什么呢？我们如何行动才能改变这种医学支持的状态，在行动中转型为医学市场和医学驱动呢？是直接拒绝、置之不理还是拖拉躲闪？是坐着叫喊还是抱怨连连、加班加点呢？很显然都不是。

首先，要坚持自己设定的绩效目标和医学计划，把临床专家具体需求的了解和满足过程协调成自己实现有效学术交流的机会和契机。这个过程称为协调和利用过程。在任何时候，都不要偏离自己承诺给雇主（制药公司）的目标和计划。有的时候，与完成工作目标和计划相比，单纯满足临床专家的学术需求、充当其学术秘书的工作难度要低得多。为了获得专家的好感和区域商业人员的好评，做好医学秘书是一个很难抵制的诱惑，而完成工作目标和医学计划却需要更痛苦的学习和努力。

其次，要宣讲制药企业医学事务的职责和价值，让临床医生了解和明白医学事务的项目、资源和计划，理解医学事务项目对制药企业和医疗卫生专业人员的利益和价值。通过积极聆听和多次沟通，全面了解医疗卫生专业人员未被满足的医学需求，理解和掌握问题背后的问题，将其发展为医学项目的利益相关者，将其临床未被满足的需求纳入医学事务的成绩之中，实现双赢。

第三，在任何情况下，都不能违规和纵容违规。在医学服务中支持的任何违规行为，最终都会伤害到临床医生本身。对于涉嫌违规的要求，医学事务人员要立即做出反应和处理，不要试图拖延或隐瞒。

在医学服务中，可能涉嫌的违法行为包括违反《著作权法》《反腐败法》《反贪污贿赂法》《药品管理法》和《知识产权法》等；可能涉嫌的违规行为包括漏报和瞒报不良反应，违背GCP和GPP等试验文章和发表流程（如患者没有知情同意书、适应证外使用、影子作者、数据造假等）。

总之，"不忘初心，牢记使命"这一基本原则也适用于处理医学事务工作中的纠结和难题，坚持做正确的事情，坚守底线，不作假，不欺骗，不通过取悦临床医生直接或间接交换药品的使用。

第四节　专家信息管理和专家发展计划

在制药企业的业务活动中，会收集和存储临床专家的个人资料，临床专家与企业间的财务记录，以及签署的保密协议、专业服务协议和研究者协议等信息，以备内外部审核。在跨国药企中，每家制药企业都有相应的信息安全和保护政策，以防将临床医生的个人敏感信息泄漏给公众；对于专家信息的跨国交流，也有相应的规定和监管程序。

一、医学事务部的专家信息管理

医学事务部门按照工作的要求，需要收集、储存和管理下列专家信息。

❖ 个人简历：包括供职的医院机构、联系方式、教育背景、学术荣誉和学术兴趣、相关文章发表；

❖ 专业服务记录：咨询者、讲者、研究者和译者的个人账户信息；

❖ 研究者发起的研究：研究建议和设想、研究者资质证明和评估文件、发起者评估文件等；

❖ 专家参加制药公司发起研究的研究者资质审核文件，包括培训记录、GCP证书等；

❖ 专家顾问委员会的会议记录和录音、录像文件；

❖ MSL专家拜访和互动沟通的记录和文件；

❖ 专家的影响力和利益层次评估文件。

医学事务部在任何情况下都不能收集、购买和存储临床医生的非专业性个人敏感信息，如配偶和子女姓名、业余爱好、性格特征、与竞争对手的联系等；在任何情况下，都不能就临床医生的诊疗行为和性格特征作出主观判断和推论。

医学事务部应建立相应的管理流程甚至保密协议，确保医学事务管理的专家信息的安全性和合法性，确保离职人员也能够遵守，确保临床医生的研究设想和研究建议不因制药企业的人员变动而泄漏出去。

关于政府官员文件，制药公司有着更严格的规定。有些临床医生可能同时是政府官员，这一点需要特别注意。如军队医院中有行政职务和军衔的临床医生、具有行政级别和国家任免的临床医生或者医保官员，都属于国家公务人员。在进行学术互动交流时，制药企业和医疗卫生专业人员双方都需要严格注意合规和合法的问题。

二、专家发展计划

在制定年度品牌医学策略和计划时，专家发展计划是重要的内容之一，也是区域医学计划的核心内容。

完整的专家发展计划包括以下七个组成部分。

❖ 专家的分级、分层和分布情况，各个级别专家在各个区域的数量和分布、专家分布的地图和区域MSL的分布、专家影响力分析等群体数据；

❖ 目标专家的选择策略和方法；

❖ 专家在七种医学活动和项目中的作用：证据产生活动、医学教育活动、医学咨询活动、医学拜访活动、临床研发活动、研究者发起的研究、研究基金和赞助活动；

❖ 治疗指南和共识，学会的支持和赞助情况；

❖ 区域医学计划中应包括个体专家发展计划；

❖ 医学事务和专家互动沟通的目标、内容和衡量指标（包括按月的互动次数目标和临床洞见、治疗倾向性评估的目标、互动话题的类别比例目标等）；

❖ 医学事务人员分工及各自的职责、目标。

值得注意的是，我们不提倡将具体专家的名字或照片放在专家发展计划中，推荐使用其姓名的缩略语或编码。不提倡将专家发展计划称为专家管理计划，推荐使用专家合作计划。

三、专家学术交流模型

如何评估区域医学事务人员与专家进行学术沟通的程度和阶段？如果从区域疾病的诊断和治疗路径出发，从当地疾病诊断和治疗的临床洞见出发，从品牌医学计划达成的临床差距出发，从改善患者结局和预后的角度出发，从驱动临床观点和行为改变的角度出发，区域医学事务和医疗卫生专业人士的学术交流程度可以划分为以下5个阶段。

第一，共识和话题形成阶段。MSL和临床医生就疾病诊断和治疗的某个临床差距形成共识，临床医生对此产生学术兴趣，并愿意进一步了解相关的信息。在此阶段，MSL发现临床医生在特定疾病诊治中的治疗痛点和品牌医学策略一致。

第二，信息及证据的收集和分享阶段。在此阶段，临床医生和MSL学术沟通的话题为分析、讨论相关的研究和临床试验。临床医生参加相关的学术交流活动，旨在找到和发现真实世界中具体的治疗策略、方案和案例。

第三，驱动改变阶段。在此阶段，临床医生能在各种策略选项中发现适合自己临床实践的方法，同时开始思考如何衡量临床实践改善的结果，提出和实施改善的方法，并开始在学术交流中分享自己的策略，此时临床医生可以作为继续教育活动的讲者，针对真实世界研究形成自己的看法和建议。

第四，克服障碍阶段。在改变临床实践和临床观点的执行过程中，将会遇到很多具体问题。对这些问题的讨论和解决方案中将会产生很多新的临床洞见，临床医生对疾病的诊断治疗也会有更深入的认识。

第五，达成结果阶段。临床实践中的结果包括产生适合分享的真实世界案例、真实世界数据、演讲的话题、科学综述，以及进一步研究的设想。

区域医学学术沟通的这五个阶段可以使MSL在提供医学服务的同时，不忘记和丢失自己岗位职责的意义和价值。确保MSL在帮助专家和服务专家的同时，也让专家帮助和服务于MSL，达到共赢。

第五节　从临床医生到临床专家

　　如何评价临床医生的成功？临床医生如何达到其学术上的成功？不同国家、不同地区、不同领域的临床医生成功的因素有什么不同？什么因素会阻碍临床医生的成功？如何鉴别和发现未来之星？制药企业医学事务部人员如何与临床医生在职业成功的道路上实现共赢和共同发展？临床医生为什么要花时间和精力和我们进行学术沟通和交流？

　　不明白和理解这些问题，我们就无法和临床医生建立长久的合作伙伴关系。制药企业其他部门假定医学事务人员知晓这些问题的答案，实际上，医学事务人员可能并不知道。迄今为止，很少关于医疗卫生专业人员职业成功的研究。我们需要就这些问题进行"真实世界的研究"，我们等待着区域医学事务人员有能力在各自的区域设计和操作这样的研究。

一、临床专家是怎么练成的

　　临床专家的地位和知识不是通过医疗卫生体系中的继续教育课程获得的，也不是在临床实践中通过诊治大量患者积累起来的，更不是政府机构授予的，临床专家学术影响力的养成自有其天时、地利和人和因素。

　　所谓地利，是指临床医生需要有一个有学术传承和学术影响力的临床研究机构或医院的支撑。如果临床医院或科室没有学术影响力，临床专家的学术影响力也会大打折扣。

　　所谓天时，是指临床医生所在的治疗领域处于不断创新和突破的阶段。在当下免疫治疗和生物制剂等创新引领下，肿瘤领域、银屑病领域、类风湿关节领域炙手可热，而高血压和高血脂治疗领域的创新势头已过。创新活跃的领域，知识更新加快，学术交流活动也增多，研究的热点此起彼伏。

　　所谓人和，是指临床医生需要使自身因素和学术水平在所在科室和医院中得到认可和支持，至少不要被内部潜在竞争者攻击；需要在国家科研体系中申请到研究基金或者得到相关奖项；需要在学术文章发表上有创新和影响；需要到国际知名中心进修或培训；需要具有良好的学术表达能力等等。

二、未来之星在哪里

　　江山代有才人出，各领风骚数百年。然而，临床专家的黄金岁月只有不到二十年。如何识别未来五年内在一线活跃的学术带头人，也是我们在与临床医生进行学术交流和合作时需要考虑的问题。未来之星具备哪些特征和特质？目前在哪里？其学术活动发生在国内还是在国外？能否通过研究学术会议上的文章发表和课题分析找到并识别他们？制药企业医学事务部能否在其职业发展的过程中助其一臂之力？这些都是我们需要思考的问题。

三、个性特征在成功中的作用

在临床医生的专业训练中，并没有有关学术演讲、专业培训、项目管理、团队建设和个人领导力的训练，但是，我们发现，很多行业的意见领袖或学术带头人先天具备这些能力，从而使他们在长期医疗、教学和科研过程中脱颖而出。有研究者曾经设想进行一项回顾性研究，观察目前治疗领域内活跃的学术带头人，对其进行迈尔斯布里格斯类型指标（Myers–Briggs Type Indicator，MBTI）评估；同时，对照其在医学教育阶段的同学，比较并分析临床医生的性格特征在其成功之路中的作用和权重。

四、成为临床医生的咨询师

制药企业医学事务部的人员来自临床，与临床医生合作，其视野又超越了临床。医疗事务人员在长期与医疗卫生专业人员合作和沟通的过程中，接触到诸多国内外一流的研究中心和临床专家，最有条件观察、分析、总结和研究临床医生职业发展的成功因素。在这个意义上说，制药企业医学事务部的人员最有可能成为临床医生职业发展的顾问和参谋。这有可能成为医学事务对于医疗卫生专业人员的附加价值。

人和人之间的所谓价值，本质上是人们愿意共同投入的时间资源，你的价值越大，医生愿意和你交流的时间就越多。机构的利益、组织的利益背后都隐藏着个人发展的利益。有人为希望而发展，有人因恐惧而奋斗，在工作中不断深化自己对人性的理解和把握，不断克服和战胜自己心中的魔鬼，拔除头脑中的杂草，是充分发挥自己的才华、实现个人在组织和社会中的价值、从必然王国走向自由王国的必经之路。

本章小结

　　合作的基础是利益，如何在医疗卫生系统中与相应的利益相关方进行互利合作，构筑多赢的合作平台，建立相互信任、相互依赖的伙伴关系，是本章的重点。

　　信任的建立不是先天的，是在具体的项目合作中建立的，信任的本质是通过过去的经验预测未来的行为。制药公司的人员如果没有与医疗卫生专业人员和其他利益相关者建立相互信任的关系，而是虚假宣传，报喜不报忧，以自我为中心，表面堆笑，心里疏离，平时嘘寒问暖，遇事推诿躲闪，打击别人抬高自己，是不可能和医疗卫生专业人员建立长期的合作伙伴关系的。

第九章　新产品上市：影响和改变治疗格局

　　新产品/新适应证上市前的阶段，是医学事务最能发挥价值地方，是流着奶与蜜的应许之地。在这一阶段，药物没有被批准，也没有商业供货，大部分的商业部门人员都没有到岗，大多数业务活动都由医学事务承担，医学事务的人员和资源配备超过商业部门。

　　新产品的成功上市，不仅可以为制药企业开拓新的业务增长点，更重要的是新药物在治疗领域的成功引入，必将对区域疾病的治疗和预后产生积极有效的干预作用，填补未被满足的医学需求，影响和改变疾病治疗的格局。新产品上市的过程也是最容易体现医学驱动的阶段，更是最考验医学事务团队和能力的阶段。

　　作为连接临床研发和市场准入与扩展的桥梁，作为治疗领域内疾病知识和药物知识的拥有者，作为兼顾药物组合和药物线的疾病和药物知识的管理者，制药企业医学事务的独特角色和作用在上市前阶段表现得最为突出。而药物上市前，制药企业业务部门的人员尚未完全配备，新药临床试验的数据库已经锁定，临床试验报告正在准备之中，药品临床试验接近尾声，临床研发的任务和使命即将完成，此时留给制药行业准备药物上市的时间已经不超过12个月。而这12个月里，制药企业需要开始和医疗卫生专业人员进行学术交流和沟通，跨部门上市团队需要紧锣密鼓地进行上市前各个环节的准备，从药物管理、市场管理和组织准备三个方面完成新药物的上市工作。

第一节　上市前团队的组成和任务

新产品上市涉及制药公司的所有部门，包括临床研发部门、注册法规部门、医学事务部门、市场部门、销售部门、市场准入部门、大众媒体部门和政府事务部门。制药公司新产品上市时的资源、能力和效率是创新药物发挥其改变治疗格局作用的基础。整个公司和组织需要对新的治疗方法充满期待和信心，各部门领导和负责人员需要对新药物充满兴奋并展现领导力，新产品上市的策略方向应该是清晰和明确的，整个跨部门团队都应该具备足够的技能和经验，具备使命感、责任心和可靠性。衡量新产品上市成功的主要标准是在商业上市前6个月内市场占有率的增长曲线，市场研究显示，只有不到25%的新产品上市是成功的。

一、上市跨部门团队

新产品上市团队一般在药品得到批准前36个月开始组建，在接下来的36个月中完成了解市场和客户、制定药物上市策略、明确药物核心信息及上市活动组合等方面的工作，并高效执行主要任务，完成知识准备、策略准备、团队准备、生产供应准备和市场准备、患者准备等各个方面的工作。负责治疗领域的医学顾问或医学经理一般在上市前36个月开始抽出20%~30%的精力进行新药物的上市前知识准备工作，并面试区域医学事务人员，确保在上市前24个月时专职医学顾问和专职MSL开始上岗，此时市场部的品牌经理也开始上岗，上市前准备活动和上市计划开始启动。对于新适应证的上市，多采用现有的负责该药品或治疗领域的人员作为专职医学事务人员。

二、上市前基本活动

虽然新产品上市团队的每个部门都有自己的分工，但是，团队各成员之间需要密切联系，了解和掌握其他部门的具体工作和内容，做出有效的团队决策，互相协助，互相支持，完成上市前各项必需的活动。事不关己高高挂起的态度和行为是不能确保上市成功的。医学事务部的人员要发挥领导力和团队合作能力，避免出现其他部门因合规考虑袖手旁观，只有区域医学事务在一线忙碌的情况。

制药企业上市前必需的活动包括疾病和现状分析、利益相关者分析、竞争药物分析、市场准入和支付者分析，药物目标特征和注册策略确立，药物定位和差异性分析，药物核心信息和科学故事、药物生命周期管理，进入市场模式、商业运营和供应链管理。本章第二节将就各项活动作详细介绍和说明。

三、上市计划和准备审核

制药企业的管理层将按时对上市前各部门准备活动的时机、质量和资源配备情况进行审核，这一过程称为上市计划审核。上市审核一般在药品批准上市前36个月开始，然后分别在上市前24月、上市前12月、上市前4月时进行审核。医学事务在整个上市后团队中起到核心的连接作用，其既是疾病知识和药物知识的来源，又是临床洞见的发现者，也是和医疗卫生专业人员沟通的关键和核心力量。在这个阶段，其他部门要么人力不足，要么人员还没上岗，要么对疾病和药物不了解，要么政策不允许。

第二节　新药上市准备的必需任务和活动

新药上市准备发生于新药临床试验的过程中，主要是药物Ⅲ期临床试验的患者入组结束到新药获得上市许可这一时间段。药品的上市任务和活动要持续到新药商业上市后一年，整个上市准备时间将近四年，占药品专利许可期的四分之一。新药成功上市后，便进入其发挥价值的关键时期。这个时期，相当于人生成长的青少年时期，直接决定了整个人生的起点和起跑线。

制药企业新产品上市团队需要进行下列必需的任务和准备活动。

药品临床研究和药物核心数据分析（drug profile and development landscape）　上市准备团队需要根据药物TPP验证最终结果，需要和药监局有关部门沟通并针对"适应证"达成共识，需要完善和准备药物核心数据（core data sheet），需要起草和审核药物说明书、药物包装设计，需要确保参加药品研究的研究者能够知晓和同意最终文章发表的原则和作者排序，需要文章的作者对文章的起草和撰写提供实质性建议。临床试验操作团队需要提供研究设计、研究中心分布和入组情况等临床研发阶段药物的完整信息及药品临床试验的文章发表计划等。

药物注册策略和活动（registration landscape）　药物在各国各地区各个适应证的注册策略和情况，同类药物和仿制药品、生物类似物的注册策略和状态，注册研究的设计和中心分布，与药监局的沟通活动计划和内容安排，药品风险管控计划的准备和内部审核批准，药物新适应证的注册策略和计划，药品Ⅲb期临床试验和上市后安全性监测的策略和计划，药品通用名和商品名的注册及使用，药品在药典中的分类和专利保护活动也是上市准备的部分。

未被满足的医学需求和临床洞见（disease landscape and customer insights）　包括药物适应证/疾病的流行病学，治疗指南和标准治疗状态，临床医生的治疗倾向性分级，治疗领域专家的识别和发展计划，患者诊疗路径和患者流向状况，差距分析和SWOT分析。对疾病和适应证的分析包括各种利益相关者对疾病重要性的认识，疾病人群的大小，医疗保险的意愿，被替代的难易，临床医生的关注程度，治疗的持续时间，患者在治疗决策中的参与程度以及本公司在治疗领域内的影响力等因素。

药物生命周期管理和品牌管理（life-cycle management and brand strategy）　包括定义药物的临床差异，如剂型、药代动力学、安全性、有效性和易用性等方面。具体活动包括制定药物多种适应证的注册策略和先后顺序，Ⅳ期临床试验、真实世界研究和HEOR等证据产生活动计划及研究设计，研究者发起的临床试验的指导原则和支持计划，疾病教育和知晓活动计划，品牌管理计划，产品定位、价值陈述和核心信息，患者服务和支持的策略及信息，药物销量和占有率预测和假设。

利益相关者分析（stakeholder landscape and analysis）　包括临床医生、患者和支付者在内的利益相关方的影响力分析及影响其决策的因素。

市场准入和支付者分析（market access）　包括支付者需求和支付决策分析，定价策略和途径，准入和报销计划，药物核心价值手册的准备和审核，医保政策和流程的介绍及分析等。

竞争药物和竞争格局分析（competitor landscape）　包括竞争药物的注册和临床研究状态，药物数据比较分析，情境分析和沙盘演练（scenario planning and wargame），团队和资源配置情况。

进入市场模式和业务模型　上市后资源配置情况，包括市场销售团队的组织结构和人数设置、人员招聘计划、团队培训计划，患者支持项目运营模式和流程，商务运营的关键绩效指标，奖金激励计划，上市会计划和分布，数字和信息化应用策略等。

疾病认知和患者早期体验项目（medical education and early access projects）　包括疾病认知教育活动和计划、患者早期使用项目（同情用药或特例供应）。

药品定价和供应链（pricing and supply chain）　包括药品定价策略和价格敏感性分析，生产和供应流程以及清关、库存管理，药品的分销策略和分销商的选定等。

由此可见，药品的上市前准备需要严密的跨部门合作，上市前团队的早期建立和有效合作是确保药物成功上市的根本。上市前团队的高效运行，需要制药公司领导层和各部门负责人的全力支持，需要任命一个负责任的有能力的小组领导（通常是品牌经理），需要准备和达成团队工作的流程及文件（清单或路线图），需要按时评估各部门成员完成任务的质量和速度，需要在内部评估并提高各部门及成员的利益相关者参与度。上市前准备的过程是一个典型的业务模块。

第三节　医学事务在上市准备中的职责和任务

除了独立进行的与医疗卫生专业人员的合作和沟通项目，在上市前准备过程中，医学事务几乎参与所有的活动和决策过程。

策略计划活动（launch readiness review，LRR）　LRR的医学策略和计划包括证据产生计划、医学教育计划、临床专家的发展计划、研究者发起的临床试验的支持策略和审批流程。在每个部分中，还需要列出文章发表计划、医学活动计划和方式，列出衡量绩效的指标，项目的里程碑及完成日期、所需资源。另外，根据疾病诊疗路径权重进行的临床洞见及临床差距分析、SWOT分析需要作为辅助支持部分。

内容准备和制作活动（content development）　医学事务负责治疗领域或药物的人员在上市前需要梳理有关疾病和药物的知识和文献，为上市做好知识准备。知识的内容包括讲者幻灯片库、医学文献库、疾病和药物培训幻灯片、药物手册和疾病手册等。文献的梳理包括疾病领域重要的研究和综述、药物类别上重要的研究和综述（同类药物和竞争药物）、药物有关的所有已经发表的非临床和临床研究结果等。

审批支持活动（review and approval）　在上市准备阶段，医学事务要参与审批药品说明书和设计文件、药物风险管控计划、上市前专家顾问委员会及有关的赞助和资助活动；审批医药代表的培训大纲和培训内容、上市后使用的推广资料及临床试验结果发布的新闻稿。

对于准备结束的III期临床试验，医学事务需要建立和研究者及研究中心的联系，将研究者列入医学事务品牌专家发展计划，协助或主导研究文章的发表工作，协助和支持有关出组患者的随访活动。药物警戒和安全部门需要报告和总结临床试验中的不良反应，审核和更新药物风险管理计划、临床试验报告（CSR）。

证据产生活动　医学事务需要制定和启动上市后研究计划，包括临床研究方案和相关文件的撰写、报告的统计分析、研究中心的选择、和研究者沟通、电子数据库的建立、CRO和外包服务公司的SSW及招标比价工作，确保在药物得到药监局批件后尽早启动临床试验。药品临床试验以及其中每项活动的内部审核与批准也是上市前准备的重要工作。

在上市前的1年时间里，医学事务部需要进行必要的疾病真实世界研究，包括横断面调查、病例回顾研究、Meta分析等，以及其他不涉及药物的研究，以揭示未被满足的医学需求。

专家咨询活动（advisory board meeting and study steering committee）　在

上市前准备阶段的一年内，医学事务部至少需要组织3场专家咨询活动，就医学和研究策略、内容的准备及研究的设计征求临床专家的意见和建议。医学事务部还可以在药品上市前和治疗领域的专家合作，对于未来药物的使用和疾病治疗形成有关的专家共识文件或者使用指导建议。

疾病教育活动（disease awareness meeting）　上市前准备阶段，医学事务可以通过学术会议的卫星会或者跨地区的继续教育课程，进行疾病的教育活动和治疗指南的普及活动。

讲者培训（speaker training）　医学事务需要对未来制药企业发起的学术会议中的讲者进行必要的知识更新培训，确保讲者能够满足讲者协议的要求，达成会议的目的。因为药物还没有被所在国家和地区批准，需要与参加讲者培训的临床专家签署特别的协议或者通过免责声明来确保其知晓药品的注册状态。

先行者项目（preceptor program）　对于疾病治疗领域内有特定专长和学术兴趣的临床医生，制药企业可以赞助其参加相关领域的国际学术交流和学术活动，包括制药企业组织的standalone会议和国际会议的卫星会、研讨会等。

上市前用药（pre-approval access）　药品在所在国家获得上市批准之前，患者因特殊需要可以免费使用在研药物或者购买在其他国家已经批准的药物，前者称为患者同情用药，后者称为指定患者供药。上市前用药都需要临床医生自行判断和申请，患者同情用药需要在临床试验进行的研究中心，而指定患者用药则需要临床医生通过特定的流程申请，制药企业可以协助其清关和运输，药物价格一般要高于所在国家的上市价格。当然，如果药物在全球任何一个国家和地区都没有获得批准，则不能进行指定患者用药。目前，在中国，只有肿瘤药物和罕见病药物有这样的渠道。值得注意的是，需要严密监测上市前用药的药品不良事件，制药企业需要和临床医生确认其知晓并遵守国家关于药品不良事件的报告流程和要求。

招聘和培训活动（team recruitment and readiness plan）　医学事务人员，特别是区域医学事务人员的配备和招聘，临床试验和研究操作人员的配备和招聘，需要根据上市准备活动的要求进行配置，确保数量充足且有胜任能力。因为人员的选拔和面试需要一定的时间，团队的形成和建立也需要一个过程，这个过程通常需要至少6个月的时间。因此，在上市准备的过程中，医学事务不仅要开展一系列的医学事务活动，而且要不断地进行人员招聘、上岗和培训工作。

第四节　上市前准备的合规问题

上市前进行的药物推广活动和超适应证推广属于同种性质的活动，都是在缺乏本地人群安全性和有效性证据基础上进行的活动，有可能给本地患者带来不可知的风险。不同的是，上市前药物推广不会给患者带来实质上的危害，因为市场上还没有药物供应。

区别上市前推广和学术沟通的标准是什么？这涉及到大家对"推广"的理解以及对推广行为的认识。所谓推广，其提供的内容一定是特定药品在特定疾患者群中的临床有效性和安全性的信息。其重点是讲述特定药物，讲述临床可及的实验室指标和疗效评价指标，讲述临床安全性事件。推广的表征是品牌名、品牌颜色和品牌标识。在这个意义上说，全面均衡地介绍特定疾病的所有治疗方法，而不是特定药物的活动，不应该列入药物推广范畴；对于涉及在研药物的药效学和非临床指标的研究介绍不属于药品推广范畴，如介绍药物对组织病理学的效应不应该算是推广，而是学术沟通，因为临床上不能对每个患者都进行组织病理学切片来进行疗效评估。如果药物的商品名在上市前已经在所在国家或地区得到注册和批准，在学术会议的公司展台上使用似乎也无不可。但是，在所有的资料和内容中，都应该标注在研药物在所在国家的注册状态。

跨国学术会议，特别是在中国举办的国际学术会议，面临的问题是药物在各国的批准状态不一。对于某些国家和地区的临床医生来讲，药品处于批准和上市的状态；而对于中国临床医生来讲，药品还处于临床研究阶段。此时，需要根据所在国家药物批准状态对展台内容和讲者内容进行区分。对于中国或未得到批准的国家和地区的医生，需要根据其需要被动反应，可供临床医生带走的资料都要标注注册状态，不主动提及在研药品。

药品临床试验结果公布的新闻稿的对象是大众媒体和公众，需要确保其内容和结论无上市前推广的嫌疑，准确、完整地报道在临床试验中的特定数量人群，不要扩展至整个人群，新闻稿的目的和整体内容要围绕着制药公司的研发目的及整体策略展开。

对于在上市前准备阶段出现的有关临床试验失败的负面新闻，制药企业上市准备团队需要准备相关的应对策略和标准回答文件，供医疗卫生专业人士咨询时使用。同时，对于参加正在进行中的临床试验的研究者，需要准备相应的通知信函（Dear Dr. Letter）。

新产品上市过程中的医学事务详见表9-1。

表9-1　新产品上市过程中的医学事务

事项	上市前18月	上市前12月	上市前6月	NDA	上市后6月	上市后12月
临床试验和注册	Ⅲ期临床LPLV Ⅲ期临床DBL	CSR完成 NDA递交 3b临床试验	说明书完成 风险管控计划	内部上市 商业上市 外部上市活动	Ⅳ期临床试验开始	医保准入活动
策略计划活动	差距分析/洞见 目标确定 利益相关者识别 LRR审核完成	LRR审核会议 疾病教育计划 证据产生计划 患者支持项目	上市准备会议 IIS支持策略 核心科学信息	上市会议	品牌医学计划	品牌医学计划
知识准备和制作	文献和数据准备 疾病和产品资料	疾病手册 产品手册	讲者幻灯片库	问题解答	价值手册 CVD	
审批支持	中心核查	CSR审核 医学资料审核	说明书审核	推广资料审核	上市会资料	医保资料
真实世界研究	数据库回顾分析 深度访谈	病例回顾分析 临床实践行为	流行病学研究 疾病经济负担	产品/疾病登记研究 PRO	疾病精神负担 生存质量研究	HEOR研究 药品利用研究
上市后临床试验	Ⅲb期/Ⅳ期研究设计	方案完成 预算和费用 操作模型	外包招标 电子数据库 主要研究者	研究中心确定 研究者名单	研究启动会	中心伦理批准 FPFV实现
专家咨询活动	未被满足的需求	差距和挑战	医学策略	共识或指南		
疾病认知活动	学会参加计划	学术会议展台	卫星会及展台	专题会议	赞助和资助	赞助和资助
讲者培训	讲者识别和接触	讲者协议	活动启动	培训完成评估	讲者发展更新	发展和更新
文章发表	文章发表计划 作者协议和沟通	Ⅲ期文章起草 Encore策略	Ⅲ期文章递交 疾病综述	Ⅲ期文章发表 治疗综述	产品综述 研究设计文章	RWE文章发表

续表9-1

事项	上市前18月	上市前12月	上市前6月	NDA	上市后6月	上市后12月
研究中心沟通	Ⅲ期研究者沟通	研究中心筛选	研究者筛选	伦理递交	患者招募入组	Ⅳ期研究管理
先行者项目	研究者会议	先行者识别	支持策略	活动计划	活动计划	结果追踪
患者支持和早期使用项目	同情用药策略流程	Ⅲ期研究后患者支持策略	指定患者用药策略流程	患者支持项目启动		
人员招聘和上岗	人员招聘计划 上岗计划 医学顾问上岗 医学经理上岗	MSL上岗医学知识培训 医学合规培训	全部MSL上岗临床操作培训 内部流程培训	部门和团队运营会议和培训更新	部门和团队运营会议和培训更新	部门和团队运营会议和培训更新
内部培训	培训标准和要求	内部培训计划	开始内部培训	内部培训完成	新员工培训	新员工培训
上市会议和活动	LRR	LRR	LRR	上市会	品牌组会议	品牌组会议
外部合作和互动	EE识别和计划					

第五节 上市准备中的困境、冲突和处理

医学事务在上市前准备过程中属于至关重要的环节，直接影响到新产品上市的成败和组织的效率。在上市前阶段，医学事务最容易实现其最终理想——制药企业医学驱动的业务模式。但是，在实际过程中，由于组织文化、资源配置、人员能力和认识等方面的局限，医学事务人员常常陷于捉襟见肘、疲于奔命的境地，需要整个公司的理解和支持。

资源配置 整个制药公司对于医学事务的理解存在片面性和主观性，认为只有拥有本专业教育经历的人员才能承担医学事务工作，因而对非本专业转岗而来的医学事务人员存有先天的不信任心理。在他们的心目中，医学事务就是学术支持的角色，而忽略了上市准备阶段中医学事务所做的其他方面的工作。另外，医学事务人员为自己的能力和专业所限，宁可离职到其他制药公司，也不愿意转岗到新的治疗领域。即便在同一治疗领域，受限于成熟药物或已经批准的适应证中大量的日常"医学支持"工作，医学事务人员在新产品上市准备时的精力也十分有限，特别是对于真实世界研究的设计和操作、上市后临床试验或IV期临床试验的准备和内部审批、上市前患者用药等方面，几乎没有精力去准备，仅仅能勉强完成上市计划及疾病药物幻灯片和文献的准备。更有甚者，有些上市前团队的负责人，将研究者发起的临床试验当作是建立或增强与临床医生的关系的工具，却忽略了IIT的背后需要做出的大量医学事务工作和活动（协助临床试验许可文件的准备和递交、提议的审核、研究药品的联系、包装和运输、协议的签署等），忽略了研究操作的人力、物力和资源配置。

知识管理 制药企业的人员往往默认医学事务人员的专业知识和能力是先天就有的，包括临床研发同事，在遇到药物和疾病相关的问题时，第一时间想到的就是医学事务人员，并不因为自己"不懂"疾病和药物数据而感到羞耻。参与上市准备的其他业务部门人员，除了市场部的药物经理，其余都是兼管多种药物、多个项目的人员，或者是兼管所有药物的人员（如统计专家和卫生经济学专家），客观上和机制上都没有精力专门投入到新药物或新适应证的上市准备过程。殊不知，医学事务有时对于新适应证的上市也是兼顾的。所以，整个制药公司上市准备团队的经验和精力都处于严重短缺状态，上市团队的效率和效有多么低下是可想而知的。

人员能力 新产品上市的效能和效率体现着制药企业在药物本身特性之外的竞争优势，对于重要的能够改变治疗格局的药物，制药企业应该集中最优秀的人才，迅速磨合成最优秀的团队，才能实现卓越的药物上市。就医学

事务而言，精通和熟练药物数据和证据，准备高质量的讲课幻灯片固然是基本功，但是，团队合作能力、与利益相关者的协调和沟通能力、策略计划能力、项目管理和高效执行能力、危机处理能力都是确保上市准备阶段医学项目高效运营的前提条件。由于执行能力和资源不足，上市前后的真实世界研究、IV期临床试验和上市后安全性监测等研究常常得不到高效执行，或启动缓慢，甚至上市后一年都无法启动，即使启动了，患者入组也异常缓慢，整个项目预算管理失控。

延迟批准下的医学事务　药品审批和上市的时间在种种情况下会被拖延，而原来计划的市场销售活动也会被延期。但是，很多情况下，这些活动及其预算会被理所当然地转移至医学事务名下，由医学事务按照非推广活动的性质来操作，其他部门则只是旁观。这种掩耳盗铃的行为使得医学事务部的合规风险和运营风险增大，工作量的增多也同时影响计划中的证据产生活动等的顺利开展。

免临床及快速审批下的医学事务　对于肿瘤和罕见病领域的救急、救命药物以及创新药物，药监局的政策越来越灵活，有时可以免临床试验批准上市或者根据其II期临床试验结果批准上市，制药企业当然更欢迎这种政策的落实和实施。但是，这种豁免和快速审批不是免费的，需要制药企业在上市后加强药品的安全性警戒和管理，需要制药企业承诺进行上市后临床研究，甚至要求制药企业递交上市后临床研究的方案。这样，药物研发过程的不成熟、不完备将会转移给上市后的医学事务部门来负责弥补和完善。如果制药企业对此无明确的流程和准备，药品的研发费用将会在药品上市后继续侵蚀药品的利润。

凡事预则立，不预则废。新产品上市既是医学事务体现自己价值和领导力的流着奶与蜜的应许之地，又是医学事务能力水平的试金石。医学事务部门需要在平时持续加强人员的培训和治疗领域的建设，加强与各部门的良性互动和沟通，争取公司领导层的理解和支持，宣讲医学事务的价值和意义，这样才能在遇到困境和挑战时从容应对。

本章小结

　　制药企业医学事务人员是新产品上市过程中的主要力量，是先天的领导者和执行者。新产品上市和上市前准备是一项复杂的系统工程，单凭医学事务部是无法成功上市新药物的。我们不是一个人在作战，而是一个跨部门团队在努力。制药公司新产品上市的准备和效率是其竞争优势的具体体现，反映了该公司的文化、价值观和执行能力，也反映了该公司以患者为中心的决心。

第四部分

管理原则和流程

第十章　药物警戒和患者安全

　　药物是特殊的商品，制药行业是受监管的行业之一。监管的重点不是药物对治疗疾病的有效性和经济性，而是药物的安全性及其对人群的危害。

　　药物警戒和安全是制药企业重要的责任和功能。对药品不良反应进行识别和及时报告是制药企业每个人员的职责，包括制药企业内部行政人员和助理在内的员工，都需要知晓并参加不良反应报告培训，即便是制药企业雇佣的第三方服务机构或公司，对药物的安全也负有及时报告的责任和义务。药物警戒和安全也不仅仅局限于上市后药物的安全性报告，上市前临床试验中的安全性报告以及全球发生的药物安全性总结也在监控之中。药物警戒和安全贯穿制药公司的全部业务活动。在某种意义上说，药物警戒和安全部门不应从属于医学事务部门或临床研发部门，也不应从属于质量控制和投诉部门，而应该是与合规部门、法律部门一样汇报给总经理或独立部门。

　　本章重点是从医学事务部的角度讲述药物警戒和安全及其在医学事务活动中的作用和影响，并不是专门的药物警戒和安全部门的内容和职责的介绍，其目的是帮助医学事务人员理解和掌握药物安全性信息、事件和活动。

第一节　药物安全性事件——警告、召回和诉讼

20世纪前半叶一系列由药物导致的悲剧性事件，促进政府设立了药品监督管理局，负责对药物的风险和利益进行评估，批准药品的上市或者有条件批准上市，或者给予黑框警告，甚至要求药品撤市。药监局设立专门的部门收集和监管药品的不良反应，并对制药企业超出适应证推广、夸大药物疗效、隐瞒或漏报不良反应等行为给予警告和惩罚。值得注意的是，药监局并不负责监管临床医生的超适应证使用或者不良反应报告行为，也不负责监管制药企业与医疗卫生专业人员的学术交流和沟通。这是临床医生转行到制药企业之后，需要面临的第一个转变——行业的监管发生了变化。

医学事务人员需要了解制药工业的历史及主要的药物安全事件，才能全面理解制药行业的行业准则和法律法规环境，从而确保医学事务活动不会给制药企业带来风险。

反应停事件（Thalidomide tragedy）和《科夫沃-哈里斯修正案》　妊娠妇女经常出现的症状是恶心、呕吐、精神紧张。这种妊娠反应不仅影响孕妇的精神和生活质量，而且孕妇进食的不足也会潜在影响胎儿在母体中的生长和发育。这种未被满足的医学需求被德国的一家制药企业——格兰泰药厂（Chemie Grünenthal）发现并重视。

1953年，瑞士诺华制药的前身汽巴药厂在开发新型抗生素的时候合成了沙利度胺，因为药理试验没有证实沙利度胺的抑菌活性，这种化合物被放弃了。格兰泰药厂发现沙利度胺具有一定的镇静催眠作用，能够显著抑制孕妇的妊娠反应。1957年10月，沙利度胺（反应停）在欧洲上市，并在一年内推广到非洲、大洋洲和拉丁美洲。厂家宣传沙利度胺是"没有任何副作用的抗妊娠反应药物"，成为"孕妇的理想选择"。

1960年，美国制药公司梅里尔公司向FDA提出上市销售沙利度胺的申请。负责审批的是FDA刚入职的弗兰西斯·凯尔西，她发现该药的安全性数据几乎都来自动物实验结果，因此她坚持要有更多的研究数据，从而推迟了沙利度胺在美国的上市批准。

正在梅里尔公司和FDA交涉的过程中，反应停的不良事件爆发了。澳大利亚产科医生威廉·麦克布里德在英国《柳叶刀》杂志上报告，使用反应停的很多产妇生产出了四肢发育不全、像海豹的孩子，这种症状被称为海豹肢症。进一步调查发现，在欧洲和北美洲加拿大有8 000多名海豹肢症婴儿。1961年，反应停在世界各国被强制撤回，格兰泰药厂也在被判罚1.1亿西德马克之后倒闭。多年之后，肯尼迪总统给凯尔西颁发了"杰出联邦公民服务奖

章"，是她的认真和坚持避免了很多美国家庭的痛苦。

1962年10月10日，美国国会通过《科夫沃——哈里斯修正案》（针对《食品、药品与化妆品法案》进行了修正），要求制药企业必须在上市前提供充分的药理学和临床药物安全性证据，新药临床试验申请需要提供14项共100多种文件，包括各种保证书和人事档案。根据这个修正案，美国淘汰了412种已经上市的药物，新药上市批准的数量由平均每年52.2个下降到14~18个，新药的研发周期和成本大幅度增加，《食品、药品与化妆品法案》引发了对监管尺度的讨论，1980年，美国对其进行了重新修订和完善。

作为治疗药物，沙利度胺并没有退出历史的舞台。1998年，FDA批准沙利度胺治疗麻风结节性红斑，2006年，FDA批准沙利度胺治疗多发性骨髓瘤，只不过严格禁止孕妇使用。这个故事告诉我们，药物本身无所谓好坏，在合适的患者中以合适的方法使用才是根本。

拜斯亭因31例横纹肌溶解撤市　拜斯亭（Lipobay），通用名为西立伐他汀，是德国拜耳公司研发的他汀类药物，于1997年上市，1999年进入中国市场。当时正是他汀类药物方兴未艾的成长期，拜斯亭上市后迅速得到全球80多个国家和地区的批准，据说有600多万患者使用过拜斯亭，2000年其销售额达到5.44亿美元，成为潜在的"重磅炸弹"。Ⅲ期临床试验的有效性和安全性数据并不能保证此药在大规模临床应用中的安全性，因为参加Ⅲ期临床试验的人群都是有严格的入组和排除标准的，和其他药物的联合应用也有严格的规定。拜斯亭的悲剧产生于和贝特类降脂药的联合使用上。在上市后4年内，FDA收到31例因横纹肌溶解导致死亡的报告，其中12例患者联合使用了拜斯亭和吉非罗齐。虽然没有直接证据证明拜斯亭和死亡相关，但是，人们怀疑其导致横纹肌溶解死亡的原因是剂量过大及与其他类别的降脂药物联合使用。

2001年8月8日，拜耳公司宣布从除日本外的全球市场撤出拜斯亭。2001年8月10日，拜耳公司公布了其在当年6月10日收到的关于这一不良事件的报告，被人们质疑是隐瞒不良反应，拜耳公司被德国卫生当局调查。因为根据德国的药品管理法规，制药企业在收到严重不良反应报告的15日内应该报告给药监当局，如果不报告，将被罚款5万马克（2.19万美元）。

拜斯亭事件在中国也引起了极大的反响，2009年，第十一届全国人民代表大会第二次会议，47名人大代表联合提出了长达1.2万字的议案——《关于制定药害责任追究和救济法的议案》。

万络事件——上市后随机对照研究导致的撤市　万络（Vioxx，Rofecoxib，罗非昔布）是默沙东公司研发的特异性非甾体类解热镇痛药物（NSAID）——环氧化酶COX-2抑制药。非甾体抗炎药的代表药物就是提取自柳树皮浸液的乙酰水杨酸（阿司匹林），除了阿司匹林，还有很多非甾体类抗炎药物在临床上被广泛使用了五六十年，如保泰松、吲哚美辛、双氯芬酸、布洛芬、萘普生等。但是，这些非甾体类抗炎药物有一个共同的不良反应，就是导致胃肠道的损伤甚至胃溃疡。1971年，有研究发现非甾体抗炎药物的作用机制是通过抑制环氧化酶COX，从而阻断花生四烯酸转化为前列腺素的过程，而前列腺素是炎症介质，并与疼痛产生有关。1990年左右，又有研究发现环氧化酶有两种同功酶——COX-1和COX-2，其中COX-1和胃肠道系统有关，参与炎症性前列腺素生成的是COX-2。如果研发出特异性的COX-2的抑制药，就有可能在不引起胃肠道损伤的前提下抑制炎症反应。1998年，辉瑞公司的塞来昔布（西乐葆，Celecoxib，Celebrex）和1999年默沙东公司的罗非昔布（万络）先后经过了Ⅲ期临床试验，被FDA批准上市。

21世纪，各制药公司纷纷意识到以临床终点事件驱动的大规模、多中心、随机对照临床试验是"重磅炸弹"成功的基石，这种循证医学试验不仅可以为创新药物提供无可辩驳的证据，也为学术性专业化推广提供了热点话题。基于此，在注册批准之初，默沙东公司就发起了一项旨在头对头比较罗非昔布和萘普生的多中心、前瞻性、随机双盲临床试验，这就是VIGOR 研究（Vioxx Gastrointestinal Outcomes Reseach）。研究结果是阳性的，成功地验证了试验的假设，罗非昔布组胃肠道出血和溃疡的发生率显著低于萘普生组。但是，研究发现罗非昔布组出现死亡和严重心血管事件的概率是萘普生组的2倍，4 000例患者中，罗非昔布组出现79例，而对照组只有41例。对此，研究专家和默沙东公司解释为这可能是由萘普生具有和阿司匹林一样的心脏保护作用导致的，心血管事件及死亡事件的增加和罗非昔布的关系还需要进一步观察，此研究发表于2000年5月的《新英格兰医学杂志》。同年8月，心血管专家在JAMA上发表了对VIGOR研究在FDA网站上的数据进行的Meta分析，发现了3例遗漏的心血管事件（在LPLV之后发现），对VIGOR研究的解释提出了疑问。

2000—2003年，万络迅速成长为"重磅炸弹"，2003年万络的全球销售额达到25亿美元，占其总销售额的11%。而在此期间，对其引发心血管风险的质疑声一直存在，一些流行病学监测也显示罗非昔布和心脏事件及脑卒中事件相关。压倒万络的最后一根稻草是默沙东发起的另一项为期3年的多中心、前瞻性、随机双盲临床循证医学试验——APPROVe研究（Adenomatous Polyp Prevention on VIOXX），该试验的目的是验证罗非昔布预防结肠息肉的作用。该项研究结果虽然显示罗非昔布有助于预防结肠息肉，但是，确定性心血管事件在18个月后的相对危险增加了84%。此文章全文发表在2005年3月的《新英格兰医学杂志》。

2004年10月1日，默沙东公司宣布在全球范围内主动撤回治疗关节炎和急性疼痛的药物万络。但是，默沙东公司在撤回信中表示："The results for the first 18 months of the APPROVe study did not show any increased risk of confirmed CV events on VIOXX，and in this respect are similar to the results of two placebo-controlled studies described in the current labeling for VIOXX."

万络撤出市场后，其他同类药物的命运如何呢？人们认为"一种药物的临床试验结果并不能套用到其同类药物身上""由于每种COX-2抑制药都具有独特的化学结构，我们也就不能认为它们具有相同的副作用。过去我们收集的所有资料证明，即使在高于推荐剂量的情况下，西乐葆也不会增加关节炎和疼痛患者严重心脏事件的风险"。辉瑞公司决定发起旨在评价西乐葆在伴心血管疾病的骨关节炎患者中的疗效的临床试验来撇清自己，有关西乐葆与心血管事件风险的联系的数据也不一致，有增加风险的证据，也有不增加风险的证据。但是无论如何，人们仍高度怀疑这类药物会增加心血管事件风险，西乐葆也渐渐淡出市场，辉瑞的Bextra（Valdecoxib）撤出市场，默克的Arcoxia（Etoricoxib）被FDA否决，诺华的Prexige（Lumiracoxib）也因为肝损害被英国药品与保健品管理局（Medicines and Healthcare products Regulatory Agency，MHRA）停止销售。

万络撤出市场后，默沙东公司并没有迅速摆脱阴影，因为患者的诉讼和索赔要开始了。美国得克萨斯州的Carol Ernst因丈夫的去世得到第一笔赔偿。在全美，默沙东公司面临27 000例以上类似的诉讼索赔要求，以至于在2007年11月9日，公司决定拿出48.6亿美元解决一揽子关于万络的民事诉讼和索赔要求。

万络事件及其余波暴露出现有的药品监管体制与公众期望之间的差距，公众期望每个药品可以100%安全，而药品的批准是基于药物对疾病治疗的利弊得出的，只要药品对大多数人有利或者在治疗过程中利益大于风险，即可被批准上市。仅仅因为少数人的不良反应而使得大多数可能获益的人无法使用这种药品，这一难题似乎在现有条件下难以解决。

第二节　药品不良事件和不良反应

没有一种治疗药物是绝对安全的，药物进入市场后，对其安全性的监测、报告和风险管理是制药企业所有人员的责任和义务。药物不良反应是制药企业面临诉讼索赔的主要原因，严重时甚至导致药物撤市。

英国是最早进行处方药物监测的国家。1965年，David Finney 提出了报告和统计药物不良事件的建议，对于临床实践中不良事件的监测可以提供基于暴露人群的药品统计资料，有助于识别严重不良事件和药源性疾病并预防其发生。1968年，世界卫生组织制订了国际药物监测合作试验计划，并于1970年在日内瓦成立国际药物监测中心，1997年该中心改名为乌普萨拉药物监测合作中心（Uppsala Monitoring Center，UMC）。药物不良反应报告制度成为各国进行药物安全性监测的重要制度。中国于1998年加入UMC。1992年，国际药物警戒学会成立。2006年，欧盟将药品管理规则纳入风险管控计划（risk management plan，RMP）；2010年，欧盟建立了系统的药物警戒体系制度，提出了药物警戒管理规范（good pharmacovigilance practice，GVP）中药物警戒授权人或药物警戒专员的概念。2017年更新版GVP和RMP指南发布。

一、WHO国际药物监测合作组织和《埃利斯宣言》

1997年9月27日，在意大利西强里岛的埃利斯召开了由30个国家参加的药物监测信息交流国际会议，会议发表了《埃利斯宣言》（*The Erice Declaration*）。其内容如下："药物安全性的监测、评价和交流是一项具有深远意义的卫生事业，它依赖于有关方面的公正和集体责任，包括消费者、卫生专业人员、研究人员、学术界、宣传媒体、制药工业、药品管理官员、政府部门和国际机构。高度的科学标准、伦理标准、职业标准和道德标准，必须在这项事业中起主导作用。需要承认药物利弊的不确定性并加以解释。依据这种不确定性而做出的决定和措施应符合临床科学性原则，并考虑到社会现实和环境。药物安全信息在社会各阶层的差距，导致怀疑、误传及误导等危害，甚至形成一种风气，即隐藏、压制或忽视药品安全数据。"

事实必须与推测和假说加以区别，采取的措施应考虑到受害者的需要及必需的治疗。对于这种措施，还需要在国家和国际层面上建立制度和完善法律，以保证信息交流的全面性、公开性及评价标准的有效性。该标准应保证对药物的利弊能够进行评价、解释并采取公开的措施，以提高公众的信任和信心。来自34个国家的与会者一致同意声明规定的下述基本要求。

❖ 药物安全信息必须为公众健康服务。这种信息无论在内容和方法上都必须符合道德规范，并能有效地交流。事实、假说和结论要加以区别，承认不确定性，信息的提供要适合一般需要和个别需要。

❖ 关于药物正确使用的教育，包括对安全信息的解释，对广大公众、患者和医务工作者都是至关重要的。进行这种教育需要特殊的承诺和资源。针对公众的药物信息，无论采用何种形式，在药物的风险和利益方面要取得平衡。

❖ 必须使人们容易得到评价及了解风险和利益所需要的一切证据。要认识到压制信息交流将阻碍人们达到既定目标，这种现象应予以克服。

❖ 每个国家都需要建立独立的专家评价系统，保证全面地收集现有药物的安全信息，公正地进行评价，并让大家都能得到这种信息，应排除偏见，为该系统提供充足的经费。要鼓励并支持国与国之间交流数据并作出评价。

❖ 虽然有时只是对灾难性事件的发生作出反应，但长期以来药物安全监测系统已奠定了基础。当前这个领域的技术革新需要保证在发生意外问题时，能够迅速辨认问题，并有效地进行处理，保证有效地交流信息。

二、药品不良反应和不良事件

药物不良反应为使用药物时发生的由药物引起的有害的和不期望发生的反应，包括副作用、毒性反应、变态反应、继发反应、药物依赖性、特异质反应、致畸、致癌、致突变反应。我们把使用药物后出现的死亡、住院、威胁生命的并发症和致畸形、致残疾这5种情况定义为严重不良事件（serious adverse events，SAE）。当然，严重不良事件并不一定和药物直接相关，和药物直接相关的叫做副作用或者是不良反应。

三、药源性疾病或药物性损害

导致药物不良反应的其他原因是用药不当、超剂量使用、误用和滥用（超适应证使用等），甚至是服用假药，不论原因如何，都属于药物不良反应监测的范畴。药物无效或者妊娠也作为药品不良反应的信号事件，需要进行监测和报告。WHO统计，在全球，每年住院患者中出现药物不良事件的患者比例是10%~20%，其中5%因药物不良反应死亡。60%以上的听力障碍是由药物导致的，甚至出现了一个名词——药源性疾病。

四、药品不良反应和不良事件

药品不良反应和药品不良事件的概念是不同的。世界卫生组织将药品不良反应定义为一种有害的和非预期的反应，是在人类预防、诊断或治疗疾病，或为了改变生理功能而在正常使用药物剂量时发生的。中国对药品不良反应的定义是合格药品在正常用法用量下出现的和用药目的无关的有害反应。药品不良反应是由药物固有特性引起的。

国际医学科学组织委员会将不良反应发生率>10%定义为很常见不良反应，发生率在1%~10%的不良反应称为频繁不良反应，然后是不常见（<1%，>0.1%）、罕见（>0.01%，<1%）和非常罕见（<0.01%），共5个级别。

对于药物和不良事件之间因果关系及相关关系的判断，一般采用世界卫生组织的因果关系评估系统。中国目前使用的是综合分析推理的方法，从药物和事件的时间顺序、文献佐证以及排除混杂等方面进行思维和逻辑推理并论断，通过判断可以对药物和不良事件之间的因果关系作出6种判断：肯定存在、很可能存在、可能存在、可能无关、待评价和无法评价。

五、严重药品不良反应

如果药物导致下列严重性损害情形之一，即属于严重不良反应，需要立即报告。

❖ 导致死亡；
❖ 危及生命；
❖ 导致癌症、畸形或出生缺陷；
❖ 导致伤残和器官功能显著或永久性损伤；
❖ 导致住院或住院时间延长；
❖ 导致其他事件，如不处理，即可能出现上述5种情形者。

六、药品不良反应的分类和发生频率

药品不良反应可以按照受累之身体系统分类，如皮肤损害、胃肠道损害和全身性损害等。也可以按照药理作用分为量变型（常与剂量及合并用药有关）、质变型（如罕见不良反应和过敏）和迟发型不良反应（如致癌作用和增加心源性死亡等）。

世界卫生组织国际药物监测中心将不良反应分为7类，按照首字母排序分别是增强的药理性作用（augmented，剂量依赖，意料之中）、非常药理作用（bizarre，非剂量依赖，意料之外）、慢性作用（chronic）、延迟作用（delayed）、后遗作用（end of use）、治疗失败（failure of treatment）以及遗传作用（genetic effects）。

七、重点药物监测和药物安全性信号

重点药物监测是对新药和首次进口5年内的药品进行的药物安全性监测活动，包括在真实世界中研究药品在临床使用中的不良反应发生特征、严重程度和发生率等。而药品安全性信号是从多个来源发现的可能和药品干预存在某种联系的不良事件，但是无法作出因果关系的肯定性结论。药品安全性信号可能是药品不良反应，也可能是由机会因素或混杂因素造成的干扰。

第三节 药物警戒——从报告到监控

药物警戒是1974年由法国科学家提出，并在2002年世界卫生组织发布的文件《药物警戒的重要性：药品安全性检测》中得以定义的：药物警戒是监测评估、发现和预防药物不良作用或其他相关问题的科学与活动。由于WHO是主权国家的政府间卫生组织，因此，药物警戒和药品管理的法律法规密切相关，其要求和标准是基于政府的政策和监管层面的。制药企业的药物警戒部门和药监局的药品评价中心及不良反应监测中心直接联系，部门活动和临床研发部、注册法规事务部、质量投诉和监管部门的业务活动密切相关。该部门应该独立于质量管理部，成为制药公司的主要部门。

中国于1984年颁布《中华人民共和国药品管理法》，1998年成为国际药品监测合作中心的第68个成员国，2004年全国各省市均成立了药品不良反应监测中心，2017年6月1日加入ICH，开始贯彻和实施ICH的有关标准和规范。2017年10月，提出药品上市许可持有人承担不良反应和不良反应报告的主体责任。2018年9月30日，国家药品监督管理局颁布了药品上市许可持有人在药物警戒中的责任和义务，具体如下。

❖ 建立健全药品不良反应监测体系；

❖ 及时报告药品不良反应；

❖ 报告获知的不良反应；

❖ 加强不良反应监测数据的分析和评价；

❖ 主动采取有效的风险控制措施；

❖ 严厉查处不履行直接报告责任的行为主体。

2019年12月21日，中国发布《个例药品不良反应收集和报告指导原则》，2019年12月1日，新修订的《中华人民共和国药品管理法》正式施行。

制药公司药物警戒部门的职责不局限于收集和报告本地区报告的药物不良反应，还需要监控整个公司的全部业务流程，监测和报告药物在全球范围内的不良反应。不仅需要被动接受和报告，还需要主动分析药物的安全性信号，开展重点药物的前瞻性重点监测，积极预防药物不良反应的发生。

药物警戒的科学是基于药品安全性数据库和风险管理体系上的药物流行病学、数据分析和质量管理的科学。因此，在药物警戒部门，不仅需要有收集和报告不良反应的药物警戒专员，还要有药物安全和流行病学专家、质量和培训项目经理。药物警戒部门的人员需要掌握药物安全和药品生命周期中药物警戒的原则和流程，掌握国际通用技术指南（ICH规范、CIMOS指南）和监管机构发布的有关药物警戒的法律法规，掌握国际医学用语词典（MedDRA）的机构、范围和术语，能够对安全性信息/信号进行收集、分析、评估和追踪。

一、不良反应报告

药品不良反应报告包括个例安全报告（individual case safety report，ICSR）、定期安全性更新报告（periodic safety update report，PSUR）、研发阶段安全性更新报告（development safety update report，DSUR）和可疑不良反应报告。

个例安全性信息是指个体接受一种或多种药物治疗之后出现的任何安全性信息，ICSR是在特定时间点关于个例安全性信息最完整的文件报告。个例安全报告不仅包括药物在正常情况下的使用，还包括药物的超适应证使用、误用、滥用、过量使用和特殊职业暴露。

ICSR的来源不仅包括自发性报告（unsolicited sources），而且包括系统性数据收集活动（solicited sources、organized data）。医疗卫生专业人士的自发性报告（spontaneous report）、文献和网络发表资料，药监局的数据和患者在社交媒体上的沟通等，均属于自发性个案报告；系统性数据收集活动包括药品登记研究、患者支持项目或援助项目等。

药品不良反应报告要求在及时性以外，遵守科学性的基本原则——准确、全面和完整。

二、审核监控与验证整合

制药企业的药物警戒部门需要参与审核和监控制药企业的各种涉及药物或患者数据的活动，包括但不限于患者援助或支持活动、医学问询和咨询活动记录，建立与大众媒体、医疗卫生专业人士的互动记录系统等；参与所有临床试验相关的研究方案、研究报告的审核；监控所有学术会议和文献中出现的药物不良事件；验证和整合药品不良事件信息；审核相关的协议与合同，确保所有员工和第三方服务提供者都能承担相应的职责和义务。

三、药物监测体系和培训

制药企业的药物警戒部门需要建立和健全企业内部相关的药物监测体系和标准操作流程，并确保相应人员得到及时培训。

四、药品风险管理计划和药物上市后安全性监测

警戒部门在药物的风险管控计划以及药物上市后监控中起到的积极作

用愈来愈重要。进入新阶段的药物警戒部门已经从单纯的药品不良反应收集和报告部门，转变为药物安全性信息的全面管理者和监控者。

药物警戒活动贯穿药物发现、临床研发和商业化的全过程。药物警戒人员已经成为制药企业新药上市准备团队、医学事务团队、市场营销团队的重要策略伙伴，也是药品临床研发团队、药政法规团队不可缺失的业务伙伴。

第四节　医学事务活动和药物安全

在证据产生活动、科学教育和沟通活动、专家学术交流和互动活动中，药物安全性信息无处不在，因此，制药企业的医学事务人员需要深刻了解药物警戒的要求和制药企业的责任。

和药物警戒部门的团队合作　在医学事务部门的药物临床试验设计和方案准备、临床试验结果报告和准备、电子数据库外包和验证、真实世界研究、上市后观察性研究、研究者发起的临床试验等证据产生活动中，药物警戒部门人员都是不可缺失的团队成员。在医学事务部门的品牌医学策略和核心科学信息制定，和临床医生/专家的学术交流报告及跟踪系统的建立和维护，区域医学事务对于自发性问询的处理过程和报告中，也需要药物警戒部门的参与和审核。

医学事务的外包活动中，如合同研究组织（contract research organization，CRO）、研究中心管理组织（site management organization，SMO）、学术研究组织（academic research organization，ARO）以及受试者保险购买、外包员工上岗培训、医学事务新员工培训、医学事务证据产生活动中的不良反应识别和报告培训，都需要药物警戒部门的参与和支持。药物警戒部门需要审核第三方服务合同和SSW。制药企业对药物警戒的主体责任不因其把活动外包给第三方而减免，任何为制药企业服务的第三方服务公司都有责任和义务完成制药企业的药物警戒工作。

共同参与患者补偿和投诉和处理　合格药物在正常用法用量下出现与用药目的无关的有害反应，各方主体都无过错，受害者主体没有相关的法律保障。德国和日本已经实施了药品不良反应救济制度，出台了相关法律，对药品不良反应受害人进行救济。在中国，尚没有相关的法律和法规，原则上只要将药物不良反应列入药品说明书，制药企业就已经完成了自己的"知会（informed decision）"责任。在使用药品之前，临床医生需要和患者共同评估药物的风险和效益。制药企业无权也无法对临床诊治过程和决定进行干预，没有教育和培训临床医生选择和使用治疗药物的职责和义务，也无权指导和干预临床医生对药物不良反应的处理。

但是每年都会发生几例患者或患者家属因为不良反应而找到制药公司或者通过临床医生、律师找到制药企业要求赔偿和补助的案例。因为患者和制药企业没有构成消费者和生产者的关系，因此，《消费者权益保护法》不能完全适用；又因为制药企业没有部门可以直接面对找上门来的患者，并进行接待和解释，也没有部门有足够的专业知识和能力、足够的诊断治疗信息可以判断患者的不良反应事件与用药之间的因果关系，判断患者要求的索赔金额的合理性和合法性，药物警戒部门、市场销售部门、政府公关部门以及法律部门常常因此陷入纠结和尴尬之中。在这种情况下，常常因为医学事务部的人员做过临床医生，又懂得药物知识，而把医学事务部门直接推到一线。而此时，医学事务人员作为制药企业的全职雇员，对于药品和不良事件的因果关系，常常会作出合并用药与合并疾病、患者特征的特殊性、处方药物的使用规范等方面不相关的判断，这种判断几乎没有可能被投诉者接受，从而导致法律诉讼、与临床医院关系破裂甚至成为公众媒体事件。

制药企业需要在内部建立及健全相应的制度和流程，否则在出现此类事件时，必然会出现跨部门"瘫痪"状态，导致以患者为中心的制药企业在面对具体患者投诉时，手足无措，顾左右而言他。

制药企业如何面对患者的不良反应投诉和补偿要求？处方药没有针对患者进行推广，患者的赔偿要求和诉讼需要直接面对制药企业吗？在患者和医院、医生就药物的使用和不良反应事件发生法律纠纷和诉讼时，制药企业如何应对？制药企业有责任承担医院为此产生的损失吗？如果临床医生鼓励患者或家属与制药企业解决赔偿纠纷，制药企业如何应对？

制药企业是否需要购买上市后药物责任保险？制药企业哪个部门负责购买上市后药物责任保险？上市后药物责任保险可以在药品IV期临床试验中作为保险证明提供给伦理委员会审核吗？如果是上市后药品观察性研究或者真实世界研究，上市后药物责任保险是否可以满足伦理委员会关于患者权益的要求？如果出现受试者理赔事件，谁来操作上市后药物责任保险的理赔过程？是医学事务部的医学顾问还是其他部门的其他角色？

什么是人道补偿？制药企业在什么情况下，会给予药物使用者个人人道补偿？制药企业发放人道补偿的标准是什么？有什么条件？谁来起草和签署与患者的协议？制药公司的律师还是医学顾问？

这些问题都是医学事务部在实际工作中遇到的，目前还没有明确的、统一的处理意见和流程。制药企业各个部门都不认为这些问题在自己的职责和义务范围之内，包括药物警戒部门和医学事务部门。

与临床医生的学术交流与沟通　事实上，特定药物的不良反应信息可以出现在医学事务人员与专家进行学术交流和沟通的任何场合或任何时间，甚至出现在临床医生的学术演讲幻灯片中，只要我们的话题中开始提及具体的患者或出现具体的不良反应事件。

这些话题包括具体患者出现非预期的临床获益、适应证外使用、药品无效或失效、患者以外的人群意外接触到特定药物、用药过量、误用和滥用、妊娠哺乳等情况。

　　医学事务人员在学术交流过程中需要警惕药品不良反应事件信号，只要出现PEP要素（patient、product and event，具体患者、具体药物和具体事件），就不得不进一步收集药品不良反应信息，并报告药品不良反应。

本章小结

　　药物的安全性是在制药企业医学事务部各项活动中都不可避免的话题，从学术交流和沟通到证据产生的各项活动，从上市前的风险管控计划到上市后的生命周期管理，从推广资料的审核到自发性问询的处理，从数据的分析到数据的处理，每一步都渗透着药物安全性信息。药物的安全性管理，不仅仅是药物警戒人员的责任，更是包括医学事务人员在内的所有制药企业雇佣人员或者第三方服务人员的责任。在解决问题的同时，尽量不带来新的问题；在治疗疾病的同时，尽量不损害患者的生命和健康，是人们对医疗卫生保健系统的基本期望和要求。

第十一章　研究伦理：保护患者权益

　　由于专业人员与普通大众之间对疾病的诊断和治疗存在巨大的信息不对称，医疗卫生专业人员在某种程度上成为患者治疗决策的代理人，而治疗决策又通过各种干预手段调控患者的身体状态和生命进程。从人道的角度来看，西方社会对于临床医生的职业自律和道德修养的期待和要求几近宗教的牧师，一个拯救人类的肉体，一个拯救人类的灵魂。

　　《希波克拉底誓言》（*Hippocratic Oath*）是最早的对医生临床实践伦理道德的要求。1803年，英国曼彻斯特皇家医院的医生Thomas Pervical出版了《医学伦理》（*Medical Ethics*），从而开创了医学伦理学之先河。仅靠医务人员个体的道德修养和良心尊严，难以确保诊治过程中的人道主义，行业规范和伦理监督才能最大程度地避免医疗决策中的伦理和道德沦陷。

第一节　临床研究的基本原则及其由来

　　《纽伦堡法典》（*Nuremberg Code*）　1946年，在纽伦堡审判中，23名参与纳粹"科学实验"的专业人员被列为医学战犯。前车之鉴，促使了人类第一个关于在人体进行科学实验的规范的诞生，这就是《纽伦堡法典》。

　　"受试者的自愿同意绝对必要。这意味着接受试验的人有同意的合法权利；应该处于有选择自由的地位，不受任何势力的干涉、欺瞒、蒙蔽、挟持、哄骗或者其他某种隐蔽形式的压制或强迫；对于试验的项目有充分的知识和理解，足以作出肯定决定之前，必须让他知道试验的性质、期限和目的，试验方法及采取的手段，可以预料到的不便和危险，对其健康或可能参与实验的人的影响。"

《贝尔蒙报告》（*The Belmont Report*）　美国政府于1974年专门任命了国家委员会，针对如何保护生物医学及行为研究中的人体受试者这一基本伦理问题，于1979年发布了《贝尔蒙报告》。此报告明确了医疗实践与医学研究的界限，明确了医学研究的三个基本概念：尊重（知情同意）、有益（风险利益评估）、公平（受试者选择）。

临床实践是为增进患者健康而采取的希望被广泛认可的措施，其目的是为个人提供诊断、预防性治疗及治疗。而医学研究是为测试一种假设而采取的行动，以便获得结论以发展或增长医学知识（例如理论、原则、对关系的陈述）。医学研究应该制定和遵循研究方案，偏离正规行医准则的创新不属于医学研究。总的原则是，如果行动中有任何科研成分，那么这一行动将受审核以保护人体对象。

知情同意（informed consent）　《贝尔蒙报告》指出，同意过程应包括三个因素：信息、理解及自愿。所谓信息，有助于在临床试验参加者缺乏必要的干预治疗知识的前提下，获得足够的说明，使其能够自主做出参加或不参加临床试验的决定。即使预计有直接获益，参加者也须清楚地意识到风险的大小以及清晰地表达参加研究的意愿。所谓理解，是指传达信息的方式方法要确保受试者能够有充裕的时间进行思考和决定。混乱、迅速地传达，给别人很少时间思考，或者缩减别人提问的机会，都可能影响受试者作出选择。应该根据受试者的理解力来决定传达信息的方式方法。在实际工作中，特别是在跨国制药企业，知情同意书的模板是从外文翻译过来的，有时第三方翻译公司的译文质量很差，即使是临床医生也看不懂这样的文字。负责临床试验的医学顾问照本宣科，这种行为本身就违背了知情同意的本意。自愿原则要求毫无强迫及过分影响。强迫是指为了使受试者同意而使其对未来感到恐惧，过分影响是指采用不适当的奖赏手段进行引诱，特别是对弱势群体。

有益和善行　《贝尔蒙报告》重申《希波克拉底誓言》中的"不伤害"原则。不伤害原则长期以来一直是医疗伦理的基本原则。Claude Bernard把它延伸到科研领域：无论参加试验的潜在利益有多大，都不是给患者带来伤害的借口。

善意地对待他人，不仅在于尊重他人的决定及保护他人免遭伤害，还在于尽力确保他人的健康。善行是指超出义务的仁慈或博爱行为。《贝尔蒙报告》指出，在医学研究中善行是一种义务，首先要不伤害，其次要尽量增加可能的好处，减少潜在的害处。医学研究带来的风险和益处不仅仅影响研究对象本人，还可以影响其家庭和社会。

  公平和公正 《贝尔蒙报告》指出，"实验对象大多是贫穷的患者，而医疗改进带来的好处却大都给了富有的患者"，这种现象是不公正的。在临床研究中，要特别注意入组人群的选择，如少数民族、监狱犯人、犯罪人群、贫困地区或失业人群等，以防出现伦理上的胁迫和公正性问题。如果在监狱犯人中进行丙型肝炎的药物临床试验，则需要严格进行伦理审查。在设计临床研究的入组和排除标准时，要防止研究的发起者因社会和个人倾向性标准而作出不公正的选择。

第二节　从生物医学研究到人类健康研究

为了进一步规范和促进人体试验和研究的伦理原则，1982年，世界卫生组织和国际医学科学组织理事会（The Council for International Organizations of Medical Sciences，CIOMS）联合发布《人体生物医学研究国际伦理指南》。1993年、2002年分别对该指南进行了更新和补充，肯定了人体试验研究能使一些缺乏有效预防治疗措施疾病的患者受益，而且是唯一受益的途径，因此不应剥夺如艾滋病、恶性肿瘤等严重疾病患者或危险人群可能通过参与人体试验受益的机会，规定了涉及人的生物医学研究需要遵守的21项准则。

2016年最新版指南将从涉及人体的生物医学研究扩展至涉及人健康相关的研究，涵盖范围扩展到心理学和行为社会学研究。新版指南突出强调了研究应做到科学价值和社会价值并重，关注资源贫乏地区的健康相关研究以及研究中的脆弱群体，对诸如脆弱性、社区参与研究、知情同意、伦理管理和利益冲突问题，做出了权威解读和阐释。2016版CIOMS《涉及人的健康相关研究国际伦理准则》中文版由上海医药临床研究中心资助出版。

世界卫生组织是政府性组织，其制定的法规和指南具有行政效力。作为世界卫生组织的理事国，中国政府相关部门在监管医疗卫生机构开展的涉及人体的生物医学研究方面，一直致力于加强管理，接轨国际标准。中华人民共和国卫生部（现中华人民共和国国家卫生健康委员会）在20世纪就成立了涉及人体的生物医学研究伦理审查委员会，2000年成立了卫生部医学伦理专家委员会，负责对有关重大的医学伦理问题进行咨询和审查。2007年，卫生部正式印发了《涉及人的生物医学研究伦理审查办法》。2019年10月29日，国家卫生健康委医学伦理专家委员会办公室和中国医院协会联合发布《涉及人的临床研究伦理审查委员会建设指南》。

政府组织和政府发布的医学研究指南中，进一步重申医学研究的重点应该是未被满足的医学和健康需求，医学研究的科学价值、社会价值不能凌驾于受试者的人身安全和健康权益之上。医学研究必须获得有效的知情同意，控制受试者风险，保护受试者隐私，赔偿受试者损害，保护弱势群体。

对于真实世界研究、大数据挖掘等医学研究中的知情同意和隐私保护方面的困惑，也予以进一步说明和澄清，并提出了再次知情同意、事后知情同意、泛知情同意、知情同意豁免等相关规定和措施。制药企业医学事务在操作和实施真实世界研究、支持研究者发起的临床试验时，可以参考CIOMS指南。

知情同意书的要求　制药企业医学事务人员在准备证据产生活动的文件

时，常常把注意力集中在研究方案的撰写，而忽略了知情同意书的准备和审核。知情同意书的语言必须是标准且规范的法定语言，语法不通、错字和术语连篇、非医疗人员看不懂的知情同意书，是不能够给受试者签署的。签署的知情同意书在法庭上可以作为诉讼和判决的证据。

知情同意书的内容一样需要做到准确、全面和完整，并且一定要以受试者能够理解的语言文字表达。

知情同意书应当包括7部分内容。

❖ 研究目的、内容、流程、方法及研究时限；

❖ 研究者基本信息及研究机构资质；

❖ 研究结果给受试者、相关人员和社会带来的潜在益处，以及给受试者带来的潜在不适和风险；

❖ 对受试者的保护措施；

❖ 研究数据和受试者个人资料的保密范围和措施；

❖ 受试者的权利，包括自愿参加和随时退出、知情、同意或不同意、保密、补偿、受损害时获得免费治疗和赔偿、新信息的获取、新版本知情同意书的再次签署、获得知情同意书等；

❖ 受试者在参与研究前、研究后和研究过程中的注意事项。

另外，在某些情况下，知情同意书中需要写明是否将研究结果告知受试者。

在开展临床研究时遵守政府和政府组织制定的政策和准则，是医疗卫生专业人员和医疗机构的义务和责任，制药企业医学事务人员在和医疗卫生专业人员进行有关学术研究的沟通时，需要理解和掌握上述政策和准则。在医学研究的伦理原则上，患者权益永远高于科学利益和社会利益。无论是医疗机构还是制药企业，都应避免商业利益和经济利益对研究设计及决定的干扰。

在伦理审查上，制药企业发起和申办的药物临床试验有着更严格的质量标准和监察标准，这个标准就是药品临床试验管理规范。

第三节 药品临床试验管理规范和结果发表规范

　　针对制药企业发起的药物上市申请的药品临床试验，各国药监当局在20世纪80年代先后颁布了许多法规，如美国FDA先后发布了申办者及监查员职责（1977年）、研究者职责（1978年）、保护受试者权益（1981年）的相关规定。欧洲在1991年7月颁布了《欧共体国家药品临床试验规范》，并于1992年1月生效。

　　1991年，美国FDA、美国制药工业协会、欧洲委员会、欧洲制药工业协会、日本厚生省和日本制药工业协会6个成员在1991年发起了ICH，制定了关于人用药品注册技术各个方面的标准及指导原则，其中包括ICH的药品临床试验管理规范、快速报告的定义和标准、临床试验报告的内容与格式等。最新版ICH GCP为2016年版。

　　2017年3月，中国食品药品监督管理总局（现国家药品监督管理局）递交了有条件加入ICH的申请，2017年6月14日，在加拿大蒙特利尔，中国药监机构正式成为ICH成员。

　　中国GCP于1995年开始起草，起草的专家为桑国卫、李家泰、汪复、诸俊仁、游凯，于1999年由国家药品监督管理局发布，2003年更新，2016年新版GCP开始征求意见，2020年7月1日正式颁布实行。GCP的适用范围是"用于注册目的的临床试验"。

　　在这一点上来讲，临床医学研究如果不是用于药品注册目的之药品临床试验，则不必具有GCP培训的资质，也不必按照GCP要求的申办者和研究者的职责及义务进行医学研究。但是，如果临床医生成为制药企业发起的药品临床试验的研究者，则必须遵守和承担GCP规定的研究者职责。

　　对于研究者发起的临床试验，按照GCP的标准，如果研究机构是申办方，研究机构需要承担GCP规定的申办者职责。在实际工作中，这一点被很多临床医生忽略或者选择性忽略，也为很多制药企业人员所不知。因此，在此重申临床研究申办者职责，以作为评估研究者发起临床试验的资质评定标准，以及医学事务发起和申办Ⅳ期临床试验或上市后观察性临床试验的自我能力评定标准。

　　❖ 研究资料准备。申办者需要准备研究药物的临床前资料和临床资料，临床前资料包括处方组成、制造工艺和质量检验结果，临床资料包括已完成的和其他地区正在进行的与临床试验有关的疗效和安全性资料。

　　❖ 临床试验批件。对于未获得所在地区批准的适应证和药物，申办者需要获得国家药品监督管理局的临床试验批件。

❖ 研究中心选择和研究协议签署。申办者负责选择和评估研究中心和研究者资质，并和研究中心签署研究合同，就试验方案，试验的监察、稽查和标准操作规程，以及试验中的职责分工等达成书面协议，述明在数据处理、统计分析、结果报告和论文发表等方面的职责及分工。

❖ 临床试验监察。申办者派出或雇佣临床研究监察员，确保研究数据收集过程的可靠性。

❖ 质量控制和保证。申办者负责临床试验质量控制和质量保证系统的建立。申办者需建立系统的标准操作规程来保证临床研究的质量。申办者负责临床试验的审计或稽查。

❖ 不良事件的处理和报告。研究用药不良事件的报告和向其他中心通报的过程由申办者负责。

❖ 研究中止。申办者在因各种原因中止临床试验时，要负责通知研究者、伦理委员会和国家药监局。

❖ 总结报告。申办者负责向国家药监局递交试验的总结报告。

❖ 经济补偿和保险。申办者负责为受试者提供保险，对于发生与试验相关的损害或死亡的受试者，要承担治疗费用及相应的经济补偿。申办者负责向研究者提供医疗事故之外的法律上与经济上的担保。

❖ 试验资料的保存。研究者负责保存临床试验资料到药物被批准上市后5年。

一、临床试验数据和发现的知识产权

由研究申办者或发起者的职责可以看出，临床研究的数据和知识产权应该属于申办者而不是研究者，具体需要参照两者在研究协议中的协商和规定。制药企业申办或发起的临床试验中的牵头中心和主要研究者并不会因其组织和实施临床试验而自动拥有临床试验的结果、数据和相应的知识产权。

二、医学研究报告规范——CONSORT标准

1993年，来自临床试验、流行病学和医学出版界的30位专家学者在加拿大渥太华提出了一份评估随机对照研究报告质量的量表。该量表由32个条目的清单和流程图组成，称为试验规范报告（the Standards of Reporting Trials，SORT）声明。1994年，另一组专家在美国加州也提出了直接的评估标准。1995年，2个工作组的9名专家在芝加哥坐在一起，最终于1996年发表了临床试验报告统一标准（Consolidated Standards of Reporting Trials，CONSORT ）。

到2010年已经经过了1999年、2000年、2007年三次修订，成为指导和撰写临床试验报告，分析和解读临床试验结果，以及审稿人和医学编辑的标准及规范性文件。

CONSORT清单包括22个条目，涉及随机对照研究文章的基本要素。另外，伦理委员会批准、研究基金披露和研究登记编号也要在医学报告中注明。

研究题目、摘要和引言（2）　应说明临床试验如何将受试者分配到干预组和对照组，以及研究的科学背景和原理。

研究方法（10）　研究方法的检查条目有10项，包括受试者的入排标准，资料收集的环境和地点，各组干预措施的细节和实施情况，研究的目的和假设，主要和次要结局指标，样本量的确定方法（必要时说明中期分析和研究中止原则），随机化的实施方法（序列产生、分配隐藏、实施细节、盲法使用和统计学方法）。

研究结果（7）　研究结果的报告有7项，包括受试者随机分配到各组的病例数、接受治疗的人数、完成研究的人数，分析实际偏差的情况和原因；入组时间和随访时间；各组人口学和临床基线特征；意向性分析的人数；对每个主要和次要结局指标，应有一个结果总结和效应估计值（如95%可信区间）；同时报告亚组分析、校正分析，说明哪些是预先设定的，哪些是临时添加的；最后是各组所有不良事件的结果。

讨论（3）　在讨论中，应结合当前证据，对研究结果做出全面解释，对研究结果的临床意义做出分析和推论。在解释时需要结合研究假设、潜在偏倚和不精确的原因及结果重复分析相关的危险因素。

经过二十多年的发展和完善，CONSORT标准已经得到国际医学杂志编辑委员会和三百余本医学杂志的支持，并扩展至整群试验、安全性研究、非劣效和等效性试验，草药、非药物治疗等其他试验类型。而其他研究报告的规范如QUOROM（荟萃分析规范）、MOOSE（观察性研究的荟萃分析规范）、TREND（行为和公共卫生干预的非随机研究）、STROBE（流行病学中的观察性研究规范）、REMARK（肿瘤标志物预后研究报告规范）等也先后被开放和发表，促进了医学研究文章撰写质量的提高。

无论是临床医生还是制药企业医学事务人员，在进行基于医学研究的学术沟通和文章发表时，都需要具备文章和研究质量规范的知识，特别是要知晓并掌握本领域内特殊的规范和质量标准，这样才能树立自己的专业性，建立和临床医生的学术伙伴关系。

三、制药企业申办研究发表规范

在制药企业发起和支持的药物临床试验中，由于研究者或制药企业商业利益的干扰，临床试验的结果发表常常偏向于得到阳性结果（即显示出疗效显著或安全性改善），对于得到阴性结果的临床试验的结果发表则态度消极，甚至回避，这就是医学研究的发表偏倚。

为了在机制上消除发表偏倚，保证研究数据的完整公布，提高临床试验研究数据的透明度以及再次研究的可及性，2004年，国际医学期刊编辑委员会（International Committee of Medical Journal Editors，ICMJE）及其11个会员杂志提出了临床试验登记制度和制药企业申办研究发表规范[good publication practice（GPP）for pharmaceutical companies]。2009年和2015年，国际医学出版专家学会（International Society for Medical Publication Professionals，ISMPP）在初版GPP的基础上分别进行了两次更新，作为制药公司发起或支持的药物临床试验文章发表的基本规范。

GPP规范包括文章发表指导委员会、文章作者标准和权利义务、专业医学撰稿人、文章发表计划、贡献说明和致谢、利益冲突披露等文章发表过程的规则。

研究发表计划　文章发表计划旨在帮助申办方确保各项成果的发表及公布均遵从尽职尽责、合乎伦理、完整、及时的原则，明确时间规划进度和所需的资源。对于文章内容和进度安排，作者必须保有做出相应决定的责任。

文章发表计划应该确保阳性和阴性结果均得以发表；明确相关会议投稿截止时间，确定何时可报告研究数据，从而确保及时地发表研究数据；优先安排主要结果文章发表（报告预设的主要终点或目的），再安排次要结果文章发表；明确后续文章发表（如报告附带的后续分析、次要或亚组分析、汇总数据分析或系统性综述等等）在科研及临床方面的必要性；避免重复发表（有时称"一稿多投"）。

对于已获准上市的药物，文章主要结果全文应在研究完成后 12 个月（最迟 18 个月）内投稿，文章发表前可以先进行会议报告。对于未上市的在研药物，文章主要结果全文应在药物获准上市后 12 个月（或最迟 18 个月）内或在药物临床试验终止后的 18 个月内投稿。

作者署名标准　在制药企业发起和支持的临床试验中，研究者必须同时满足以下四条标准，才能列为作者。

❖　对研究设计、分析和数据解释有重要贡献者；

❖　在研究论文起草或者重要内容修改上有实质贡献者；

❖　对研究文章的最终定稿版本有重要贡献者；

❖　同意对临床试验的各个方面承担责任并确保负责文章的准确性和原创性，并回答读者质疑。

研究的作者署名和排序标准应该在临床试验开始前的研究合同中进行声

明，研究文章的第一作者和通讯作者应该在论文开始撰写前就得以明确。研究者或研究中心入组受试者的多少，不能完全作为作者排序的标准；临床试验的主要研究者，不一定就是文章的通讯作者或者第一作者；制药企业的医学事务人员也可以作为文章作者，一切需要以GPP的作者署名标准为衡量依据。每位作者在文章准备中的实质性贡献需要有相关邮件和具体内容为证。

专业医学撰稿人　专业医学撰稿人不是代笔或枪手，医学事务人员更不具备专业医学撰稿人的资格。专业医学撰稿人不是文章的作者，但是，其在文章内容准备中的作用和贡献应该予以披露和致谢。专业医学撰稿人一般都是由制药企业通过尽职调查后推荐的第三方服务公司提供的专业服务。

医学事务研究操作职责分工详见表11-1。

表11-1　医学事务研究操作职责分工

工作任务	医学经理	医学顾问	MSL	CRA	CRC	PV	MKT	FF
研究立项和审批12步骤								
品牌医学计划、研究设计和预算	R	R	C	C	I		C	I
研究设计和方案审批	A	R	C	C	I		I	I
项目费用和预算计划	R	R	I	C	I		C	I
项目可行性分析和影响力评估	R	R	I	C	I	C	C	I
研究操作模式设计	R	R	C	C, R	I			
研究文件模板和数据库建立	A	R	I	C	I			
研究相关协议模板[保密协议、研究协议、工作声明（statement of work，SOW）]	A	A	C	R	I			
受试者获益、补偿方式和流程	C	A	I	R	R			
研究指导委员会成员和聘请	A	R	C	C			C	
统计分析计划	A	R	I	I	I			
文章发表计划	A	C	I	C	I	I		
研究连续性和补救计划	R	C	I	I	I	I	I	

续表11-1

工作任务	医学经理	医学顾问	MSL	CRA	CRC	PV	MKT	FF
研究准备22步骤								
牵头研究者和研究中心的确定和沟通	A	R	C	C	I		I	I
研究中心选择		A	C	R	I		I	I
CRO、SMO的选择和IDD	C	A		R	I	I		
第三方合同和SOW、付款计划签署	C	A		R	I			
临床试验登记和披露	A	C	I	R	I			
研究摘要、研究方案的起草、撰写和审批	A	R	I	C	I			
研究安全性信息的评估和不良反应报告流程	C	A	I		I	R		
研究付费标准和牵头中心付费标准与执行	A	C	I	R	I			
知情同意书、病例报告表和招募广告	C	A		R	I	I		
统计师沟通和数据库建立和验收	A	R	I	C	I	I		
研究者简历的收集和签字		I	C	A	R			
财务和利益相关声明（financial disclosure）		I	C	A	R			
研究药品相关证书和文件		A		R	I	C		
受试者保险合同及购买		A	I	R	I	C		
中心伦理文件资料包和递交		A	I	R	C			
研究者培训会议资料包	I	A	C	R	C	C		
遗传办资料包和递交		I		A	R			
研究协议、保密协议的确定、签署和谈判		A	I	R	I			
病例报告填写指南（CRF completion guideline，CCG）准备和培训		A	I	R	C			
中心实验室确定和沟通		A	MSL	R	CRC			
相关量表的购买和版权管理	C	A		R	I			
TMF的建立和标准要求文档库的建立	C	A		R	I	I		

续表11-1

工作任务	医学经理	医学顾问	MSL	CRA	CRC	PV	MKT	FF
研究启动9步骤								
牵头中心伦理委员会审核和付费		A	C	R	I			
遗传办审核	I	I		R	I			
分中心伦理审核和付费	I	C	I	R	C			
研究中心研究协议的签署		I	I	R	C			
研究者会议和中心启动会议、研究者培训		I	I	R	C			
研究中心入组、随访和付款计划		A	I	R	C			
研究中心文件管理		I		R	R			
研究中心药物管理				R	R			
研究中心设备管理				R	R			
研究过程11步骤								
受试者招募和入组进度管理		A	C	R	R		I	I
患者数据录入				A	R			
方案背离（protocol deviation，PD）		C		R	I			
原始数据核对（source date verification，SDV）				R	I			
不良反应识别和报告		I	I	A	R	C		
研究者沟通（investigator notification，IN）信件		A	I	R	I	I		I
研究者通讯		A	I	R	I	I		I
研究中心监察报告		I		R	I			
研究中心付费	A	I	I	R	I			
中期分析和报告	A	R	I	C	I		I	
受试者保险和理赔		I	I	R	R	I, C		

续表11-1

工作任务	医学经理	医学顾问	MSL	CRA	CRC	PV	MKT	FF
研究结束和文章发表13步骤								
LPLV通知函	I	I	I	R	R			
数据问询				R	R			
数据库锁定和统计分析启动	I	A	I	R	I	I	I	
研究中心关闭伦理沟通及研究者沟通		I	I	R	R	I	I	I
研究报告的撰写，审核	A	R	I	R/C		C		
药品安全性信息整合		A	I	C	C	R	I	
研究中心和供应商付费	A	A		R	I			
数据库的移交和存储	A	A		R		I		
文章发表计划和作者署名	A	R	C/I	C/I	I		I	
文章撰写和发表	A	R	I	I	I	I	I	I
亚组分析和文章撰写	A	R	C	C/I	I	I	I	I
学术会议参加计划（摘要、海报和学术演讲）	A	R	R	I			I	I
研究者沟通		A	R	R	I			

MKT：市场部；FF：field force，销售代表；R：responsible，执行者；A：accountable，审批者；C：consultant，事先征求意见者；I：informed，事后通知者。

第四节　动物福利及保护

制药企业发起或支持的药物临床试验要遵循GCP，而制药企业发起或支持的非临床试验则要遵循GLP和实验动物福利和保护的有关条例。

动物学家Russell和微生物学家Burch于1959年在*The Principles of Humane Experimental Technique*一书中首次提出动物实验的"3R"原则。

动物实验学的"3R"原则如下。

❖ Reduction（减少）指在非临床研究中，使用尽可能少的动物获取尽可能多的试验数据，或使用一定数量的动物获得尽可能多的实验数据。

❖ Replacement（替代）指使用其他方法而不用动物进行的试验或其他研究课题，以达到目的，或使用没有知觉的实验材料代替以往使用神志清醒脊椎动物进行药物实验。优先考虑体外或不使用动物的方法（in vitro or non-animal methods）。

❖ Refinement（优化）指在符合科学原则的基础上，通过改进条件，善待动物，最大限度地减少实验动物的痛苦。

动物保护组织抗议制药企业使用实验动物进行药物的非临床研究，甚至到制药企业负责人住所附近抗议，丢鸡蛋。目前，化妆品的实验动物测试基本上已经不是必需的批准条件，但是，药物作为干预人类生命和健康的工具，还不具备完全取消动物实验的条件。部分研究者发起的研究是采用实验动物和药物原粉进行的，需要制药企业提供原粉支持。在提供支持之前，制药企业需要确认其实验室条件如何，是否符合相关实验动物保护的要求。

本章小结

　　研究伦理是制药企业医学事务部发起证据产生活动或支持研究者发起临床试验的基本守则。其核心之一是不伤害参加研究的患者的身体和精神健康，不侵犯患者隐私，不强迫、不欺骗、不诱导患者接受其不了解的干预手段，知情同意不意味着责任自负。其核心之二是药物的临床试验始终要透明公平，研究数据要分享，研究结果要发表，不隐瞒，不作假，实事求是，在研究前进行临床试验登记，在研究后一年内发表临床试验的主要结果和论文，无论其结果是阳性还是阴性。

　　在药物临床数据的产生过程中，科学利益和社会利益永远不能成为侵犯患者权益的理由和借口，商业利益永远不能干预研究过程。制药企业应如是，临床医生亦应如是。

第十二章　合规守法：牢记使命，回归初心

　　制药行业和医疗行业都是和生命相关的行业，关乎人类健康，而健康又直接影响国民素质和经济发展，因此，政府不仅成立公立医院并建立医疗保障体系，对制药行业与医疗行业关系的监管和关注也越来越严格。公众和媒体也对这两个行业异常敏感。可以说，随着制药企业的发展，政府和公众的目光越来越挑剔，监管的法规也越来越细致，越来越完善。

　　制药行业成为政府和社会监管最严格的行业之一，另外两个被严格监管的"兄弟"行业是航空工业和金融保险行业。对制药企业严格监管和挑剔的背后是信息的不对称，大家普遍认为学术界追求的是新的发现和成就，企业追求的是利润和市场占有率。如果没有对制药企业与临床医生之间信息流动和物质金钱流动的监管，真正使用药物的患者会被暴露在这种无止境追求利益的风险之下。这是制药企业合规的基本初衷。

　　对于合规最常见的误解是我们不知道制药企业需要符合哪些规矩、为什么要合规，我们只是根据自己的理解，把自己头脑中的规矩应用于日常实践之中。其实，最大的风险不在于风险本身，而在于不知道什么是风险，这是一种颠顶行为。

　　合规审核不是为了增强故事线的说服力，合规也不是修改推广资料中的语法错误或错别字，更不是遵守公司内部的运营章程和流程。合规审核本质上是从外向内的，是基于行业规范、公司政策和法律法规进行的审核和批准。

第一节　制药企业行业规范——从IFPMA到RDPAC

为了规范治疗药物的营销和推广行为，减少制药企业因不适当的推广行为和活动而导致的政府罚款和法律诉讼，制药公司自行制定了道德和行为准则来约束自己的推广行为。同时，由制药企业和生物技术公司组成的各种行业协会也相应制定了自己的章程，这些准则和章程构成了制药企业内部的监测和控制流程，这一过程叫做合规。

一、国际制药企业联合会行为准则

国际药品制造商协会联合会（International Federation of Pharmaceutical Manufacturers Associations，IFPMA）成立于1968年，是非营利的非政府组织，总部在瑞士的日内瓦，其主席任期两年，由会员公司的CEO轮流担任。该组织在1981年发布了《行为准则》，其间经过五次更新，2012年版的更新将重点放在制药企业与医疗专业人员的互动沟通上，而不仅仅是市场营销行为。2019年1月1日，新版准则发布，医学事务人员需要定期关注、学习并掌握其原则和精髓。在国际制药企业联合会行为准则（IFPMA code）的基础上，各国和地区以及各个公司也制定了自己的行为准则，以保证其约束力。包括美国药品研究和制造商协会（《PhRMA行为守则》）、欧洲制药工业协会联合会（《EFPIA行为准则》）、日本制药协会（《JPMA行为准则》）。中国外商投资企业协会药品研制和开发行业委员会于2002年首次发布了《药品推广行为准则》，经过数次修订，《RDPAC行业行为准则》发布了更新版，各制药公司也制定了相关的员工行为准则。

二、《墨西哥城原则》和中国《医药企业伦理准则》

2011年9月，亚太经济合作组织（Asia-Pacific Economic Cooperation，APEC）在墨西哥推出了生物制药产业的商业伦理准则，即《墨西哥城原则》。中国是《墨西哥城原则》的签字国，受到GSK事件的触动，2013年10月，国内九个制药协会（中国化学制药工业协会、中国医药保健品进出口商会、中国医药工业科研开发促进会、中国外商投资企业协会药品研制和开发行业委员会、中国中药协会、中国医药商业协会、中国非处方药物协会、中国医药企业发展促进会、中国医药企业文化建设协会），在国家预防腐败局、国家食品药品监督管理总局、国家中医药管理局指导下共同主办了中国医药企业伦理准则发布大会，推出其中文版——《医药企业伦理准则》，作为中国制药和生物企业的行业道德标准。

制药企业在其商业活动中应遵循以下六点原则。

❖ 以医疗保健和患者为中心——我们所做的一切都是为了造福患者。

❖ 诚信——我们所做一切事情时应当合乎道德，保持诚信，尊重他人。

❖ 独立——各方人士所做的自主决策，应当免受不良影响。

❖ 合法——我们所做的一切应当理由正当、合法，并秉承这些精神原则和价值观。

❖ 透明——我们观念开放，行为公开化，同时尊重合法的商业思想和知识产权。

❖ 责任——我们愿意为自己的行为和社会关系负责。

三、中国医药行业合规管理规范

2018年7月6日，中国医药行业25家协会共同签署了《中国制药及医疗器械领域伦理合作共识框架》（以下简称《共识框架》）。为落实《共识框架》，中国化学制药工业协会、RDPAC、中国中药协会、中国化学制药工业协会、中国疫苗行业协会和中国医疗器械行业协会共同参与制订的《医药行业合规管理规范》计划于2019年12月发布，作为中国第一个医药行业合规管理的团体标准。

值得注意的是，这些合规的要求和行业规范是约束制药公司本身的行为的，并不是约束临床医生的。行业协会的行为准则对于制药公司的员工是没有约束力的，就像治疗指南对于临床实践的意义一样，各家公司必须制定自己的相关制度，才能约束自己的员工。与此同时，我们也需要了解临床医生的道德规范和准则，这样，才能不把我们的医生置于风险之中。实际上，当你看到医生的行为准则的时候，你会发现医生与制药行业的行为规范和准则是一致的，都是为了保护第三方患者的利益。

第二节　临床医生的职业规范

制药企业的商业活动不仅仅有前述的行为守则和规范，作为和制药企业相互交流的另一方，医疗服务提供者的行业协会也有自己的行为准则和规范，主要有如下组织和规范。

国际护士理事协会（International Council of Nurses，ICN）　2012年颁布护士伦理准则，2006年发布关于护士行业关系的立场声明，2008年发表患者知情权的立场声明文件。

国际药学联合会（International Pharmaceutical Federation，FIP）　2012年也发布了自己的内部程序规则——赞助指南；2006年和WHO一道发布发展《药学实践——关注患者护理》，2004年发布FIP职业标准声明——《医生伦理准则》。

在与医疗卫生专业人员互动沟通时，制药企业医学事务人员不仅需要遵守制药行业的守则和规范，而且不能在完成自己的业务活动时，陷临床医生于不仁不义之地，即使他本人并不在意或不知晓。

合规九宫格详见图12-1。

礼品和品牌提示物 ·非现金或金钱等价物 ·医疗卫生服务相关 ·适当使用产品标识	与医疗卫生专业人员相处 ·信息须准确、完整、全面 ·活动须区别推广和非推广 ·互动注意不漏报不良反应 ·问询应不做适应证外推广	会议和专业服务 ·非娱乐地点和活动 ·按照会议类型性质举办 ·讲者具备专业资质 ·付费符合公平市场价值
与患者和照顾者的关系 ·处方药物不能直接传递产品信息 ·可以进行患者支持活动和患者登记活动	制药行业合规（商业伦理）的基本原则 ·诚信——不作假，不失真 ·独立——不操纵，不越矩 ·合法——不侵犯版权等 ·责任——申办者负全责	公众和媒体 ·不进行药品推广 ·保护医疗卫生专业人员和患者、员工个人隐私 ·专业广告在专业媒体
个人招待和服务外包 ·公司须做尽职调查 ·《反海外腐败法》（*Foreign Corrupt Practices Act*，FCPA） ·公平市场价值 ·签署协议 ·必要时签署保密协议	与政府官员的关系 ·合法、贿赂和腐败 ·公平市场价值 ·协议	资助、赞助和捐赠 ·区别有形和无形回报 ·只针对机构，非个人 ·尽量非独家 ·非主动积极提供 ·须审计和签署协议

图12-1　合规九宫格

第三节　相关法律法规

合规是公司风险，违法是个人风险。如果在工作中违反行业准则和规范，制药公司可能会被罚款和追责，只是个人的责任没有公司的责任大；但是，如果在工作中涉嫌违反法律，那么，不仅公司会受到惩罚，个人也会牵扯其中。

在实际工作中，制药企业的各种规章制度都要求员工在工作时，要遵守相关的法律法规；但是却对什么是相关的法律法规语焉不清，含混其词。

在制药企业医学事务的各项工作活动中，主要涉及五大类相关的法律法规。

药品注册方面的法律法规　涉及药品注册方面的法律主要由药品法规事务（drug regulatory affairs）部门负责遵守和执行，如药品管理法以及药监局出台的各种法律法规、指导文件和工作指南。

商业活动方面的法律法规　商业活动方面的法律主要由法律部或公司律师负责。如广告法、反腐败和反贿赂法、美国《反海外腐败法》、资助和赞助条例、合同法、劳动法、内部交易等。不要以为医学事务活动和贿赂腐败无关，只要我们负责支付讲课费、研究者费和赞助费用，都会涉嫌影响力交易和变相贿赂，需要我们在准备相关文件时严格注意。

特殊疾病的法律法规和管理条例　在特殊疾病领域，特别是传染病领域还有特殊的法律和法规。

专利、知识产权和著作权方面　公司律师除了合同法和劳动法之外，还要负责处理公司药品专利、知识产权和著作权有关的法律纠纷。在医学事务活动中，特别要注意的是，确保提供给临床医生的文献复印本不要侵犯版权，在幻灯片和资料准备和审核时，不要侵犯临床医生或其他人员的肖像权和隐私权。在与外部合作进行知识产生活动时，不要侵犯制药公司的专利和知识产权。

信息传播和隐私保护方面　在社交媒体和资讯传播飞速发展的今天，针对医疗卫生专业人员的学术沟通资料、内部培训资料、内部业务活动文件包括付款记录等被传播和披露的风险也随之提高。医学事务部内部的工作文件，包括专家的姓名和联系方式、业务交往记录、内部评估和评价、研究提议等的披露都可能涉嫌违反相关的法律，置制药公司、临床医生或者患者于风险之中。医学事务人员不仅是独立的专业技术人员，更是制药企业的员工和雇员，要全面地了解业务的环境和法律，避免因无知而触犯法律。

2012年的GSK事件不仅促成了中国制药历史上最大数量的罚款，也成为制药企业合规的分水岭。有些人甚至提出"合规致胜"的口号，其实，合规最大的作用不是致胜，而是确保不败。制药企业之间的竞争，团队之间较量的结局，常常不是在比较谁的能力更强，更多时候是在比较谁犯的错误更少，比的是持久和韧劲。

合规没有内外之分，在公司内部活动中合规的要求与对外活动中的要求并无二致，没有双重标准。更多的时候，合规最大的风险来自内部的举报和检查，内忧大于外患。

第四节　医学事务工作中的合规原则和实操

合规和守法也是制药企业控制其营运风险的重要环节。一般说来，在审核资料和活动时，我们需要清晰地了解其主要风险是什么，而不是自己想当然地做主观判断。药监局审核药品的基本原则是评估效益和风险，医学事务在合规的审核中也是如此。

医学事务在合规审查主要控制制药企业五大类风险：伦理风险（主要是临床试验相关的活动或资料以及临床研究活动的登记和发表流程）、法律风险（主要是版权、隐私、适应证外推广、广告法、反不正当竞争法、反贿赂法、美国《海外反腐败法》等）、行业准则风险（来自竞争公司的律师信和投诉，来自供应商的举报和投诉，来自工商局的检查和罚款）、法规风险（不良反应瞒报和漏报）、质量风险[主要是临床试验数据质量控制，数据库的建立和数据完整性和真实性的保证，GXP（包括GCP、GLP、GPP等）的遵守和违背，假作者和假数据等]。

由此可见，制药企业的合规和守法不仅仅是医学事务一个部门的事情，没有经过专门训练的医学事务人员是不能独立承担推广资料和推广活动医学审核的。医学事务部门一定要有培训记录以证明其审核资质。很多公司会专门设立医学合规经理或合规部门承担医学合规审核工作，这是减少合规风险、保证审核标准一致的重要因素。

在制药企业医学事务的各项活动中，我们总结出合规守法的五大基本原则，这些基本原则的基础是人类社会交往的基本准则——科学可信、公正透明。既要目的正义，也要过程正义。高尚的目的永远不能成为卑鄙行为的借口和旗帜。

原则1 不越矩　没有证据和资质，没有批准和授权，不能行动和执行。这里的证据是广义的证据，既包括人员资质、公司资质的证据文件，也包括药物的证据和数据。

对于药物来讲，严禁超适应证推广和上市前药物推广，因为在本地区、在超适应证范围内既没有证据，也没有批准。

对于人员来讲，没有人员简历和培训记录，不能证明医学事务人员能够满足工作岗位描述中的要求；对于研究者来讲，没有GCP培训记录，不能承担GCP规范下的临床试验职责；对于讲者，没有记录和简历，不能提供演讲的专业服务；对于医药代表，没有培训和认证，不能上岗。

对于组织和服务供应商来讲，没有尽职调查，不能承担相应的业务活动；对于研究中心来讲，没有申办者或发起者的胜任能力评估，不能发起临床试验。

对于对外发放的资料，无论是推广资料还是非推广资料，没有内部的审核和批准，不允许向外发放；对于医学事务活动，没有计划和批准，不能执行。

原则2 守名分 非推广活动和推广活动分开。医学事务部人员负责执行非推广活动，市场销售人员不应主导和执行非推广活动。制药企业常见的非推广活动包括：各期药物临床试验、临床试验研究者会议、研究者发起的临床研究和第三方研究、专项研究基金、专业学会继续教育活动和研究赞助或捐赠、临床试验指导监查委员会。临床试验文章发表的过程也属于非推广活动。

非推广活动不能以传递药物在特定人群中的有效性和安全性信息为目的，也不能和药物的销量、公司的投入相联系以换取销量和市场占有率。

市场部和销售部门主持的活动，如健康促进行动、继续教育活动、支持患者组织或医院进行的疾病科普活动、市场调研、治疗态度调查、专家顾问委员会等，也属于非推广活动。

原则3 负全责 发起者/申办者全责，不能通过第三方规避责任和风险。合规的第三个原则是制药公司举办推广活动或发起药物临床试验，发起者要对结果负完全责任，不能因为是资助第三方而推卸自己的责任。

发起者是提供活动资金和质量保证的组织，活动的全部资金都由发起者筹集或提供，发起者控制活动的内容和人员，并支付相应的劳务报酬。第三方一般都是发起者的服务供应商。发起者必须具备发起者的相关资质。制药公司可以发起和组织会议活动和学术交流，但是不能代表国家相关机构组织和学术学会发起继续教育活动；制药公司也可以发起和组织药品临床试验和临床前研究，雇佣CRO提供服务，但是对于第三方出现的一切问题，发起者负全责。同样，学术组织、科研机构和医院也可以作为发起者，制药公司作为支持和赞助者，不能代替发起者的职责。一般来说，临床医生作为个体是不能作为发起者的，无论是学术活动还是临床试验。在这个意义上说，研究者发起的研究是一个错误的概念，因为作为研究者的个体是没有资格发起临床试验的，正确的叫法应为研究机构发起的研究。

发起者的主要职责表现在以下方面。

❖ 资质审核和尽职调查。发起者需要雇佣合格的人或组织进行相应的活动或试验，并有相关的书面证据以供内部审计和外部监察；

❖ 公平市场价值；

❖ 信息披露和利益冲突说明；

❖ 监督和问责；

❖ 患者利益至上。

原则4 不失真，不作假　科学信息和数据要精确、全面和完整，不扭曲，不片面，不断章取义。在推广资料中，制药企业最常用的是推广单页。因为目前推广单页很多是纸质的，上面列满了推广的核心信息，最常见的核心信息包括对比性声明和安全性声明两种类型。这两种声明都需要证据和数据来支持，因而也是医学合规审核的重点和核心。医学审核的目的是确保这两种声明是准确、完整和全面的客观陈述，而不是主观判断，因为这是面对医疗卫生专业人员的。原则上，每个数据必须有出处，且出处必须完整和可及（可以根据注释查到）。资料要保证为最新的科学认知，一般资料的有效期为一年。防止假活动、假发票、假数据、假作者和假药推广（适应证外推广）。伪造、欺骗和蒙蔽，在任何情况下都是不道德的行为，也是不合规的行为。双重标准，报喜不报忧；宽于律己，严于律人；打击别人，抬高自己；贪天之功以为己力，均非君子所为，必定会摧毁医疗卫生专业人员和公众对制药企业的信任。即便是虚拟的病例，也要堂堂正正地注明这不是真的。不作假是一切合规的底线。

原则5 不操纵　针对医疗卫生专业人士的专业服务、赞助和资助，需要遵循非诱导、非主动、非娱乐、非个人、非现金原则。在制药企业和医疗专业人员的沟通中，不可避免地会接收到后者的一些资助和捐赠要求，包括对后者发起的继续教育项目、患者教育和支持项目、临床研究和药物经济学研究、基础研究进行资助；在实际过程中，还会遇到对于上市前药品及其临床试验的问询和信息要求，以及超出适应证使用时的资料和信息的要求。对于这些信息和要求，制药企业需要保证其非推广性质，不要主动发起赞助，不要主动提供信息，把这种沟通保持在被动状态，这样才能不抑制临床医生获得最新临床药品进展的科学需求，从而提高临床实践的水平。

值得注意的是，市场和销售部门不能够操作研究性的赞助，研究性的赞助应该由医学部执行。在审查过程中，需要确定其研究者和发起者资质，保证其数据的完整性、准确性，确保研究或临床试验符合实验动物保护条例、GLP、GCP。对于这些方面的审查，商业部门是没有资质的。

综上所述，制药企业合规的目的在于确保其在和医疗卫生专业人员的互动沟通中，不会牺牲患者的利益，不攻击第三方。防止假活动、假发票、假数据、假作者和假药推广（适应证外推广）。科学沟通遵循非主动、非推广原则；赞助需要遵守非独家（最好）、非回报、非现金、非个人、不影响、不控制、先批准、后执行的原则。所有文件必须存档并定期监察审计（如表12-1）。No documentary, not done!

表12-1　制药企业资料审核的医学事务标准

事项	药监局法律法规	科学证据	科学推断
准确性	使用最新核准的产品数据和适应证描述。其有关内容必须与药监局批准的最新版说明书保持一致	确保数据来源于可接受的科学证据，并准确规范地标注出处。证据可以在Medline或核心期刊等期刊数据库检索查阅到原文	药品有效性推论不应超过最新版说明书范畴。对药品安全性的临床推论不应超过最新版说明书范畴
全面性	涉及与安全性和有效性相关的证据皆披露了最严重及普遍的不良事件。可能导致不必要的药物使用（包括药物过量）与增加额外风险的药物使用	材料中不能包含具有误导作用或未经证实的信息，图表和数据如实呈现，准确表述证据，不增加主观推断，不断章取义，不扩大范围。材料包括了数据和结果的所有相关的信息。材料披露了所有相关研究/数据来源的局限性	材料必须对所有有冲突的数据予以考虑或区分。药品对比性推论应使用声誉良好的研究机构的可靠研究
完整性	简明处方材料应包括通用名称、规格、适应证、不良反应、禁忌、用法用量、注册证号、注意事项（药品有效期、储藏条件、生产厂及持证商名称及地址）、包装规格	临床研究中必须包括以下信息以确保完整性：研究人群、研究设计、样本量、研究药物和对照药物、剂量和用法、治疗时间、研究结果、统计学意义、作者和发表来源	材料中的数据需注明数据来源的具体国家或区域。不增加或改变研究结论
真实性，有证据，非主观	中文商品名、中文商标、通用名称和适应证活性成分、剂型的使用	抽印本时应征得版权所有者许可，内容必须与原文一致。确保推广材料不在缺乏科学依据的基础上进行产品对比，不含有疗效保证的内容	原则上材料中应避免出现"安全""无不良反应"等类似意思的描述或结论；若必须出现，需要有充足的科学证据予以证明
正当性	简明处方材料并注明"具体详见药品说明书"	无拼写和语法错误。确保最终使用版本和审核版本一致。注意是否得到版权许可、书面许可（个人隐私和肖像权），是否应该加注免责声明、利益冲突声明、RWE声明、中国注册状态声明	确保公司的视觉元素（包括标识、颜色、图片等）指引和标准的规范运用和公司信息的准确性和恰当性

第五节　审计和预防纠正活动

制药公司对企业内部的运营活动，特别是与医疗卫生专业人员的互动活动，要进行年度审计和检查。审计所依据的是其内部的政策和标准操作流程，旨在发现日常的业务活动是否存在偏差和背离，并就这种偏差和背离对制药企业的风险大小进行评估。评估结果分为严重风险、中度风险和低风险三个级别，并要求相关责任人在审计后采取相应的整改措施，此整改措施被称为纠正和预防活动计划。

制药企业的审计工作是独立的观察性活动，必要时需要传唤相关负责人进行问询，医学事务的每个人员都可能被审计人员访谈和问询，特别是参与了以下活动的人员：临床研究，药物警戒，和医疗卫生专业人员的沟通（对超适应证的自发性问询的处理，药品不良反应的投诉和处理），医学事务发起和支持的活动（专家顾问委员会、讲者培训、学术会议、资助和赞助、研究者发起的临床试验），医学事务人员培训记录和资质证明，推广资料和非推广资料的审核、管理和更新，部门信息管理系统的权限控制和信息安全保障（包括SharePoint、Datavision、Veeva等软件，临床试验的文件管理系统，药物警戒案例管理及系统）。

医学事务部在公司审计中存在几个常见的问题：一是缺乏相关的证明文件或文件丢失；二是文件的内容不准确、不完整和不全面；三是在活动的执行中确实没有遵循相关的标准操作流程，活动执行不规范，没有按时按要求完成必要文件的准备，文件管理是医学事务人员的基本功；另外，在极其少见的情况下，医学事务人员造假、涂抹文件。

医学事务在审计中的严重风险和错误包括缺失知情同意书或者知情同意在患者入组后签署，漏报严重不良反应，主动沟通超适应证信息，伪造文件和付款记录，使用没有资质和培训记录的人员或者委托没有经过尽职调查的服务公司开展药物临床试验或支持临床试验，泄漏患者隐私和侵犯版权等。

本章小结

　　合规的基本准则（不越矩、守名分、负全责、不作假、不操纵）是人类社会从古至今，人生从孩童到老年的基本道德准则。从这个意义上说，合规是经过教育的人们默认知晓并遵守的，不需要复杂的流程和将近三百个标准操作流程来规范。令人费解的是，为何这些原则在现代成人商业活动或职场活动中还需要以各种法律法规、行为准则来强调和约束。

　　在市场竞争中，合规的要求如同比赛的规则，总会遇到有些人故意或非故意犯规，而且其犯规的行为在一时得逞，并没有招致任何风险，如马拉多纳的那次手球，竟然把守规则的英格兰队淘汰了，还自称为"上帝之手"。在合规的问题上，我们不能把别人犯的错误当成自己犯错误的借口，也不能存有侥幸心理。如果我们清晰地知晓违规的风险，并能够自己承受，作为成年人，这无可厚非，但是，我们不能把风险强加到公司或其他人身上。正确的态度应该和范巴斯滕在1988年的零角度射门一样，在规则内赢得胜利，让别人望尘莫及，无法复制，无法替代，这才是真正的竞争优势。

　　在制药企业诸多部门中，如果用足球队作类比，制药企业的医学事务部门犹如中场队员，不是前锋，也不是后卫和守门员。医学事务人员的治疗领域和药物知识赋予其广阔的视野，使其能够在真实世界中发现和发掘治疗洞见（进球机会）及药物优势，从而传出世纪之球，让有能力的球员踢出世界波。

第十三章　部门运营和管理：提高效能和效率

　　制药企业医学事务作为一个独立的业务部门，仅仅雇佣一些"临床专家"在各个治疗领域内满足商业部门的知识需求是远远不够的。制药企业医学事务部需要建立自己部门运营的流程和制度，需要建立针对自己的业务活动的监管体系，需要管理自己业务活动的效能和效率。

　　所谓管理，本质上是控制，是对过程中的数据进行收集和分析的技术，其目的是减少对未来成果的不确定感，不放任自流，不失去方向，管理就是衡量。在这个意义上说，部门的运营和管理也是一种数据产生活动，同样需要专业性和职业性。2010年以后，各大主要制药企业医学事务部相继建立了医学卓越团队，负责部门运营和管理的效率和效能，这是狭义的管理和运营。广义的管理和运营包括合规管理、临床研究管理、数据技术管理、药物警戒和不良事件管理、预算管理和业务流程管理、人员管理和危机管理等七个组成部分。

一、过程管理和监控

　　我们在哪里和走向哪里是过程管理的基本方向，相当于整个部门的行军路线图，过程的监控主要是监控医学事务活动中出现的事件的数量和质量。如果将医学事务年度活动当作一个研究，以年度目标和衡量指标为纵坐标，以时间为横坐标，将会得到两条曲线趋势图。按照不同的治疗领域、不同的项目或不同的月份，可以直观地显现出过程的偏差。

　　衡量医学事务活动的质量和趋势首先要坚信一切均可数字化，关键是要找到合适的方法和指标。在某种意义上说，疾病的状态是最难衡量的，如果没有发明血压计和血糖仪，高血压和糖尿病是无法被定义和监测的；同样，我们可以借鉴银屑病和精神神经性疾病的衡量方法，可以借鉴心理学上的各种评分系统来创造自己的量表，将医学事务的活动数字化。数字化的方式无非是采用绝对值或相对值，并使得不同治疗领域具有可比性。在这方面，制药企业医学事务还需要进行探索和发现。只有建立了部门内部的监控体系，才能实现医学事务的过程管理；只有将差距可视化，才能不断提高部门的效能和效率（continuous quality improvement，CQI），苟日新，日日新，从而创造医学事务的科学影响力。

医学事务活动的衡量指标可以分为五大类，在每一类中采用绝对值或相对值得到动态的数据，比较年初的计划数据，分析其数字偏离和变化的趋势，解读背后的问题和差距产生的原因，并提出下一步的行动计划，这是医学事务部门领导和管理会议的主要话题。

❖ 外部专家互动的总数，每月互动沟通的专家实际数量和目标数量（进一步收集谈论话题的类别，不超过五个），治疗观点和临床洞见的数量，参加部门举办的医学事务会议（教育性会议、研究者会议等）的人数。对于质量方面，专家评估、讲者胜任度评估或者专家满意度调查、完成的百分比也可以作为衡量的指标。

❖ 治疗领域内活动事件的数量，每月组织和参加的会议，组织和参加的培训活动，出差次数，文章发表数量，自发性问询数量，讲者培训数量，研究者数量，研究中心数量，患者人数数量，跨部门合作的会议和事件数量等。

❖ 资料审核和内容准备，包括推广资料和非推广资料的审核数量，医学教育性资料、调研报告和临床研究资料的准备数量，注册和准入资料的审核数量。

❖ 项目和研究相关的活动和事件，包括药物临床试验、研究者发起的临床试验、真实世界研究、各种数据产生活动与合作项目的数量、进度完成百分比等。

❖ 团队和内部管理事件，包括离职和空岗、面试和招聘、上岗数量与计划相比的完成度、预算实际花费与预期的完成度等。

值得注意的是，由于各个公司的文化和要求不同，对于医学事务的理解不同，所以，采用的衡量指标和工具也各异。不同治疗领域、不同项目之间有时需要增加权重系数，以保证互相比较时的公平和公正性。但是，无论如何，医学事务部门管理者和管理团队都需要就自己部门的管理工具迅速达成一致，然后坚持下来，不要反复制作和发放表格，不停地收作业，成为"表"哥"表"姐，使员工处于一头雾水的忙碌之中，反而极大地降低部门的工作效率。

要尽量确保员工每月递交一次工作报告，由医学运营经理或专员产生上述的衡量结果，使其成为每月工作的平衡计分卡和仪表盘。

二、流程和质量管理

在跨国制药企业，医学事务需要了解的标准操作流程多达三百个。太多的SOP，实际上和没有SOP一样；单单"遵从全球SOP"一句话，和没说差不多，实际上是不负责任的态度。医学事务部门必须具有自己独立产生和发布标准操作流程及工作指南的能力。

制药企业医学事务部必须具备的标准操作流程和工作指南包括：

- ❖ 推广资料和非推广资料审核流程及工作指南；
- ❖ 研究者发起临床试验标准操作流程；
- ❖ 公司发起药物临床试验工作指南；
- ❖ 医学事务人员上岗和培训计划；
- ❖ 区域医学事务与医疗卫生专业人士互动指南；
- ❖ 预算申请和费用管理指南；
- ❖ 医学服务供应商的选择和管理工作指南；
- ❖ 信息安全和文件管理（包括转岗离职人员交接班的工作指导）；
- ❖ 专家顾问委员会组织和文件清单；
- ❖ 上市前指定患者用药及同情用药操作流程和指南。

标准操作流程和工作指南的级别和效力是不同的。在制药企业管理文件中，行为准则和政策属于最高级别，标准操作程序属于中间级别，而工作指南则属于最低层级。层级越高，越笼统；层级越低，越细致。

三、预算管理和资源管理

制药企业医学事务的预算来自上市后的管理和营销费用，需要根据具体情况进行年度调整。在医学支持阶段，医学事务部人员主要凭借自己的临床经验和知识为制药企业提供价值，没有多少费用，因此无须进行预算和费用管理。在医学市场阶段，医学事务需要自己发起和运营证据产生活动和医学教育活动，因此医学事务人员，特别是品牌医学顾问和治疗领域医学事务经理，需要掌握必需的预算管理和财务知识。特别是在新产品上市阶段，医学事务掌控的费用有时可以达到整个药物管理费用的30%，这也对医学事务费用管理提出了从专业到职业转变的要求。

实际情况，是医学事务的预算管理在大多数情况下都处于失控状态，治疗领域经理不知道预提和记账、采购申请（purchase request，PR）和采购订单（purchase order，PO）的基本知识，不了解实时费用花费情况，不了解实际费用消耗的具体项目在何处。整体预算常常是花费不足，因为临床试验的启动和运作没有达到预期，或者大部分费用都花在服务供应商处，而项目却进展缓慢。

医学事务部门的费用管理不仅需要按月管理总的预算，而且需要确保实际花费和总预算之间的偏差不要超过10%。如果超过10%，说明部门管理能力不足，医学事务不能够掌控自己的业务流程，这将减弱医学事务部门在公司内部的信用度。

医学事务花费管理可以依据资金流向和活动内容进行花费类别管理，各类具体花费列举如下。

❖ **研究费用**　包括研究中心费用（伦理费、研究者劳务费、受试者补偿费用、研究机构管理费用）、研究者会议费用和供应商费用（SMO费用、CRO费用、外包人员费用、电子数据库费用、统计分析和写作费用以及第三方公司收取的管理费用）。另外还有文件制作费用、研究药物包装和运输费用等。

❖ **专业服务费用**　包括作为医疗卫生专业人员的咨询顾问，提供写作服务和讲课的费用，参加学术会议的赞助费用等。

❖ **合作与支持费用**　包括医疗卫生专业机构的捐赠、教育和研究基金赞助、学术会议和卫星会的赞助和展台费用、数据挖掘和购买费用、研究者发起临床试验的费用。

❖ **供应商费用**　包括会务供应商、内容供应商、广告和印刷供应商以及翻译供应商的费用。

❖ **差旅和培训招待费用**　包括医学事务人员的国内国际差旅费用、内部会议和培训费用、猎头费用等。

如果加上医学事务人员个人的薪酬福利、办公室费用和设备费用均摊等固定成本，我们发现制药企业医学事务费用消耗的范畴主要是内部人员费用（30%~40%）、研究服务提供商和活动供应商费用（20%~30%）、医疗卫生专业人员和机构的费用（10%~20%）。从医学事务花费的结构中，也可以看出医学事务部门是处在医学支持阶段还是医学驱动阶段。

四、文件管理和信息安全

医学事务文件管理也是医学事务知识管理的一部分，特别是临床试验相关的文件管理，必须在统一的系统管理和监控之下，不能存放于个人的电脑中。

文件管理不是文献管理，文件管理包括临床试验的所有文件，也包括医学会议、活动和项目的所有文件，特别是各种协议和付费记录、会议日程和会议纪要。医学事务管理的文件是医学事务拥有著作权和知识产权的文档、数据库以及影音资料，或者被外部授权的上述资料。

文件管理的基本要素是权限、文件种类和版本控制。文件种类分为保密文件、业务文件、内部文件和公开文件。

保密文件包括组织结构图、联络方式、身份证信息和人员档案，专家的简历、分级、资金往来记录、薪酬福利信息和服务费用，候选人简历和薪酬福利要求，研究者发起临床试验的提议和方案、专家讲课幻灯片和病例分享、临床试验相关的所有文件、未发表的临床试验结果，药物不良反应报告和药物投诉的源文件、各种协议和法律文书等。

内部文件包括岗位职责描述和目标设定等人力资源相关的文件，公司和部门制定的各种政策和标准操作流程、工作指南、风险评估计划和品牌医学计划等。

业务文件包括药物和疾病的培训手册和幻灯片、核心药物价值手册、会议纪要和日程等。

公开文件是制药公司经过内部审核可以正式向外部沟通的信息以及可以在公共数据库检索到的文献资料。包括非推广性幻灯片和影音资料、药物文献、治疗指南和共识等。

离职和转岗人员交接班主要是检查和确认保密文件和内部文件完整并清晰地交接和转移，离职人员不可复制或带走保密文件和内部文件。书籍、学术专著和公开出版物不做交接要求。

信息安全管理是包括文件管理在内的公共盘、SharePoint（一个用于协同办公的门户站点）和系统的权限管理，以及办公室和库房管理、电脑和平板电脑等设备管理、桌面管理等。

业务连续性和危机处理　很多意外情况或者无法计划的情况会导致业务的中断和项目的延迟，最常见的是员工的离职，信息系统的崩溃和各种危机事件、紧急事件的发生。

员工突然离职或空岗（妊娠和哺乳）以及服务供应商中断合作是影响医学事务部门各项活动的最主要因素。因此，医学事务部门每年要评估这方面的风险并制定相应计划予以防范。

危机事件是指突然发生的可能威胁到公司和品牌声誉，导致医学事务人员的精力转移，影响正常医学活动开展的意外事件，如因药物不良事件赔偿导致的公关媒体事件和诉讼纠纷，因临床试验和文章发表出现的学术丑闻，因泄露个人隐私导致的纠纷，在研药物临床试验失败的新闻，药物致人死亡的报道和传言，等等。

紧急事件是突然发生的影响和威胁到员工健康、生命和财产的意外事件，包括疾病和死亡、网络崩溃、戒严管制、传染病暴发和流行等。对于紧急事件，从医学事务部门管理的角度，防范的措施不多，只能在加强文件管理系统的按时备份和更新、人员精力分配上进行考虑和预防。

本章小结

　　作为制药企业的一个重要组成部门，部门的运营和管理是不能忽略的环节。没有管理就没有效率，没有管理就没有质量，没有管理就没有控制，就会带来混乱和不确定感。医学事务不仅要在治疗领域的知识管理方面实现卓越，也需要在运营管理和活动质量上实现卓越，两者缺一不可，不能偏废。

　　管理是科学，也是艺术，管理是控制的艺术。医学事务人员如果是疾病管理和监测的专家，就没有理由不是过程管理和监测的专家，不是不会管，而是没有认真对待。但是，管理绝不是琐碎和吹毛求疵，管理需要建立系统、流程和机制，需要深刻理解和解析医学事务部门各种活动中的资金流和信息流中的主要矛盾和主要环节，要纲举目张，有所为，有所不为。

　　医学事务的部门运营管理可以考虑由非临床医学或药学的专业人员来承担。

第五部分

组织和人才

第十四章 人员发展和团队建设

　　人才发展和人力资源管理是医学事务部一切活动的基础。发现和寻找合适的人才，在合适的时机于合适的岗位发挥其才华，发展其技能，扩展其影响，实现其价值，是医学事务部门管理领导力的标志。人力资源是第一生产力，也是人力成本。所谓资源就是价值，分配资源的决定权就是权力。

　　所谓管理，根本上是在管理员工的精力和时间。组织通过设定目标和绩效管理来协调和聚焦员工的时间安排和精力分配；通过人才培训和发展来确保员工花费的精力和时间能取得预期的结果；通过人才评定和发展路径，确保员工的精力和时间获得最大的价值，使有能力的员工把时间和精力放在对业务影响力大的事项和活动中。

　　不是所有的员工都是人才，人才是对业务发展有潜在贡献和价值的员工；不是所有的专长都是才华，才华是有助于实现组织和部门业绩目标的能力；不是所有的才华在工作中都会自然发挥出来，组织文化和团队氛围、管理风格可以抑制和阻断才华的发挥。组织的效能取决于人才的业务素质和人文素养，取决于组织文化对个人素质和素养的哺育和灌溉。"橘生淮南则为橘，生于淮北则为枳，叶徒相似，其实味不同。所以然者何？水土异也。"

第一节　组织构架和岗位设置

制药企业医学事务部门根据其非推广性质，在功能上需要独立于商业部门；在组织结构上，医学事务部门总监需要和其他业务部门领导具有同等地位；在薪酬福利上，医学事务人员的薪酬和奖励政策不与具体药物的商业表现相联系，而是和整个公司年度业绩直接相关。

医学事务部门内部一般根据治疗领域、组织区域、运营管理和职能管理四个维度来组织医学事务部门的组织架构和汇报线。由于这四个维度在知识管理和过程管理中密切相关，无法截然分离，为医学事务部门的组织设计和变化调整留下了很多空间和余地。

一、治疗领域医学事务模式

治疗领域医学事务主要是治疗领域内的知识管理和过程管理，是以治疗领域为核心的医学事务设置。医学事务的证据产生活动、医学教育活动和专家发展活动都是按照治疗领域来运行的，区域医学事务及其他职能管理和运营管理也是如此。且以治疗领域为核心的组织结构的益处是医学策略和执行能够由一个团队完成，以治疗领域的知识管理为核心，兼顾了产品线和在研药物的活动。缺点是不同治疗领域之间组织结构的设置容易出现不一致，对人员发展和转岗的阻碍较大。

在这种模式下，治疗领域负责人是医学事务部门管理和运营的核心，其职位可以是医学事务经理、高级经理或者副总监、医学总监。在治疗领域内部，可按照品牌和适应证设置不同的医学顾问，负责此品牌或适应证的策略计划和知识管理；按照不同的地域设置一定数量的MSL，负责在各地域内和专家的互动沟通和医学项目。治疗领域负责人与细胞核的作用一样，是整个领域不同职能、不同部门之间沟通与合作的枢纽。

二、区域医学事务模式

区域医学事务的核心工作是和专家（利益相关者）的学术交流和互动沟通，以区域医学事务为核心的组织架构设置是以临床专家和支付者为核心和导向的，所有品牌的品牌策略和知识管理、证据产生活动以及医学教育活动均需要支持和满足区域内的需求和发展。治疗领域的医学经理或医学顾问由核心转变为职能部门，每个区域的医学事务经理成为整个跨部门跨职能运转的核心，成为内部和外部连接的枢纽。这种模式的优点是外部导向和结果导向，对区域医学事务经理的素质要求高；缺点是治疗领域的学术领导地位和知识管理的力量被分散和稀释了。

三、医学事务的职能管理

医学事务部门的职能是由不同业务目的和不同专长的专业人员承担的，其职位阶梯由专业人员、经理、高级经理、副总监、总监、执行总监、副总裁七个层次构成。职能和职位之间不是一一对应的关系，职位的高低取决于整个制药企业在所在国家和地区的业务发展策略和规模，而职能设置的完备与否取决于医学事务在业务发展中的地位和作用。岗位设置的策略和模式包括职能设置和职位设置两个方面。

医学事务部门的职能设置和岗位包括以下九个类别。

❖ 治疗领域品牌医学事务管理：医学顾问、医学事务经理；

❖ 区域医学事务管理：医学沟通经理、MSL或患者结局研究；

❖ 医学信息和沟通：医学信息专员；

❖ 医学合规管理：医学合规官或合规经理；

❖ 医学运营管理：医学运营经理；

❖ 研究项目管理和实施：研究项目经理、临床研究专员、大数据和真实世界专员、医学统计和文章发表经理；

❖ 药物警戒和患者安全：药物警戒专员、药物安全顾问等，一些制药公司药物警戒部门独立于医学事务或者隶属于临床研发部门；

❖ 部门行政事务和管理：部门总监、医学助理、活动组织专员；

❖ 其他：如患者教育和关系，药物经济学和结局等职能，有时会在医学事务部的管理之下。

医学事务职能岗位的设置和管理　根据医学事务职能的多少和规模的大小，可以设置不同的岗位组合。岗位管理的基本思路：一是专业化管理（相同职能放在一个团队），二是平衡扁平化设置和垂直化设计，预留清晰的职业发展通道和员工上升空间。

医学顾问　医学顾问是医学事务部最早的角色之一，根据需要和企业规模可以按照治疗领域、药物或其适应证进行配置。医学顾问主要负责药品相关的疾病和药物知识的管理，设计和实施药物相关的临床试验和疾病相关的流行病学研究，处理研究者发起的临床试验，组织和进行疾病及药物的内部培训等。高级或资深医学顾问需要制定品牌医学策略和医学计划，能够在学术上领导跨职能或跨部门团队完善和实施年度药物或药品的医学事务计划，管理药物医学事务预算和项目。

在初级阶段的医学事务部，医学顾问还负责审核药物的推广资料，进行销售和市场人员的药物培训，处理药物相关的问询和不良反应投诉，应答和处理患者服务热线,管理和审计临床试验文件。在成熟期的医学事务部,医学顾问还需要负责制定和实施品牌医学策略,临床试验的设计、批准和预算,药物上市前医学策略。

严格说起来,医学顾问这个名称不能准确反映出其品牌医学事务管理和实施的实质。医学顾问不是制药企业雇来问的,需要和品牌经理、产品经理一道负责药物的商业策略和医学策略,以便使药品的价值最大化,风险最小化。有的公司把医学顾问的角色称为品牌医生,这一名称更不准确,医生这一名称特指被国家卫生部门认证的可以进行临床实践和干预的医疗卫生专业人士。临床医生一旦加入制药企业,其接触患者、治疗患者的权利和义务自然消失。

医学顾问应该是制药企业内部最了解自己所负责药物或化合物的人,这种了解是建立在全面系统地掌握药物数据和研究(包括但不限于临床试验)的基础上的;这种了解也是建立在对治疗靶点相同的药物和化合物的数据和研究的基础上的。这两个基础是实现药物临床差异化和价值差异化的基础,也是设计和实施药物循证医学试验或Ⅳ期临床试验,指导和支持关于药物的研究者提议的临床试验的基础,同时也是制定品牌医学策略和核心信息的基础。

具备了这个基础,医学顾问将能够组织和准备关于药物的三个有信服力的医学故事:患者故事、科学故事和价值故事。

患者故事主要是通过自己的数据阐明未被满足的医学需求和治疗形势,提出治疗学的挑战和问题,定义自己药物最合适的患者人群。

科学故事主要是通过药物的研发路程和治疗靶点的作用机制,阐明自己药物独特的利益,定义合适的解决方案。

价值故事主要是通过疾病和治疗人群的结局来显示自己药物对患者生命健康和质量的影响,对家庭、对医生和对医疗卫生资源的价值和影响。只有这样,医学顾问才能在医学事务和制药企业中实现自己的价值,并摆脱商业部门医学助手或咨询专家的角色,真正融入药物的研发和上市、成长和准入的进程之中,成为制药企业药品商业化过程中的领导者。

从知识管理的角度,一个合格的医学顾问,需要至少三年才能培养成。第一年了解治疗领域疾病和自己药物的准确全面完整的数据和信息,在日常工作的空余时间撰写药物手册和疾病手册。第二年了解在疾病和治疗领域内所有的在研药物和"竞争"药物的数据和临床试验,了解本地区疾病治疗的沿革和各种影响因素,完成治疗领域展望和预测的分析报告。第三年深刻体会制药行业医学事务和临床医学、临床实践的关系和差别,能够独立运营制药企业发起的临床试验和文章发表,能够作为作者出现在制药企业临床试验的文章中。

医学联络专员　医学联络专员在各个公司的岗位名称不尽相同，医学沟通经理、医学联络官、医学专员、区域医学部顾问都指同一岗位。无论岗位名称如何，MSL都是区域医学事务的核心岗位。其基本职能是完成特定的治疗领域、特定的区域内的医学事务工作。

MSL的人员配置除了要考虑治疗领域、覆盖区域外，还要考虑到专家数量因素。制药企业设立MSL的渊源可以追溯到1967年的普强公司和1989年的百时美施贵宝公司。但是当时的MSL是汇报给销售部，主要任务是通过医学教育及时为临床医生提供相关的医学信息服务。大部分MSL都是临床医生或者是临床药师，一些医疗设备和装置的企业会雇佣来自临床护理专业的人员担任MSL，以利于和临床使用者的专业沟通。

2003年以后，制药企业在新的形势下，出于合规与实施高质量非推广活动的考虑，把MSL职能和团队从商业部门分离出来，把医学顾问从临床研发或医学部分离出来，两者汇合成为医学事务部。从此，制药企业的医学事务也从坐在办公室的支持部门转型成为直接与医疗卫生专业人员进行学术交流和互动沟通的一线业务部门。区域医学事务成为医学事务部在区域中和专家直接沟通的人员，形成了医学事务纵向深入的探针，显著加强和扩大了医学事务在组织内外的学术影响力和业务影响力。区域医学事务的发展，同时在规模上壮大了医学事务团队，间接提升了医学事务人员在公司中的职位，从此，医学总监、副总监和副总裁的职位出现在医学事务部门并不断增多。

很多时候，初入行的MSL总是希望能够成为医学顾问，甚至在疾病知识和药物知识上严重依赖医学顾问，把自己定位成品牌医学活动在特定区域的执行者。一些MSL甚至认为，在组织中，MSL的职位低医学顾问一个级别。造成这种认知和局面的根本原因在于MSL分散在各个区域内，没有完善自己的知识结构和知识管理系统，不能有效地利用直接和临床一流专家一对一沟通的优势，不能从这种沟通中系统性地提炼出治疗领域的真知灼见和未被满足的治疗需求，不能从这种沟通中掌握整个领域动态的治疗进展和新思潮、新思路、新药物，只是被动地从"总部"获得药物知识并传达核心信息给临床专家，只是被动地按照临床专家的要求去提供所谓的医学服务或向公司索取资源，这样的工作方式慢慢地使一个至关重要的知识岗位沦为二传手。

因为MSL分散在各个区域，在所在区域通常是医学部或特定治疗领域内的唯一员工，没有朝九晚五的工作时间限制，拜访专家也存在很多不确定性，同时，销售部门和医药代表的需求也不时干扰其事先的计划。这些因素很容易使得MSL丧失工作的方向和动力，感到困惑和彷徨，乃至在知识上流于肤浅，在工作中流于应付，在思想上流于松懈，从本应该的真实世界知识创造者沦为教条性理论的重复者。

从某种意义上说，对一个合格的MSL的要求要比一个合格的医学顾问高得多，其知识面要更为广泛，其自我管理能力、自我学习能力和人际沟通能力更为高强，可惜的是，现在大多数MSL没有做到这一点。MSL团队的动荡和不稳定是一个强烈的信号，这个信号提示我们需要提高MSL创造知识的能力和建立MSL的知识管理系统。

那么，MSL应该具备的知识结构和管理系统是什么呢？归根结底，应该包括三个方面的内容：一个是区域治疗学进展和现状，二是公司药物承载的治疗概念的教育，三是区域专家的研究兴趣及对未被满足的治疗需求的认知和看法。MSL团队应该根据这三个方面的内容，及所负责药品或化合物在药物研发和商业化不同阶段的表现，设计相应的活动类型和形式，定义各种形式活动的结果和沟通流程，在制药企业内外实现自己的价值。只有这样，MSL才能成为医学事务这棵大树在各区域里的根和茎，医学事务这棵大树才能在公司内部茁壮成长，每个人才能有自己职业发展的上升空间。

科学沟通经理或科学专家　如果医学顾问专注于治疗领域药物策略的制定和实施，专注于证据产生活动的操作和流程，专注于跨部门和跨职能的合作与沟通，专注于治疗领域各项活动的实施和管理，势必导致其精力和时间的分散，导致制药企业内部知识管理的碎片化和肤浅化。项目管理和知识管理属于不同的思维模式。为了促进治疗领域内知识管理的系统化、标准化和专业化，有些制药企业将知识管理从医学顾问的角色中抽离出来，专门聘请本领域内资深的临床医生作为治疗领域的科学家和讲者，或作为内外部的咨询专家。

医学信息专员　医学信息学已经成为专门的学科，而制药企业的医学信息和服务职能的性质属于知识情报的监测、收集和分析。医学信息职能还能够补足现有人员在治疗领域内的缺陷，如在研药物的治疗领域知识或者是成熟药物治疗领域知识，因为在这两个特殊阶段，医学事务的治疗领域还没有足够的资源投入，没有人员管理，甚至没有基本的专业领域知识。从根本上说，制药企业设置医学信息专员不是为临床医生和内部人员提供文献查阅和检索服务、医学编辑和写作支持服务的部门，随着信息技术的发展，医学信息职能也在不断演变之中。

医学合规经理或医学合规官　医学合规审核并不是纠正审核材料中的语法错误和错别字，也不是检查其内容和故事线是否满足材料制作的需求，更不是检查其医学和药学名词是否使用规范。这些都是材料在递交审核前必须满足的基本要求。

这个职位需要的不仅仅是基本的临床医学知识，还需要基本的药理学和药物化学等药学知识，更需要的是全球和当地的注册法规的知识、必要的法律知识（包括著作权法、广告法、隐私保护和药物质量法、药品管理法等）及完备的行业准则知识。后者是重点和核心，前者可以进行必要的培训，因此，医学合规经理不必要是临床医学专业背景人员，药学专业、法律专业或其他专业也可以承担。医学合规经理可以作为授权签署人，审核和批准医学事务各项活动中的协议、合同、知情同意书等。医学合规经理需掌控推广资料和非推广资料审核流程及标准的原则和流程，起草相应的标准操作流程并管理系统权限，培训人员，抽查资料的使用和分发。

医学运营经理和或运营专员　医学运营经理负责部门的预算管理和医学活动的管理和执行，包括各项医学事务活动（包括临床试验）的付款过程和流程、医学事务举办的各种学术会议的组织和支持工作，负责第三方供应商和服务供应商的尽职调查和招标比价、付费管理工作。

质量控制和培训经理　负责部门人员的上岗培训、在职培训以及各种标准操作流程的起草、更新和培训、检查，监控药品临床试验及其他证据产生活动，配合公司内部各种审计和监察活动。

医学研究项目经理和其他相关人员　此职能人员负责管理所有证据产生活动的发起和高质高效执行。在医学策略和计划准备阶段，配合医学顾问评估其证据产生活动的可行性和预算，并制定操作模式。负责管理和监控整个研究活动，包括服务外包活动。负责管理相应的临床研究操作和执行人员，如CRA、CRC、医学撰写人和文章发表人员、真实世界研究专家、药物经济学研究专家、统计人员等。负责进行临床试验的登记和电子数据库的管理和储存。负责所有临床研究活动的质量控制。负责所有研究者发起的临床试验的申办者资质评估。负责研究用药的包装和运输过程。负责临床研究协议和外包协议的起草、批准和谈判过程。负责研究中受试者保险的购买和理赔过程。

药物警戒专员　完善的药品警戒部门，不是坐在办公室中守株待兔地收集和报告药品不良反应的部门，药物警戒是关于药物安全的科学及活动。药物警戒和患者安全团队的设置，依据其工作的难易程度可分为药物警戒专员和药物安全顾问等岗位。

四、医学事务管理岗位的设置和管理

组织结构设置的一个基本原则是每个经理直接管理的员工数量为5~9人。

职能团队经理　学而优则仕，每个超过5~7人的职能团队都可以选拔一名职能经理，如MSL经理、医学事务经理、药物警戒和患者安全经理、医学研究经理或项目经理。治疗领域负责人可以监管多种上市药物或在研药物，也可以监管多个治疗领域或多个适应证，因此，根据其规模的大小和药物的生命周期分布，可以设置副总监或总监。

跨职能团队经理　对于医学合规、质量控制和培训、医学运营、医学信息等职能部门，每个职能部门所需的人员不多，可以设置跨职能的医学卓越团队副总监或总监。

部门总监　部门总监是制药企业医学事务部门负责人或领导者，代表医学事务部、药物研发、市场准入及合规法律、政府公关、财务行政等各个部门与外部进行沟通和协调。

部门总监通常直接汇报给当地制药企业的法人代表、总裁或总经理，和其他部门负责人一道组成公司管理委员会，对内参与制药公司的管理决策，包括研发决策、准入决策和营销决策等；对外代表制药企业与政府、医疗卫生专业人员、医疗卫生机构、学术组织、学术媒体和大众媒体沟通与合作。目前，制药企业的总经理或总裁几乎没有出自医学事务部门的，因而医学事务部门总监肩负着在整个制药企业宣传和展示医学事务价值的重任。部门总监与整个组织内外利益相关者之间的信任与合作关系，是医学事务部成功转型的关键。

第二节 目标设定和绩效管理

医学事务每个成员的绩效评估和分析不是依据其品牌策略与工作计划来进行的，而是有着单独的绩效管理体系。在绩效管理体系中，目标的设定和年中评估、年底评估是紧密相连的活动事件。绩效评估是直线经理和员工之间就工作的内容种类和目的结果、态度和行为达成的约定和期望，并形成正式的文件。因此，绩效谈话的结果有三种：没有达到预期、达到预期和超出预期。

在员工和直线经理没有就这些预期达成一致并形成正式文件的基础上，高绩效员工并不会存在。高绩效的回报和激励是高奖金。但是，高绩效并不代表着高潜力，高绩效不是职务晋升的唯一标准。

目标的设置是自上而下的，下级有责任和义务在自己的职能范围内完成上级规定的业务目标。在组织中，这是负责和汇报关系的本质含义。

目标设定和岗位职责的表述不同，目标设定是基于重点制定的具体可衡量的活动或项目。目标设定和品牌医学计划、区域医学计划不同，目标设定是个体的，品牌医学计划和区域医学计划是团队的。

一、目标设定的四个维度

员工的个人年度目标的维度不是单一的，需要从业务方向、业务创新、业务质量和组织发展四个维度出发设置自己的年度绩效目标，并以此制定关键绩效指标。

业务方向目标 定方向的过程就是在组织内部就医学事务各项业务活动的实现进行协调和确定的过程，其主要依据是公司战略和策略重点，以及品牌医学策略和直线经理的目标设定。针对不同的治疗领域、不同的药物生命周期、不同的疾病，医学事务对于制药企业的价值侧重会有所不同。医学事务员工的个人业绩目标不是自己坐在屏幕前拍脑袋想出来的，而是需要在公司总体目标、全球总体策略的基础上，通过跨部门、跨领域、跨国家和地区的沟通和讨论制定出来的。值得注意的是，医学事务部门不能把商业指标，包括营业额和利润、销售额、市场占有率、市场增长率作为自己的业务重点和目标。业务方向目标相当于药物的作用靶点和机制类别。

业务活动目标 医学事务部员工需要根据业务方向，在证据产生活动的各种形式和医学教育活动中的各种项目中选择自己发起和支持的活动组合，并确定其影响力和期望效果。业务活动目标相当于药物的有效性指标。

业务质量和流程目标　这一类是工作方式目标，是效能和质量目标。如果以药物特性做类别，业务质量和流程目标相当于药物的质量和安全性指标。在具体医学项目中进行创新，优化和改善操作模式和流程，衡量活动中的合规和质量控制的结果，识别自己发起和举办的医学事务活动中的合规和质量风险，都属于业务质量和流程目标。

个人培训和团队建设目标　工作就是不断学习和完善自己的过程。很少有人一开始便具备完成全部目标和工作的能力，员工需要根据业务方向、业务活动和业务质量三个目标，发现自己在达成期望中的能力差距，并设立必需的培训和学习目标。个人培训目标是每个员工都需要的。团队建设目标是带人经理需要额外进行设置的，包括员工离职率和团队发展目标。这部分目标相当于药物对真实世界的患者结局的影响。

二、关键绩效指标

脱离了具体业务目标的关键指标是个伪命题。关键绩效指标的确定是在确定医学事务的价值和主要业务活动的基础上进行的，是在分析那些影响价值实现的因素基础上确定的关键追踪变量。

"为了评价一项业务指标的有用性，你首先必须搞清楚它的衡量对象是否正确，否则，你的重要决策可能会建立在错误指标的基础上。只有一种方法能够帮助你找到这个答案：你必须能解释价值是如何创造的。然后，你才能定夺哪些指标是成功的关键。"

KPI不是工作时间表，也不是劳动量统计表，更不是工作的目标。关键绩效指标指的是医学事务的活动和影响力，是衡量活动深度和广度的数字或百分比。医学事务人员能够找到各种指标来衡量药物的作用效应、临床效应和临床安全性，也一定能找到指标来衡量医学事务业务活动的方向重点、活动的影响力及质量、活动对自己及团队能力的提升和活动对获得成就感的作用，其理一也。

以KPI为工作目标的管理行为是舍本求末的行为，遏制创新和创造力，初涉管理的人员尤须注意。SCI指标从来没有实质性的促进临床医生提高诊治患者能力的作用。关键绩效指标总数不能超过七个，也不能低于五个。

三、目标的调整和整合

在制定具体业务目标和职务目标的过程中，要进行优先度权衡和判断，并和直线经理进行讨论，达成共识。医学事务部门负责人和治疗领域负责人、区域医学事务负责人还需要与跨部门团队负责人协调和分享自己的年度目标，医学事务不同职能部门之间也需要互相分享和协调年度绩效目标，确保整个组织的业务方向和重点的一致性和协调性。

在确定年度业务目标时，还需注意的是每年的目标都有所不同，每年都在进步和调整。直线经理和员工需要在上一年度目标和期望达成的基础上，比较两者之间的不同。

- ❖ 必须做哪些活动和项目；
- ❖ 不做哪些项目和活动；
- ❖ 多做哪些项目和活动；
- ❖ 减少哪些项目和活动；
- ❖ 新增哪些项目和活动。

四、绩效管理和评定

年中绩效评定是直线经理和员工之间的一个正式绩效反馈过程，双方需要在业务和职务目标中评估以下事项。

- ❖ 哪些是有效的、需要继续的；
- ❖ 哪些是需要改善的；
- ❖ 哪些是可以在未来持续提升的。

年度绩效管理是本年度员工和直线经理对目标达成情况的判断，更是员工与直线经理就期望目标达成的共识。在这里要特别注意的是，判断和期望这两个词都是相对主观的，需要坦诚地讨论，并使用实际的案例进行判断和结论。正是因为相对主观，不同部门、不同团队之间也需要进行校正，必要时可以寻求其他业务伙伴甚至是外部专家的反馈。

行为和态度评定 工作行为的观察和描述是定性的、以真实案例为基础的对谈，不是泛泛的印象。

带人主管需要具备用一句话描述一个行为的能力，这和一句话描述临床洞见的能力一致，其原则和观察性研究的原则相同。

第三节 员工培训和资质证明

制药企业医学事务部门的员工培训档案及培训记录的管理是医学事务部门资质管理的必须环节，在制药企业每年的临床研究审计、药物警戒审计和公司合规审计中，审核每个在职员工的培训档案是一个重要环节。

一、员工培训档案

医学事务行政助理在每位员工上岗后都需要协助其建立员工培训档案。员工培训档案包括五个部分。

❖ 工作岗位描述。需要直线经理和员工签署。

❖ 员工简历。提供最近期更新的简历，简历的内容主要是员工的教育背景、经验和经历，以及既往培训课程等能够证明其有能力胜任工作岗位职责描述中的医学活动的信息。

❖ 培训课程证书。如GCP培训证书、培训师证书等和岗位职责描述中的工作相关的证书。

❖ 个体培训计划。针对岗位职责要求与简历和现有经验经历的差距，直线经理需要针对员工制定培训计划，以确保员工具有开展相关工作的资质。

❖ 上岗培训计划和证明。因为各个制药公司的行为准则、合规政策以及不良反应报告的流程略有不同，因此，在新员工上岗后必须制定标准操作流程和政策培训计划，并在上岗90天内完成。

医学事务员工培训档案是出于合规的目的设置的，是员工的资质证明，无需包括详细的个人敏感信息和与其所承担的工作无关的信息，但是需要每年更新一次。

二、员工培训课程和检查清单

医学事务员工培训种类包括上岗培训、在职培训和技能发展培训三种。三种培训都是从工作职责的角度出发，为了符合岗位要求及提高工作效能和效率而安排的。不同的岗位在不同的阶段，对员工有不同的要求，而且标准操作流程、工作指南会不断更新，每次更新都需要进行培训和记录。

医学事务部门管理培训档案时还需要准备正式的上岗培训、在职培训和技能发展培训的课程列表和清单，以及对各种职能角色的要求，这些文件称为培训矩阵。

值得注意的是，虽然知识管理是医学事务的基础和核心，但是对医学事务人员系统的疾病知识和药物知识培训并不是大多数制药企业的重要关注点，似乎这方面的知识是缺省设置。另外，制药企业医学事务的常识也在培训中被有意无意地忽略了，如推广行为的识别和组织中的基本行为准则，现在说明如下。

识别推广行为　医学事务所有人员的工作性质是非推广性质。医学事务每个人员都必须清晰地了解制药公司对非推广材料和活动的定义及相关规定，并有足够的知识和能力在组织内进行鉴别和培训。推广的信号如下。

❖　材料中的产品色、商品名标识；

❖　沟通中的推广语言、定位、药物倾向性、忠诚客户、市场占有率、使用最广泛的客户群体等；

❖　思想中由点及面，举一反三，将由一件事得出的结论应用到所有事情，都属于推广性质。

三、组织中行为知识

医学事务部每个岗位均需了解在组织中工作的基本组织行为学知识。

❖　岗位职责和汇报：每个领工资的人都有责任管理自己和汇报工作。管理和汇报的核心就是时间、费用、进程和效果。

❖　团队和项目：每件事情都不是靠一个人单干的，可以靠单干完成的事情不需要建立公司进行。独立性指的是人员不需要别人花费时间和精力指导和协助就能出色完成组织和岗位赋予的职责。

❖　岗位价值和意义：每个岗位都不是虚设的，没有哪个岗位会比另外一个岗位高级。高级在组织中代表既往成功的记录被正式认可，一般来讲，高级代表岗位的人际影响力。

❖　目标设定和关键绩效指标：每项工作都是有时限的。你不可能有无限的时间去做一件事。

❖　基本组织原则：先批准后执行，先计划后报告，先付出后得到，无结果无认可，不劳不获。

❖　组织不是民主机构，管理层不是经员工选举产生的，授权不代表拥有。每个员工都需对其汇报线上的直线经理负责，这是负责的基本含义。

❖　工作就是学习的过程。把学习和工作分离开来，没有学习好，就不能出去工作；把培训和行动排好先后顺序，没有接受相关培训，就不主动学习和行动，这是一种简单幼稚的观念和行为。

四、胜任能力模型

对医学事务部人员胜任能力和核心技能的确定，各家公司有不同的系统和标准，其意义在于衡量和区别人才胜任能力，从而为各个岗位制定具体的人员培训计划。

胜任能力模型的概念来源于20世纪60年代美国国务院的一项发现——许多表面优秀的人才在实际工作中的表现令人非常失望。1973年麦克莱兰博士在《美国心理学杂志》上首次提出了胜任能力的概念，所谓胜任能力是直接影响工作业绩的个人条件和行为特征。工作业绩是判断人才胜任能力的唯一标准。

胜任力是指在特定的工作岗位、组织环境和文化氛围中绩效优异者所具备的可以客观衡量的个体特征及由此产生的可预测的导致高绩效的行为特征，包括知识、技能、自我形象、社会性动机、思维模式、心理定式，以及思考、感知和行动的方式。

由此可见，胜任能力模型需要根据各个制药公司的组织环境和文化氛围而定，不存在统一的胜任能力模型。每家制药企业的医学事务都需要根据公司的具体和实际情况及管理层的期待和要求，研发和制定自己的胜任能力模型，并以此作为评估员工的能力差距和制定具体培训及发展计划的依据。

对于医学事务部门，胜任能力模型（表14-1）可以分为以下7个维度。

❖ 医学和科学技术背景，专长、经验和知识；
❖ 疾病和药物方面的策略思考和领导力；
❖ 高质量的医学活动执行能力；
❖ 数据产生能力；
❖ 临床洞见提炼能力；
❖ 学术交流和沟通（听说读写问）能力；
❖ 利益相关者合作能力。

胜任能力模型是根据各个岗位设定的不同级别的技能要求。各个岗位的胜任能力要求不同，但是，每个岗位的胜任能力级别都可以分为4级，即FIAT。

❖ 基本（fundamental）：需要指导和培训，不能独立完成。
❖ 中级（intermediate）：能够独立高效进行，无须指导和培训。
❖ 高级（advance）：专家水平，超出预期和同行水平，引领创新。
❖ 领袖级（thoughts leader）：引领创新，获得业界影响力和认可。

胜任能力的评估不同于绩效评估，其评估结果是制定个人培训计划的依据。没有胜任能力的评估，个人培训和发展计划就是无源之水。

表14-1　胜任能力模型

行为和能力特征	级别			
	基本	中级	高级	领袖级
行为和能力特征	在管理指导下工作 ·清晰的表达和演讲 ·阅读和提炼能力 ·写作和汇报能力 ·时间管理和自律	可以独立工作 ·研究项目管理 ·人员管理 ·绩效管理和谈话 ·冲突管理能力	可带领他人工作 ·建立信任 ·流程建立和更新 ·职能团队建立 ·策略思考能力	带领或激励他人或跨部门跨职能工作 ·讲故事/打动人心 ·变革管理能力 ·积极聆听和询问探寻能力
经验和经历 ·个体特征 ·药物研发 ·临床医学 ·技术的	·掌握疾病和产品适应证 ·掌握当地患者治疗状况 ·掌握产品研发数据和研究文献	·掌握多适应证同类产品 ·掌握产品组合和产品线 ·全程参与临床项目	·参与公司药品研发项目 ·领导管理临床研究和项目 ·解决研究难题困境	·发现机会和风险 ·提出新技术和新思路并得到实施 ·构建流程并实施管理层沟通
头脑思路 ·个体特征 ·策略计划 ·产品组合 ·在研产品	·理解并执行品牌医学计划 ·制定区域专家发展计划和行动计划（plan of action，POA）	·根据当地洞见和差距分析制定医学品牌策略和计划 ·领导报告临床研究项目	·领导新产品上市团队经验 ·兼顾产品组合和产品线 ·领导多个研究教育活动	·平衡战略和战术重点 ·管理期望、发现机会 ·治疗领域产品管理的长期战略计划
执行能力 ·个体特征 ·质量合规 ·效率结果 ·影响力	·按要求完成交付的任务 ·递交高质量工作报告 ·按时完成项目里程碑事件和组织活动	·识别安全性信号和风险管理 ·高质量研究、审计 ·多项研究进度和里程碑	·克服困难和混乱实现目标 ·预算和财务管控 ·基于风险的合规管理	·预测变化和趋势并主动调整策略和方法 ·带领团队分析解决复杂困难问题
数据产生 情景条件 ·RCT ·RWE ·心理行为	·掌握药品数据的性质、类别、产生途径 ·熟练解释分析产品数据 ·临床试验文件起草写作	·独立完成临床试验文件 ·参与注册临床试验、疾病负担报告、HEOR设计或咨询	·可以根据实际情况选择不同研究类型和组合，制定多个协同研究计划	·用数据影响不同利益相关者治疗决策 ·指导数据产生活动、发现产品机会

续表14-1

	级别			
行为和能力特征	基本 在管理指导下工作	中级 可以独立工作	高级 可带领他人工作	领袖级 带领或激励他人或跨部门跨职能工作
	·清晰的表达和演讲 ·阅读和提炼能力 ·写作和汇报能力 ·时间管理和自律	·研究项目管理 ·人员管理 ·绩效管理和谈话 ·冲突管理能力	·建立信任 ·流程建立和更新 ·职能团队建立 ·策略思考能力	·讲故事/打动人心 ·变革管理能力 ·积极聆听和询问探寻能力
洞见提炼 情景条件 ·疾病诊疗 ·患者需求 ·医疗系统	·了解制药行业和注册、医保动态 ·了解疾病动态、学术进展 ·掌握当地诊疗路径	·掌握竞争产品和在研产品的影响 ·提炼诊疗路径中的洞见和差距 ·使用RWD	·差距分析和优先级评估 ·真实世界数据和研究 ·深度访谈 ·患者同理心、高质量方案	·代表公司影响SoC ·参与改善当地医疗卫生状态 ·影响公司和当地各种资源组合投入
学术沟通 情景条件 ·专家互动 ·文章发表 ·专题演讲	·了解沟通所在地区未被满足的医学需求 ·掌握当地沟通自己产品核心医学信息	·掌握文章发表流程和规范要求、与作者沟通 ·独立进行讲者培训和专家咨询	·组织实施研讨会和其他继续教育活动 ·支持治疗指南共识的起草和更新	·进行专家深度访谈并形成文章、影像 ·设计实施创新学术沟通的内容和形式
合作协调 情景条件 ·内部协作 ·资助和赞助科学项目	·参加跨部门会议并提供建议 ·参与研究性赞助和IIS操作 ·可以进行产品和疾病的内部培训活动	·掌握不同利益相关者的决策依据并提供合作产品、疾病证据与合作方式（药监局、医保部门和医生）	·了解药监局和医保部门决策依据和证据 ·公司内外各种相关者的合作伙伴	·高情商和政治敏感度管理内外各种利益相关者 ·参与公司各种危机和紧急事件，提供专业建议解决方案

第四节　人才评定和发展计划

绩效评估和人才评定是两个过程。高绩效员工和高潜力人才是不同的概念。绩效评估是和目标设定相关的过程，其结果是根据近半年或一年内的工作是否满足期望判定的，能够评价工作成果和工作中的行为对业务的影响程度，也是决定薪酬福利的基础。对绩效不及格员工需要制定绩效改进计划，对绩效的反馈和评定被称为辅导。

人才评定是和组织发展目标相关的过程，其结果用以识别和判断员工是否具备组织发展需要的潜力，是对未来的投入和培养，根据评定九宫格进行评估，是决定晋升的基础。高潜力人才需要制定个体培养发展计划，对人才发展的反馈和帮助被称为指导。

绩效评估和人才评定的基本要求是差异化和个体化，是经理能力的体现，这个过程称为评定。高绩效员工和高潜力人才要进行跨部门、跨区域校正和比较，并作为榜样受到管理层和员工的关注。

发现高潜力人才　在组织中得到晋升的基础是在高绩效基础上的高潜力。高潜力人才的特点是能够应对变化和挑战，能够面对模糊、复杂和不确定的局面，能够驱动变化，在初次遇到不同的情境时依然能够取得优秀的业绩。

高潜力人才能够不断寻求他人的反馈，而不是固执地依赖既往的成功经验；高潜力人才在职场能够显示出挑战多样化的方法和能力，而不是故步自封，存在认识的盲点，缺少自我认知；高潜力人才的职业路径多为"Z"字形，而不是一直重复相同类型的工作。

高潜力人才的行为表现为以下几方面。

* ❖ 在组织中激励或影响他人取得高绩效；
* ❖ 从容面对和处理不确定性及风险；
* ❖ 迅速学习调整，不麻木，不退缩；
* ❖ 面对严峻挑战，勇于承担；
* ❖ 一直向前，永不满足于现状；
* ❖ 建设性的管理冲突；
* ❖ 对于未来的变化和机会有敏感性和预见性。

一、学习敏锐度测评

在组织中对高潜力人才的评测一般是采用学习敏锐度来进行的。学习敏锐度包括心智敏锐度、人际敏锐度、变革敏锐度和结果敏锐度四个要素

（表14-2）。在评定时，需要结合具体情境和案例来比较分析，哪些要素是优势？哪些要素是薄弱的方面？哪些要素是未知或有待验证的？

心智敏锐度　心智敏锐度强的人才能够自如面对复杂性和模糊性的问题，喜欢新事物，心智反应快；愿意冒险，能够分析事情的结果以及事物之间的内部联系，有好奇心，寻根求源，喜欢探求原因和问题背后的问题，勇于质疑传统观念；能清晰地向他人传递自己的想法，兴趣广泛。

心智敏锐度薄弱的人才可能思维变得陈旧，对变化或不确定性感到不适；常常被困在过去或现状的假设或境况之中，倾向于已知的和被验证的解决方案；更关注"是什么"，而不关注"为什么"和"怎么样"；不能在看似不相关的信息之间找到突破点和连接点；不能准确判断和描述自己和他人的位置和状态。

人际敏感度　人际敏感度强的人才具备自我认知的能力，知道自己的长处和劣势，不怕承认缺点；包容性强，适应多种变化；对情境进行反应，能够承担多种角色，理解他人的行为；建设性地处理冲突，能够倾听他人的观点和想法。

人际敏感度低的员工常常过高或过低地估计自己的技能，要么无知者无畏，要么谨小慎微，不敢承担挑战性的任务；不能正确认识自我缺陷，对于他人对自己的看法也很麻木，要么以为自己是一朵花，要么抱怨其他人不理解自己；遇到冲突不冷静和情绪化，时常展露自己的不满和情绪；缺乏建设性的人际关系，在组织中没有同盟者和支持者，不能控制负面评价的声音，有时会犯原则性错误（恶意挑战管理层及其代理人的战略、决策或声誉）。

变革敏感度　变革敏感度强的员工勇于不断尝试新的想法，致力于不断改进业务流程和业务方法，在原有的方案上引入新的视角，建立新的连接，创造性地完成领导的既定任务和指示。

变革敏感度薄弱的员工表现为喜欢一成不变，不喜欢领导对业务流程以及自己工作内容进行改变；对于实验性的行为感到不安，不愿意承担新的风险，实践新的想法；在压力下容易放弃和逃避；自以为是完美主义者，可以提出新想法，面对各种各样的挑战和困难、风险。

结果敏感度　结果敏感度强的员工能够在从未遇到的情境中展现出个人驱动力和适应能力，鼓舞和帮助团队发展和成功，追求卓越。而结果敏感度薄弱的员工难以完成从未做过的工作，不能有效快速改变，不能同时处理多项任务，缺乏个人驱动力和主观能动性，影响其他人完成任务的信心，只满足于应付职责和岗位要求，对结果漠不关心。

从人才的学习敏感度评估的四个要素以及高潜力人才的表现和识别中，我们可以看出，我们在组织中、在工作中的举止言行都会被周围人认知和观

表14-2　学习敏感度的评估*

	行为表现差	行为表现良好
心智敏感度	• 思维变得陈旧 • 被困在过去或现在假设的境况中，对变化和不确定性感到不适 • 倾向于已知和被验证的解决方案 • 更关注于"是什么"，而不是"为什么"和"怎么样" • 无法通过个人经历或经验来评估情况 • 不能在看似不相关的信息之间找到突破点 • 很难解释自己是如何得到某个位置的 • 不能准确描述其他人的位置和状态	• 自如应对复杂性和含混不清的问题 • 喜欢新事物，心智反应快 • 好奇心，愿意冒险 • 分析事情结果以及内在联系 • 寻根求源，对"为什么"感兴趣 • 深入研究问题并寻找解决方案 • 质疑传统观念 • 清晰地想他人传达自己的思想 • 求知欲强，阅读广泛，兴趣广泛
人际敏感度	• 过高或过低地估计自己的知识和技能 • 不能正确认知自我缺陷 • 不仅缺乏对自我的认知，也缺乏对他人的认知 • 不能很好地处理冲突，错误地处理或处理不当 • 经常显露出不满和情绪 • 缺乏倾听技巧，不能清楚表达他人的立场和观点 • 缺乏灵活性和清晰性，缺乏建设性人际交往的能力 • 政治失误	• 自我认知，不怕承认缺点 • 包容性强，适应多元化 • 能同时承担多个角色，按情境反应 • 理解他人，同理心强 • 帮助他人成功，相信他人 • 政治敏感 • 寻求反馈并响应他人建议 • 改变自我，建设性地处理冲突 • 能清楚地表达自己的观点和他人的想法
变革敏感度	• 喜欢一成不变，不喜欢并抵制创新 • 对于实验性行为感到不安 • 很难实践新的想法 • 不愿意承担风险 • 难以博得别人的好感 • 在压力下容易放弃 • 自以为或被视为完美主义者	• 在新情境、困境和变局中完成任务 • 具有个人的驱动力和适应能力 • 建立高绩效团队 • 鼓舞和帮助他人的发展 • 很好地管理创新 • 追求卓越 • 有强大气场，并能使他人建立信心 • 善于寻找和利用资源 • 克服困难，灵活多变
结果敏感度	• 在第一次遇到的情境下遇到困难，不能完成任务 • 不能有效鼓舞和激励他人 • 不能建立他人的信心 • 缺乏个人驱动力 • 缺乏气场 • 不能有效快速转变 • 在多项优先任务的情况下会发生困难 • 难以达到卓越，退而求其次	• 有提出接受新想法，新视角的热情 • 以新视角看旧事物，建立新连接 • 勇于尝试，不断改进 • 想法付诸实践，是团队的灵魂人物 • 理解变革将带来不确定性和混乱，能够承受变革的压力和阻力，不被他人的反应和行为所阻碍

* 使用说明：在评估团队或自己的学习敏感度时，按照从差到优秀可以分为10个级别进行打分，0为非常差，6为及格或一般，9为擅长或表现优秀。评估表格的分数可以作为内部同事之间或者个人在不同时间阶段的变化的展现，并不存在固定的标准值或参考线。这里提供的是框架和内容大纲，其他表格亦如是。你可以开发出自己的评估表。

察，但是直线经理或者其他部门的领导不一定能看到和观察到，这是人才测评的盲点和片面之处。参与人才测评的是直线经理或者其平级经理，他们对你的认识大多来源于日常具体工作中的观察和各自团队的闲言碎语，直接接触有限，即便是有限的接触机会，也不一定得出正面的评价。

所以，组织在进行员工的晋升决定的过程中，有时需要360°反馈调研，调研的内容就是上述这些主观评价。人贵在有自知之明，对照上述标准，认真地了解和反思自己在工作中的举止言谈，才能做到在职场上知己知彼，百战不殆。首先，你要行；其次，得有人说你行；最后，说你行的人得行。这里的"行"，指的是信用和能力。

在人类社会任何选举和选拔的过程中，负面评价和抹黑给人的影响比正面评价和赞誉给人的影响更为重大，千里之堤，溃于蚁穴，小人不可得罪，防小人不防君子。

学习敏感度测评模型也可以用来评价我们接触到的临床医生和其他外部的利益相关者，有助于帮助我们发现其局限性和薄弱之处，助力其职业生涯的发展，识别未来治疗领域的领导者和未来之星。

值得注意的是，对于在一个岗位或者一个组织中长期服务（超过5年）的员工，对于既往有过很多成功经历和辉煌时刻的资深人员，对于自以为在专业领域无人可及、出类拔萃的成功人士，学习敏感度测评可以为其敲响警钟。你自以为很完美，但是，组织却不这么认为，你的优势，同时也可能是你的劣势。学习敏感度就像一面镜子，可正"衣冠"。

二、人才评定

人才评定是从员工长期（超过1年）的绩效表现和学习敏感度两个维度来进行的，每个维度又分为低中高三个层次，由此形成了九宫格矩阵。组织人才评定过程就是把每个符合条件的员工（入职在1年以上）放到九个格子之中的过程。

在第9个格子的人才能够快速学习和适应形势的变化，并利用所有挑战和机会、项目和资源取得有影响力的成功，具备向上提升和平级移动拓展的资格。

在第7、8格子的员工，要么持续达到高绩效和预期目标，要么有时超出预期；既有特有的专长，又能承担新的挑战和任务，属于高潜力人才，可以提升或者平级拓展。具体选择需要根据组织需要和个人意愿，在合适的时机决定。

在第2、3个格子的员工，要么没有达成目标和预期，要么没有机会展示自己的能力和贡献，发挥自己的才华。在第2个格子的员工可能是专业贡献者或组织的分母；在第3个格子的员工可能是岗位不匹配，但在内外合作中，经常给老板争光，很少给老板添麻烦。

在第5个格子的员工能够胜任现在的工作，应对必要的挑战。但是，无论是在持续绩效表现还是学习敏感度上都有其局限性，不能完全独立地掌控业务流程和贡献业务结果，没有显示在工作中主动求变和激励他人的能力，偶尔还为工作环境增加负能量，为老板添麻烦，需要在工作岗位中继续磨炼和成长。

在第1个格子的员工既不能持续高绩效，也不能调整自己适应新的形势和环境，更喜欢待在自己的舒适区，按部就班地工作，不求有功，但求无过。偶尔的高绩效出现主要得益于时机和偶然因素。在内外合作过程中，基本不给老板争光，经常给老板添麻烦。小事天天问，大事不汇报，常常在解决问题的同时，为团队和组织带来更多的问题。

人才识别和评定九宫格详见图14-1。

	低　　　　　　　　　　　　　　　　学习发展敏锐度　　　　　　　　　　　　　　　　高		
高 持续绩效维度 低	Box 4，专家型员工，技术性人才 • 熟练完成安排的工作，是高绩效典范 • 被公认为本领域专家，承担关键岗位和关键任务 • 在领域内积极适应变化，持续创造业绩 • 成为未来专家的培训师/导师 • 比别人更愿意在自己的岗位长期坚守 • 值得长期保留	Box7，专业性员工，需加强领域扩展或职能扩张，管理性人才 • 可以利用必要资源建立实现卓越绩效和产出，并有潜力做得更好，提升到组织的更高层级 • 具备提升自我的意愿，期望挑战性的工作 • 是解决一些重要问题时的"常驻专家" • 长期坚守在专业领域，知识传承者 • 可能不追求更高的职位，追求本领域本专业的更高境界	Box 9，绩效明星，公司或部门的榜样，加速发展，可安排或承担高风险任务，领导性人才 • 是公司中卓越绩效和适应能力的典范 • 有愿望有能力领导最高级别的组织 • 主动积极寻求反馈信息并且采取措施 • 自主自发用创新来实现和达到目标 • 喜欢面对新的、不确定和复杂的业务目标 • 强烈的好奇心、需求和愿望 • 能巧妙地获得他人的支持来达成目的
	Box 2，专业性强，但需要提升专业能力，不完全胜任员工，麻烦制造者 • 学习锐度较低，但是能完成自己的任务，对于公司而言是一定的贡献和价值 • 能利用公司和团队的平台和资源持续地达到预期水平 • 对超出他们现领域的提高或改进不感兴趣或没有意愿	Box5，核心员工，根据意愿发展纵深或扩展能力 • 组织团队中重要的绩效贡献者： • 可以利用现有的技能和经验承担不同任务和角色，能够完成组织中的多项工作 • 展现出学习的能力和面对新挑战的愿望 • 中等水平的职业发展欲望 • 可能不愿意调离他们的专业领域。在需要离开自己熟悉并且表现良好的舒适圈时，会迟疑和犹豫	Box8，未来绩效明星，可提高工作难度和挑战性，领导性人才 • 在自己的岗位/角色上表现出色 • 轻松地面对和解决问题和挑战，接受新任务的时候能快速适应 • 自动自发进行自我发展以提高绩效 • 努力更加深入和广泛地理解问题 • 开放心态，能接受他人的建议和辅导 • 愿意接受新的有风险的任务，不抵触 • 缺乏耐心，急切希望得到发展和提升
	Box1，拖后腿员工，需制定绩效改进计划或劝退 • 对工作长期稳定性的关切超过对业绩的承诺、追求和努力 • 是公司的忠实员工，被同事喜爱 • 缺乏意愿和能力去学习新的技能及岗位胜任的必须能力或技术 • 不关注业务业绩，注重人际关系和谐 • 可能需要立即对其采取措施	Box3，不稳定员工，谨慎安排下一步任务，风险性员工 • 在业务提升和绩效期望上，没有发挥出全部经验和技能。可能处于新任务的学习阶段 • 在现岗位或者以前岗位/角色中展现出一定的潜力 • 展示出学习提高绩效的新技能和行为的意愿	Box 6，埋没的钻石，需要专注专业性提升，无作用人才 • 展现出适应新环境和不同情境的潜力 • 有提高业绩的意愿，但还没有结果或结果不理想 • 可能是新晋升者、新员工，处于不适应期 • 可能处于错误的岗位，做着不匹配的工作，受到过分的期望 • 可能是不会辅导的一线经理 • 可能是因为组织中的知识和经验无传承文化

图14-1　人才识别和评定九宫格

三、继任者计划

在盘点和评定人才的同时，制药企业人力资源部还需对部门内部关键岗位进行继任者评估并制定相应的培养计划，以备提升和晋级。

很多组织在有空岗时，对人才的选拔遵循内部优先的原则，更注重内部员工的培养和发展。但是，这不意味着组织和公司对岗位的要求和尺度会因为员工是内部人员而妥协和放松。只有在和外部人员相比，内部人才更合适当前空岗时，才可以成功实施继任者计划。如果组织内部出现空岗而员工还不具备能够满足管理层期望的工作能力时，内部员工也不会得到晋级和提升。在很多情况下，由于组织对内部员工的考察和了解的时间较长，对外部员工的认识不足，因此，内部员工在这方面并没有优势。原则和现实相抵消，内部员工和外部应聘者的机会实际上是相等的，或者略占劣势。

第五节　职业生涯管理

　　岗位管理、培训管理、绩效管理和人才管理是组织管理的流程，是薪酬福利、奖金激励以及提拔晋升的过程，而职业生涯管理却是员工或劳动者个人的责任。人生一世，成长教育二十多年，职业生涯三十多年。俗话说："三十年河东，三十年河西"，如何在有限的三十年职业生涯中，活出幸福和满足的人生，是每个人都需要考虑的问题。庸庸碌碌，碌碌无为，不要用忙来填满自己的职业生涯。忙者，心亡也。

　　反思工作的意义　每个人心中都有恐惧：心理的恐惧和生理的恐惧。为什么思想会产生快乐和恐惧？因为思想或者是思维，已经根据既往的经历和体验，建立了一套干预和效应的假设，当出现一种情形时，我们一下子就联想到了它的效应。

　　思想是对记忆的反映，当我们的行为得到了预期的结果和效应的时候，我们感到幸福和快乐；当我们的行为得不到预期的效果、效应和反应的时候，我们感到失望、愤怒、不公正和嫉妒、悔恨，然后我们自责、指责或者攻击他人。

　　你在什么刺激下会产生恐惧、羞辱、愤怒、挫败、失落的情绪？有什么表现？你有什么欲望，你为什么懒惰，为什么拖延？什么是你最骄傲的事情？你对社会、组织和他人做出了什么贡献？有什么价值？什么是你最害怕的事情？什么是你最喜欢的事情？你有什么不满？有什么爱好？读书是逃避还是学习？你自恋自怜吗？在什么情况下这样？

　　与有肝胆人共事，从无字句处读书。工作从来不是谋生的手段，不是一个满足他人的期望或者完成KPI的过程。作为临床医生或专业人士，我们来到制药企业不是为了取悦跨部门的所谓"内部客户"或利益相关者的，我们的目的是充分发挥我们的专业知识和技能，并能在工作中不断学习，不断认知自己周围的世界和人性，不断磨砺自己的见识和提高自己的格局。合作的底线是互相尊重。得理不饶人、给脸不要脸的行为，君子所不齿也。

　　工作的乐趣不在于把一个人的知识传递给另一个人，在于总结提炼信息及在和其他人的讨论中顿悟的"啊哈时刻"，在于影响和改变其他人做出改变决定，从而使各自的生活更幸福、更美好。

　　工作中最大的挑战和困难就在于战胜自己心中的魔鬼，克服自己性格的缺陷和人性固有的弱点。夫唯不争，故天下莫能与之争。学而时习之，不亦说乎？有朋自远方来，不亦乐乎？人不知而不愠，不亦君子乎？微斯人，吾谁与归？

一、发现自己的兴趣取向

职业生涯管理不是升官发财的路径图，富贵之家，四世而斩。职业生涯管理的本质是发现自己的兴趣取向，发现兴趣取向的发挥岗位，实现自己的价值和成就感。价值的实现需要在自己的职业目标、本身的兴趣和才能以及组织及岗位的战略需要之间找到自己的位置，发挥自己的才华，帮助组织成功，帮助他人成功，也就达到了自己的成功。

天生我才必有用，每个人都有一些不获得金钱也要花时间去做的事情，比如阅读文献，如果有一份工作就是阅读文献，这种工作就是兴趣取向。找到一份这样的工作，找到一群志同道合的同事一起做这样的工作，是职业生涯中的幸运。

医学事务兴趣取向测试：下面列出制药企业医学事务中的5类38项主要活动，如果以个人兴趣偏好进行评分，可以大致分析和发现自己适合医学事务部门中的哪个岗位（表14-3）。

表14-3　医学事务兴趣取向测试（喜欢和兴趣的程度分为10个级别，0为非常不喜欢、不感兴趣，9为最喜欢和最感兴趣的活动和行为 ）

医学事务主要行为和活动	0	1	2	3	4	5	6	7	8	9
1证据产生活动										
准备研究方案，确保其获得内部和外部批准										
准备研究协议、知情同意书等研究文件										
研究者、研究中心名单										
跟踪确保研究的里程碑事件和研究进程达成										
医学研究的中心管理活动										
文章发表计划和文章发表										
药物临床试验的设计和操作										
药物流行病学试验和真实世界研究										
准备和撰写临床试验报告										
管理医学研究的文件和报告										

续表14-3

医学事务主要行为和活动	0	1	2	3	4	5	6	7	8	9
2学术交流活动										
组织和召开专家顾问委员会										
在各种学术活动中演讲和发言										
制作和准备讲者培训幻灯片										
撰写学术会议报告和会议纪要										
利用一切机会和专家讨论学术问题										
记录和报告真实环境中的发现和想法										
回答和随访临床医生提出的自发性问询										
挖掘和整理、讨论临床洞见和治疗观点										
组织和召开学术进展的传递活动										
3策略计划活动和内部合作										
制作和准备品牌医学策略并在跨部门团队会议上汇报										
帮助市场部制定药物策略										
帮助在研药物的加速入组										
培训内部人员										
负责计划实施，确保计划中的活动执行										
4管理和质量控制活动										
审核的推广资料和非推广资料										
品牌和医学研究项目的预算和花费管理										
学术会议和活动的预算和花费管理										
药物警戒和安全性信号的识别和报告										
临床试验数据库的建立活动										
内部文件管理数据库的建立和更新										
撰写和培训医学事务的标准操作流程										
出面处理内部审计、患者赔偿投诉问题										
5人员管理和团队建设										
和员工进行目标设定和绩效访谈										
帮助员工解决他解决不了的问题										
监控和管理人员的时间和结果										
监控和管理项目的时间和结果										
处理员工和其他部门专家的矛盾和冲突										
领导跨部门、跨职能团队										

个人可以根据喜好程度，按0到9分来为上述医学事务活动打分，分数越高的部分，即自己的兴趣取向所在。对应医学事务的各个岗位，可以初步判断自己适合的工作。

二、战胜自己心中的魔鬼

在日常工作中，我们常常要战胜自己心中的魔鬼，拔掉头脑里面的杂草，以一份纯洁和干净的空杯心态来处理工作带来的不满和不快乐。下面列出的是医学事务部人员常见的认知偏差，这些认知偏差就是魔鬼和杂草。

岗位偏离和脱逸　把主要时间和精力投入到自己喜欢和擅长的内容，选择性忽略岗位职责、目标和使命价值，把自己对岗位的理解强加于公司岗位职责之上。

双重标准　要求组织清楚了解别人的绩效和工作时限，对自己的绩效和时限却尽量模糊和混淆。期望自己每天习惯性地坐在格子里，面对屏幕的时间超过面对人脸的时间，却要求外包人员或其他部门人员去直接面对利益相关者。

预设前提　把自己应该做的事情建立在别人做完另一件事情的前提之上。在谈论一个话题时，不是集中在话题本身，而是向前（为什么没有标准操作流程呢？为什么以前没有人做呢？）、向后（是不是让他们先试验一下，我们再观望？）、向上（是不是请示一下领导的意见再做决定？）或向下（是不是看看我们的人员具不具备相应的能力或精力呢？）把话题扯开。

选择性对比　把别人的行为当做自己不作为或作为的借口。只看到别人风光，却看不到别人的努力。只看到别人的短处，却忽略自己的短处。这是一种受害者心理，这种心态典型的话语就是，为什么其他部门或公司都那样做，而我们不去做呢？为什么其他公司的医学顾问待遇那么高，还有更长的带薪假期，而我们却不可以？

自我为中心　要求别人尊重和理解自己，自己却不尊重别人的时间和精力，也不理解医生和患者的关心和痛苦。只关注自己的岗位和任务，却不关注自己岗位对公司整体业务的影响。

对人不对事　将他人的建议和批评归结于他人对自己的情绪性攻击。玻璃心、受害者心态：为什么我最倒霉？为什么我需要支持所有的人，而没有人支持我？

六不三没有　不能准确完整全面地掌握药物数据，不积极和临床医生或研究者互动沟通，不懂非推广的要求和制药行业的法律法规，在制药公司和医学事务内部跨部门、跨职能项目执行和活动时不参与、不主动、不承诺，对自己治疗领域内部的研究活动和学术活动没有计划、没有汇报、没有结果。

为虚荣而无谓的固执和较劲　2019年前半年，登珠峰死亡者多次见报。

很多人把气候恶劣、人数过多当做原因，但是，行家认为登山者的固执和虚荣才是主要原因。很多人为了来到珠峰付出了很多代价，有的甚至变卖了家产。很多登山者没有放弃这一选项，一旦离开海拔八千米的四号营地再往上走，就要不惜一切代价登顶。国际登山专家尼玛·夏尔巴对记者说："许多登山者虚荣心很强，无法接受不能凯旋的现实，拼了命也要坚持。"他告诫登山者，八千米以上没有道德。不要依赖于专业的向导或其他人，在极端的情况下，通常只有两个选择，要么一起死亡，要么独自逃生。据报道，珠峰南坡有一百多具尸体等待清理，由此想到欲罢不能的赌徒，坚持就是输，越坚持，输得越彻底。所以，当时过境迁，不要做无谓的坚持，不撞南墙不回头是不可取的。

心中住着魔鬼者，格局和境界都太低，注定无法在工作中获得幸福感和成就感，无论其在组织中爬到什么位置，无论他/她被评为高绩效员工还是高潜力人才。

三、职业发展阶梯

在人生的职业生涯中，真实的阶梯只有三步：个人贡献者、带人经理、经理的经理。

个人贡献者　一般是行业初级人员，不需要管理别人的时间和金钱，只需把自己的任务做好，完成自己的目标。个人贡献者的发展极点是领域内或行业内的一流专家，然后成为教师或辅导者；个人贡献者的管理技能是时间管理、知识管理和文件管理。

带人经理　带人经理的成就、成绩和成功是通过其下属和团队的努力而实现的。带人经理应该是组织中最希望下属成功的人员，因为下属的成功就是他/她的成功；而下属的溃散，则是他/她失败的缘由。带人经理的管理技能是项目管理和系统管理，需要的领导技能是激励、创新和策略思考。

经理的经理　经理的经理需要管理的不是单一的专业领域、单一的职能或岗位，而是跨治疗领域、跨职能单位、跨部门，甚至跨国家和地区的业务，其职位可以是总监、执行总监、总经理或者总裁，而其技能要求已经超出本书的讨论范围。

第六节　团队和文化建设

有朋自远方来，不亦乐乎？工作中最美好的事情就是能够在一个志同道合的团队中做事，奇文共欣赏，疑义相与析。工作中最可留恋的事情是，当梦想实现的时候，团队成员各自散落离散。相聚时，如夏花般绚烂；离别后，如秋叶般静美。

一、团队和工作组

团队是由个体贡献者和领导者构成的共同体，所有成员在团队中将各自的知识、技能协同在一起，为了达到共同的目标而取长补短，合作共赢。

团队成员的多样性和专业的互补性是团队合作的基础，团队不是由一个模组产生的同质性人员的组合，那只是一个工作组。制药企业医学事务人员在不同的活动期间，参与到不同的团队中，不仅仅属于直线经理的业务团队，也属于各种跨职能的研究管理团队、跨部门的品牌管理团队、业务发展团队、药物研发和准入团队、合规审核团队、新产品上市团队、危机处理团队等。

信任是团队的根基，缺乏信任的团队也只能是一个工作组。Patrick Lencioni在其著作中分析了团队协作的五大障碍，第一位就是信任。团队缺乏信任的表现为团队成员都在主观上试图隐瞒自己的弱点和错误，不愿意请求别人的帮助，也不给别人以职责之外的帮助；惧怕开会，寻找借口，尽量减少在一起开会的时间。

团队合作的第二大障碍是害怕冲突。团队会议非常枯燥，把时间和精力都放在表面形式上，回避讨论有争议的问题，但是成员之间会在背后进行对人不对事的传言和攻击。

团队合作的第三大障碍是欠缺投入。成员之间的话题在于分配任务和职责，或者是大声叫喊要别人帮助，而不是阐明问题和达成共识；害怕失败，想赢怕输，反复质疑。

第四大障碍是逃避责任。事不关己高高挂起，看着领导犯错误而袖手旁观，对表现突出者心怀怨恨。

第五大障碍是无视结果。团队成员把自己的利益和自己部门的利益置于团队整体利益之上，不做承诺，每个人都抱着敷衍了事的态度工作。

1977年，Bruce Tuckman 和Jensen完善了团队建立和发展的五个阶段的组织行为学理论，提出团队的发展包括组建期、激荡期、规范期、执行期、休整期。天下没有不散的宴席，但是，有的宴席还没上菜就结束了。

二、人才保留和跳槽离职

人们常常因为希望而加入，因为失望而分手。在快速扩张的人才市场和快速增长的行业中，人们还会因为无法抵御的诱惑选择分手。对于一些人来讲，从不管人到管人，从在外面乱跑到坐办公室，从经理到总监，在一年之内连续升职加薪（在现公司加一次，到新公司加一次），其中的诱惑远远超过在原岗位中学习、发展和贡献，此时道义可以放在两边了。

Leigh Branham在其著作*The 7 hidden reasons employees leave*中指出，多年来，员工离职的七大原因并没有改变，大多数离职事件都是可以避免的；在离职的过程中，现公司和团队的排斥因素永远大于外部公司的吸引因素。

在稳定的人才市场中，员工离职的七大原因如下：

❖ 岗位或职场离预期太远；
❖ 员工与岗位不匹配；
❖ 对员工的指导和反馈严重缺失；
❖ 看不到发展和晋升机会；
❖ 感觉未得到重视和认可；
❖ 工作导致精力的耗竭；
❖ 对高层领导失去信心和信任。

这七种因素构成了主要的排斥力量。从员工心中浮现这些排斥力量到直接离职和跳槽，一般需要半年到一年的时间，在这期间员工会出现倦怠和怠工等一系列离职信号。作为经理和总监，需要识别这些信号，并早做预防，以防止因员工离职、新员工招聘和上岗，导致业绩受影响或出现损失，需保持业务的连续性，避免业务的中断和知识的丧失。

员工投入度调查如表14-4所示。

表14-4　医学事务员工投入度调查

调查项目	0	1	2	3	4	5
最近三个月内的工作感觉						
出色的工作并没有得到直线经理的赏识和认可						
自己与同级别同事、外部同样职位的员工同工不同酬						
现在的工作和公司不如想象的那么好						
被要求做一些不擅长的工作或者是卑微的工作						
自己的业绩表现或行为不被直线经理认可						
工作的付出和所得不匹配						
一个我认为被大家瞧不起的人被提拔和认可						
部门和团队气氛						
在内心困惑或纠结时，我是否愿意主动找直线经理谈自己的想法和预期						
我认为这份工作能让我自主想办法完成挑战性的任务						
我能否在工作中发挥自己的天赋，利用自己擅长和独特的知识和经历做到出类拔萃、与众不同						
我在工作中总能得到有益的、及时的、坦诚的辅导和反馈而不是指责和批评						
我愿意把时间花在自己感到满意的事情上，职位要求的事情和其他人的期望并不重要						
我们的领导没有及时让我们知道自己的表现如何，也没有花时间耐心地说明他们想要什么样的效果和效应						
领导就知道挑错，纠缠于细节，盯得过死						
我和领导除了开会、工作电话和邮件，没有非正式的交流，比如一起喝咖啡						
对于低绩效和混日子的员工，领导却总是容忍和认错，也不批评他们，干好干坏一个样，甚至是鞭打快牛						
感觉在提职和职业发展上存在瓶颈和隐形天花板，在两年内看不到下一步的提职希望						
公司系统僵化繁琐，氛围冷漠虚伪，翻脸无情						
部门的决定不透明，还有各种小圈子，背后议论和流言满天飞，事实证明流言都是真的						
领导整天想着他自己的发展，对我们的发展和工作不闻不问、视而不见、漠不关心，有心理距离						

续表14-4

调查项目	0	1	2	3	4	5
我们领导不懂我的岗位的实际内容，专业知识也不如我，只是比我入行时间长						
公司鼓励人和人、部门和部门之间的内部比较和争斗，存在很多内部（in house）竞争者						
我入职的时候，没人知道我来了。我遇到问题，很少有人热心帮助我						
价值观和行为调查						
这只是一份工作而已，钱多活少离家近最好了						
我只想做我能做的工作，能把这些做好已经不错了。我不能做的工作或不喜欢的工作不要分配或要求我						
与其关注岗位要求什么，我更关注自己能做什么						
工作和公司的要求让我缩手缩脚，无法按照自己的意愿行事，不能发挥自己的特长						
在工作中和职业发展的问题上，我从不主动向上级和同事提出自己的建议和想法，他们也不主动寻求我的建议						
领导头脑中存在偏见，重视学历和背景、外貌，厚此薄彼						
你让我做什么，我就做什么						
领导不能为我们和其他部门斗争						
公司更重视没有知识不读文献的话多的人（talkative people），忽视在屏幕后面对着电脑认真工作的员工						
有时候我一个人在做两个人的工作，有一种耗竭感和疲倦感，每天早上起来都不愿意到公司						
我不希望用数字和指标来衡量我的工作						

本章小结

　　本章从医学事务的角度讨论人力资源管理，而不是传统的人力资源管理流程和内容介绍。本章希望能够帮助医学事务人员了解组织中绩效管理、培训发展和人才评定的角度和标准。

　　天行健，君子以自强不息。自强自尊（成为领域专家）、自觉自知（开放心态，空杯情怀）、自律自制（守承诺，快速反应；化繁为简；去除心中的魔鬼，拔除思维的杂草；不偷懒，不知难而退；不故步自封，不预设前提）是做人的准则，也是工作的准则。

结语：信息产业和信息技术

　　制药企业的医学事务归根结底是医学信息的产生和交流的过程，而信息技术的发展势必会改变医学信息的产生和沟通方式。在未来，信息技术对信息内容产生的解构和颠覆性创新势必改变既有的医学事务活动方式，包括从证据产生活动到医学教育、学术交流活动，从药物研发到改善患者预后和结局的活动。

　　二十年前，在互联网和医学文献数据库还没有完善的时候，医学顾问能为临床医生提供的最重要的学术支持就是查阅文献全文，能为市场部找到数据的出处就是优秀地完成了工作。中国医学院图书馆和医学文献索引曾经是医学顾问的学术场所和工具。二十年后，临床医生可以随时在临床机构查阅到任何文献资料，而无需求助于制药企业。二十年前，制药企业进行药物上市后临床试验，需要无碳复写的纸质病例报告表，现在已被电子数据库替代。信息技术已经广泛应用于从药物虚拟筛选（virtual screening）到计算机辅助药物设计（computer aided drug design，CADD）的药物研发过程，极大地提高了药物研发的效率。

　　不难想象未来虚拟临床试验、健康大数据研究、药物实时追踪和监控系统、可穿戴设备、人工智能等信息技术对医药行业和健康服务的巨大影响：制药工业从药物发现到市场准入，医疗卫生保健系统从供应侧到需求侧，疾病诊治路径从筛查诊断到疾病管理，都将面临全面的改造和重置。对于未来的任何具体的预测和展望都有可能为未来所笑，幸福总是在突然间降临，惊喜都是在意外中出现，万事自有其时机。

　　我们坚信，技术是为人服务的。无论信息技术如何发达，数据如何丰富，人工智能多么聪明，都不能替代人类的智慧，都不能为生命带来滋养和幸福，都不能替代人和人之间的信任和感情，都不能改变人性的真善美。精神和机体的幸福与健康，是人类永远的追求，是最基本的人权。

　　制药企业的医学事务涉及的学科有药物研发和注册法规、市场营销、临床医学、医学信息学、基础和临床药理学、药物化学、药物和临床流行病学、卫生经济学、医学伦理学、生物统计学、生物化学、分子生物学、临床检验学、毒理学、一般心理学和医学心理学等。正如市场营销、人力资源管理、组织行为学等基本商业功能已经成为工商管理学院的一门专门课程和学科，制药企业的医学事务也必将成为一门专门的学科。

后记

一切诸果，皆从因起。——《华严经》

手指在键盘上飞速敲打，头脑中却萦绕着歌曲《那些花儿》的旋律，朴树的词翻动着内心深处的情感，往事一幕幕浮现在眼前：从面试到上岗，从成长到成熟，从祖国到异国，从故乡到他乡……

"那片笑声让我想起我的那些花儿，在我生命每个角落静静为我开着，我曾以为我会永远守在她身旁，今天我们已经离去，在人海茫茫。……有些故事还没讲完那就算了吧，那些心情在岁月中已经难辨真假。如今这里荒草丛生没有了鲜花，好在曾经拥有你们的春秋和冬夏。她们都老了吧？她们在哪里呀？幸运的是我，曾陪她们开放。……我们就这样，各自奔天涯。"

笔下的文字，貌似平静地叙述着事物之间的由来和关系，有归纳，有演绎，有类比，有因有果，有干预有效应。但是，有谁知道，这些文字的背后是一个个鲜活的故事，一个个鲜活的人物。

我仿佛看见在金秋的北国，打点行囊、作别家乡、南下求学的身影；我仿佛看见在风雪的北京，身着白大褂，系着领带，在病房、门诊和透析室辗转的年轻医生；我仿佛看见在济南青岛的高速公路上拦车的地区经理，在军事医学图书馆查阅文献的医学顾问，在下班路上侃侃而谈的医学经理，在部门会议上慷慨激昂的医学总监……

"我们是一组有理想的人，在做着自己理想的事业。我们来自临床，服务临床。我们认为合适的患者，应该得到合适的治疗。我们认为占世界人口五分之一的中国，应该在国际学术讲台上有相应的声音。我们不跟随，人云亦云只能使我们更平庸；我们不妥协，爱护中国人和中国专家的声誉如同爱护自己的眼睛；我们不谄媚，我们尊重从胎儿开始的人的生命，相信人人生而平等，不论是患者还是专家；我们不作恶，是患者利益而不是商业目标驱动我们的行为；我们遵循着童年开始被教育的人类基本道德准则，以一颗纯净的心，去做纯净的事。"这是制药企业医学事务部的信仰和价值观。

"我们在这里工作不是为了取悦其他部门，取悦领导和所谓客户的，我们来到制药企业是为了实现自己知识的价值，实现药品价值的。

"在一起工作是我们的缘分，但我们注定不能在一起工作一生。我们彼此都是各自生命旅程的一段风景，但不是全部……朋友们，当我离开这家公司的时候，我并没有离开你们，公司只是我和你们在一起工作时共同拥有的标志。

"你们是我从临床医生、研究生中一个一个招聘选拔来的，工作向我负责，没有人可以开除你们，除非先把我开除……

"一个人应该忠于自己的信仰，忠于自己的祖国，忠于自己的职业，可是，你有什么理由要求他忠于自己的商业公司？"

隔靴搔痒赞何益，入木三分骂亦精。制药企业医学事务不仅需要阴柔和细腻，也需要勇气和担当，我们应该也必须捍卫医务工作者从古至今用知识守护健康和生命的荣誉和尊严，即使工作在制药企业之中。

悄悄的我走了，正如我悄悄的来；我挥一挥衣袖，不带走一片云彩。谨以此书献给我的亲人们，让你们知道，这二十年来，我们不在一起的时候，我在上班的时候想的是什么，做的是什么；谨以此书献给我的所有同事们，所有的团队成员们，这是我们共同的经验和记忆，我珍藏着所有我们在一起的时光片段；谨以此书献给未来或现在正在制药企业医学事务部门工作的人们，希望这些老生常谈能帮助大家少走弯路，开启和度过自己美好的职业生涯。是为后记，此时，北京的天空，零星的雪花飘落，耳畔回响着许巍的那首《蓝莲花》……

参考书目

[1]   塔马斯·巴特菲,格兰姆·V.李.药物发现:从病床到华尔街[M].王明伟,译.北京:科学出版社,2010.

[2]   塔马斯·巴特菲,格兰姆·V.李.药物发现的未来:谁来决定治疗哪些疾病[M].王明伟,译.北京:科学出版社,2014.

[3]   陈小平,马风余.新药发现与开发[M].北京:化学工业出版社,2016.

[4]   默顿·迈耶斯.现代医学的偶然发现[M].周子平,译.北京:生活·读书·新知三联书店,2016.

[5]   高宣亮.药物史话[M].北京:化学工业出版社,2009.

[6]   Jie Jack Li.药物考:发明之道[M].邓卫平,游书力,译.上海:华东理工大学出版社,2007.

[7]   梁贵栢.新药的故事[M].南京:译林出版社,2019.

[8]   白东鲁,沈竟康.新药研发案例研究:明星药物如何从实验室走向市场[M].北京:化学工业出版社,2014.

[9]   尤启东.药物化学[M].北京:化学工业出版社,2015.

[10]   姚岚,熊先军.医疗保障学[M].北京:人民卫生出版社,2013.

[11]   杨世民.药事管理学[M].北京:人民卫生出版社,2016.

[12]   王凤山,邹全明.生物技术制药[M].北京:人民卫生出版社,2016.

[13]   李晓辉,杜冠华.新药研究与评价概论[M].北京:人民卫生出版社,2013.

[14]   王瑞莲.新药临床研究实用手册:设计、执行和分析[M].北京:化学工业出版社,2003.

[15]   张方,郭莹,李九翔.药物经济学:应用与案例[M].北京:化学工业出版社,2018.

[16]   玛西娅·安吉尔.制药业的真相[M].续琴,译.北京:北京师范大学出版社,2006.

[17]   雷·莫尼汉,阿兰·卡塞尔.药祸[M].尚飞,译.合肥:安徽人民出版社,2007.

[18]   弗朗索瓦·西蒙,菲利普·科特勒.医药营销大趋势[M].张志杨,译.北京:电子工业出版社,2011.

[19]   米基·C.史密斯,E.M.米克·科拉萨,格雷格·珀金斯,等.医药营销新规则:环境、实践与新趋势[M].思齐俱乐部,译.北京:电子工业出版社,2017.

[20]   罗伯特·西蒙斯.七个战略问题[M].刘俊勇,余晶,吴彦霖,译.北京:中国人民大学出版社,2013.

[21]   中共中央宣传部.习近平总书记在文艺工作座谈会上的重要讲话学习读本[M].北

京:学习出版社,2015.

[22]   奇普·希思,丹·希思.让创意更有黏性[M].姜奕晖,译.北京:中信出版社,2014.

[23]   马克·克雷默,温迪·考尔.怎样讲好一个故事[M].王宇光,译.北京:中国文史出版社,2015.

[24]   帕特里克·兰西奥尼.团队合作的五大障碍[M].北京:中信出版社,2018.

[25]   利·布拉纳姆.留住好员工:揭开员工流失的7大隐秘[M].2nd.王育伟,译.北京:中信出版集团,2017.

[26]   谷成明,康志清,贺李镜.智慧医学引领未来:医学事务优秀案例荟萃[M].北京:科学技术文献出版社,2019.

[27]   罗杰·霍克.改变心理学的40项研究[M].白学军,译.北京:人民邮电出版社,2014.

[28]   威廉姆·沃克·阿特金.逻辑十九讲[M].李奇,译.南京:江苏人民出版社,2018.

[29]   凯瑟琳·帕克里克.创造性思维十一讲[M].童仁川,译.南京:江苏人民出版社,2018.

制药行业医学事务常用缩略语与关键词对照

AME Medical Journals

Founded in 2009, AME has been rapidly entering into the international market by embracing the highest editorial standards and cutting-edge publishing technologies. Till now, AME has published more than 60 peer-reviewed journals (13 indexed in SCIE and 20 indexed in PubMed), predominantly in English (some are translated into Chinese), covering various fields of medicine including oncology, pulmonology, cardiothoracic disease, andrology, urology and so forth (updated on Dec. 2021).

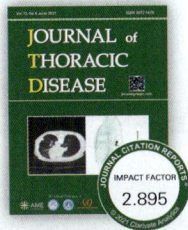

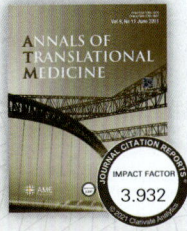

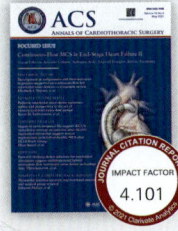

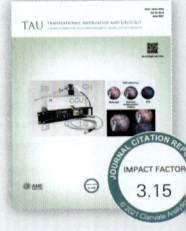

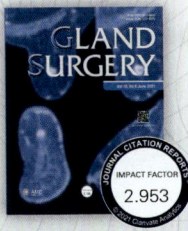

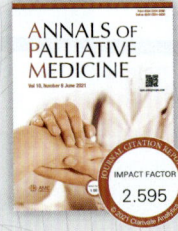

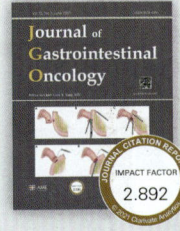

Journal	Impact Factor
JOURNAL of THORACIC DISEASE	2.895
TRANSLATIONAL CANCER RESEARCH	1.241
HBSN	7.293
QUANTITATIVE IMAGING IN MEDICINE AND SURGERY	3.837
ANNALS OF TRANSLATIONAL MEDICINE	3.932
ACS ANNALS OF CARDIOTHORACIC SURGERY	4.101
TRANSLATIONAL LUNG CANCER RESEARCH	6.498
TAU	3.15
GLAND SURGERY	2.953
Cardiovascular Diagnosis & Therapy	2.845
ANNALS OF PALLIATIVE MEDICINE	2.595
Journal of Gastrointestinal Oncology	2.892
TP Translational Pediatrics	2.488

AME Publishing Company

Academic Made Easy, Excellent and Enthusiastic
欲穷千里目、快乐搞学术